高等院校经管类专业应用型系列教程

经济法教程

主　编　王　娟　唐雪梅

副主编　石　舫　张逸豪　崔汪卫　樊宏涛

同济大学出版社
TONGJI UNIVERSITY PRESS

《高等院校经管类专业应用型系列教程》

编审委员会

序　言

经济法课程是高等教育财经类、管理类专业的一门主干课程。其教学目标是使学生掌握规范的经济法律制度的基础理论，培养学生的规则意识和法治意识，熟悉有关经济争议解决的程序，建立诚信观念和法治意识，提高解决经济法律问题的能力。作为财经类、管理类专业开设的唯一法律课程，经济法课程不仅发挥了对学生法律常识的教育和培养学生法律思维的功能，而且也为学生毕业后从事财务类、经济管理类工作，以及参加注册会计师、注册税务师、经济师等考试打下基础，培养学生的可持续发展能力。

本书按照财经类、管理类专业的经济法课程的教学大纲要求，同时考虑到非法律专业普遍缺乏法理知识的实际，对内容有所取舍，重点阐述经济法基本理论、经济活动主体法律制度、合同法律制度、知识产权法律制度企业破产法律制度、反不正当竞争法律制度、产品质量法律制度、消费者权益法律保护制度、劳动法律制度以及经济纠纷解决法律制度。本书可作为高等院校经济管理类专业经济法课程的教材，也可成为从事经济法律实践工作者的参考书。

本书编写的创新性主要体现在以下四个方面：

1. 在体例结构上，每章都有明确的“知识目标”“能力目标”，设定了“了解”“理解”“掌握”三个层次的学习目标和能力目标，用“导入案例”引入学习内容；并穿插大量实践中的诉讼案例“小案例”，以拓展学习内容；课后有“本章小结”，全面总结每章内容，又以“练习题”来巩固和检验学生的学习成果。

2. 在内容上，根据《中华人民共和国民法典》最新立法规定和立法精神，以及近几年新修订的相关法律和司法解释，深入浅出地阐述了经济法的基础理论和主要制度，提高学生的法律意识、经济法理论水平与应用能力。

3. 在案例选择上，为了使学生准确理解我国法律的具体内容和司法适用，采集了大量结合具体法律法规的诉讼案例，包括编者在办案过程中接触的一些案例，用生动活泼的形式诠释法律、法理，提高学生的整体素质和法律意识。书中案例除特别注明外,其余均来自中国裁判文书网的法院判决书。

4. 在写作方法上,知识点取舍有度,不过于深究理论,力求脉络清晰、表达精准、简明扼要,便于学生理解和掌握。全书体系完整、重点突出、编排及内容新颖,注重案例教学及背景知识的扩展,具有很强的实用性。

本书由上海济光职业技术学院王娟副教授(博士、兼职律师)、同济大学浙江学院唐雪梅讲师(博士)担任主编,安庆师范大学崔汪卫副教授(博士、兼职律师)、上海四维乐马律师事务所石舫律师、张逸豪律师及同济大学浙江学院樊宏涛讲师(硕士)担任副主编。王娟负责编写第三、八、十章。唐雪梅负责编写第五、七章,崔汪卫负责编写第四、六章,石舫、张逸豪两位律师负责编写第九章,樊宏涛编写第一、二章。

在本书的编写过程中,参考借鉴了不少国内同行的经济法著作以及其他研究成果,对有关作者表示诚挚的敬意和衷心的感谢。感谢上海四维乐马律师事务所提供的案例和资料,感谢同济大学出版社的支持!最后想说的是,虽然作者在编撰过程中付出了十分的努力,但由于个人的能力所限,错漏和不足在所难免,诚恳希望同行、专家、读者批评和指正!

编者

2021 年 2 月 20 日

目 录

序言

第 1 章 经济法基本理论 …… 1
1.1 与经济法相关的基础知识 …… 2
1.2 经济法的概念及体系 …… 11

第 2 章 经济活动主体法律制度 …… 12
2.1 经济活动主体与经济法主体 …… 23
2.2 公司法律制度 …… 24
2.3 合伙企业法律制度 …… 48
2.4 个人独资企业法律制度 …… 58

第 3 章 合同法律制度 …… 67
3.1 合同法律制度概述 …… 68
3.2 合同的成立 …… 71
3.3 合同的效力 …… 75
3.4 合同的履行 …… 79
3.5 违约责任 …… 87

第 4 章 知识产权法律制度 …… 96
4.1 知识产权法律制度概述 …… 97
4.2 著作权法律制度 …… 99
4.3 专利法律制度 …… 111
4.4 商标权法律制度 …… 122

第 5 章 企业破产法律制度 …… 137
5.1 企业破产法概述 …… 138
5.2 破产申请与受理 …… 141
5.3 债务人财产与破产债权 …… 145
5.4 管理人制度与债权人会议 …… 155
5.5 重整程序与和解制度 …… 159

5.6 破产清算程序 …… 163

第 6 章 反不正当竞争法律制度 …… 175
6.1 不正当竞争与反不正当竞争法 …… 176
6.2 不正当竞争行为的类型 …… 178
6.3 违反反不正当竞争法的法律责任 …… 183

第 7 章 产品质量法律制度 …… 190
7.1 产品质量法律制度概述 …… 191
7.2 生产者、销售者的产品质量责任和义务 …… 192
7.3 产品质量的管理与监督 …… 193
7.4 产品质量责任制度 …… 194

第 8 章 消费者权益法律保护制度 …… 202
8.1 消费者权益保护法概述 …… 203
8.2 消费者的权利和经营者的义务 …… 206
8.3 消费者合法权益的保护 …… 213
8.4 消费者权益争议的解决 …… 215
8.5 法律责任 …… 217

第 9 章 劳动法律制度 …… 226
9.1 劳动法律制度概述 …… 227
9.2 社会保险 …… 244

第 10 章 经济纠纷解决法律制度 …… 257
10.1 商事仲裁 …… 258
10.2 经济诉讼 …… 266
10.3 行政复议 …… 274
10.4 行政诉讼 …… 280

参考文献 …… 289

第 1 章

经济法基本理论

知识目标

- 了解法、法律关系、法律事实的基本概念；
- 了解经济法的产生和发展；
- 了解法律责任的种类；
- 掌握法的本质和特征，熟悉法的形式和分类；
- 理解我国法律渊源的层级和效力位阶；
- 掌握经济法的概念和调整对象。

能力目标

- 掌握法律关系的构成要素；
- 正确认识法律事实的两种分类；
- 掌握法学及经济法的学科属性；
- 对经济法的调整对象有正确的认识；
- 初步培养法律思维。

导入案例

2001 年 5 月 22 日，汝阳公司与伊川公司签订了一份合同，约定由伊川公司为其代繁玉米种子。但伊川公司未能履约，为赚取更大利润，将所育种子高价卖给了他人。2003 年初，汝阳公司以伊川公司没有履约为由将其起诉到洛阳市中级人民法院，请求法院判令伊川公司合同违约并对汝阳公司做出经济赔偿。双方对案件事实不存在争议。双方的分歧主要在赔偿损失的计算方法上。汝阳公司主张适用《种子法》，以“市场价”计算赔偿数额，共 70 余万元；而伊川公司认为，赔偿应当依据《河南省农作物管理条例》及省物价局、农业厅据此制定的《河南省主要农作物种子价格管理办法的通知》,即"政府指导价"来确定赔偿数额,因为按此计算,伊川公司只需赔偿2万元左右。

洛阳市中级人民法院审理后,于2003年5月27日做出(2003)洛民初字第26号判决书,判令伊川公司按市场价格进行赔偿。判决书中写道:"《种子法》实施后,玉米种子的价格已由市场调节,《河南省农作物种子管理条例》作为法律位阶较低的地方性法规,其与《种子法》相抵触的条(款)自然无效。"一审判决后,伊川公司向河南省高级人民法院提起上诉。

同年10月13日,河南省人大常委会办公厅下发了《关于洛阳市中级人民法院在民事审判中违法宣告省人大常委会通过的地方性法规有关内容无效问题的通报》,指出:"洛阳市中级人民法院作为一级审判机关,在其民事判决书中宣告省人大常委会通过的地方性法规有关内容无效,其实质是对省人大常委会通过的地方性法规的违法审查,违背了我国的人民代表大会制度,侵犯了权力机关的职权。"要求河南省高院对洛阳市中院的"严重违法行为作出认真、严肃的处理,对直接责任人和主管领导依法作出处理"。随后,洛阳市中院党组根据要求作出决定,撤销判决书签发人——民事庭副庭长和审判长的职务。

2004年3月30日,最高人民法院发出《关于河南省汝阳县种子公司与河南省伊川县种子公司玉米种子代繁合同纠纷一案请示的答复》认为:根据《立法法》第七十九条规定:"法律的效力高于行政法规、地方性法规、规章,行政性法规的效力高于地方性法规、规章";《中华人民共和国合同法》解释(一)第四条规定:"合同法实施以后,人民法院确认合同无效应当以全国人大及其常委会制定的法律和国务院制定的行政性法规为依据,不得以地方性法规和行政规章为依据",人民法院在审理案件过程中,认为地方性法规与法律、行政法规的规定不一致,应当适用法律、行政法规的相关规定。

4月1日,河南省人大常委会通过《河南省实施〈中华人民共和国种子法〉办法》,《河南省农作物种子管理条例》同时废止。河南省高级人民法院做出终审判决,维持洛阳市中级人民法院的原判。

本案例中,汝阳公司与伊川公司存在什么法律关系?什么是法?在我国,法的表现形式有哪些?哪些国家机关有权制定法律规范?不同国家机关制定的法律规范在法律体系中的地位和效力有什么不同?要回答这些问题,必须学习以下相关知识。

1.1 与经济法相关的基础知识

1.1.1 法和法律

1. 法的概念

法是由国家制定或认可,并以国家强制力保证实施的行为规范的总称,其本质是统治阶级意志的体现。法不是超阶级的产物,不是社会各阶级的意志都能体现为法,法只能是统治阶级意志的体现。但法所体现的统治阶级的意志,不是随心所欲、凭空产生的,而是由统治阶级的物质生活条件决定的,是社会客观需要的反映。它体现的是统治阶级的整体意志和根本利益,而不是统治阶级每个成员个人意志的简单相加。

2. 法的特征

法作为一种特殊的行为规则和社会规范,不仅具有行为规则、社会规范的一般共性。还具有自己的特征。

(1) 法是经过国家制定或认可才得以形成的规范,具有国家意志性。统治阶级意志并不能直接形成为法,它必须通过一定的组织和程序,即通过统治阶级的国家制定或认可,才能形成为法。制定、认可,是国家创制法的两种方式,也是统治阶级把自己的意志变成国家意志的两条途径。

(2) 法凭借国家强制力的保证而获得普遍遵行的效力,具有国家强制性。法是由国家强制力保障其实施的规范。法的强制性是由国家提供和保证的,因而与一般社会规范的强制性不同。其他社会规范虽然也有一定的强制性,如道德主要依靠社会舆论的强制,但这种强制不同于国家的强制。国家强制力是以国家的强制机构(如军队、警察、法庭、监狱)为后盾,和国家制裁相联系,表现为对违法者采取国家强制措施。

(3) 法是确定人们在社会关系中的权利和义务的行为规范,具有利导性;法的主要内容是由规定权利、义务的条文构成的,法律通过规定人们的权利和义务来分配利益,从而影响人们的动机和行为,进而影响社会关系,实现统治阶级的意志和要求,维持社会秩序。

(4) 法是明确而普遍适用的规范,具有规范性。

1.1.2 法律关系

1. 法律关系的概念

法律关系是根据法律规范产生的,以主体之间的权利与义务为内容的特殊的社会关系,即法律上的权利义务关系。社会关系是多种多样的,因而调整它的法律规范也是多种多样的,如调整平等主体之间的财产关系和人身非财产关系而形成的法律关系,称为民事法律关系或民商法律关系;调整行政管理关系而形成的法律关系,称为行政法律关系;调整因国家对经济活动的管理而产生的社会经济关系,称为经济法律关系。它们也可以称为民法关系、行政法关系、经济法关系等。经济法律关系是指经济法主体在国家干预和协调经济运行过程中根据经济法律规范规定所形成的权利和义务关系。

2. 法律关系的构成要素

并非所有的社会关系均属于法律关系。法律关系是以相应法律规范的存在为前提的,没有法律规范就不可能产生相应的法律关系。例如,同学关系、恋人关系,因不存在相应的法律规范，也就不存在相应的法律关系。

法律关系是由法律关系的主体、法律关系的内容和法律关系的客体三个要素构成的。缺少其中任何一个要素，都不能构成法律关系。

(1) 法律关系的主体，指参加法律关系、依法享有权利和承担义务的当事人。享有权利的当事人称为权利主体，承担义务的当事人称为义务主体。法律关系主体的数目因法律关系的具体情况而定，但任何一个法律关系至少要有两个主体，因为最少要有两个主体，才能在它们之间形成以权利和义务为内容的法律关系。

什么人或者组织可以成为法律关系主体是由一国法律规定和确认的。根据我国法律规定，法律关系主体包括：①公民（自然人）。公民是最常见的法律关系主体，可以参加的法律关系非常广泛。在我国，还有一类由公民组成的特定主体，如个体户、农户、合伙人等，也可参与某些特定的法律关系，如经济法律关系；②机构和组织（法人）。主要包括三类：一是国家机关，包括国家权力机关、国家行政机关和国家司法机关；二是各种企业、事业组织；三是各政党和社会团体。这些机构和组织主体，在法学上可以笼统地称为法人；③国家。在特殊情况下，国家可以作为一个整体成为法律关系主体。例如在国内，国家是国家财产所有权唯一和统一的主体；在国际法上，国家则是国际法关系的主体；④外国人和外国社会组织。外国人、无国籍人和外国社会组织，以我国有关法律以及我国与有关国家签订的条约为依据，也可以成为我国某些法律关系的主体。

法律关系主体的权利能力和行为能力。①权利能力，又称权利义务能力，是法律关系主体依法享有一定权利和承担一定义务的法律资格。它是法律关系主体实际取得权利，承担义务的前提条件。权利能力，对于自然人而言，意味着其不仅仅是生物意义上的人，而且属于法律意义上的人。例如，古时候的奴隶，属于生物意义上的人，而非法律意义上的人，不享有权利能力。虽然奴隶制度已经被消灭，但权利能力作为一个法律概念仍然被保留了下来。公民和法人要成为法律关系的主体，必须具备权利能力。自然人的权利能力始于出生，终于死亡。自然人的权利能力一律平等。法人的权利能力在法人成立时产生，至法人终止时消灭。②行为能力，是指法律关系主体能够通过自己的行为实际行使权利和履行义务的能力。法律关系的主体要自己参与法律活动，必须具备相应的行为能力。自然人的行为能力一般通过自身实现，而法人的行为能力则通过其法定代表人实现。法人的行为能力和权利能力是一致的，同时产生，同时消灭。而自然人的行为能力不同于其权利能力，具有民事权利能力不一定具有民事法律行为能力。法律一般以年龄和精神、智力状况作为判断和确定其民事法律行为能力的依据。

根据我国《民法典》的规定，可以将自然人的行为能力划分为以下三类：一是完全民事行为能力人，是指达到法定年龄、智力健全、能够对自己行为负完全责任的自然人。我国《民法典》第 17、18 条规定，18 周岁以上的自然人是成年人，可以独立实施民事法律行为。16 周岁以上的未成年人，以自己的劳动收入为主要生活来源的，视为完全民事行为能力人。二是限制民事行为能力人，我国《民法典》第19、22条规定，8周岁以上的未成年人和不能完全辨认自己行为的成年人为限制民事行为能力人，实施民事法律行为由其法定代理人代理或者经其法定代理人同意、追认；但是，可以独立实施纯获利益的民事法律行为或者与其年龄、智力、精神健康状况相适应的民事法律行为。三是无民事行为能力人，是指完全不具备行为能力，不能通过自己的行为行使权利、履行义务的自然人。我国《民法典》第20、21条规定，不满8周岁的未成年人和不能辨认自己行为的成年人为无民事行为能力人，由其法定代理人代理实施民事法律行为。

小案例

张某于2008年12月1日出生。2015年6月9日，张某的母亲石某以张某的名义与某房地产公司签订了《商品房买卖合同》及其补充协议，约定由张某购买某房地产公司开发的某小区房屋，该房屋总价款为322048元，张某采取分期付款的方式付款，第一期房款123048元于2015年6月9日前付清，第二期房款99500元于2015年9月8日前付清，第三期房款99500元于2015年12月8日前付清。同时，合同约定，如果张某逾期付款，应自合同约定的应付款期限之第二天起至实际支付应付款之日止，按日向某房地产公司支付逾期应付款万分之一的违约金。

张某付了第一期房款后，就未向某房地产公司支付房款，故某房地产公司于2017年9月4日将张某起诉至法院，要求其支付剩余房款并承担违约责任。张某的母亲石某在该《商品房买卖合同》签字并注明其是购房者张某的监护人、母亲。

请分析：张某是否能够单独作为承担义务主体的被告？

【解析】根据我国《民法典》规定，不满8周岁的未成年人，为无民事行为能力人，由其法定代理人代理实施民事法律行为。本案中，张某在签订房屋买卖合同时系无民事行为能力人，其母亲代理其购买房屋的行为是符合法律规定的。张某虽然系房屋买卖合同的相对方，但其购买房屋时是由其母亲代理购买，且该合同系双务合同，因张某不具备独立履行的能力，故其不能独自作为承担义务的主体。张某购买房屋时系其母亲石某代理其进行购买，张某亦取得了购买房屋的相应权利，故在承担义务时亦应当追加张某的母亲石某为被告作为承担义务的主体。

(2) 法律关系的内容，指法律关系主体所享有的权利和承担的义务。权利是指法律关系主体依法享有的权益，表现为权利享有者依照法律规定具有的自主决定作出或者不作出某种行为、要求他人作出或者不作出某种行为的自由。依法享有权利的主体称为权利主体。如公民享有继承权，也可以放弃继承；财产所有权人有要求他人不作出侵害其所有权或妨碍其所有权行使行为的权利。义务是指法律关系主体依照法律规定所承担的必须作出某种行为或者不得作出某种行为的负担或约束。依法承担义务的主体称为义务主体。义务主体必须或者应当作出某种行为的义务，称为积极义务，如纳税、服兵役等。义务主体不得作出某种行为的义务，称为消极义务，如不得毁坏公共财物，不得侵害他人生命财产安全等。

法律权利和义务作为构成法律关系内容的两个方面，是密切联系不可分离的，共同处于法律关系这一统一体中。在大多数民商法律关系中，各方主体都既享有权利又承担义务。如买卖关系中，买方承担向卖方支付价款的义务，同时享有获得卖方出售物的权利；卖方享有获得买方价款的权利，同时承担向买方支付出售物的义务。

法律上的权利和义务，都受国家法律保障。当义务人拒不履行义务的时候，权利人可以请求司法机关或其他国家机关依法采取必要的强制措施，来保障权利的实现和义务的履行；当法律关系主体的权利受到侵害时，可以请求司法机关或其他国家机关给予保护。

(3) 法律关系的客体，指法律关系主体的权利和义务所共同指向的对象。权利和义务只有通过客体才能得到体现和落实。如果没有客体，权利与义务就失去了依附的目标和载体，无所指向，也就不可能发生权利与义务。因此，客体也是法律关系不可缺少的三要素之一。

法律关系客体的内容和范围是由法律规定的。能够作为法律关系的客体应当具备的特征是：能为人类所控制并对人类有价值。只有具备这样的特征才适宜由法律调整，才能成为主体的权利、义务指向和作用的对象。一般认为，法律关系的客体概括起来主要包括以下三类：①物，指可为人们控制的，具有一定经济价值和实物形态的生产资料和消费资料。物可以是自然物，如土地、矿藏、水流、森林；也可以是人造物，如建筑物、机器、各种产品等；还可以是财产物品的一般价值表现形式——货币及有价证券。②非物质财富，也称精神产品、精神财富，包括知识产品和道德产品。知识产品也称智力成果，是指人们通过脑力劳动创造的能够带来经济价值的精神财富。如著作、发现、发明、设计等，它们分别为著作权关系、发现权关系、发明权关系、商标权关系的客体。智力成果是一种精神形态的客体，是一种思想或者技术方案，不是物，但通常有物质载体，如书籍、图册、录像、录音等，就是记录、承载智力成果的物质形式。它的价值不在于它的物质载体价值，而在于它的思想或技术能够创造物质财富，带来经济效益，它是一种知识财富。道德产品是指人们在各种社会活动中所取得的非物化的道德价值，如荣誉称号、嘉奖表彰等。它们是公民、法人荣誉权的客体。③行为，指法律关系的主体为达到一定目的所进行的作为（积极行为）或不作为（消极行为），是人的有意识的活动。如生产经营行为、经济管理行为、完成一定工作的行为和提供一定劳务的行为等。

1.1.3　法律事实

任何法律关系的产生、变更和消灭，都要有法律事实的存在。法律事实是指由法律规范所规定的，能够产生法律后果，即能够直接引起法律关系产生、变更和消灭的情况。按照其发生是否以当事人的意志为转移作为标准，可以将法律事实分为两类，即法律事件和法律行为。

1. 法律事件

法律事件是指不以当事人的意志为转移的能够引起法律关系的产生、变更、消灭的客观情况。法律事件可以分为社会事件和自然事件，前者如社会革命、战争、罢工、重大政策的改变等，后者如人的生老病死、地震、洪水等自然灾害。

事件发生后，有的事件依据法律会直接引起法律关系的演变，如人的出生、死亡，依据法律会直接引起抚养关系、法定继承关系，但有的法律事件发生后，依据法律并不能直接引起法律关系，如洪水发生后，引起某人损害，但若某人未与保险公司在此之前建立保险合同关系，就不可能直接引起保险赔偿关系。可见，有的事件发生后会依法直接成为法律事实，而有的事件发生后并不必然成为法律事实，从这个角度来讲，事件要成为法律事件有其法律前提——如在这个事实之前存在一个具体约定，如买卖合同、保险合同等，并且这种合同约定不违法，这样，一个事件发生后，由于它符合法律及当事人约定的情形，所以才成为了法律事实。

2. 法律行为

法律行为，是指能引起法律关系产生、变更和消灭的人的活动(行为)。法律行为也是法律事实的一种，同法律事件的不同之处在于它以人的意志为转移，是人们有意识的自觉活动的结果。根据不同的标准，可以对法律行为作不同的分类。

(1) 合法行为和违法行为。这是根据法律行为是否符合法律规范的要求而进行的分类。合法行为是指符合现行法律规定的行为。由此而引起法律关系的产生、变更和消灭的情况非常广泛。例如，职工的录用、买卖合同的缔结等。违法行为是指主体违反现行法律法规的行为，如生产假冒伪劣产品的行为。

(2) 积极行为和消极行为。这是根据行为的表现形式不同，对法律行为进行的分类。积极行为，又称作为，是指以积极、主动作用于客体的形式表现的、具有法律意义的行为。如工商行政管理机关主动查处不正当竞争行为；消极行为，又称不作为，则是指以消极的、抑制的形式表现的、具有法律意义的行为。如市场主体不从事偷税漏税的行为。

(3) 意思表示行为与非表示行为。这是根据行为是否通过意思表示所作的分类。意思表示行为，又称表示行为，是指行为人基于意思表示而作出的具有法律意义的行为；非表示行为，是指非经行为者意思表示而是基于某种事实状态即具有法律效果的行为，如拾得遗失物、发现埋藏物，等等。

(4) 单方行为与多方行为。这是根据以主体意思表示的形式所作的分类。单方行为，是指法律主体一方的意思表示即可成立的法律行为，如遗嘱、行政命令等；多方行为，是指由两个或两个以上的多方法律主体意思表示一致而成立的法律行为，如合同行为等。

(5) 要式行为与非要式行为。这是根据行为是否需要特定形式或实质要件所作的分类。要式行为，是指必须具备某种特定形式或程序才能成立的法律行为；非要式行为，是指无需特定形式或程序既能成立的法律行为。如民间借款是非要式法律行为，金融借款是要式法律行为。

小案例

上海某制衣厂于2006年11月11日与中国某财产保险公司的代理人签订了包括自燃等保险事故在内的企业财产保险合同。根据保险合同，该厂将自有的固定资产和流动资产全部投入保险，保险费3万元，保险期限一年。在财产保险合同、保险单及所附财产明细表中，均写明投保的流动资产包括产成品、原材料和产品存放在本厂库房，并标明了位置。投保后，制衣厂先后于2007年7月8日、12日两次将保险产成品发往其驻南京的销售部，共计2000件，价值35万元。2007年8月10日，南京气温连日持续高温，引起南京库房的货物自燃，全部被毁。对此损失，保险公司拒绝赔偿。

问题：(1)请分析该保险法律关系中的主体、客体和内容。

(2)本案中引起保险法律关系产生、变更和终止的法律事实是什么？

【解析】(1)本案中保险法律关系的主体：上海某制衣厂和中国某财产保险公司。客体：上海某制衣厂自有的固定资产和流动资产。内容：投保人支付保费的义务，投保财产受损后获得赔偿的权利；保险公司收取保费的权利以及承保财产受损后赔偿投保人的义务。

(2)本案中引起保险法律关系产生、变更和终止的法律事实分别是：上海某制衣厂与中国某财产保险公司的代理人签订了包括自燃等保险事故在内的企业财产保险合同，保险标的转移储存场所，保险标的转移储存场所未取得保险人同意。

1.1.4 法律规范

法律规范，是指由国家制定或认可的，反映国家意志的，具体规定权利义务及法律后果的行为准则。规范一般可分为技术规范和社会规范两大类。法律规范是社会规范的一种。技术规范指规定人们支配和使用自然力、劳动工具、劳动对象的行为规则。在当前技术发展极端复杂的情况下，没有技术规范就不可能进行生产，违反技术规范就可能造成严重的后果，如导致生产者残疾或死亡，引起爆炸、火灾和其他灾害等。技术规范与作为社会规范之一的法律规范既有区别又有密切的关系，法律规范可以规定有关人员负有遵守和执行技术规范的义务，并确定违反技术规范的法律责任，技术规范则成为法律规范所规定的义务的具体内容。可以从以下角度对法律规范进行分类：

第一，按照法律规范的内容不同，法律规范可以分为授权性规范（可以干什么）和义务性规范（必须干什么）。其中，义务性规范可分为命令性规范（必须要干什么）和禁止性规范（必须不要干什么）。授权性规范的立法语言表达式为“可以……”“有权……”“享有……权利”等；命令性规范的立法语言表达式为“应当……”“必须……”“有……义务”等；禁止性规范的立法语言表达式为“不得……”“禁止……”等。

第二，按照法律规范对人们行为规定或者限定的范围或者程度的不同，法律规范可以分为强行性规范（义务性规范）和任意性规范（授权性规范）。

第三，按照法律规范内容的确定性程度不同，法律规范可以分为确定性规范与非确定性规范。其中，非确定性规范包括委任性规范（只规定指示，内容由国家机关确定）与准用性规范（有大体内容，但是没有具体内容，适用的时候要参照别的法规）。譬如，《反垄断法》第9条规定：“国务院反垄断委员会的组成和工作规则由国务院规定。”此规定属于委任性规范。《民法典》第656条规定：“供用水、供用气、供用电力合同，参照供用电合同的有关规定。”此规定属于准用性规范。

1.1.5　法的形式和分类

1. 法的形式

法的形式即法的形式渊源，是指法的具体的表现形态，即法是由何种国家机关，依照什么方式或程序创制出来的，并表现为何种形式、具有何种效力等级的规范性法律文件。法的形式的分类主要是依据创制法的国家机关不同、创制的方式不同而进行划分的。

(1) 宪法。宪法由国家最高立法机关，即全国人民代表大会制定，是国家的根本大法，具有最高的法律效力。中华人民共和国成立后，曾于1954年9月20日、1975年1月17日、1978年3月5日和1982年12月4日通过四个宪法，现行宪法为1982年宪法，并历经1988年、1993年、1999年、2004年、2018年五次修订。

(2) 法律。法律是由全国人民代表大会及其常务委员会经一定立法程序制定颁布的规范性文件。其法律效力和地位仅次于宪法，是制定其他规范性文件的依据。法律可分为基本法律和其他法律：前者是指比较全面地规定和调整国家及社会生活某一方面的基本社会关系的法律，由全国人大制定和修改，如《中华人民共和国刑法》《中华人民共和国民事诉讼法》等；后者指规定和调整其他较具体的社会关系的法律，由全国人大常委会制定和修改，如《中华人民共和国会计法》《中华人民共和国税收征收管理法》等。

(3) 行政法规。行政法规是指专门由国家最高行政机关——国务院制定的规范性文件，其法律效力仅次于宪法和法律、行政法规，通常冠以条例、办法、规定等名称。

例如《城市道路管理条例》《中华人民共和国注册建筑师条例》等。

(4) 地方性法规。设区的市及其自治州以上人大及常委会根据本行政区域的具体情况和实际需要，在不同宪法、法律、行政法规相抵触的情况下，可以制定适用于本地区的地方性法规；民族自治地方的人大有权制定自治条例和单行条例，例如《宽城满族自治县自治条例》《黔南布依族苗族自治州岩溶资源保护条例》等。自治地区制定的自治条例要报全国人大常委会批准后生效；自治州、自治县制定的自治条例报自治区人大常委会批准后生效。地方性法规的效力高于本级和下级地方政府规章。

(5) 特别行政区的法。我国《宪法》第 31 条规定："国家在必要时得设立特别行政区。在特别行政区内实行的制度按照具体情况由全国人民代表大会以法律规定。"按照 1990 年、1993 年全国人大先后制定的《中华人民共和国香港特别行政区基本法》和《中华人民共和国澳门特别行政区基本法》的有关规定，这两个特别行政区有权制定在各自辖区内生效的法律、法规和命令等。当然，它们制定的法律、法规不能同全国人大制定的本特别行政区的基本法相抵触，必须符合"一国两制"，依法办事的精神，也只能在该特别行政区有效。

(6) 规章。国务院各部委及其直属机构可以根据法律和国务院的行政法规、决定和命令，在本部门的权限范围内制定规章。省、自治区、直辖市、设区的市、自治州的人民政府，可以根据法律和本省、自治区、直辖市的地方性法规，制定规章。

(7) 国际条约和协定。国际条约或协定是指我国作为国际法主体同其他国家或地区缔结的双边、多边协议和其他具有条约、协定性质的文件，如我国为加入世界贸易组织与相关国家签订的协议、我国与有关国家签订的双边投资保护协定等。上述文件生效以后，对缔约国的国家机关、组织和公民就具有法律上的约束力，形成法律渊源。

宪法是我国的根本大法，一切法律、行政法规、地方性法规、自治条例和单行条例、规章都不得同宪法相抵触。不同的法律形式的制定机关及其效力等级或者位阶是不同的，譬如，宪法＞法律＞行政法规＞地方性法规＞同级地方政府规章，宪法＞法律＞行政法规＞部门规章。根据《立法法》的规定，自治条例和单行条例依法对地方性法规作变通规定的，在本自治地方适用自治条例和单行条例的规定。地方性法规与部门规章之间对同一事项的规定不一致，不能确定如何适用时，由国务院提出意见，国务院认为应当适用地方性法规的，应当决定在该地方适用地方性法规的规定；认为应当适用部门规章的，应当提请全国人民代表大会常务委员会裁决。部门规章之间对同一事项的规定不一致时，由国务院裁决。

全国人民代表大会每届任期五年，每年举行一次会议。在全国人大闭会期间，作为全国人民代表大会的常设机关，全国人大常委会可对"基本法律"进行部分补充和修改，但是不得同该法律的基本原则相抵触。全国人大常委会负责解释法律，其作出的法律解释同法律具有同等效力，最高人民法院和最高人民检察院的解释如果有原则性的分歧，报请全国人民代表大会常务委员会解释或决定。

2. 法的分类

1）国内法与国际法

这是按照法的创制与适用主体的不同所做的分类。国内法是由特定国家创制并适用于该国主权管辖范围内的法。国内法的主体一般为公民、社会组织和国家机关。国家只能在特定的法律关系中成为主体。国际法是指在国际交往中由不同的主权国家通过协议制定或确认的，适用于国家之间的法。国际法的主体一般是国家，在一定条件下或范围内，类似国家的政治实体以及由一定国家参加组成的国际组织，也可以成为国际法的主体。

2）根本法和普通法

这是按照法的效力、内容和制定程序不同所做的分类。根本法即宪法，它规定了国家的根本的政治制度和社会制度、公民的基本权利和义务、国家机关的设置、职权等内容，在一个国家中占据最高法律地位，是具有最高法律效力的法，是其他法律制定的根据。普通法即宪法以外的其他法，它规定国家的某项制度或调整某一方面的社会关系。在制定和修改程序上，根本法比普通法更为严格。

3）一般法与特别法

这是按照法的效力范围的不同所做的分类。一般法是指在一国范围内，对一般公民、法人、组织和一般事项都普遍适用的法律，如宪法、民法、刑法等。特别法是指在一国的特定地区、特定期间或对特定事件、特定公民有效的法。一般情况下，在同一领域，法律适用遵循特别法优于一般法的原则。

4）实体法与程序法

这是按照法规定的具体内容的不同所做的分类。实体法是规定主要权利和义务的法。程序法是指为保障权利和义务的实现而规定的程序的法。实体法与程序法的关系是内容与形式的关系。

5）成文法与不成文法

这是按照法的创制和表达形式的不同所做的分类。成文法是指由特定国家机关制定和公布，以文字形式表现的法，故又称制定法。不成文法是指由国家认可的，具有法律效力，一般不具有文字表现形式的法，主要包括习惯法、判例法。

6）公法和私法

这是根据法律运用的目的所作的分类，凡是以保护公共利益为目的的法律为公法，如刑法、行政法；凡是以保护私人利益为目的的法律为私法，如民法、商法。

1.2 经济法的概念及体系

1.2.1 经济法的概念

“经济法”这一概念源于法国，1755 年，法国著名的空想社会主义者摩莱里在他的《自然法典》一书中，首先使用了“经济法”。但现代意义上的经济法则肇始于20世纪初的德国，第一次世界大战期间，德国颁布了《煤炭经济法》和《钾盐经济法》。之后，德国出版了很多以经济法为题的学术著作和教科书，经济法概念有了较为完整的含义。经济法的产生与发展，堪称20世纪法学领域最耀眼的成就之一。

从经济法产生的社会经济背景考察，西方国家的经济法，是在从自由资本主义经济过渡到垄断资本主义经济过程中，国家为应对经济发展中出现的市场失灵和经济危机等问题，而越来越普遍采取干预措施的背景下产生和发展起来的。

在我国，经济法是在改革开放和加强经济法制的背景下逐步兴起的，并随着社会主义市场经济体制建设步伐的推进而不断丰富和完善。目前，经济法的概念、范畴等在学术界尚存在分歧。本书不对学术性分歧作探讨和研究。经济法现象已在社会中普遍存在，从经济法的产生和发展来看，它实际是社会经济集中和垄断的产物，是国家干预社会经济生活的具体表现。在我国《中华人民共和国民法通则》的立法说明中，就民法与经济法、行政法的关系作了如下解释：“民法主要调整平等主体间的财产关系，即横向的财产、经济关系。政府对经济的管理，国家和企业之间以及企业内部等纵向经济关系或者行政管理关系，不是平等主体之间的经济关系，主要由有关经济法、行政法调整……”可以说，经济法是调整国家在管理与协调经济运行过程中发生的经济关系的法律规范的总称。

随着部门法划分界限的逐渐明确以及法学学科的不断发展，“经济法”这一概念的法学意义已经被特定化为与民商法相并列的经济法律部门以及与其相对应的经济法学学科，而不再是“调整经济关系的法”或“与经济相关的法”这样的表面含义。严格地讲，“经济法”这一名称已经不能完全涵盖本书的内容，因为从部门法意义上看，本书不仅包括经济法相关制度，而且还包括民商法相关制度。但是，考虑经管类专业经济法教材的名称一直沿用，已约定俗成，且本书也不是纯学术意义上的专著，因此继续使用“经济法”的名称。

1.2.2 经济法体系

如同经济法的概念一样，对经济法的体系问题，学术界也存在不同认识。本书按照经济关系以及经济法所调整的基本内容，将经济法体系作如下划分：

(1) 经济组织法，指经济组织的法律制度，主要是企业法律制度。如公司法、合伙企业法、独资企业法、外商投资企业法等。

(2) 经济管理法，指国家在组织管理和协调经济活动中形成的法律制度。主要是财税、金融、价格、市场和特定行业管理法律制度等。如增值税法、企业所得税法、预算法、国有资产管理法、政府采购法等。

(3) 经济活动法，指调整经济主体在经济流通和交换过程中发生的权利义务关系而产生的法律制度。主要是合同法、担保法等。

1.2.3 经济法的地位

经济法是与民商法、行政法、刑法等平行的、独立的法律部门。经济法反映经济基础、调整经济关系的直接性，决定了它在实现国家领导、组织、管理经济职能中的突出作用，决定了它在调整经济关系的各种法律手段中的重要地位。

1. 经济法是一个独立的法律部门

判断法是不是独立的法的部门的标准是看该法有没有自己特定的调整对象。之所以称调整平等的民事主体之间的人身关系、财产关系的法为民法，调整犯罪及刑罚的法为刑法，就是因为它们都有自己的调整对象。同理类推，经济法也有自己的调整对象，即一定范围的经济关系，它不调整其他经济关系，更不调整非经济关系，经济法的调整对象同其他法的部门的调整对象不是交叉或重叠的，具有自己的特征。从法律体系的构成来看，法律体系是由多层次的法律部门组成的有机联系的统一整体。法律部门是由国家的全部现行法律规范，根据调整对象的不同进行分类组合而成的。所谓多层次的法律部门，是指属于第一层次的法律部门可以划分为若干第二层次的法律部门，如宪法是国家的根本大法，它分别通过民法、刑法、经济法等法律部门保证其实施；第二层次的法律部门，又可以划分为若干第三层次的法律部门，如经济法作为第二层次的法律部门，它分别由企业法、财政法、金融法等众多的部门经济法组成。各层次的法律部门虽然都有自己特定的调整对象，但它们又都建立在同一个经济基础之上，体现着同一个国家意志，具有共同的基本原则和任务，因而形成了相互联系、彼此协调的统一整体。法的部门的划分不是人的主观意志决定的，而是由需要法律规范调整的客观存在的社会关系的多样性决定的。从经济法产生、发展的历史演变过程中我们可以看出，经济法是由于社会经济关系越来越复杂，出现了原来法律部门所不能调整的新的经济关系而产生的。经济法所调整的特定范围的经济关系，是其他部门法所无法替代的。

因此，经济法是我国法律体系中一个独立且重要的法律部门，是我国法律体系中不可缺少的重要组成部分。

2. 经济法与其他部门法的主要区别

1）经济法与民法的区别

调整对象不同：经济法主要调整行政管理性经济关系，而民法主要调整平等主体的法人、公民之间的财产关系和人身关系。

调整的方法不同：经济法以积极和主动的方式调整社会经济活动，而且运用宏观调控和经济监督等手段，不仅有惩罚，而且有奖励。民法则以平等协商、不告不究的方式调整个体民事活动。

主体范围不同：经济法的主体不仅包括社会组织和特定的公民等，还包括国家及国家机关。民法的主体则主要是平等公民个人和特定情况下的社会组织。

2）经济法与行政法的区别

调整对象不同：行政法主要调整国家行政机关与企事业单位、社会团体和公民个人之间以及国家行政机关内部在行政管理活动中所形成的各种社会关系，这种行政管理关系是非物质利益的社会关系，而经济法所调整的是物质利益关系。

调整方法不同：行政法通常用命令与服从的方式调整上下级隶局关系，保障行政权力的组织性和有效性。

社会功能不同：社会主义的经济法有两大基本功能，一是在市场调节失灵的情况下弥补市场的不足，恢复市场有序竞争；二是弥补行政法在运用行政手段干预社会经济生活方面的不足，确保市场机制的作用。这两大功能是行政法所不具备的。

规范构成不同：行政法的规范构成只能是行政法律、法规，而经济法除此之外，还有其他典型法律制度，譬如《反垄断法》。

总之，从经济制度上看，现在的法律都是社会主义市场经济的法律，是直接调整市场经济中因经济交往而产生的社会关系的法律。经济法在市场经济中的作用，与民法、行政法有许多共同之处，如控制权力、保护权利等。但是，它对民法、行政法在市场中的调节有明显的补充性并有自身的独特性。经济法对市场经济的干预是主动的，存在许多事前干预的情况，这在宏观调控法中尤其突出。同时，经济法在进行社会关系调整时，往往运用公法手段调整私法关系，对这种公私双重属性如果进行人为的割裂，不但会在理论上造成混乱，在司法实践中同样会将问题复杂化。经济法作为市场经济中的主导法，一方面是由经济法所担负的社会任务决定的，另一方面也是符合中国市场经济发展的实际情况的。

1.2.4 经济法律责任

法律责任是由特定法律事实所引起的对损害予以补偿、强制履行或接受惩罚的特殊义务，亦即由于违反第一性义务而引起的第二性义务。经济法律责任，是指国家机关、社会组织、公民个人以及其他经济法主体违反经济法规范，不履行或不完全履行经济义务或滥用经济权利时，应当对国家或受损害者承担的责任。违反经济法的法律责任主要有民事责任、行政责任和刑事责任。

1. 民事责任

民事责任是指由于违反民事法律、违约或者根据民事法律的规定所应承担的法律责任。民事责任主要是财产责任。民事责任可能由当事人依法协商解决。民事责任的主要方式有：确认财产所有权、返还财产、恢复原状、赔偿损失等。

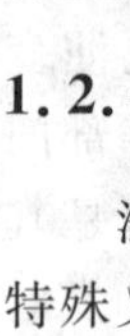

小案例

《葫芦兄弟》动画片是由上海美术电影制片厂有限公司制作完成的，具有很高的知名度，其动画片及葫芦娃动漫角色美术作品除署名权以外的其他著作权均属美影厂所有。

四月星空公司、仙山公司于早年与他人签约从而获得《十万个冷笑话》漫画美术作品著作权。2013 年，四月星空公司作为《十万个冷笑话》漫画作品及动画作品等著作权人与妙趣公司、蓝港公司签订《合作开发运营协议》，同意其将《十万个冷笑话》改编为手机游戏进行独家代理运营。

大　娃

五　娃

上海美术电影制片厂认为，《十万个冷笑话》和《十万个冷笑话番剧版》手游中的大娃、二娃、三娃、四娃、五娃、七娃动漫形象侵害了美影厂葫芦娃动漫形象的改编权和信息网络传播权。

四家公司共同开发运营的涉案游戏对美影厂构成著作权侵权，故此美影厂将该四家公司诉至法院，请求判令四家公司立即停止侵权行为，刊登声明，消除影响，四家公司及乐蜀公司赔偿美影厂经济损失 500 万元。

问题：上海美术电影制片厂要求四家公司承担的是何种法律责任？

【解析】法院综合考虑美影厂涉案作品知名度及美誉度、美影厂作品授权费、侵权人的主观故意、侵权行为持续时间和范围、涉案动漫形象在涉案游戏中人物数量的占比等因素,酌情确定经济损失的赔偿金额为50万元,四被告共同实施侵权行为,应当承担连带赔偿责任。可见,上海美术电影制片厂要求四家公司承担的是民事法律责任。

2. 行政责任

行政责任是指由国家行政机关或者国家授权的有关单位对违反经济法的单位或者个人依法采取的行政处分或行政处罚。企事业单位一般承担行政责任的具体形式主要有:警告、停业整顿、吊销营业执照、勒令关闭、罚款等;个人一般承担的行政责任主要有:警告、记过、记大过、降职、撤职、开除公职等。

小案例

为有效防控疫情传播,北京市教委于2020年1月26日发布公告,要求暂停全市各类校外培训机构所有线下课程和集体活动,恢复时间将根据本市疫情防控工作情况另行通知。

2月3日,朝阳区市场监管局接朝阳区教委通报,反映天景恒国际教育咨询(北京)有限公司在疫情防控期间擅自开展高考艺术(美术)考前辅导培训经营活动。朝阳区市场监管局连夜会同区教委开展调查。经查,该教育培训机构于2020年1月17日接收72名外地来京高中生,向其提供绘画培训服务。于1月29日组织72名学生及10名老师在经营场所内进行绘画练习及培训,直至2020年2月1日被相关部门制止叫停,共计培训4日。朝阳区市场监管局对其处以吊销营业执照的行政处罚。

(资料来源:https://baijiahao.baidu.com/s?id=1657768232240889710&wfr=spider&for=pc)

问题:案例中的教育培训机构承担的是什么法律责任?

【解析】案例中的教育培训机构承担的是行政责任。在北京市启动突发公共卫生事件一级响应,教育部门已要求暂停各类校外培训机构所有线下课程和集体活动,恢复时间将根据疫情防控工作情况另行通知的情况下,当事人违反停课要求,擅自开展线下培训,其行为涉嫌违反了《传染病防治法》第42条关于传染病暴发、流行时停课的规定,存在危害社会公共利益风险,影响恶劣。市场监管局依据《公司法》第213条"利用公司名义从事危害国家安全、社会公共利益的严重违法行为的,吊销营业执照"的规定,对该机构处以吊销营业执照的行政处罚。

3. 刑事责任

刑事责任是指经济法律关系的主体及其负责人,以及负有直接责任的人员,因违反经济法律、法规，情节非常严重，或者给国家造成重大经济损失，触犯了刑法，构成经济犯罪，由国家司法机关依法给予刑事处罚。

小案例

自2014年3月开始，黄某在未经“Hp”“Canon”注册商标权利人合法授权的情况下，委托罗某等人生产假冒“hp”“canon”注册商标标识的包装盒、说明书、标签。罗某在未经合法授权的情况下，非法委托昌信公司的法定代表人陆某进行上述假冒“hp”“canon”注册商标标识的包装盒、说明书、标签的生产印刷。陆某委托肖某甲等人非法印刷假冒的含“hp”“canon”注册商标标识的包装盒彩纸、说明书、标签等，然后在昌信公司生产假冒“hp”“canon”注册商标标识的包装盒半成品，组织曾某等人在佛山市某区某房内对包装盒半成品等进行非法的加工生产，然后将加工生产好的上述包装盒、说明书、标签交给罗某。2014年7月15日，公安人员查获该非法加工场时，从加工场内扣押涉案假冒上述两种注册商标的包装盒124 900个、说明书218 900份、标签573 900张、包装盒半成品5800个。

黄某与杨某商量后，由杨某向其提供客户所需hp、canon品牌包装盒的型号和数量，两人将上述产品销售至广州等地。至2014年7月15日被抓时为止，黄某、杨某共销售约价值50万元人民币的上述包装盒、说明书、标签。

另查明，“hp”“canon”商标均已在我国商标局注册，有效期均自2009年至2019年。

问题：案例所涉人员应承担什么法律责任？

【解析】昌信公司、黄某、罗某、肖某等参与伪造“hp”“canon”注册商标标识并予以销售，情节特别严重，其行为均已构成非法制造、销售非法制造的注册商标标识罪；陆某作为昌信公司的法定代表人，是直接负责的主管人员，亦已构成非法制造、销售非法制造的注册商标标识罪，且情节特别严重；杨某无视国家法律，参与销售他人伪造的“hp”“canon”注册商标标识，情节特别严重，其行为已构成销售非法制造的注册商标标识罪；曾某等无视国家法律，参与伪造“hp”“canon”注册商标标识，其行为均已构成非法制造注册商标标识罪。应承担有期徒刑、罚金等刑事责任。

本章小结

本章是经济法的基础理论部分。法是由国家制定或认可，并以国家强制力保证实施的行为规范的总称，其本质是统治阶级意志的体现。法凭借国家强制力的保证而获得普遍遵行的效力，具有国家强制性。法是确定人们在社会关系中的权利和义务的行为规范，具有利导性。法是明确而普遍适用的规范，具有规范性。经济法是指调整国家在调节社会经济活动过程中所形成的各种社会关系的法律规范的总称。作为一个独立的法律部门，经济法的调整对象包括市场主体管理关系、市场运行调控关系、宏观经济调控关系、劳动和社会保障关系。作为法律关系的一种，经济法律关系主体、客体和内容三个构成要素，经济法律关系的产生、变更或者终止是由法律事实引起的，包括法律行为和法律事件两大类。

练习题

一、单选题

1. 下列关于法的规范属性的表述中，正确的有（ ）

A. 法不属于社会规范　　B. 法是技术规范

C. 法是行为规范　　D. 法是道德规范

2. 下列关于法律渊源的表述中，正确的是（ ）

A. 全国人大常委会有权部分修改由全国人大制定的基本法律

B. 部门规章可设定减损公民、法人和其他组织权利或增加其义务的规范

C. 地方性法规是指地方人民政府就地方性事务制定的规范性法律文件的总称

D. 除最高人民法院外，其他国家机关无权解释法律

3. 下列关于各种法律渊源效力层级由高到低的排序中，正确的是（ ）

A. 宪法、行政法规、部门规章、法律

B. 宪法、法律、行政法规、部门规章

C. 宪法、法律、部门规章、行政法规

D. 宪法、行政法规、法律、部门规章

4. 法律规范可以分为授权性规范和义务性规范。根据这一分类标准，下列法律规范中，与“当事人依法可以委托代理人订立合同”属于同一规范类型的是（ ）

A. 中华人民共和国境内经济活动中的垄断行为，适用本法

B. 公司股东依法享有资产收益、参与重大决策和选择管理者等权利

C. 未经证券交易所许可，任何单位和个人不得发布证券交易即时行情

D. 票据的签发、取得和转让，应当遵循诚实信用的原则，具有真实的交易关系和债权债务关系

5. 法律关系的内容是指法律关系主体（ ）

A. 设立的法律规范　　B. 承担的法律责任

C. 承担行为的后果　　D. 享有的权利和承担的义务

6. 甲乙双方签订一份房屋装修合同，由此形成的法律关系客体是（ ）

A. 被装修的房屋

B. 甲乙双方应当收付的款项

C. 乙方承揽的装修劳务行为

D. 甲乙双方分别享有的权利和承担的义务

7. 小明今年3岁,智力正常,但先天腿部残疾。下列关于小明的权利能力和行为能力的表述中,正确的是( )

A. 小明有权利能力,但无行为能力

B. 小明有权利能力,但属于限制行为能力人

C. 小明无权利能力,且属于限制行为能力人

D. 小明既无权利能力,也无行为能力

8. 下列不属于行政处罚的是( )

A. 罚金 B. 吊销许可证 C. 警告 D. 没收违法所得

9. 小凡年满10周岁,精神健康,智力正常。他在学校门口的文具店看中一块橡皮,定价2元,于是用自己的零用钱将其买下。下列关于小凡购买橡皮行为效力的表述中,正确的是( )

A. 小凡是无民事行为能力人,其购买橡皮的行为无效

B. 小凡是无民事行为能力人,其购买橡皮的行为须经法定代理人追认方为有效

C. 小凡是限制民事行为能力人,其购买橡皮的行为有效

D. 小凡是限制民事行为能力人,其购买橡皮的行为须经法定代理人追认方为有效

10. 肖特有音乐天赋,16岁便不再上学,以演出收入为主要生活来源。肖特成长过程中,多有长辈馈赠:7岁时受赠口琴1个,9岁时受赠钢琴1架,15岁时受赠名贵小提琴1把。对肖特行为能力及其受赠行为效力的判断,根据民法相关规定,下列选项正确的是( )

A. 肖特尚不具备完全的民事行为能力

B. 受赠口琴的行为有效

C. 受赠钢琴的行为无效,因与其当时的年龄智力不相当

D. 受赠小提琴的行为无效,因与其当时的年龄智力不相当

二、多选题

1. 以下各项中,可以作为法律关系主体的是( )

A. 财政部 B. 某合伙企业 C. 公民李某 D. 某研究院

2. 甲、乙均为完全民事行为能力人,甲、乙之间的下列约定中,能够产生法律上的权利义务的有( )

A. 甲送给乙一部手机 B. 二人共进晚餐

C. 甲将房屋出租给乙 D. 二人此生不离不弃

3. 下列各项中,属于法律关系主体的有( )

A. 北京大学 B. 中华人民共和国最高人民法院

C. 中国人民保险集团股份有限公司 D. 中国注册会计师协会

4. 下列各项中,属于法律关系客体的有( )

A. 建筑物 B. 自然人的不作为 C. 人格利益 D. 有价证券

5. 下列情形中,属于有效法律行为的是(　)

A. 限制行为能力人甲临终立下遗嘱:“我死后,我的全部财产归大姐。”

B. 甲、乙双方约定,若乙将与甲有宿怨的丙殴伤,甲愿付乙酬金 5000 元

C. 甲因妻子病重,急需医药费,遂向乙筹款。乙提出,可按市场价买下甲的祖传清代青花瓷瓶,甲应允

D. 甲要求乙将车卖给自己,甲的开价乙不满意,甲说交个朋友便宜点,乙按甲的价格将车卖给甲

6. 下列法律事实中,属于法律行为的是(　)

A. 甲乙两公司签订买卖合同　　B. 某医院妇产科新出生三名婴儿

C. 某地遭受洪涝灾害　　D. 甲公司发行股票

7. 下列法律事实中,属于法律事件的是(　)

A. 张某死亡

B. 乙借用甲的电脑,以自己的名义将电脑卖给不知情的丙

C. 张某设立了一家公司

D. 火山喷发引发森林大火

8. 我国法的形式主要有宪法、法律、行政法规、地方性法规、行政规章、国际条约等。下列各项中,属于行政法规的有(　)

A. 国务院发布的《总会计师条例》

B. 国务院发布的《企业财务会计报告条例》

C. 省级人大常委会发布地方会计管理条例

D. 财政部发布的《财政部门实施会计监督办法》

三、案例分析题

1. 小李,15 岁,长相老成,看起来非常成熟,到一摩托车店买摩托车,该店老板不知道小李未成年,将摩托车以 8000 元的价格卖给小李。请问:

(1) 本案合同效力如何?

(2) 小李的法定代理人享有何种权利?

(3) 老板享有何种权利?

2. 甲行政机关依法委托专门从事政府采购代理业务的乙公司代理采购一批专用设备,并授权乙公司与中标供应商签订采购合同。乙公司在与中标供应商签订采购合同时,双方秘密商定,乙公司在若干合同条款上对中标供应商予以照顾,中标供应商作为答谢提供给乙公司一批办公设备。

问题:乙公司代理签订采购合同的行为是否有效,由此给甲行政机关造成的损失应由谁承担责任?

3. 2012 年 7 月 5 日,宏博建材经营部与桃源大众混凝土公司签订《产品购销合同》,约定:宏博建材经营部向桃源大众混凝土公司供应 SY—KS 型多功能抗侵蚀防腐剂和 SY—R 型防腐蚀阻锈剂。宏博建材经营部应于 2012 年 8 月 5 日前交货,桃

源大众混凝土公司应于2012年9月1日前付清全部货款40万元,逾期付款违约金按实际总价款的日千分之一计算,合同有争议由供方所在地人民法院管辖。

问题:宏博建材经营部与桃源大众混凝土公司是否发生了法律关系?如果二者之间发生了法律关系,那么这一法律关系的主体、客体、内容各是什么?引起这项法律关系发生的法律事实是什么?

能力训练

我国《民法典》已于2021年1月1日起施行,届时《民法总则》《收养法》《担保法》《合同法》《物权法》《侵权责任法》等法律制度将同时废止。三个学生在争论新法生效后对于过去发生的案件的效力问题。学生甲认为应当按新法处理,学生乙认为应按旧法处理,学生丙认为如果新法规定更加合理就应该按新法处理。

请谈谈你对这一问题的理解。

第2章 经济活动主体法律制度

知识目标

- 了解经济活动主体和经济法主体、合伙企业、公司的基本概念；
- 了解个人独资企业和合伙企业的设立、财产、事务执行、解散和清算等法律规定；
- 掌握普通合伙人和有限合伙人在权利和义务方面的不同；
- 掌握公司法法律制度的应用。

能力目标

- 能够区分不同类型的企业；
- 能运用公司设立、公司内部治理、股东权利与义务等公司法律制度解决实践问题。

导入案例

西安市大华餐饮有限责任公司（以下简称大华公司）成立于1990年4月5日。2004年5月，大华公司由国有企业改制为有限责任公司，宋某系大华公司员工，出资2万元成为大华公司的自然人股东。大华公司章程第三章“注册资本和股份”第十四条规定：“公司股权不向公司以外的任何团体和个人出售、转让。公司改制一年后，经董事会批准后可在公司内部赠予、转让和继承。持股人死亡或退休经董事会批准后方可继承、转让或由企业收购，持股人若辞职、调离或被辞退、解除劳动合同的，人走股留，所持股份由企业收购……”，第十三章“股东认为需要规定的其他事项”下第六十六条规定：“本章程由全体股东共同认可，自公司设立之日起生效。”该公司章程经大华公司全体股东签名通过。

2006年6月3日，宋某向公司提出解除劳动合同，并申请退出其所持有的公司的 2 万元股份。2006 年 8 月 28 日，经大华公司法定代表人赵某同意，宋某领到退出股金款 2 万元整。2007 年 1 月 8 日，大华公司召开 2006 年度股东大会，大会应到股东 107 人，实到股东 104 人，代表股权占公司股份总数的 93%，会议审议通过了宋某、王某、杭某三名股东退股的申请并决议"其股金暂由公司收购保管，不得参与红利分配"。后宋某以大华公司的回购行为违反法律规定，未履行法定程序且公司法规定股东不得抽逃出资等，请求依法确认其具有大华公司的股东资格。

西安市碑林区人民法院于 2014 年 6 月 10 日作出(2014)碑民初字第 01339 号民事判决，判令：驳回原告宋某要求确认其具有被告西安市大华餐饮有限责任公司股东资格之诉讼请求。一审宣判后，宋某提出上诉。西安市中级人民法院于 2014 年 10 月 10 日作出了(2014)西中民四终字第 00277 号民事判决书，驳回上诉，维持原判。终审宣判后，宋某仍不服，向陕西省高级人民法院申请再审。陕西省高级人民法院于 2015 年 3 月 25 日作出(2014)陕民二审字第 00215 号民事裁定，驳回宋某的再审申请。

公司是构成经济法律关系的重要主体之一，本案例中，大华公司的公司章程中关于"人走股留"的规定，是否违反了《中华人民共和国公司法》的禁止性规定，该章程是否有效？大华公司回购宋某股权是否违反《公司法》的相关规定，大华公司是否构成抽逃出资？要回答这些问题，必须学习以下相关知识。

2.1　经济活动主体与经济法主体

2.1.1　经济活动主体

经济活动主体即参与市场经济的各类营商主体，是一个范围较广的基础性概念，与经济法主体不同，它是指在经济活动中享受权利、承担义务，具有主体资格的个人或者组织。

根据不同的标准，可以对经济活动主体进行不同的分类。

1. 以责任承担是否独立为标准划分

(1) 独立责任主体：作为一个独立的经济活动主体，其对外承担的责任是独立的。

(2) 非独立责任主体：尽管其不作为一个独立的法人组织，但是在法律规定的前提下可以自己的名义相对独立对外开展经营活动，当对外债务不能全部偿还时，由其独立的法人组织承担。

2. 以主体的表现形式为标准划分

(1) 自然人(个人)。

(2) 个体经营户(生产资料归劳动者个人所有，以个体劳动为基础，劳动成果由劳动者个人占有和支配的经营单位)。

(3) 法人单位(包括企业、事业单位、机关、社会团体和其他法人单位)。

(4) 非法人的其他经济组织(依法成立,有一定组织机构和财产,但不具备法人资格的组织)。

3. 以主体的户籍或登记地为标准划分

(1) 境内经济活动主体——境内户籍或境内登记成立。

(2) 境外经济活动主体——境外户籍或境外登记成立。

2.1.2 经济法主体

经济法主体,是指在经济法律关系中享有一定权利、承担一定义务的当事人或参加者。享受经济权利的一方称为权利主体,承担经济义务的一方称为义务主体。经济法调整范围的广泛性,决定了经济法主体范围具有广泛性。经济法主体包括:国家机关、企业、事业单位、社会团体、个体工商户、农村承包经营户、公民等。根据经济法调整领域的不同,可以将经济法主体分为宏观调控法主体和市场规制法主体两类。宏观调控法主体可分为调控主体和受控主体,市场规制法主体可分为规制主体和受制主体。调控法主体主要包括国家发展和改革委员会、财政部、国家税务总局、中国人民银行等;规制法主体主要包括商务部、国家市场监督管理总局等。企业、个人、事业单位、社会团体等都可以成为经济法上的受控主体或受制主体。上述的调控主体与受控主体,规制主体与受制主体的地位不是平等的,其权利、义务和责任也不同。传统民法强调主体在经济能力、认知能力、信息能力等方面的无差别性,因而主体才能够是“平等”的。而在经济法上则正好相反,主要是强调主体的差异性。其中,调控主体与规制主体是主导者,但受控主体和受制主体也具有一定的独立性和主动性,并非完全被动地受控或受制于人。

本章主要介绍公司、合伙企业和个人独资企业,它们是我国最主要也是最典型经济主体,也是经济法中最典型的受控主体。

2.2 公司法律制度

公司是社会经济组织中最重要的一种企业形式,对其行为的规范尤为重要。我国《公司法》是建立社会主义市场经济体制的一部重要法律,它的制定和实施,对于规范公司的组织和行为,保护公司、股东和债权人的合法权益,维护社会经济秩序,促进社会主义市场经济的发展具有举足轻重的作用。

2.2.1 公司法概述

1. 公司的概念和特征

公司是指依法设立的,以营利为目的的企业法人。我国《公司法》第 2 条规定:

"本法所称公司是指依照本法在中国境内设立的有限责任公司和股份有限公司。"这一条强调了两点：一是公司的设立必须是在中国境内，二是我国公司的类型包括有限责任公司和股份有限公司两类。

公司具有以下特征：

(1) 公司具有法人资格。法人是具有民事权利能力和民事行为能力，依法独立享有民事权利和承担民事义务的组织。公司作为市场经济的主体参加经济活动，必须具有独立的财产或独立经营管理的财产，能够以自己的名义享有民事、商事权利并独立承担民事、经济责任。我国《公司法》第 3 条规定：公司是企业法人，有独立的法人财产，享有法人财产权。公司的财产虽然源于股东的投资，但股东一旦将财产投入公司，便丧失了对该财产直接支配的权利，只享有公司的股权，由公司享有对该财产支配的权利，即法人财产权。股东投资到公司的财产需要通过对资本的注册与股东的其他财产明确分开，在公司成立后，股东不得抽逃出资，或者占用公司的资金、财产。公司的法人财产权既是公司作为法人对外承担责任的基础，也是公司对股东履行责任的基础。以其全部财产对公司的债务承担责任。

(2) 公司以营利为目的。投资人出资设立公司的目的是为了从公司经营中取得利润，公司设立的宗旨是通过各种生产经营活动向社会提供产品或服务，满足社会各种需求并获得利润，向股东分配红利。公司本身为营利而活动，而且要求公司应当将利润分配给投资人。公司的营利性特征已为世界上多数国家的公司立法所确认，从而成为公司的基本属性。

(3) 公司的股东承担有限责任。我国《公司法》第 3 条第 2 款规定："有限责任公司的股东以其认缴的出资额为限对公司承担责任；股份有限公司的股东以其认购的股份为限对公司承担责任。"这包括两层意思：①公司的债权人一般情况下不得向公司股东求偿，股东仅以其出资额为限对公司承担责任，而不对公司债权人直接负责，即有限责任公司股东只对公司承担有限责任。例外的情况是，为了防止股东滥用有限责任，《公司法》同时规定了"公司法人人格否认"制度。即公司股东不得滥用公司法人独立地位和股东有限责任损害公司债权人的利益；公司股东滥用公司法人独立地位和股东有限责任，逃避债务，严重损害公司债权人利益的，应当对公司债务承担连带责任。②有限责任公司以其全部资产对公司的债务承担责任。当公司的债务超过其全部资产时，以公司资产为限。

2. 公司的种类

(1) 根据公司股东的责任范围的不同，可以把公司划分为五类：①无限公司，即所有股东无论出资数额多少，均需对公司债务承担无限连带责任的公司；②有限责任公司，所有股东均以其出资额为限对公司债务承担责任的公司；③两合公司，由无限责任股东和有限责任股东共同组成的公司；④股份有限公司，全部资本分为金额相等的股份，所有股东均以其所持股份为限对公司的债务承担责任；⑤股份两合公司，由无限责任股份和有限公司股东共同组成的公司。这种划分方法是对公司进行最基本的划分方法。

(2) 根据公司国籍的不同,可以划分为本国公司、外国公司和跨国公司。

(3) 根据公司在控制与被控制关系中所处地位的不同,可以分为母公司和子公司。母公司是指拥有其他公司一定数额的股份或根据协议,能够控制、支配其他公司的人事、财务、业务等事项的公司。母公司最基本的特征,不在于是否持有子公司的股份,而在于是否参与子公司业务经营。子公司是指一定数额的股份被另一公司控制或依照协议被另一公司实际控制、支配的公司。子公司具有独立法人资格,拥有自己所有的财产,自己的公司名称、章程和董事会,对外独立开展业务和承担责任。但涉及公司利益的重大决策或重大人事安排,仍要由母公司决定。

(4) 根据公司在管辖与被管辖关系中所处地位的不同,可以分为总公司和分公司。总公司又称本公司,是指依法设立并管辖公司全部组织的具有企业法人资格的总机构。总公司通常先于分公司而设立,在公司内部管辖系统中,处于领导、支配地位。分公司是指在业务、资金、人事等方面受本公司管辖而不具有法人资格的分支机构。分公司不具有企业法人资格,其民事责任由本公司承担。

(5) 根据公司的信用基础的不同,可以从学理上将公司分为人合公司、资合公司及人合兼资合公司。公司的经营活动以股东个人的信用而非公司资本的多寡为基础的公司称为人合公司,如无限公司;公司的经营活动以公司的资本规模为基础的称为资合公司,如股份有限公司就是典型的资合公司;公司的设立和经营同时依赖于股东个人信用和公司资本规模的公司,如两合公司。

3. 公司法的概念及主要特征

公司法是规定公司的设置、组织、活动、解散及其对内对外关系,规范公司的组织和行为,保护公司、股东和债权人的合法权益,维护社会经济秩序,促进社会主义市场经济发展的法律规范的总称。1993 年 12 月 29 日,第八届全国人民代表大会常务委员会第五次会议通过《中华人民共和国公司法》,1999 年、2004 年、2005 年、2013 年、2018 年多次修正修订。最高人民法院在 2006 年、2008 年、2010 年、2017 年和 2019 年公布了五个司法解释。

公司法的主要特征:

(1) 从公司法的内容来看,公司法是一种组织法与行为法相结合的法律。公司法既规定了公司的设立条件和程序、公司的组织机构以及公司组织的变更、消灭的条件和程序,又规定了公司的行为规则和对外责任。

(2) 从公司法的体例上看,公司法是一种实体法与程序法相结合的法律。公司法既有公司组织和行为中的实体权利义务的规定,也有大量的法程序法性质规定。因此,公司法既是实体法,又是程序法。《公司法》第 33 条规定:"股东有权查阅、复制公司章程、股东会会议记录、董事会会议决议、监事会会议决议和财务会计报告。股东可以要求查阅公司会计账簿。股东要求查阅公司会计账簿的,应当向公司提出书面请求,说明目的。公司有合理根据认为股东查阅会计账簿有不正当目的，可能损害公司合法利益的，可以拒绝提供查阅，并应当自股东提出书面请求之日起十五日内书面答复股东并说明理由。公司拒绝提供查阅的，股东可以请求人民法院要求公司提供查阅。”该条规定了股东查阅公司会计账簿的权利，这是实体法的体现，同时该条规定了股东查阅公司会计账簿的前置程序，那就要向公司提出请求，在遭到公司拒绝后再向法院起诉实现股东权利。这一点既体现实体性规定又体现了程序性规定。

（3）从公司法的规范性质上看，公司法是一种强制性规范与任意性规范相结合的法律。公司法作为商法的重要组成部分，商事法是一切法律中之最属方式自由的，而同时又是最为方式严格的法律。由于公司法乃是规范商业交易基础的法律，重在追求交易安全，公司组织是否健全，直接与间接与第三人发生利害关系，关系到社会公众的利益，故凡是涉及交易安全的都应以强制性规范加以规定。反之，凡是涉及公司内部经营管理活动的，则应以任意性规范加以规定，给公司必要的自治空间。

2.2.2　有限责任公司的法律规定

1. 公司的设立

1）设立有限责任公司应当具备的条件

（1）股东符合法定人数。有限责任公司由50个以下股东出资设立。

（2）有符合公司章程规定的全体股东认缴的出资额。有限责任公司的注册资本为在公司登记机关登记的全体股东认缴的出资额。法律、行政法规以及国务院决定对有限责任公司注册资本实缴、注册资本最低限额另有规定的，从其规定。股东可以用货币出资，也可以用实物、知识产权、土地使用权等可以用货币估价并可以依法转让的非货币财产作价出资；但是，法律、行政法规规定不得作为出资的财产除外。对作为出资的非货币财产应当评估作价，核实财产，不得高估或者低估作价。法律、行政法规对评估作价有规定的，从其规定。股东不得以劳务、信用、自然人姓名、商誉、特许经营权或者设定担保的财产等作价出资。

（3）股东共同制定公司章程。有限责任公司章程应当载明下列事项：公司名称和住所，公司经营范围，公司注册资本，股东的姓名或者名称，股东的出资方式、出资额和出资时间，公司的机构及其产生办法、职权、议事规则，公司法定代表人，股东会会议认为需要规定的其他事项。股东应当在公司章程上签名、盖章。公司章程对公司、股东、董事、监事、经理具有约束力。

（4）有公司名称，建立符合有限责任公司要求的组织机构。

（5）有公司住所。

2）瑕疵出资的法律责任

股东应当按期足额缴纳公司章程中规定的各自所认缴的出资额。股东以货币出资的，应当将货币出资足额存入有限责任公司在银行开设的账户；以非货币财产出资的，应当依法办理其财产权的转移手续。股东不按规定缴纳出资的，除应当向公司足额缴纳外，还应当向已按期足额缴纳出资的股东承担违约责任。

有限责任公司成立后，发现作为设立公司出资的非货币财产的实际价额显著低于公司章程所定价额的，应当由交付该出资的股东补足其差额；公司设立时的其他股东承担连带责任。

公司成立后，股东不得抽逃出资。公司成立后，公司、股东或者公司债权人以相关股东的行为符合下列情形之一且损害公司权益为由，请求认定该股东抽逃出资的，人民法院应予支持：①制作虚假财务会计报表虚增利润进行分配；②通过虚构债权债务关系将其出资转出；③利用关联交易将出资转出；④其他未经法定程序将出资抽回的行为。

3）股权的取得与证明

股东认足公司章程规定的出资后，由全体股东指定的代表或者共同委托的代理人向公司登记机关报送公司登记申请书、公司章程等文件，申请设立登记。公司登记机关对符合法律规定条件，予以登记，发给公司营业执照，对不符合法律规定条件的，不予登记。公司营业执照签发日期为有限责任公司成立日期。

有限责任公司成立后，应当向股东签发出资证明书。出资证明书应当载明下列事项：①公司名称；②公司成立日期；③公司注册资本；④股东的姓名或者名称、缴纳的出资额和出资日期；⑤出资证明书的编号和核发日期。出资证明书由公司盖章。

有限责任公司应当置备股东名册，记载下列事项：①股东的姓名或者名称及住所；②股东的出资额；③出资证明书编号。记载于股东名册的股东，可以依股东名册主张行使股东权利。公司应当将股东的姓名或者名称向公司登记机关登记；登记事项发生变更的，应当办理变更登记。未经登记或者变更登记的，不得对抗第三人。

小案例

2007年10月，私募股权投资基金“天翼资本”拟对恒信有限责任公司（简称恒信公司）进行股权投资。天翼资本调查发现，恒信公司成立于2006年2月，注册资本为2000万元；有自然人股东甲、乙和法人股东A公司。A公司以现金200万元和500平米办公用房作价1200万元出资；A公司首期缴付了200万元现金，办公用房于2006年6月交付恒信公司使用，但一直未办理过户手续；按照股东协议的约定，A公司应于2006年6月底之前缴付全部出资。基于上述事实，天翼资本认为，A公司的实物出资义务尚未履行完毕。

问题：天翼资本认为A公司的实物出资义务未履行完毕的观点是否成立？

【解析】天翼资本认为 A 公司的实物出资义务未履行完毕的观点成立。根据公司法律制度的规定，出资人以房屋出资，已经交付公司使用但未办理权属变更手续的，不能认定为履行了出资义务。因此，在 A 公司将房屋过户给恒信公司之前，其实物出资义务尚未履行完毕。

2. 有限责任公司的组织机构

1）股东会

股东会的组成及地位。有限责任公司股东会由全体股东组成。股东会是公司的权力机构，依照本法行使职权。

股东会的职权。作为公司权力机构，股东会依法行使下列职权：决定公司的经营方针和投资计划；选举和更换非由职工代表担任的董事、监事，决定有关董事、监事的报酬事项；审议批准董事会的报告；审议批准监事会或者监事的报告；审议批准公司的年度财务预算方案、决算方案；审议批准公司的利润分配方案和弥补亏损方案；对公司增加或者减少注册资本作出决议；对发行公司债券作出决议；对公司合并、分立、解散、清算或者变更公司形式作出决议；修改公司章程；公司章程规定的其他职权。

股东会的议事规则。股东会会议分为定期会议和临时会议。定期会议应当依照公司章程的规定按时召开。代表十分之一以上表决权的股东，三分之一以上的董事，监事会或者不设监事会的公司的监事提议召开临时会议的，应当召开临时会议。

首次股东会会议由出资最多的股东召集和主持。有限责任公司设立董事会的，股东会会议由董事会召集，董事长主持；董事长不能履行职务或者不履行职务的，由副董事长主持；副董事长不能履行职务或者不履行职务的，由半数以上董事共同推举一名董事主持。有限责任公司不设董事会的，股东会会议由执行董事召集和主持。董事会或者执行董事不能履行或者不履行召集股东会会议职责的，由监事会或者不设监事会的公司的监事召集和主持；监事会或者监事不召集和主持的，代表十分之一以上表决权的股东可以自行召集和主持。

召开股东会会议，应当于会议召开十五日前通知全体股东；但是，公司章程另有规定或者全体股东另有约定的除外。股东会应当对所议事项的决定作成会议记录，出席会议的股东应当在会议记录上签名。

股东会会议由股东按照出资比例行使表决权；但是，公司章程另有规定的除外。股东会会议作出修改公司章程、增加或者减少注册资本的决议，以及公司合并、分立、解散或者变更公司形式的决议，必须经代表三分之二以上表决权的股东通过。

2）董事会或执行董事

董事会的组成。有限责任公司设董事会，其成员为三人至十三人，股东人数较少或者规模较小的有限责任公司，可以设一名执行董事，不设董事会。执行董事可以兼任公司经理。执行董事的职权由公司章程规定。两个以上的国有企业或者两个以上的其他国有投资主体投资设立的有限责任公司，其董事会成员中应当有公司职工代表；其他有限责任公司董事会成员中可以有公司职工代表。董事会中的职工代表由公司职工通过职工代表大会、职工大会或者其他形式民主选举产生。董事会设董事长一人，可以设副董事长。董事长、副董事长的产生办法由公司章程规定。

董事任期。董事任期由公司章程规定，但每届任期不得超过三年。董事任期届满，连选可以连任。董事任期届满未及时改选，或者董事在任期内辞职导致董事会成员低于法定人数的，在改选出的董事就任前，原董事仍应当依照法律、行政法规和公司章程的规定，履行董事职务。

董事会职权。董事会对股东会负责，行使下列职权：召集股东会会议，并向股东会报告工作；执行股东会的决议；决定公司的经营计划和投资方案；制定公司的年度财务预算方案、决算方案；制定公司的利润分配方案和弥补亏损方案；制定公司增加或者减少注册资本以及发行公司债券的方案；制定公司合并、分立、解散或者变更公司形式的方案；决定公司内部管理机构的设置；决定聘任或者解聘公司经理及其报酬事项，并根据经理的提名决定聘任或者解聘公司副经理、财务负责人及其报酬事项；制定公司的基本管理制度；公司章程规定的其他职权。

董事会会议的议事规则。董事会会议由董事长召集和主持；董事长不能履行职务或者不履行职务的，由副董事长召集和主持；副董事长不能履行职务或者不履行职务的，由半数以上董事共同推举一名董事召集和主持。董事会应当对所议事项的决定作成会议记录，出席会议的董事应当在会议记录上签名。董事会决议的表决，实行一人一票。

3）经理

有限责任公司可以设经理，由董事会决定聘任或者解聘。经理对董事会负责，行使下列职权：①主持公司的生产经营管理工作，组织实施董事会决议；②组织实施公司年度经营计划和投资方案；③拟订公司内部管理机构设置方案；④拟订公司的基本管理制度；⑤制定公司的具体规章；⑥提请聘任或者解聘公司副经理、财务负责人；⑦决定聘任或者解聘除应由董事会决定聘任或者解聘以外的负责管理人员；⑧董事会授予的其他职权。公司章程对经理职权另有规定的，从其规定。经理列席董事会会议。

4）监事会

监事会的设立与组成。有限责任公司设监事会，其成员不得少于三人。股东人数较少或者规模较小的有限责任公司，可以设一至二名监事，不设监事会。监事会应当包括股东代表和适当比例的公司职工代表，其中职工代表的比例不得低于三分之一，具体比例由公司章程规定。监事会中的职工代表由公司职工通过职工代表大会、职工大会或者其他形式民主选举产生。监事会设主席一人，由全体监事过半数选举产生。监事会主席召集和主持监事会会议；监事会主席不能履行职务或者不履行职务的，由半数以上监事共同推举一名监事召集和主持监事会会议。董事、高级管理人员不得兼任监事。

监事的任期每届为三年。监事任期届满，连选可以连任。监事任期届满未及时改选，或者监事在任期内辞职导致监事会成员低于法定人数的，在改选出的监事就任前，原监事仍应当依照法律、行政法规和公司章程的规定，履行监事职务。

监事会、不设监事会的公司的监事行使下列职权：检查公司财务；对董事、高级管理人员执行公司职务的行为进行监督，对违反法律、行政法规、公司章程或者股东会决议的董事、高级管理人员提出罢免的建议；当董事、高级管理人员的行为损害公司的利益时，要求董事、高级管理人员予以纠正；提议召开临时股东会会议，在董事会不履行法律规定的召集和主持股东会会议职责时召集和主持股东会会议；向股东会会议提出提案；依照我国《公司法》第151条的规定，对董事、高级管理人员提起诉讼；公司章程规定的其他职权。

监事可以列席董事会会议，并对董事会决议事项提出质询或者建议。监事会、不设监事会的公司的监事发现公司经营情况异常，可以进行调查；必要时，可以聘请会计师事务所等协助其工作，费用由公司承担。

监事会的会议制度。监事会每年度至少召开一次会议，监事可以提议召开临时监事会会议。监事会的议事方式和表决程序，除本法有规定的外，由公司章程规定。监事会决议应当经半数以上监事通过。监事会应当对所议事项的决定作成会议记录，出席会议的监事应当在会议记录上签名。

3. 一人有限责任公司

一人有限责任公司，是指只有一个自然人股东或者一个法人股东的有限责任公司。一人有限责任公司的设立和组织机构，适用特别规定。这些特别规定具体包括以下几个方面：

(1) 一个自然人只能投资设立一个一人有限责任公司。该一人有限责任公司不能投资设立新的一人有限责任公司。

(2) 一人有限责任公司应当在公司登记中注明自然人独资或者法人独资，并在公司营业执照中载明。

(3) 一人有限责任公司不设股东会。股东作出《公司法》第37条第1款所列决定时，即公司经营方针和投资计划的决定，应当采用书面形式，并由股东签名后置备于公司。

(4) 一人有限责任公司应当在每一会计年度终了时编制财务会计报告，并经会计师事务所审计。

(5) 一人有限责任公司的股东不能证明公司财产独立于股东自己的财产的，应当对公司债务承担连带责任。

4. 国有独资公司

国有独资公司，是指国家单独出资、由国务院或者地方人民政府授权本级人民政府国有资产监督管理机构履行出资人职责的有限责任公司。

(1) 国有独资公司的章程。国有独资公司章程由国有资产监督管理机构制定，或者由董事会制定报国有资产监督管理机构批准。

(2) 国有独资公司股东权的行使。国有独资公司不设股东会，由国有资产监督管理机构行使股东会职权。国有资产监督管理机构可以授权公司董事会行使股东会的部分职权，决定公司的重大事项，但公司的合并、分立、解散、增加或者减少注册资本和发行公司债券，必须由国有资产监督管理机构决定；其中，重要的国有独资公司合并、分立、解散、申请破产的，应当由国有资产监督管理机构审核后，报本级人民政府批准。上述所称重要的国有独资公司，按照国务院的规定确定。

(3) 国有独资公司的董事会。国有独资公司设董事会，董事每届任期不得超过三年。董事会成员中应当有公司职工代表。董事会成员由国有资产监督管理机构委派；但是，董事会成员中的职工代表由公司职工代表大会选举产生。董事会设董事长一人，可以设副董事长。董事长、副董事长由国有资产监督管理机构从董事会成员中指定。

(4) 国有独资公司的经理。国有独资公司设经理，由董事会聘任或者解聘。经国有资产监督管理机构同意，董事会成员可以兼任经理。

(5) 国有独资公司高层人员的兼职禁止。国有独资公司的董事长、副董事长、董事、高级管理人员，未经国有资产监督管理机构同意，不得在其他有限责任公司、股份有限公司或者其他经济组织兼职。

(6) 国有独资公司的监事会。国有独资公司监事会成员不得少于5人，其中职工代表的比例不得低于三分之一，具体比例由公司章程规定。监事会成员由国有资产监督管理机构委派；但是，监事会成员中的职工代表由公司职工代表大会选举产生。监事会主席由国有资产监督管理机构从监事会成员中指定。

5. 有限责任公司的股权转让

(1) 有限责任公司股权转让的一般规定。①有限责任公司的股东之间可以相互转让其全部或者部分股权。②股东向股东以外的人转让股权，应当经其他股东过半数同意。股东应就其股权转让事项书面通知其他股东征求同意，其他股东自接到书面通知之日起满30日未答复的，视为同意转让。其他股东半数以上不同意转让的，不同意的股东应当购买该转让的股权；不购买的，视为同意转让。经股东同意转让的股权，在同等条件下，其他股东有优先购买权。两个以上股东主张行使优先购买权的，协商确定各自的购买比例；协商不成的，按照转让时各自的出资比例行使优先购买权。对“同等条件”的判断包括转让股权的数量、价格、支付方式及期限等因素。公司章程对股权转让另有规定的，从其规定。③人民法院依照法律规定的强制执行程序转让股东的股权时，应当通知公司及全体股东，其他股东在同等条件下有优先购买权。其他股东自人民法院通知之日起满20日不行使优先购买权的，视为放弃优先购买权。

转让股权后，公司应当注销原股东的出资证明书，向新股东签发出资证明书，并相应修改公司章程和股东名册中有关股东及其出资额的记载。对公司章程的该项修改不需再由股东会表决。

(2) 异议股东股份回购请求权。有下列情形之一的，对股东会该项决议投反对票的股东可以请求公司按照合理的价格收购其股权：①公司连续五年不向股东分配利润，而公司该五年连续盈利，并且符合本法规定的分配利润条件的；②公司合并、分立、转让主要财产的；③公司章程规定的营业期限届满或者章程规定的其他解散事由出现，股东会会议通过决议修改章程使公司存续的。

自股东会会议决议通过之日起 60 日内，股东与公司不能达成股权收购协议的，股东可以自股东会会议决议通过之日起 90 日内向人民法院提起诉讼。

(3) 自然人股东资格的继承

自然人股东死亡后，其合法继承人可以继承股东资格；但是，公司章程另有规定的除外。

2.2.3　股份有限公司的法律规定

1. 股份有限公司的设立

股份有限公司的设立，可以采取发起设立或者募集设立的方式。发起设立，是指由发起人认购公司应发行的全部股份而设立公司。募集设立，是指由发起人认购公司应发行股份的一部分，其余股份向社会公开募集或者向特定对象募集而设立公司。

1) 设立条件

设立股份有限公司，应当具备下列条件：

(1) 发起人符合法定人数。设立股份有限公司，应当有 2 人以上 200 人以下为发起人，其中须有半数以上的发起人在中国境内有住所。

(2) 有符合公司章程规定的全体发起人认购的股本总额或者募集的实收股本总额。股份有限公司采取发起设立方式设立的，注册资本为在公司登记机关登记的全体发起人认购的股本总额。在发起人认购的股份缴足前，不得向他人募集股份。股份有限公司采取募集方式设立的，注册资本为在公司登记机关登记的实收股本总额。法律、行政法规以及国务院决定对股份有限公司注册资本实缴、注册资本最低限额另有规定的，从其规定。

(3) 股份发行、筹办事项符合法律规定。

(4) 发起人制定公司章程，采用募集方式设立的经创立大会通过。

(5) 有公司名称，建立符合股份有限公司要求的组织机构。股份有限公司章程应当载明下列事项：公司名称和住所；公司经营范围；公司设立方式；公司股份总数、每股金额和注册资本；发起人的姓名或者名称、认购的股份数、出资方式和出资时间；董事会的组成、职权和议事规则；公司法定代表人；监事会的组成、职权和议事规则；公司利润分配办法；公司的解散事由与清算办法；公司的通知和公告办法；股东大会会议认为需要规定的其他事项。

(6) 有公司住所。

2）设立程序

发起设立的程序。以发起设立方式设立股份有限公司的，发起人应当书面认足公司章程规定其认购的股份，并按照公司章程规定缴纳出资。以非货币财产出资的，应当依法办理其财产权的转移手续。发起人不依照前述规定缴纳出资的，应当按照发起人协议承担违约责任。发起人认足公司章程规定的出资后，应当选举董事会和监事会，由董事会向公司登记机关报送公司章程以及法律、行政法规规定的其他文件，申请设立登记。

募集设立的程序。以募集设立方式设立股份有限公司的，发起人认购的股份不得少于公司股份总数的35%；但是，法律、行政法规另有规定的，从其规定。

发起人向社会公开募集股份，必须公告招股说明书，并制作认股书。招股说明书应当附有发起人制定的公司章程，并载明下列事项：发起人认购的股份数；每股的票面金额和发行价格；无记名股票的发行总数；募集资金的用途；认股人的权利、义务；本次募股的起止期限及逾期未募足时认股人可以撤回所认股份的说明。

发起人向社会公开募集股份，应当由依法设立的证券公司承销，签订承销协议。

发起人向社会公开募集股份，应当同银行签订代收股款协议。代收股款的银行应当按照协议代收和保存股款，向缴纳股款的认股人出具收款单据，并负有向有关部门出具收款证明的义务。

发行股份的股款缴足后，必须经依法设立的验资机构验资并出具证明。发起人应当自股款缴足之日起30日内主持召开公司创立大会。创立大会由发起人、认股人组成。发行的股份超过招股说明书规定的截止期限尚未募足的，或者发行股份的股款缴足后，发起人在30日内未召开创立大会的，认股人可以按照所缴股款并加算银行同期存款利息，要求发起人返还。

发起人应当在创立大会召开15日前将会议日期通知各认股人或者予以公告。创立大会应有代表股份总数过半数的发起人、认股人出席，方可举行。创立大会行使下列职权：①审议发起人关于公司筹办情况的报告；②通过公司章程；③选举董事会成员；④选举监事会成员；⑤对公司的设立费用进行审核；⑥对发起人用于抵作股款的财产的作价进行审核；⑦发生不可抗力或者经营条件发生重大变化直接影响公司设立的，可以作出不设立公司的决议。创立大会对上述所列事项作出决议，必须经出席会议的认股人所持表决权过半数通过。

发起人、认股人缴纳股款或者交付抵作股款的出资后，除未按期募足股份、发起人未按期召开创立大会或者创立大会决议不设立公司的情形外，不得抽回其股本。

董事会应于创立大会结束后30日内，向公司登记机关报送下列文件，申请设立登记：①公司登记申请书；②创立大会的会议记录；③公司章程；④验资证明；⑤法定代表人、董事、监事的任职文件及其身份证明；⑥发起人的法人资格证明或者自然人身份证明；⑦公司住所证明。以募集方式设立股份有限公司公开发行股票的，还应当向公司登记机关报送国务院证券监督管理机构的核准文件。

3）出资不足的补充

股份有限公司成立后，发起人未按照公司章程的规定缴足出资的，应当补缴；其他发起人承担连带责任。股份有限公司成立后，发现作为设立公司出资的非货币财产的实际价额显著低于公司章程所定价额的，应当由交付该出资的发起人补足其差额；其他发起人承担连带责任。

4）发起人的责任

股份有限公司的发起人应当承担下列责任：①公司不能成立时，对设立行为所产生的债务和费用负连带责任；②公司不能成立时，对认股人已缴纳的股款，负返还股款并加算银行同期存款利息的连带责任；③在公司设立过程中，由于发起人的过失致使公司利益受到损害的，应当对公司承担赔偿责任。

2. 股份有限公司的组织机构

1）股东大会

股东大会的性质和职权。股份有限公司股东大会由全体股东组成。股东大会是公司的权力机构。《公司法》关于有限责任公司股东会职权的规定，适用于股份有限公司股东大会。

股东大会的议事规则。股东大会应当每年召开一次年会。有下列情形之一的，应当在两个月内召开临时股东大会：①董事人数不足本法规定人数或者公司章程所定人数的三分之二时；②公司未弥补的亏损达实收股本总额三分之一时；③单独或者合计持有公司百分之十以上股份的股东请求时；④董事会认为必要时；⑤监事会提议召开时；⑥公司章程规定的其他情形。

股东大会会议由董事会召集，董事长主持。召开股东大会会议，应当将会议召开的时间、地点和审议的事项于会议召开 20 日前通知各股东；临时股东大会应当于会议召开 15 日前通知各股东。

股东出席股东大会会议，所持每一股份有一表决权。但是，公司持有的本公司股份没有表决权。股东大会作出决议，必须经出席会议的股东所持表决权过半数通过。但是，股东大会作出修改公司章程、增加或者减少注册资本的决议，以及公司合并、分立、解散或者变更公司形式的决议，必须经出席会议的股东所持表决权的三分之二以上通过。

小案例

乙持有 A 公司股份总额达到 3%。A 公司公告拟于 2010 年 4 月 1 日召开年度股东大会。2010 年 3 月 24 日，乙向 A 公司董事会书面提出年度股东大会临时提案，要求罢免甲的董事职务。A 公司董事会当即拒绝将该临时提案列为年度股东大会审议事项。3 月 25 日，乙联合持有 A 公司股份总额 8%的股东张某，共同公告拟于 4

月1日在同一地点召开A公司临时股东大会。4月1日,A公司的两个“股东大会”在同一酒店同时召开。出席“年度股东大会”的股东所持A公司股份总额为35%;出席“临时股东大会”的股东所持A公司股份总额为40%。后者通过了对甲的董事罢免案,并选举乙为A公司董事。

问题:(1)乙提出的临时提案是否应被列为A公司年度股东大会审议事项?(2)4月1日,乙与股东张某共同召集A公司临时股东大会的程序是否合法?

【解析】乙的临时提案不应当列入股东大会审议事项。根据规定,单独或者合计持有公司3%以上股份的股东,可以在股东大会召开10日前提出临时提案并书面提交董事会;董事会应当在收到提案后两日内通知其他股东,并将该临时提案提交股东大会审议。题目中乙的提案不是“在股东大会召开10日前提出”,所以不应列入股东大会审议事项。

乙与股东张某共同召集A公司临时股东大会的程序不合法。根据公司法律制度的规定,临时股东大会应当于会议召开15日前通知各股东。乙发出通知的时间距临时股东大会召开不足15日。

2）董事会

董事会的构成。股份有限公司设董事会,其成员为5至19人。董事会成员中可以有公司职工代表。董事会中的职工代表由公司职工通过职工代表大会、职工大会或者其他形式民主选举产生。《公司法》关于有限责任公司董事任期及职权的规定,适用于股份有限公司董事会。

董事会设董事长一人,可以设副董事长。董事长和副董事长由董事会以全体董事的过半数选举产生。

董事会会议的召集。董事会每年度至少召开两次会议,每次会议应当于会议召开10日前通知全体董事和监事。代表十分之一以上表决权的股东、三分之一以上董事或者监事会,可以提议召开董事会临时会议。董事长应当自接到提议后10日内,召集和主持董事会会议。董事会召开临时会议,可以另定召集董事会的通知方式和通知时限。

董事会会议的议事规则。董事会会议应有过半数的董事出席方可举行。董事会作出决议,必须经全体董事的过半数通过。董事会决议的表决,实行一人一票。

董事会会议的出席及责任承担。董事会会议,应由董事本人出席;董事因故不能出席,可以书面委托其他董事代为出席,委托书中应载明授权范围。董事会应当对会议所议事项的决定作成会议记录,出席会议的董事应当在会议记录上签名。董事应当对董事会的决议承担责任。董事会的决议违反法律、行政法规或者公司章程、股东大会决议,致使公司遭受严重损失的,参与决议的董事对公司负赔偿责任。但经证明在表决时曾表明异议并记载于会议记录的,该董事可以免除责任。

3）经理的设立与职权

股份有限公司设经理，由董事会决定聘任或者解聘。经理对董事会负责，《公司法》中关于有限责任公司经理职权的规定，适用于股份有限公司经理。

4）监事会

监事会的组成及任期。股份有限公司设监事会，其成员不得少于 3 人。监事会应当包括股东代表和适当比例的公司职工代表，其中职工代表的比例不得低于三分之一，具体比例由公司章程规定。监事会中的职工代表由公司职工通过职工代表大会、职工大会或者其他形式民主选举产生。监事会设主席一人，可以设副主席。监事会主席和副主席由全体监事过半数选举产生。监事会主席召集和主持监事会会议；监事会主席不能履行职务或者不履行职务的，由监事会副主席召集和主持监事会会议；监事会副主席不能履行职务或者不履行职务的，由半数以上监事共同推举一名监事召集和主持监事会会议。董事、高级管理人员不得兼任监事。《公司法》关于有限责任公司监事任期及职权的规定，适用于股份有限公司监事。

监事会的会议制度。监事会每 6 个月至少召开一次会议。监事可以提议召开临时监事会会议。监事会的议事方式和表决程序，除本法有规定的外，由公司章程规定。监事会决议应当经半数以上监事通过。监事会应当对所议事项的决定作成会议记录，出席会议的监事应当在会议记录上签名。

5）上市公司的特别规定

上市公司是指其股票在证券交易所上市交易的股份有限公司。

上市公司特别事项的通过。上市公司在一年内购买、出售重大资产或者担保金额超过公司资产总额百分之三十的，应当由股东大会作出决议，并经出席会议的股东所持表决权的三分之二以上通过。

独立董事。上市公司设独立董事，具体办法由国务院规定。

董事会秘书。上市公司设董事会秘书，负责公司股东大会和董事会会议的筹备、文件保管以及公司股东资料的管理，办理信息披露事务等事宜。

会议决议的关联关系董事不得表决。上市公司董事与董事会会议决议事项所涉及的企业有关联关系的，不得对该项决议行使表决权，也不得代理其他董事行使表决权。该董事会会议由过半数的无关联关系董事出席即可举行，董事会会议所作决议须经无关联关系董事过半数通过。出席董事会的无关联关系董事人数不足 3 人的，应将该事项提交上市公司股东大会审议。

3. 股份有限公司的股份发行和转让

1）股份发行

股份有限公司的资本划分为股份，每一股的金额相等。公司的股份采取股票的形式。股票是公司签发的证明股东所持股份的凭证。股份的发行，实行公平、公正的原则，同股同权，同股同利。

股票发行价格可以按票面金额，也可以超过票面金额，但不得低于票面金额。

公司发行的股票，可以为记名股票，也可以为无记名股票。公司向发起人、法人发行的股票，应当为记名股票，并应当记载该发起人、法人的名称或者姓名，不得另立户名或者以代表人姓名记名。

公司发行新股，必须依照公司法规定的条件和程序进行。

2）股份转让

股东持有的股份可以依法转让。股东转让其股份，应当在依法设立的证券交易场所进行或者按照国务院规定的其他方式进行。这里着重介绍股份有限公司股份转让的限制性规定。

对发起人转让股份的限制。发起人持有的本公司股份，自公司成立之日起一年内不得转让。

对非公开发行股份转让的限制。公司公开发行股份前已发行的股份，自公司股票在证券交易所上市交易之日起一年内不得转让。

对董事、监事、高管转让股份的限制。公司董事、监事、高级管理人员应当向公司申报所持有的本公司的股份及其变动情况，在任职期间每年转让的股份不得超过其所持有本公司股份总数的 25%；所持本公司股份自公司股票上市交易之日起一年内不得转让。上述人员离职后半年内，不得转让其所持有的本公司股份。公司章程可以对公司董事、监事、高级管理人员转让其所持有的本公司股份作出其他限制性规定。

对公司收购自身股份及质押的限制。为促进公司建立长效激励机制、提升上市公司质量、稳定资本市场预期，2018 年 10 月 26 日第十三届全国人民代表大会常务委员会第六次会议对《公司法》第 142 条做了修改，进一步完善了股份回购制度。

一是补充完善允许股份回购的情形。公司不得收购本公司股份。但是，有下列情形之一的除外：①减少公司注册资本；②与持有本公司股份的其他公司合并；③将股份用于员工持股计划或者股权激励；④股东因对股东大会作出的公司合并、分立决议持异议，要求公司收购其股份；⑤将股份用于转换上市公司发行的可转换为股票的公司债券；⑥上市公司为维护公司价值及股东权益所必需。

二是适当简化股份回购的决策程序。公司因前款第①、②项规定的情形收购本公司股份的，应当经股东大会决议；公司因前款第③、⑤、⑥项规定的情形收购本公司股份的，可以依照公司章程的规定或者股东大会的授权，经三分之二以上董事出席的董事会会议决议。

三是提高公司持有本公司股份的数额上限，延长公司持有所回购股份的期限。公司收购本公司股份后，属于第①项情形的，应当自收购之日起 10 日内注销；属于第②、④项情形的，应当在 6 个月内转让或者注销；属于第③、⑤、⑥项情形的，公司合计持有的本公司股份数不得超过本公司已发行股份总额的 10%，并应当在 3 年内转让或者注销。

四是补充上市公司股份回购的规范要求。上市公司收购本公司股份的，应当依照《中华人民共和国证券法》的规定履行信息披露义务。上市公司因本条第一款第③、⑤、⑥项规定的情形收购本公司股份的，应当通过公开的集中交易方式进行。

为了防止变相违规收购本公司股份，《公司法》第142条规定："公司不得接受本公司的股票作为质押权的标的。"

小案例

某股份有限公司于2018年3月28日召开董事会会议，该次会议召开情况及讨论的有关问题如下：①公司董事会由7名董事组成。出席该次会议的董事有董事王某、张某、李某、陈某；董事何某、孙某、肖某因事不能出席会议，其中：孙某电话委托董事王某代为出席会议并表决，肖某委托董事会秘书杨某代为出席会议并表决。②根据总经理提名，出席本次会议的董事讨论并一致同意，聘任顾某为公司财务负责人，并决定给予顾某年薪10万元；董事会会议讨论通过了公司内部机构设置的方案，表决时，董事张某反对，其他董事表示同意。③该次董事会会议记录，由出席董事会会议的全体董事和列席会议的监事签名后存档。

问题：(1)根据案例中①所述内容，出席该次董事会会议的董事人数是否符合规定？董事孙某、肖某委托他人出席该次董事会会议是否有效？

(2)根据案例中②所述内容，董事会通过的两项决议是否符合规定？

(3)指出案例中③所述内容中不规范之处。

【解析】(1)出席该次董事会会议的董事人数符合规定。根据《公司法》的规定，董事会会议应有过半数的董事出席方可举行。董事孙某电话委托董事王某代为出席会议并表决不符合规定。根据《公司法》的规定，董事因故不能出席董事会会议时，可以书面委托其他董事代为出席。董事肖某委托董事会秘书杨某代为出席会议并表决不符合规定。根据《公司法》的规定，董事因故不能出席董事会会议时，只能委托其他董事出席，而不能委托董事之外的人代为出席。

(2)首先，出席本次董事会会议的董事讨论并一致通过的聘任财务负责人并决定其报酬的决议符合规定。根据《公司法》的规定，该事项属于董事会职权范围。其次，批准公司内部设置方案不符合规定。根据《公司法》的规定，董事会作出决议必须经全体董事的过半数通过。公司董事由7人组成，董事张某反对，何某未出席，孙某、肖某委托不合法，实际只有3名董事同意，未达到全体董事的过半数。

(3)该次会议记录无须列席会议的监事签名。根据《公司法》的规定，董事会应当对会议所议事项的决定作成会议记录，出席会议的董事应当在会议记录上签名。

2.2.4 公司董事、监事、高级管理人员制度

1. 公司董事、监事、高级管理人员的资格

高级管理人员，是指公司的(总)经理、副(总)经理、财务负责人、上市公司董事会秘书和公司章程规定的其他人员。我国《公司法》第146条规定了高管人员的资格禁止:有下列情形之一的，不得担任公司的董事、监事、高级管理人员:①无民事行为能力或者限制民事行为能力。②因贪污、贿赂、侵占财产、挪用财产或者破坏社会主义市场经济秩序，被判处刑罚，执行期满未逾5年;或者因犯罪被剥夺政治权利，执行期满未逾5年。③担任破产清算的公司、企业的董事或者厂长、经理，对该公司、企业的破产负有个人责任的，自该公司、企业破产清算完结之日起未逾3年。④担任因违法被吊销营业执照、责令关闭的公司、企业的法定代表人，并负有个人责任的，自该公司、企业被吊销营业执照之日起未逾3年。⑤个人所负数额较大的债务到期未清偿。

公司违反前述规定选举、委派董事、监事或者聘任高级管理人员的，该选举、委派或者聘任无效。董事、监事、高级管理人员在任职期间出现上述所列情形的，公司应当解除其职务。

2. 公司董事、监事、高级管理人员的义务

董事、监事、高级管理人员应当遵守法律、行政法规和公司章程，对公司负有忠实义务和勤勉义务。董事、监事、高级管理人员不得利用职权收受贿赂或者其他非法收入，不得侵占公司的财产。

1) 忠实义务

忠实义务是指董事、监事、高级管理人员在执行公司业务时所承担的以公司利益作为自已行为和行动的最高准则，不得追求自己和他人利益的义务。公司董事、监事、高级管理人员不得利用职权收受贿赂或者其他非法收入，不得侵占公司的财产。公司董事、高级管理人员不得有下列行为:

(1) 挪用公司资金;

(2) 将公司资金以其个人名义或者以其他个人名义开立账户存储;

(3) 违反公司章程的规定，未经股东(大)会或者董事会同意，将公司资金借贷给他人或者以公司财产为他人提供担保;

(4) 违反公司章程的规定或者未经股东(大)会同意，与本公司订立合同或者进行交易;

(5) 未经股东(大)会同意，利用职务便利为自己或者他人谋取属于公司的商业机会，自营或者为他人经营与所任职公司同类的业务;

(6) 接受他人与公司交易的佣金归为己有;

(7) 擅自披露公司秘密;

(8) 违反对公司忠实义务的其他行为。

公司董事、高级管理人员违反上述规定所得的收入应当归公司所有;给公司造成

损失的，应承担公司所有赔偿责任(表 2-1)。

表 2-1　各类与本企业交易和从事相竞争的业务限制的区别

	与本企业交易	从事相竞争的业务
普通合伙人	除合伙协议另有约定或者经全体合伙人一致同意，普通合伙人不得同本合伙企业进行交易	普通合伙人不得自营或者同他人合作经营与本合伙企业相竞争的业务(绝对不得)
有限合伙人	有限合伙人可以同本有限合伙企业进行交易；但是，合伙协议另有约定的除外	有限合伙人可以自营或者同他人合作经营与本有限合伙企业相竞争的业务；但是，合伙协议另有约定的除外
公司董事、高管	不得违反公司章程的规定或者未经股东(大)会同意，与本公司订立合同或者进行交易	不得未经股东(大)会同意，自营或者为他人经营与所任职公司同类的业务

2）勤勉义务

勤勉义务，也称注意义务或审慎义务，是指董事、监事、高级管理人员在处理公司事务时能像处理个人事务时那么认真和尽力。即董事、监事、高级管理人员在作为业务执行者和经营者处理公司事务时，应当怀有善意，并从公司的最大利益出发来考虑问题。

商业判断规则。公司管理者在执行公司职务时应当勤勉尽责；但只要公司管理者在决策时没有利益冲突，是在当时掌握的信息和认知条件下作出的诚实、善意的决策，即使该决策事后被证明是失败的，也不能追究其责任。

公司董事、监事、高级管理人员执行公司职务时违反法律、行政法规或者公司章程规定，给公司造成损失的，应当承担赔偿责任。

公司股东(大)会要求董事、监事、高级管理人员列席会议的，董事、监事、高级管理人员应当列席并接受股东的质询。董事、高级管理人员应当如实向监事会或者不设监事会的有限责任公司的监事提供有关情况和资料，不得妨碍监事会或者监事行使职权。

3. **股东诉讼**

1）股东直接诉讼

对于董事、高级管理人员违反规定损害股东利益的行为，我国《公司法》第 152 条规定："董事、高级管理人员违反法律、行政法规或者公司章程的规定，损害股东利益的，股东可以向人民法院提起诉讼。"

2）股东代表诉讼

股东代表诉讼，又称派生诉讼、股东代位诉讼，是指当公司董事、监事、高级管理人员或其他人的行为使公司的合法权益受到不法侵害，而公司拒绝或怠于起诉时，公司的股东即以自己的名义起诉、所获赔偿归于公司的一种诉讼制度。

根据我国《公司法》第 151 条规定，董事、高级管理人员的行为给公司造成损失时，有限责任公司的股东、股份有限公司连续 180 日以上单独或者合计持有公司 1%以上股份的股东，可以书面请求监事会或者不设监事会的有限责任公司的监事向人民法院提起诉讼；监事的行为给公司造成损失时，有限责任公司的股东、股份有限公司连续 180 日以上单独或者合计持有公司 1%以上股份的股东，可以书面请求董事会或者不设董事会的有限责任公司的执行董事向人民法院提起诉讼。监事会、不设监事会的有限责任公司的监事，或者董事会、执行董事收到前述股东书面请求后拒绝提起诉讼，或者自收到请求之日起 30 日内未提起诉讼，或者情况紧急、不立即提起诉讼将会使公司利益受到难以弥补的损害的，前述股东有权为了公司的利益以自己的名义直接向人民法院提起诉讼。他人侵犯公司合法权益，给公司造成损失的，有限责任公司的股东、股份有限公司连续 180 日以上单独或者合计持有公司 1%以上股份的股东，可以通过监事会或监事、董事会或执行董事向人民法院提起诉讼，或者直接向人民法院提起诉讼（表 2-2）。

表 2-2　股东直接诉讼和股东代表诉讼

<table>
<tr><th></th><th>侵害对象</th><th>侵权人</th><th>程序</th><th>起诉股东资格</th><th>名义</th></tr>
<tr><td>股东直接诉讼</td><td>侵害个别股东利益</td><td>董事、高管</td><td>股东直接提起</td><td>权利受侵害的股东</td><td rowspan="4">以股东自己的名义起诉</td></tr>
<tr><td rowspan="3">股东代表诉讼</td><td rowspan="3">侵害公司利益</td><td>董事、高管</td><td>监事会——股东</td><td rowspan="3">(1)有限责任公司:股东
(2)股份有限公司:连续 180 日以上单独或合计持有公司 1%以上股份的股东</td></tr>
<tr><td>监事</td><td>董事会——股东</td></tr>
<tr><td>公司董监高以外的其他人</td><td>董事会或者监事会——股东</td></tr>
</table>

小案例

赵某、甲公司均为乙公司的股东，分别持有乙公司 20%、2.5%股权份额。乙公司于 2015 年 3 月 10 日与丁集团公司签订《股权转让协议书》，其上载明丙物流公司于 2000 年 2 月 1 日成立，注册资金为人民币 16000 万元，现由乙公司独自经营，占 100%股权。乙公司愿意将其占有丙物流公司 100%股权以人民币 1 元转让给丁集团公司。

乙公司转让涉案股权时，郑某系乙公司的法定代表人、总经理、执行董事及大股东，同时又是丁集团公司的董事长、法定代表人及股东；还是丙物流公司的法定代表人。对该转让股权的价值，未经过评估、审计确定或有相应财务报表相印证。而据工商登记资料显示，丙物流公司的注册资本已达 16000 万元。

赵某、甲公司认为乙公司的股东郑某擅自不当转移乙公司的重大资产至丁集团公司名下,而且无证据显示1元对价已支付,该行为损害了乙公司、乙公司股东及债权人的合法权益,因此提起股东代表诉讼,诉请郑某及丁集团公司向乙公司返还所持丙物流公司的100%股权。郑某主张乙公司从未就案涉股权转让提出过异议,股权转让协议有效。

问题:赵某、甲公司是否有权提起诉讼?其诉讼请求是否应当得到支持?

【解析】该案系损害公司利益责任纠纷。

(1)根据我国《公司法》关于股东代表诉讼的规定,赵某、甲公司作为乙公司的股东,应书面请求乙公司的董事会或执行董事、监事会或监事代表乙公司提起诉讼,如果上述董事会或监事会收到请求之日起30日内未提起诉讼,赵某、甲公司作为乙公司的股东有权以自己的名义提起该案股东代表诉讼。

(2)我国《公司法》规定,董事、监事、高级管理人员应当遵守法律、行政法规和公司章程,对公司负有忠实义务和勤勉义务。该案的股权转让行为发生时,郑某既是乙公司的法定代表人、总经理、执行董事及大股东,又是丁集团公司的董事长、法定代表人及股东,并担任丙物流公司的法定代表人。郑某主张乙公司从未就案涉股权转让提出过异议,乙公司未提出异议不能等同于乙公司的股东对案涉股权转让交易的默示同意。郑某作为乙公司法定代表人,在从事将涉案股权无偿转让给其担任法定代表人的丁集团公司的关联交易时,并未征得乙公司股东赵某、甲公司的同意,违反了其作为乙公司高级管理人员依法应当遵守的忠实勤勉义务;郑某与丁集团公司恶意串通,损害乙公司利益的行为,依法应当认定为无效。丁集团公司依该无效行为所获取的原乙公司名下的丙物流公司100%股权,依法应予返还。

2.2.5 公司债券的法律规定

1. 公司债券的含义和特征

我国《公司法》第153条规定,公司债券,是指公司依照法定程序发行、约定在一定期限还本付息的有价证券。公司债券有以下特征:

(1)公司债券的发行主体只限于股份有限公司、国有独资公司和两个以上的国有企业或者两个以上的国有投资主体设立的有限责任公司,其他任何人都不能发行公司债券。

(2)公司债券是一种有价证券,是持有人拥有一定财产的证明。

(3)公司债券注有还本付息日期。

(4)公司债券须依法定程序发行。

(5)发行公司债券募集的资金必须用于审批机关批准的用途,不得用于弥补亏损和非生产性支出。

2. 发行公司债券的条件

《公司法》第153条规定,公司发行公司债券应当符合《中华人民共和国证券法》

规定的发行条件。

发行公司债券应具备以下条件：

(1) 股份有限公司的净资产不低于人民币 3000 万元，有限责任公司的净资产不低于人民币 6000 万元。目的是保证发行债券的公司要有足够的偿还能力。

(2) 累计债券余额不超过公司净资产的 40%。

(3) 最近 3 年平均可分配利润足以支付公司债券 1 年的利息。

(4) 筹集的资金投向符合国家产业政策。

(5) 债券的利率不超过国务院限定的利率水平。

(6) 国务院规定的其他条件。

我国《证券法》第 18 条规定：有下列情形之一的，不得再次公开发行公司债券：①前一次公开发行的公司债券尚未募足；②对已公开发行的公司债券或者其他债务有违约或者延迟支付本息的事实，仍处于继续状态；③违反我国《证券法》规定，改变公开发行公司债券所募资金的用途。

3. 公司债券的管理与转让

1) 公司债券票面的记载事项

公司以实物券方式发行公司债券的，必须在债券上载明公司名称、债券票面金额、利率、偿还期限等事项，并由法定代表人签名，公司盖章。

2) 公司债券转让

公司债券可以转让，转让价格由转让人与受让人约定。公司债券在证券交易所上市交易的，按照证券交易所的交易规则转让。

记名公司债券，由债券持有人以背书方式或者法律、行政法规规定的其他方式转让；转让后由公司将受让人的姓名或者名称及住所记载于公司债券存根簿。无记名公司债券的转让，由债券持有人将该债券交付给受让人后即发生转让的效力。

2.2.6 公司财务会计的法律规定

财务会计是公司从事经营活动的一项基础工作。首先，财务会计提供的有关企业财务状况、经营成果和现金流量方面的信息，是包括投资者和债权人在内的各方面进行决策的依据。有助于提高企业透明度，规范企业行为；其次，财务会计有助于企业加强经营管理，有助于考核企业管理层经济责任的履行情况，促进企业可持续发展；最后，有利于政府宏观调控。公司在国家统一的财务会计制度下筹集、分配资金，真实、完整地反映公司的经营状况，有利于政府有关部门获得信息、掌握情况，制定切实可行的政策，达到宏观调控的目的。

1. 公司财务会计要求

根据我国《公司法》163—165 条、171 条的规定，公司的财务会计应符合以下要求：

(1) 公司应当依照法律、行政法规和国务院财政部门的规定建立本公司的财务、会计制度。

(2) 公司应当在每一会计年度终了时编制财务会计报告,并依法经会计师事务所审计。财务会计报告应当按照法律、行政法规和国务院财政部门的规定制作。

(3) 财务会计报告的公示。有限责任公司应当依照公司章程规定的期限将财务会计报告送交各股东。股份有限公司的财务会计报告应当在召开股东大会年会的20 日前置备于本公司,供股东查阅;公开发行股票的股份有限公司必须公告其财务会计报告。

(4) 公司除法定的会计账簿外,不得另立会计账簿。对公司资产,不得以任何个人名义开立账户存储。

2. 公司利润分配

公司当年税后利润分配规定的法定顺序如下:

(1) 弥补亏损,即在公司已有的法定公积金不足以弥补上一年度公司亏损时,先用当年利润弥补亏损。

(2) 提取法定公积金,即应当提取税后利润的 10%列入公司法定公积金;公司法定公积金累计额为公司注册资本的 50%以上的,可以不再提取。

(3) 提取任意公积金,即经股东会或股东大会决议,提取任意公积金,任意公积金的提取比例由股东会或者股东大会决定。任意公积金不是法定必须提取的,是否提取以及提取比例由股东会或股东大会决议。

(4) 支付股利,即在公司弥补亏损和提取公积金后,所余利润应分配给股东,即向股东支付股息。

2.2.7　公司合并、分立、减资、增资

1. 公司的合并

公司合并可以采取吸收合并或者新设合并。一个公司吸收其他公司为吸收合并,被吸收的公司解散。两个以上公司合并设立一个新的公司为新设合并,合并各方解散。

1) 公司合并的程序

公司合并,应当由合并各方签订合并协议,并编制资产负债表及财产清单。公司应当自作出合并决议之日起 10 日内通知债权人,并于 30 日内在报纸上公告。债权人自接到通知书之日起 30 日内,未接到通知书的自公告之日起 45 日内,可以要求公司清偿债务或者提供相应的担保。

2) 公司合并债权债务的承继

公司合并时,合并各方的债权、债务,应当由合并后存续的公司或者新设的公司承继。

2. 公司的分立

公司分立,其财产作相应的分割。公司分立,应当编制资产负债表及财产清单。公司应当自作出分立决议之日起 10 日内通知债权人,并于 30 日内在报纸上公告。

公司分立前的债务由分立后的公司承担连带责任。但是,公司在分立前与债权人就债务清偿达成的书面协议另有约定的除外。

3. 公司减资

公司需要减少注册资本时,必须编制资产负债表及财产清单。公司应当自作出减少注册资本决议之日起10日内通知债权人,并于30日内在报纸上公告。债权人自接到通知书之日起30日内,未接到通知书的自公告之日起45日内,有权要求公司清偿债务或者提供相应的担保。

4. 公司增资

有限责任公司增加注册资本时,股东认缴新增资本的出资,依照《公司法》设立有限责任公司缴纳出资的有关规定执行。股份有限公司为增加注册资本发行新股时,股东认购新股,依照《公司法》设立股份有限公司缴纳股款的有关规定执行。

公司合并或者分立,登记事项发生变更的,应当依法向公司登记机关办理变更登记;公司解散的,应当依法办理公司注销登记;设立新公司的,应当依法办理公司设立登记。公司增加或者减少注册资本,应当依法向公司登记机关办理变更登记。

2.2.8 公司的解散与清算

1. 公司解散

根据我国《公司法》第180条规定,公司因以下原因解散:

(1) 公司章程规定的营业期限届满或者公司章程规定的其他解散事由出现。公司有该项情形的,可以通过修改公司章程而存续。

(2) 股东会或者股东大会决议解散。

(3) 因公司合并或者分立需要解散。

(4) 依法被吊销营业执照、责令关闭或者被撤销。

(5) 公司经营管理发生严重困难,继续存续会使股东利益受到重大损失,通过其他途径不能解决的,持有公司全部股东表决权10%以上的股东,可以请求人民法院解散公司。2008年5月5日《最高人民法院关于适用〈中华人民共和国公司法〉若干问题的规定(二)》,对如何认定公司经营管理发生严重困难作了进一步细化:①公司持续两年以上无法召开股东会或者股东大会,公司经营管理发生严重困难的;②股东表决时无法达到法定或者公司章程规定的比例,持续两年以上不能做出有效的股东会或者股东大会决议,公司经营管理发生严重困难的;③公司董事长期冲突,且无法通过股东会或者股东大会解决,公司经营管理发生严重困难的;④经营管理发生其他严重困难,公司继续存续会使股东利益受到重大损失的情形。股东提起解散公司诉讼应当以公司为被告。经人民法院调解公司收购原告股份的,公司应当至自调解书生效之日起6个月内将股份转让或者注销。股份转让或者注销之前,原告不得以公司收购其股份为由对抗公司债权人。公司被依法宣告破产的,依照有关企业破产的法律制度实施破产清算。

2. 公司清算

除公司合并、分立豁免清算外，其他公司解散的情形都需要清算。公司清算是指解散的公司清理债权债务、分配剩余财产、了结公司的法律关系，从而使公司归于消灭的程序。

1）清算组的成立与组成

公司应当在解散事由出现之日起 15 日内成立清算组，开始清算。有限责任公司的清算组由股东组成，股份有限公司的清算组由董事或者股东大会确定的人员组成。逾期不成立清算组进行清算的，债权人可以申请人民法院指定有关人员组成清算组进行清算。人民法院应当受理该申请，并及时组织清算组进行清算。

2）清算组的职权

清算组在公司清算期间代表公司进行一系列民事活动，全权处理公司经济事务和民事诉讼活动。清算组在清算期间行使下列职权：①清理公司财产，分别编制资产负债表和财产清单；②通知、公告债权人；③处理与清算有关的公司未了结的业务；④清缴所欠税款以及清算过程中产生的税款；⑤清理债权、债务；⑥处理公司清偿债务后的剩余财产；⑦代表公司参与民事诉讼活动。

清算组成员应当忠于职守，依法履行清算义务。清算组成员不得利用职权收受贿赂或者其他非法收入，不得侵占公司财产。清算组成员因故意或者重大过失给公司或者债权人造成损失的，应当承担赔偿责任。

3）清算工作程序

登记债权。清算组应当自成立之日起 10 日内通知债权人，并于 60 日内在报纸上公告。债权人应当自接到通知书之日起 30 日内，未接到通知书的自公告之日起 45 日内，向清算组申报其债权。债权人申报债权，应当说明债权的有关事项，并提供证明材料。清算组应当对债权进行登记。在申报债权期间，清算组不得对债权人进行清偿。

清理公司财产，制定清算方案。公司解散时，股东尚未缴纳的出资均应作为清算财产。股东尚未缴纳的出资，包括到期应缴未缴的出资以及分期缴纳时尚未届满缴纳期限的出资。清算组在清理公司财产、编制资产负债表和财产清单后，应当制定清算方案，并报股东会、股东大会或者人民法院确认。

清偿债务。公司财产在分别支付清算费用、职工的工资、社会保险费用和法定补偿金，缴纳所欠税款，清偿公司债务后的剩余财产，有限责任公司按照股东的出资比例分配，股份有限公司按照股东持有的股份比例分配。清算期间，公司存续，但不得开展与清算无关的经营活动。公司财产在未依照前款规定清偿前，不得分配给股东。

破产申请。清算组在清理公司财产、编制资产负债表和财产清单后，发现公司财产不足清偿债务的，应当依法向人民法院申请宣告破产。公司经人民法院裁定宣告破产后，清算组应当将清算事务移交给人民法院。

公司注销。公司清算结束后，清算组应当制作清算报告，报股东会、股东大会或者人民法院确认，并报送公司登记机关，申请注销公司登记，公告公司终止。

2.3 合伙企业法律制度

合伙企业，是指自然人、法人和其他组织依照本法在中国境内设立的普通合伙企业和有限合伙企业。普通合伙企业，是指由普通合伙人组成，除法律另有规定外，合伙人对合伙企业债务依法承担无限连带责任的一种合伙企业；有限合伙企业由普通合伙人和有限合伙人组成，普通合伙人对合伙企业债务承担无限连带责任，有限合伙人以其认缴的出资额为限对合伙企业债务承担责任。

2.3.1 普通合伙企业

1. 设立条件

(1) 有符合法定要求的合伙人。根据我国《合伙企业法》第 3、14 条规定，设立合伙企业，应当有二个以上合伙人。合伙人为自然人的，应当具有完全民事行为能力。国有独资公司、国有企业、上市公司以及公益性的事业单位、社会团体不得成为普通合伙人。

(2) 有书面合伙协议。合伙企业设立的基础是合伙人之间订立的合伙协议。合伙协议应当依法由全体合伙人协商一致，以书面形式订立。合伙协议应当载明下列事项：合伙企业的名称和主要经营场所的地点；合伙目的和合伙经营范围；合伙人的姓名或者名称、住所；合伙人的出资方式、数额和缴付期限；利润分配、亏损分担方式；合伙事务的执行；入伙与退伙；争议解决办法；合伙企业的解散与清算；违约责任。

合伙协议经全体合伙人签名、盖章后生效。合伙人按照合伙协议享有权利，履行义务。修改或者补充合伙协议，应当经全体合伙人一致同意；但合伙协议另有约定的除外。

(3) 有合伙人认缴或者实际缴付的出资。合伙人可以用货币、实物、知识产权、土地使用权或者其他财产权利出资，普通合伙人也可以用劳务出资。合伙人以实物、知识产权、土地使用权或者其他财产权利出资，需要评估作价的，可以由全体合伙人协商确定，也可以由全体合伙人委托法定评估机构评估。普通合伙人以劳务出资的，其评估办法由全体合伙人协商确定，并在合伙协议中载明。以非货币财产出资的，依照法律、行政法规的规定，需要办理财产权转移手续的，应当依法办理。

(4) 有合伙企业的名称和生产经营场所。合伙企业名称中应当标明“普通合伙”字样。

(5) 办理设立登记。合伙企业的营业执照签发日期，为合伙企业成立日期。

小案例

甲、乙、丙拟设立一普通合伙企业，并订立了一份合伙协议，部分内容如下：①甲的出资为现金 1000 元和劳务作价 5 万元；②乙的出资为现金 5 万元，于合伙企业成立后半年内缴付；③丙的出资为作价 8 万元的房屋一栋，不办理财产权转移手续，且丙保留对该房屋的处分权；④合伙企业的经营期限，于合伙企业成立满 1 年时再协商确定。

问题：该协议的上述四项内容是否符合《合伙企业法》的规定？

【解析】(1)根据《合伙企业法》的规定，合伙人可以用货币、实物、知识产权、土地使用权或者其他财产权利出资，也可以用劳务出资；合伙人以实物、知识产权、土地使用权或者其他财产权利出资，需要评估作价的，可以由全体合伙人协商确定，也可以由全体合伙人委托法定评估机构评估；合伙人以劳务出资的，其评估办法由全体合伙人协商确定，并在合伙协议中载明。因此，甲以现金和劳务出资，符合《合伙企业法》的规定。

(2)根据《合伙企业法》的规定，设立合伙企业，应当有各合伙人认缴或者实际缴付的出资，合伙人可以实际一次性缴付出资，也可以“认缴”的形式分期出资，但“认缴”必须在合伙协议中有所体现，不能随意进行。乙的出资于合伙企业成立后半年内缴付符合《合伙企业法》的规定。

(3)根据《合伙企业法》的规定，合伙人应当按照合伙协议约定的出资方式、数额和缴付期限履行出资义务；以非货币财产出资的，依照法律、行政法规的规定，需要办理财产权转移手续的，应当依法办理。丙以房屋出资，但不办理财产权转移手续，且保留对该房屋的处分权，则该房屋并未成为合伙企业的财产。因此，丙的出资不符合《合伙企业法》的规定。

(4)根据《合伙企业法》的规定，合伙协议应当载明的事项中并不包括合伙企业的经营期限，因此，合伙企业的经营期限并不一定要在合伙企业成立时确定，该项内容符合《合伙企业法》的规定。

2. 合伙企业的财产与合伙人的财产份额

1) 合伙企业的财产

合伙企业的财产包括：①全体合伙人认缴的出资；②以合伙企业名义取得的收益；③合伙企业依法取得的其他财产。

合伙企业的财产具有独立性和完整性。①合伙企业的财产独立于合伙人，合伙人对合伙企业财产权益的表现形式，仅是依照合伙协议所确定的财产收益份额或者比例；②合伙人在合伙企业清算前，不得请求分割合伙企业的财产，但法律另有规定的除外；③合伙人在合伙企业清算前私自转移或者处分合伙企业的财产的，合伙企业不得以此对抗善意第三人。

2）合伙人的财产份额

合伙人财产份额的转让。普通合伙人之间转让在合伙企业中的全部或者部分财产份额时，应当通知其他合伙人。除合伙协议另有约定外，普通合伙人向合伙人以外的人转让其在合伙企业中的全部或者部分财产份额时，须经其他合伙人一致同意。普通合伙人向合伙人以外的人转让其在合伙企业中的财产份额的，在同等条件下，其他合伙人有优先购买权（但合伙协议另有约定的除外）。合伙人以外的人依法受让合伙人在合伙企业中的财产份额的，经修改合伙协议方成为合伙企业的合伙人。

合伙人财产份额的出质。普通合伙人以其在合伙企业中的财产份额出质的，须经其他合伙人一致同意；未经其他合伙人一致同意，其行为无效，由此给善意第三人造成损失的，由行为人依法承担赔偿责任。

3. 合伙事务的执行

1）合伙事务执行的形式

合伙人对执行合伙事务享有同等的权利。按照合伙协议的约定或者经全体合伙人决定，可以委托一个或者数个合伙人对外代表合伙企业，执行合伙事务。委托一个或者数个合伙人执行合伙事务的，其他合伙人不再执行合伙事务。

并非所有的合伙事务都可以委托给部分合伙人决定；除合伙协议另有约定外，合伙企业的下列事项应当经全体普通合伙人一致同意：①改变合伙企业的名称；②改变合伙企业的经营范围、主要经营场所的地点；③处分合伙企业的不动产；④转让或者处分合伙企业的知识产权和其他财产权利；⑤以合伙企业名义为他人提供担保；⑥聘任合伙人以外的人担任合伙企业的经营管理人员。

2）合伙人在执行合伙事务中的权利

（1）普通合伙人对执行合伙事务享有同等的权利。

（2）执行合伙事务的合伙人对外代表（而非代理）合伙企业。由部分合伙人执行合伙企业事务的，只有受委托执行合伙企业事务的那一部分合伙人有权对外代表合伙企业；由于特别授权在单项合伙事务上有执行权的合伙人，依照授权范围可以对外代表合伙企业。合伙企业对合伙人执行合伙事务以及对外代表合伙企业权利的限制，不得对抗善意第三人。

（3）不执行合伙事务的合伙人有权监督执行事务合伙人执行合伙事务的情况。

（4）合伙人为了解合伙企业的经营状况和财务状况，有权查阅合伙企业会计账簿等财务资料。

（5）异议权。普通合伙人分别执行合伙事务的，执行事务合伙人可以对其他合伙人执行的事务提出异议。提出异议时，应当暂停该项事务的执行；如果发生争议，依照合伙企业法律制度规定的决议办法作出决定。受委托执行合伙事务的合伙人不按照合伙协议或者全体合伙人的决定执行事务的，其他合伙人可以决定撤销该委托。

3) 合伙人在执行合伙事务中的义务

(1) 由一个或者数个合伙人执行合伙事务的，执行事务合伙人应当定期向其他合伙人报告事务执行情况以及合伙企业的经营和财务状况，其执行合伙事务所产生的收益归合伙企业，所产生的费用和亏损由合伙企业承担。

(2) 合伙人不得自营或者同他人合作经营与本合伙企业相竞争的业务。

(3) 除合伙协议另有约定或者经全体合伙人一致同意外，合伙人不得同本合伙企业进行交易。

(4) 合伙人在执行合伙事务过程中，不得为了自己的私利，损害其他合伙人的利益，也不得与其他人恶意串通，损害合伙企业的利益。

4) 合伙企业的损益分配

合伙企业的利润分配、亏损分担，按照合伙协议的约定办理；合伙协议未约定或者约定不明确的，由合伙人协商决定；协商不成的，由合伙人按照实缴出资比例分配、分担；无法确定出资比例的，由合伙人平均分配、分担。

合伙协议不得约定将全部利润分配给部分普通合伙人或者由部分普通合伙人承担全部亏损。

5) 非合伙人参与经营管理

除合伙协议另有约定外，经全体合伙人一致同意，可以聘任合伙人以外的人担任合伙企业的经营管理人员。被聘任的合伙企业的经营管理人员应当在合伙企业授权范围内履行职务；被聘任的合伙企业的经营管理人员，超越合伙企业授权范围履行职务，或者在履行职务过程中因故意或者重大过失给合伙企业造成损失的，依法承担赔偿责任。

4. 合伙企业债务和合伙人个人债务的清偿

1) 普通合伙企业的债务清偿

合伙企业对其债务，应先以其全部财产进行清偿。合伙企业不能清偿到期债务的，合伙人承担无限连带责任。合伙人由于承担无限连带责任，清偿数额超过合伙协议规定或合伙人协商确定的亏损分担比例，有权向其他合伙人追偿。合伙人之间约定的分担比例对债权人没有约束力。普通合伙人不得以其出资份额大小、合伙协议有特别约定、合伙企业债务另有担保人或者自己已偿付所承担的份额等理由，拒绝向债权人承担该责任。

2) 普通合伙人个人债务的清偿

合伙人发生与合伙企业无关的债务，相关债权人不得以其债权抵销其对合伙企业的债务，也不得代位行使合伙人在合伙企业中的权利。

合伙人的自有财产不足清偿其与合伙企业无关的债务的，该合伙人可以以其从合伙企业分取的收益用于清偿。

债权人也可以依法请求人民法院强制执行该合伙人在合伙企业中的财产份额用于清偿；人民法院强制执行普通合伙人的财产份额时，应当通知全体合伙人，其他合伙人有优先购买权；其他合伙人未购买，又不同意将该财产份额转让给他人的，依法为该合伙人办理退伙结算，或者削减该合伙人相应财产份额的结算。

小案例

某合伙企业合伙人甲因个人购房，向非合伙人乙借款2万元，而乙曾与该合伙企业签订了一个买卖合同，还欠该合伙企业货款3万元。当该合伙企业向乙催要货款时，乙提出因甲欠其2万元，所以他只需付合伙企业1万元即可。

问题：乙的说法是否正确？

【解析】根据《合伙企业法》的规定，合伙人发生与合伙企业无关的债务，相关债权人不得以其债权抵销其对合伙企业的债务；也不得代位行使合伙人在合伙企业中的权利。因此，合伙人的债权人不得对合伙企业主张抵销权。因该债权人对合伙企业的负债，实际上是对全体合伙人的负债；而对他欠债的，只是个别合伙人。如果允许两者抵销，就等于强迫合伙企业其他合伙人对个别合伙人的个人债务承担责任。这样做，违反了合伙制度的本意，加大了合伙人的风险，不利于合伙企业这种经济组织形式的发展。所以，乙的说法不正确。

5. 入伙

入伙是指吸收新的合伙人。新合伙人入伙，除合伙协议另有约定外，应当经全体合伙人一致同意，并依法订立书面入伙协议。订立入伙协议时，原合伙人应当向新合伙人如实告知原合伙企业的经营状况和财务状况。

入伙的新合伙人与原合伙人享有同等权利，承担同等责任。入伙协议另有约定的，从其约定。新合伙人对入伙前合伙企业的债务承担无限连带责任。新普通合伙人入伙，除合伙协议另有约定外，应当经全体合伙人一致同意，并依法订立书面入伙协议。

6. 退伙

退伙是指在合伙企业存续期间合伙人退出合伙企业并使其合伙人资格归于消灭的法律行为。

1）退伙的情形

退伙包括自愿退伙、法定退伙和除名退伙三种情形。

自愿退伙，是指合伙人不愿继续参与合伙事务而自愿申请退出合伙企业，丧失合伙人资格的行为，自愿退伙可以分为协议退伙和通知退伙两种。合伙协议约定合伙期限的，在合伙企业存续期间，有下列情形之一的，合伙人可以退伙：①合伙协议约定的退伙事由出现；②经全体合伙人一致同意；③发生合伙人难以继续参加合伙的事由；④其他合伙人严重违反合伙协议约定的义务。合伙协议未约定合伙期限的，合伙人在不给合伙企业事务执行造成不利影响的情况下，可以退伙，但应当提前 30 日通知其他合伙人。合伙人违反上述规定退伙的，应当赔偿由此给合伙企业造成的损失。

法定退伙，是指根据我国《合伙企业法》第 48 条规定，合伙人有下列情形之一的，产生当然退伙的法律后果：①作为合伙人的自然人死亡或者被依法宣告死亡；②个人丧失偿债能力；③作为合伙人的法人或者其他组织依法被吊销营业执照、责令关闭、撤销，或者被宣告破产；④法律规定或者合伙协议约定合伙人必须具有相关资格而丧失该资格；⑤合伙人在合伙企业中的全部财产份额被人民法院强制执行。合伙人被依法认定为无民事行为能力人或者限制民事行为能力人的，经其他合伙人一致同意，可以依法转为有限合伙人，普通合伙企业依法转为有限合伙企业。其他合伙人未能一致同意的，该无民事行为能力或者限制民事行为能力的合伙人退伙。退伙事由实际发生之日为退伙生效日。

除名退伙，是指根据我国《合伙企业法》第 49 条规定，合伙人有下列情形之一的，经其他合伙人一致同意，可以决议将其除名：①未履行出资义务；②因故意或者重大过失给合伙企业造成损失；③执行合伙事务时有不正当行为；④发生合伙协议约定的事由。对合伙人的除名决议应当书面通知被除名人。被除名人接到除名通知之日，除名生效，被除名人退伙。被除名人对除名决议有异议的，可以自接到除名通知之日起 30 日内，向人民法院起诉。

2）退伙的法律后果

继承。合伙人死亡或者被依法宣告死亡的，对该合伙人在合伙企业中的财产份额享有合法继承权的继承人，按照合伙协议的约定或者经全体合伙人一致同意，从继承开始之日起，取得该合伙企业的合伙人资格。有下列情形之一的，合伙企业应当向合伙人的继承人退还被继承合伙人的财产份额：①继承人不愿意成为合伙人；②法律规定或者合伙协议约定合伙人必须具有相关资格，而该继承人未取得该资格；③合伙协议约定不能成为合伙人的其他情形。合伙人的继承人为无民事行为能力人或者限制民事行为能力人的，经全体合伙人一致同意，可以依法成为有限合伙人，普通合伙企业依法转为有限合伙企业。全体合伙人未能一致同意的，合伙企业应当将被继承合伙人的财产份额退还该继承人。

退伙结算。合伙人退伙，其他合伙人应当与该退伙人按照退伙时的合伙企业财产状况进行结算，退还退伙人的财产份额。退伙人对给合伙企业造成的损失负有赔偿责任的，相应扣减其应当赔偿的数额。退伙时有未了结的合伙企业事务的，待该事务了结后进行结算。退伙人在合伙企业中财产份额的退还办法，由合伙协议约定或者由全体合伙人决定，可以退还货币，也可以退还实物。退伙人对基于其退伙前的原因发生的合伙企业债务，承担无限连带责任。

2.3.2 合伙企业的解散与清算

1. 合伙企业的解散

合伙企业的解散是指因某些法律事实的发生而使合伙归于消灭的行为。根据《合伙企业法》的规定，合伙企业有下列情形之一的，应当解散。

(1) 合伙期限届满，合伙人决定不再经营。合伙协议约定的经营期限届满，并不必然引起合伙企业的解散，只有在合伙人不愿继续经营这一条件同时具备时，才会引起合伙企业解散的后果。如果合伙协议约定的经营期限届满后，合伙人对继续经营合伙企业均无异议，则可认为合伙人一致同意延长合伙经营期限，应在原约定的经营期限届满之日起 15 日内向原登记机关办理有关变更登记手续。

(2) 合伙协议约定的解散事由出现。如果合伙协议约定当某一事由出现时合伙便解散，则设立合伙的行为实为附解除条件的法律行为，条件成立时协议解除，合伙企业解散。

(3) 全体合伙人决定解散。合伙可由合伙人基于合意而设立，自然也可以基于合伙人的合意而解散，无论合伙协议是否约定有合伙经营期限，合伙人均可通过合意而解散合伙。如果一部分合伙人同意解散合伙，而另一部分合伙人不同意，则合伙不解散，由同意解散的合伙人退伙，合伙企业继续存在。

(4) 合伙人已不具备法定人数满 30 天。根据《合伙企业法》的相关规定，合伙组织的合伙人必须是 2 人以上。如果合伙成立后不断发生退伙，导致只剩下 1 人，便出现了合伙人不足法定人数的现象，合伙企业解散。

(5) 合伙协议约定的合伙目的已经实现或者无法实现。

(6) 依法被吊销营业执照、责令关闭或者被撤销。

(7) 法律、行政法规规定的其他原因。

2. 合伙企业的清算

合伙企业解散，应当由清算人进行清算。《合伙企业法》规定的关于清算的程序规则如下。

(1) 确定清算人。合伙企业解散，应当由清算人进行清算。清算人由全体合伙人担任；经全体合伙人过半数同意，可以自合伙企业解散事由出现后 15 日内指定一个或者数个合伙人，或者委托第三人，担任清算人。自合伙企业解散事由出现之日起 15 日内未确定清算人的，合伙人或者其他利害关系人可以申请人民法院指定清算人。

(2) 通知和公告债权人以及申报债权的时间。清算人自被确定之日起 10 日内将合伙企业解散事项通知债权人，并于 60 日内在报纸上公告。债权人应当自接到通知书之日起 30 日内，未接到通知书的自公告之日起 45 日内，向清算人申报债权。债权人申报债权，应当说明债权的有关事项，并提供证明材料。清算人应当对债权进行登记。

(3) 清算人执行清算事务。清算期间,合伙企业存续,但不得开展与清算无关的经营活动。清算人在清算期间执行下列事务:①清理合伙企业财产,分别编制资产负债表和财产清单;②处理与清算有关的合伙企业未了结事务;③清缴所欠税款;④清理债权、债务;⑤处理合伙企业清偿债务后的剩余财产;⑥代表合伙企业参加诉讼或者仲裁活动。

(4) 依序清偿。合伙企业财产首先用于支付清算费用,之后按如下顺序清偿:①合伙企业所欠职工工资、社会保险费用和法定补偿金;②企业所欠税款;③企业债务;④返还合伙人的出资,合伙企业在按上述顺序清场后还有剩余财产的,按照合伙企业既定的利润分配比例进行分配。

小案例

孙某、于某、廖某欲合伙从事茶叶销售业务,经商量达成一致意见,已在合伙协议书上签名、盖章后,寻找经营场地、置办设施,并将该合伙企业取名为松竹梅有限责任公司。2 年后,廖某因该合伙企业经营状况不佳,故决定退出该合伙企业,并按规定通知了孙某与于某,这期间,孙某以该合伙企业名义与新林玉露公司签定了代销信阳毛尖的合同。

鲁某认为自己有经营管理经验,要求加入该合伙企业,提出只负责销售,并须给其一定的利润提成,其他合伙人口头表示认可,从此鲁某便以该合伙企业的名义到处活动。廖某在办理退伙事宜时,因合伙企业与新林玉露公司代销信阳毛尖的合同刚签订不久,故未将此合同有关事宜进行结算,廖某退伙后,即去外地经商,该合伙企业在后来的经营过程中,因违法经营问题严重,被工商部门依法吊销营业执照,导致该合伙企业解散,新林玉露公司得知该合伙企业解散的消息后,即向法院起诉,请求该合伙企业偿还其代销信阳毛尖的款项。

根据以上材料,请分析:

(1) 该合伙企业名称是否合法? 为什么?

(2) 廖某对合伙企业的债务是否还应承担责任? 为什么?

(3) 在该案的诉讼活动中,鲁某可否被列为被告? 为什么?

(4) 设孙某、于某、廖某在合伙协议书中约定对合伙企业事务作出决议时,不论各投资的份额大小,均实行一人一票的表决办法。该约定是否符合法律规定?

(5) 设孙某、于某、廖某决定由孙某一人负责执行合伙企业事务,则于某、廖某对合伙企业经营活动享有哪些权利?

【解析】(1)《合伙企业法》规定,合伙企业在其名称中不得使用“有限”或者“有限责任”字样。用“松竹梅有限责任公司”作为合伙企业名称,显然不符合法律规定,须依法更改。

(2) 该案例涉及入伙、退伙债务承担问题。根据《合伙企业法》规定，退伙人对其退伙前已发生的合伙企业债务，与其他合伙人承担连带责任。本案中廖某尚未退出合伙企业时，代销信阳毛尖的合同已正式签订，且在廖某办理退伙事宜时，也未将此合同有关的债权、债务进行结算。因此，廖某对此项债务应承担连带清偿责任。

(3) 鲁某不具备本案诉讼被告的主体资格，其理由是：①《合伙企业法》明确规定，新合伙人入伙时，应当经全体合伙人同意，并依法订立书面入伙协议。本案中鲁某要求入伙，其他合伙人只口头表示认可，并未正式订立书面入伙协议，故鲁某的入伙不具备法定要件，客观上鲁某也未与其他合伙人共享收益，共担风险，因此，鲁某的入伙应认定无效。②鲁某以合伙企业名义从事的各项活动应认定为是一种民事委托代理行为。

(4) 符合法律规定。《合伙企业法》第 30 条规定，合伙人对合伙企业有关事项作出决议，按照合伙协议约定的表决办法办理。合伙协议未约定或者约定不明确的，实行合伙人一人一票并经全体合伙人过半数通过的表决办法。本法对合伙企业的表决办法另有规定的，从其规定。

(5) 合伙企业委托一名或者数名合伙人执行合伙事务的，其他合伙人不再执行合伙企业事务。不参加执行事务的合伙人有权监督执行事务的合伙人，检查其执行合伙企业事务的情况。合伙人为了解合伙企业的经营状况和财务状况，有权查阅账簿。被委托执行合伙企业事务的合伙人不按照合伙协议或者全体合伙人的决定执行事务的，其他合伙人可以决定撤销该委托。

2.3.3 特殊的普通合伙企业

以专业知识和专门技能为客户提供有偿服务的专业服务机构，可以设立为特殊的普通合伙企业。特殊的普通合伙企业名称中应当标明“特殊普通合伙”字样。

一个合伙人或者数个合伙人在执业活动中因故意或者重大过失造成合伙企业债务的，应当承担无限责任或者无限连带责任，其他合伙人以其在合伙企业中的财产份额为限承担责任。

合伙人在执业活动中因故意或者重大过失造成的合伙企业债务，以合伙企业财产对外承担责任后，该合伙人应当按照合伙协议的约定对给合伙企业造成的损失承担赔偿责任。

特殊的普通合伙企业应当(从其经营收益中提取一定比例资金)建立执业风险基金、办理职业保险；执业风险基金用于偿付合伙人执业活动造成的债务；执业风险基金应当单独立户管理。

2.3.4 有限合伙企业

有限合伙企业，是指由有限合伙人和普通合伙人共同组成，普通合伙人对合伙企业债务承担无限连带责任，有限合伙人以其认缴的出资额为限对合伙企业债务承担责任的合伙组织。有限合伙企业这一组织形式有利于调动各方的投资热情，实现投资者与创业者的最佳组合。

凡是《合伙企业法》中对有限合伙企业有特殊规定的，应当适用有关特殊规定；无特殊规定的，适用有关普通合伙企业及其合伙人的一般规定。

以下介绍有限合伙企业的特殊规定。

1. 有限合伙企业的设立

(1) 合伙人。①有限合伙企业由 2 个以上 50 个以下合伙人设立；但法律另有规定的除外。②有限合伙企业至少应当有 1 个普通合伙人；有限合伙企业仅剩有限合伙人的应当解散；有限合伙企业仅剩普通合伙人的，应当转为普通合伙企业。③国有独资公司、国有企业、上市公司以及公益性的事业单位、社会团体不得成为普通合伙人，但可以成为有限合伙人。

(2) 名称。有限合伙企业名称中应当标明“有限合伙”字样。

(3) 出资。《合伙企业法》第 64 条规定，有限合伙人可以用货币、实物、知识产权、土地使用权或者其他财产权利作价出资，但有限合伙人不得以劳务出资。

2. 有限合伙企业事务执行人

有限合伙企业由普通合伙人执行事务，有限合伙人不得执行事务；有限合伙企业执行事务合伙人可以要求在合伙协议中确定执行事务的报酬及报酬提取方式。有限合伙人的下列行为，不视为执行合伙事务：①参与决定普通合伙人入伙、退伙；②对企业的经营管理提出建议；③参与选择承办有限合伙企业审计业务的会计师事务所；④获取经审计的有限合伙企业财务会计报告；⑤对涉及自身利益的情况，查阅有限合伙企业财务会计账簿等财务资料；⑥在有限合伙企业中的利益受到侵害时，向有责任的合伙人主张权利或者提起诉讼；⑦执行事务合伙人怠于行使权利时，督促其行使权利或者为了本企业的利益以自己的名义提起诉讼；⑧依法为本企业提供担保。

另外，《合伙企业法》第 76 条规定，第三人有理由相信有限合伙人为普通合伙人并与其交易的，该有限合伙人对该笔交易承担与普通合伙人同样的责任。有限合伙人未经授权以有限合伙企业名义与他人进行交易，给有限合伙企业或者其他合伙人造成损失的，该有限合伙人应当承担赔偿责任。

3. 有限合伙企业利润分配

《合伙企业法》第 69 条规定，有限合伙企业不得将全部利润分配给部分合伙人，但合伙协议另有约定的除外。

4. 有限合伙人权利

(1) 有限合伙人可以同本有限合伙企业进行交易，但合伙协议另有约定除外。

(2) 有限合伙人可以自营或者同他人合作经营与本有限合伙企业相竞争的业务，但合伙协议另有约定的除外。

5. 有限合伙人财产份额出质与转让

有限合伙人可以将其在有限合伙企业中的财产份额出质,但合伙协议另有约定的除外。

有限合伙人可以按照合伙协议的约定向合伙人以外的人转让其在有限合伙企业中的财产份额,但应当提前30日通知其他合伙人。

6. 有限合伙企业入伙与退伙的特殊规定

新入伙的有限合伙人对入伙前有限合伙企业的债务,以其认缴的出资额为限承担责任。作为有限合伙人的自然人在有限合伙企业存续期间丧失民事行为能力的,其他合伙人不得因此要求其退伙。作为有限合伙人的自然人死亡、被依法宣告死亡或者作为有限合伙人的法人及其他组织终止时,其继承人或者权利承受人可以依法取得该有限合伙人在有限合伙企业中的资格。

有限合伙人退伙后,对基于其退伙前的原因发生的有限合伙企业债务,以其退伙时从有限合伙企业中取回的财产承担责任。

7. 合伙人性质转变的特殊规定

除合伙协议另有约定外,普通合伙人转变为有限合伙人,或者有限合伙人转变为普通合伙人,应当经全体合伙人一致同意。

有限合伙人转变为普通合伙人的,对其作为有限合伙人期间有限合伙企业发生的债务承担无限连带责任。普通合伙人转变为有限合伙人的,对其作为普通合伙人期间合伙企业发生的债务承担无限连带责任。

2.4 个人独资企业法律制度

个人独资企业是一种最古老的企业组织形式,它产生于商品经济初期,并发展延续至今。在现代市场经济中,个人独资企业以投资少、设立简便、经营管理方式灵活等特点而富有生命力,受到投资者的欢迎。

2.4.1 个人独资企业的含义和特征

个人独资企业,是指依照《中华人民共和国个人独资企业法》在中国境内设立,由一个自然人投资,财产为投资人个人所有,投资人以其个人财产对企业债务承担无限责任的经营实体。

作为一种企业形态,个人独资企业具有以下特征:

(1) 个人独资企业由一个自然人投资。

(2) 个人独资企业的投资人对企业的债务承担无限责任。当企业的资产不足以清偿到期债务时,投资人应以自己个人的全部财产用于清偿。

(3) 3个人独资企业的内部机构设置简单,经营管理方式灵活。个人独资企业的投资人既是企业的所有者,又是企业的经营者。因此,法律对其内部机构的设置和经营管理方式不像对公司和其他企业那样加以严格规定。

(4) 个人独资企业是非法人企业。个人独资企业虽不具有法人资格,却是独立的民事主体,可以以自己的名义从事民事活动。

2.4.2　个人独资企业的设立

1. 个人独资企业的设立条件

设立个人独资企业应当具备下列条件:

(1) 投资人为一个自然人,且只能是中国公民。法律、行政法规禁止从事营利性活动的人,不得作为投资人申请设立个人独资企业。

(2) 有合法的企业名称。个人独资企业的名称应当与其责任形式及从事的营业相符合,不得使用“有限”“有限责任”“公司”字样,同时在企业名称中不得标明与其所从事的营业不相符的内容。

(3) 有投资人申报的出资。个人独资企业的出资方式是多样的,可以用货币出资,也可以用实物、土地使用权、知识产权或其他财产权利出资。

(4) 有固定的生产经营场所和必要的生产经营条件。

(5) 有必要的从业人员。关于从业人员的人数,法律并没有做出具体规定,由企业视经营情况而定。

2. 个人独资企业的设立程序

1) 提出申请

申请设立个人独资企业,应当由投资人或者其委托的代理人向个人独资企业所在地的登记机关提出设立申请,提交下列文件:

(1) 设立申请书。申请书应当载明下列事项:企业的名称和住所;投资人的姓名和居所;投资人的出资额和出资方式;经营范围。

(2) 投资人身份证明。

(3) 生产经营场所使用证明等文件。

(4) 委托代理人申请设立登记时,应当出具投资人的委托书和代理人的合法证明。

(5) 其他文件。个人独资企业从事法律、行政法规规定须报经有关部门审批的业务,如经营烟草、旅店等,应当在申请设立登记时提交有关部门的批准文件。

2) 工商登记

登记机关应当在收到设立申请文件之日起 15 日内,对符合《个人独资企业法》规定条件的,予以登记,发给营业执照;对不符合规定条件的,不予登记,并应当给予书面答复,说明理由。

个人独资企业的营业执照的签发日期,为个人独资企业成立日期。在领取个人独资企业营业执照前,投资人不得以个人独资企业名义从事经营活动。

个人独资企业设立分支机构,应当由投资人或者其委托的代理人向分支机构所在地的登记机关申请登记，领取营业执照。分支机构经核准登记后，应将登记情况报该分支机构隶属的个人独资企业的登记机关备案。分支机构的民事责任由设立该分支机构的个人独资企业承担。

个人独资企业存续期间登记事项发生变更的，应当在作出变更决定之日起的15日内依法向登记机关申请办理变更登记。

2.4.3 个人独资企业的事务管理

个人独资企业投资人可以自行管理企业事务，也可以委托或者聘用其他具有民事行为能力的人负责企业的事务管理。投资人委托或者聘用他人管理个人独资企业事务，应当与受托人或者被聘用的人签订书面合同，明确委托的具体内容和授予的权利范围。受托人或者被聘用的人员应当履行诚信、勤勉义务，按照与投资人签订的合同负责个人独资企业的事务管理。投资人对受托人或者被聘用的人员职权的限制，不得对抗善意第三人。

投资人委托或者聘用的管理个人独资企业事务的人员不得有下列行为：①利用职务上的便利，索取或者收受贿赂；②利用职务或者工作上的便利侵占企业财产；③挪用企业的资金归个人使用或者借贷给他人；④擅自将企业资金以个人名义或者以他人名义开立账户储存；⑤擅自以企业财产提供担保；⑥未经投资人同意，从事与本企业相竞争的业务；⑦未经投资人同意，同本企业订立合同或者进行交易；⑧未经投资人同意，擅自将企业商标或者其他知识产权转让给他人使用；⑨泄露本企业的商业秘密；⑩法律、行政法规禁止的其他行为。

2.4.4 个人独资企业的解散和清算

1. 个人独资企业的解散

个人独资企业的解散是指个人独资企业终止活动使其民事主体资格消灭的行为。根据《个人独资企业法》第26条的规定，个人独资企业有下列情形之一时，应当解散：

(1) 投资人决定解散。只要不违反法律规定，投资人有权决定在任何时候解散独资企业。

(2) 投资人死亡或者被宣告死亡，无继承人或者继承人决定放弃继承。在这种情形下，独资企业失去了继续经营的必备条件，应当解散。

(3) 被依法吊销营业执照。这是个人独资企业解散的强制原因。

(4) 法律、行政法规规定的其他情形。

2. 个人独资企业的清算

个人独资企业解散时应当进行清算。

(1) 清算人的产生。个人独资企业解散，由投资人自行清算或者由债权人申请人民法院指定清算人进行清算。

(2) 通知和公告债权人。投资人自行清算的,应当在清算前 15 日内书面通知债权人,无法通知的,应当予以公告。债权人应当在接到通知之日起 30 日内,未接到通知的应当在公告之日起 60 日内,向投资人申报其债权。

(3) 财产清偿顺序。个人独资企业解散的,财产应当按照下列顺序清偿:①所欠职工工资和社会保险费用;②所欠税款;③其他债务。

个人独资企业财产不足以清偿债务的,投资人应当以其个人的其他财产予以清偿。

(4) 清算期间对投资人的要求。清算期间,个人独资企业不得开展与清算目的无关的经营活动。在按前述规定清偿债务前,投资人不得转移、隐匿财产。

(5) 投资人的持续偿债责任。个人独资企业解散后,原投资人对个人独资企业存续期间的债务仍应承担偿还责任,但债权人在 5 年内未向债务人提出偿债请求的,该责任消灭。

(6) 注销登记。个人独资企业清算结束后,投资人或者人民法院指定的清算人应当编制清算报告,并于 15 日内到登记机关办理注销登记。

小案例

友家网吧成立于 2016 年 1 月 4 日,系个人独资企业,原投资人为章某。

2018 年 4 月 10 日,章某与熊某签订了网吧转让协议,约定章某将友家网吧所有的股份转让给熊某,协议在第四条还约定:在甲方(章某)将网吧转让给乙方(熊某)之前,所有积欠的费用(如:税款、水费、电费、房屋租赁费、光纤费用、电话费用、雇员工资等)由甲方全部承担,本协议签订后并正式办理交接手续后,所产生的费用由乙方承担。

2018 年 4 月 28 日,友家网吧进行了股权变更登记,变更投资人为熊某。

2016 年 9 月中旬起,文强批发部开始向友家网吧供应饮料等货物,并约定友家网吧向文强批发部支付货款,每月一结。自 2017 年 2 月份开始,友家网吧开始拖欠货款。文强批发部于 2017 年 5 月底停止供货。2017 年 8 月上旬左右,文强批发部与友家网吧对未支付货款进行对账,确认:"账单已对货款:壹拾壹万柒仟叁佰元整(117 300)未付款",友家网吧进行盖章确认。之后,友家网吧向文强批发部支付了 21 000 元货款,尚欠货款 96 300 元。

文强批发部向法院提起诉讼,请求判决友家网吧、章某、熊某连带给付文强批发部货款 96 300 元及其利息。

问题:文强批发部的诉讼请求是否应当得到支持?

【解析】文强批发部按照友家网吧原投资人章某的要求履行了交付货物的义务后,友家网吧以及章某理应按照约定及时给付货款。友家网吧系个人独资企业,个人独资企业是由一个自然人投资，财产为投资人个人所有，投资人以其个人财产对企业债务承担无限责任的经营实体。现友家网吧尚欠文强批发部货款 96 300 元，但文强批发部与友家网吧的债权债务成立后，友家网吧变更了投资人，原投资人章某与变更后的投资人熊某对原债务亦做出了约定，即由章某承担。案涉货款均发生于熊某受让该网吧之前，因此，案涉债务应由友家网吧的原投资人章某承担，熊某对案涉债务不承担责任。

本章小结

本章介绍了经济活动主体、经济法主体的基本概念，阐明了参与经济法法律关系的主体问题，同时对其中的合伙企业和公司进行了详细介绍。对不同企业特征的研究有助于科学地选择企业形式，也可以更加深入地了解我国企业及企业法律制度的"进化史"。

练习题

一、单选题

1. 甲国有独资公司、乙上市公司、丙外商独资企业、丁民营投资有限公司拟成立一家有限合伙企业。根据合伙企业法律制度的规定，上述投资主体中，可以担任普通合伙人的是（　）

A. 甲和丙　　B. 乙和丙　　C. 丙和丁　　D. 甲和丁

2. 根据合伙企业法律制度的规定，下列出资形式中，只能由全体合伙人协商确定价值评估办法的是（　）

A. 劳务　　B. 知识产权　　C. 实物　　D. 土地使用权

3. 根据合伙企业法律制度的规定，合伙企业的下列事项中，无需在工商行政管理机关登记的是（　）

A. 主要经营场所　　B. 执行事务合伙人

C. 合伙人的住所　　D. 合伙人的家庭状况

4. 甲、乙、丙、丁拟共同投资设立一有限合伙企业，甲、乙为普通合伙人，丙、丁为有限合伙人。四人草拟了一份合伙协议。该合伙协议的下列内容中，符合合伙企业法律制度的是（　）

A. 合伙企业名称为"环宇商贸有限公司"

B. 丙、丁可以将其在合伙企业中的财产份额出质

C. 丙任执行事务合伙人

D. 甲以房屋作价 30 万元出资，乙以专利技术作价 15 万元出资，丙以劳务作价 20 万元出资，丁以现金 50 万元出资

5. A 公司的全资子公司 B 公司与其他四个自然人股东一起出资设立了 C 股份

有限公司，B公司持有60%的股份，派B公司的董事甲行使股东权益，其余四个股东各持10%的股份，C公司召开股东大会，会上甲与另外两个股东赞同作出以下决议，另两个股东表示反对，其中能够获得通过的是（　）

A. 为A公司向银行借款提供担保

B. 为B公司向银行借款提供担保

C. 将C公司的资金借给甲

D. 用C公司的累计剩余利润投资设立一个新的有限责任公司

6. 甲、乙、丙、丁拟设立一家贸易公司，委派丙负责租赁仓库供公司使用，因公司尚未成立，丙以自己的名义与戊签订仓库租赁合同。根据公司法律制度的规定，下列关于仓库租赁合同义务承担的表述中不正确的是（　）

A. 贸易公司一经成立，戊即可请求该公司承担合同义务

B. 贸易公司成立后，对租赁合同明确不予认可的，则戊不可请求贸易公司承担合同义务

C. 若贸易公司未能成立，戊可请求丙承担合同义务

D. 贸易公司成立后，戊仍可请求丙承担合同义务

7. 甲、乙、丙三人拟设立一有限责任公司。在公司设立过程中，甲在搬运为公司购买的办公家具时，不慎将丁撞伤。根据公司法律制度的规定，下列关于对丁的侵权责任承担的表述中，正确的是（　）

A. 若公司未成立，丁仅能请求甲承担该侵权责任

B. 若公司成立，则由公司自动承受该侵权责任

C. 若公司未成立，丁应先向甲请求赔偿，不足部分再由乙、丙承担

D. 无论公司是否成立，该侵权责任应由甲、乙、丙共同承担

8. 根据公司法律制度的规定，公司董事的下列行为中，涉嫌违反勤勉义务的是（　）

A. 擅自披露公司商业秘密

B. 将公司资金以个人名义开立账户存储

C. 无正当理由长期不出席董事会会议

D. 篡夺公司商业机会

9. 根据公司法律制度的规定，下列各项中，属于董事会职权的是（　）

A. 修改公司章程

B. 决定有关董事的报酬事项

C. 决定公司内部管理机构的设置

D. 决定发行公司债券

10. 某有限责任公司共有甲、乙、丙三名股东。因甲无法偿还个人到期债务，人民法院拟依强制执行程序变卖其股权偿债。根据公司法律制度的规定，下列表述中，正确的是（　）

A. 人民法院应当征得乙、丙同意，乙、丙在同等条件下有优先购买权

B. 人民法院应当通知乙、丙，乙、丙在同等条件下有优先购买权

C. 人民法院应当征得公司及乙、丙同意，乙、丙在同等条件下有优先购买权

D. 人民法院应当通知公司及全体股东，乙、丙在同等条件下有优先购买权

二、多选题

1. 根据合伙企业法律制度的规定，下列各项中，属于合伙企业财产的有(　)

A. 合伙人缴纳的实物出资

B. 合伙企业借用的某合伙人的电脑

C. 合伙企业对某公司的债权

D. 合伙企业合法接受的赠与财产

2. 某普通合伙企业经营期间，吸收甲入伙。甲入伙前合伙企业已负债 20 万元。甲入伙 1 年后退伙，在此期间合伙企业新增债务 10 万元，甲退伙后半年，合伙企业解散，以企业全部财产清偿债务后，尚有 80 万元债务不能清偿。根据合伙企业法律制度的规定，下列关于甲承担清偿责任的表述中，正确的有(　)

A. 甲对担任合伙人期间合伙企业新增加的 10 万元债务承担无限连带责任

B. 甲对合伙企业解散后尚未清偿的全部 80 万元债务承担无限连带责任

C. 甲对入伙前合伙企业的 20 万元债务承担无限连带责任

D. 甲对入伙后至合伙企业解散时新增的 60 万元债务承担无限连带责任

3. 甲、乙、丙、丁设立一有限合伙企业，其中甲、乙为普通合伙人，丙、丁为有限合伙人。1 年后，甲转为有限合伙人，同时丙转为普通合伙人。合伙企业设立之初，企业欠银行 50 万元，该债务直至合伙企业被宣告破产仍未偿还。下列关于该 50 万元债务清偿责任的表述中，不符合合伙企业法律制度规定的是(　)

A. 甲、乙承担无限连带责任，丙、丁以其出资额为限承担责任

B. 乙、丙承担无限连带责任，甲、丁以其出资额为限承担责任

C. 甲、乙、丙承担无限连带责任，丁以其出资额为限承担责任

D. 乙承担无限责任，甲、丙、丁以其出资额为限承担责任

4. 根据公司法律制度的规定，在股东起诉请求公司分配利润的案例中，不应当列为被告的是(　)

A. 反对分配利润的董事　　B. 反对分配利润的股东

C. 公司　　D. 公司及反对分配利润的股东

5. 某有限责任公司关于股东资格解除与认定的下列做法中，符合公司法律制度规定的有(　)

A. 股东甲未依照章程规定缴纳出资，董事会通过决议解除其股东资格

B. 股东乙病故后，其妻作为合法继承人要求继承股东资格，公司依章程中关于股东资格不得继承的规定予以拒绝

C. 股东丙抽逃部分出资，股东会通过决议解除其股东资格

D. 实际出资人丁请求公司解除名义股东戊的股东资格，并将自己登记为股东，因未获公司其他股东半数以上同意，公司予以拒绝

6. 某公司在选举董事时因人选问题发生了争议，下列可以被选为公司董事的有(　)

A. 甲，因贪污被判处有期徒刑，3 年前出狱

B. 乙，因犯罪被剥夺政治权利 3 年，5 年前出狱

C. 丙，曾担任因违法被吊销营业执照的企业的法定代表人，并负有个人责任，5 年前企业已注销

D. 丁，曾担任破产企业的厂长，但对企业破产没有责任，该企业已破产 2 年

7. 甲有限责任公司未设董事会，股东乙为执行董事。根据公司法律制度的规定，在公司章程无特别规定的情形下，乙可以行使的职权有(　)

A. 决定公司的投资计划　　B. 召集股东会会议

C. 决定公司的利润分配方案　　D. 决定聘任公司经理

8. 某有限责任公司股东甲、乙、丙的持股比例分别为 9%、9%和 82%。公司未设监事会，乙任监事；丙任执行董事，甲发现丙将公司资产擅自低于市价转让给丙妻，严重损害公司利益。遂书面请求乙对丙提起诉讼。乙碍于情面，未提起诉讼。甲的下列行为中，不符合公司法律制度规定的是(　)

A. 以自己的名义对丙提起诉讼，要求其赔偿公司损失

B. 提议召开临时股东会，要求丙对相关事项作出说明

C. 请求公司以合理价格收购其股权，从而退出公司

D. 以公司监督机构失灵、公司和股东利益受到严重损害为由，请求人民法院解散公司

9. 下列关于股份有限公司董事会的表述中，符合公司法律制度规定的有(　)

A. 董事会成员为 5 至 19 人，且人数须为单数

B. 董事会成员中应有一定比例的独立董事

C. 董事会会议应有过半数的董事出席方可举行

D. 董事会作出决议须经全体董事的过半数通过，董事会决议的表决实行一人一票

10. 某股份有限公司董事会 9 名董事。该公司开董事会会议，甲、乙、丙、丁、戊 5 名董事出席，其余 4 名董事缺席。会议表决前，丁因故提前退席，亦未委托他人代为表决。会议最终由 4 名董事一致作出一项决议。根据公司法律制度的规定，下列关于该决议法律效力的表述中，不正确的是(　)

A. 有效　　B. 不成立　　C. 可撤销　　D. 未生效

三、案例分析题

1. 赵某担任甲上市公司总经理，并持有该公司股票 10 万股。钱某为甲公司董事长兼法定代表人。2011 年 12 月 23 日，赵某向中国证监会书面举报称：①甲公司

的子公司乙公司曾向甲公司全体董事提供低息借款,用于个人购房;②2011 年 4 月 1 日,公司召开的董事会通过决议为母公司丙公司向银行借款提供担保,但甲公司并未公开披露该担保事项。

问题:(1)乙公司向甲公司的所有董事提供低息借款购房的行为是否合法?并说明理由。

(2)2011 年 4 月 1 日甲公司董事会通过的为丙公司提供担保的决议是否合法?并说明理由。

2. A 公司章程表明:甲以现金 30 万元,乙以设备作价 10 万元(该设备是乙借来的,公司对此不知情),丙以土地使用权作价 50 万元,丁以所持有的另一公司的股权作价 10 万元出资设立 A 有限责任公司。A 公司经营半年后负债无法清偿,债权人发现:乙出资的设备未经评估,且被出借人起诉要求返还;丙出资的土地使用权未变更登记;丁出资的股权已为其银行贷款设定质押担保。遂请求法院判定股东出资不足。问:对乙、丙、丁的出资行为如何处理?

3. 2015 年 8 月 8 日,甲、乙、丙、丁共同出资设立了一家有限责任公司(下称公司)。乙在公司设立时以机器设备折合 30 万元用于出资,而该机器设备的实际价值仅为 10 万元。2018 年 9 月,公司不能清偿欠戊的 100 万元债务,戊要求乙承担补充清偿责任,但乙认为自己出资不足的问题已过诉讼时效。

问题:(1)乙出资不足,甲、乙、丙、丁是否承担责任?

(2)戊是否有权要求乙承担补充清偿责任?

(3)乙认为已过诉讼时效的说法是否正确?

能力训练

创业进入实质性阶段后的首要问题便是企业形式的选择,我国法律规定的企业形式有哪些?在企业发展的不同阶段,如何根据不同企业形式的特点,科学选择企业形式?你认为最适应市场经济的企业形式是什么?

第 3 章　合同法律制度

知识目标

- 掌握合同订立的过程、合同的主要内容；
- 掌握合同的生效要件，理解并掌握无效合同、效力待定合同、可撤销合同制度，以及合同被确认无效或被撤销的法律后果；
- 掌握合同履行中应当遵循的原则，三种抗辩权的行使，掌握合同保全法律制度；
- 理解合同变更的条件、合同转让的条件及法律后果，理解并掌握合同终止的情形、合同解除的种类；
- 掌握违约责任的归责原则和承担方式。

能力目标

- 掌握合同订立的程序；
- 学会起草合同、签订合同，防止因合同不成立承担缔约过失责任；
- 掌握合同被确认无效或被撤销后的解决办法；
- 防范合同履行中的风险，掌握违约责任的承担方式。

导入案例

石某与东方房地产开发有限公司于 2018 年 8 月 9 日达成了购房意向：石某购买东方公司楼房一套，并于当天交给东方公司定金 50000 元，东方公司承诺半个月后交齐购房款即给钥匙并给办理房权证。2018 年 8 月 23 日，双方签订了购房合同，合同约定合同总价款为 197000 元，出卖人应于 2010 年 8 月 30 日前交房，石某又支付购房款 140000 元。后东方公司未按合同约定交房。

另查明，东方公司出卖给石某的楼房，已于 2016 年 10 月卖给了李平，李平在房管局通过产权登记取得了房产证。2018 年 9 月,李平又将涉案楼房卖给了赵文,并到房管局办理了产权转移登记。

因损失赔偿事宜,石某起诉到法院,请求依法判令解除其与东方公司的购房合同,双倍返还定金,承担赔偿责任 190000 元,并由被告负担诉讼费用。

问题:如果你是法官,该做何判决?

合同是市场经济的纽带,在市场经济中发挥重要作用。在本案中,东方公司"一房两卖"的行为是否具有法律效力?石某的诉讼请求是否应当得到支持?要回答这些问题,需要学习以下相关知识。

3.1 合同法律制度概述

合同法律制度涉及自然人、法人和其他组织的切身利益,它可以保障交易活动的安全,保护合同当事人的合法权益、维护社会经济秩序,推动社会主义市场经济的发展。《中华人民共和国合同法》由九届人大二次会议于 1999 年 3 月 15 日通过,自 1999 年 10 月 1 日起施行。2020 年 5 月 28 日,十三届全国人大三次会议表决通过了《中华人民共和国民法典》(以下简称《民法典》),自 2021 年 1 月 1 日起施行,届时《中华人民共和国合同法》将废止,有关合同的民事法律规范将由《民法典》中的"合同编"替代。

3.1.1 合同的概念和法律特征

依照《民法典》第 464 条的规定,合同是民事主体之间设立、变更、终止民事法律关系的协议。合同具有如下法律特征:

(1) 合同是一种民事法律行为。合同是自然人、法人或其他组织通过意思表示设立、变更、终止民事法律关系的行为。

(2) 合同当事人法律地位一律平等。各方当事人自愿协商,任何一方不得将自己的观点、主张强加给另一方。

(3) 合同是两方或两方以上当事人意思表示一致的民事法律行为。

(4) 合同的目的是设立、变更或终止民事权利义务关系。

3.1.2 合同的分类

依据不同的标准,合同可划分为不同的类型。

1. 有名合同与无名合同

根据法律是否设有规范并赋予一个特定名称为标准,合同分为有名合同与无名合同。有名合同,也称典型合同,是法律对某类合同赋予专门名称,并设定专门规范的合同,如《民法典》合同编规定了 19 种有名合同:买卖合同、赠与合同、借款合同、租赁合同、承揽合同、建设工程合同、运输合同、技术合同、供用电水气热力合同、保管合同、仓储合同、委托合同、行纪合同、居间合同、融资租赁合同、保证合同、保理合同、物业服务合同和合伙合同。

无名合同，也称非典型合同，是法律上未规定专门名称和专门规则的合同。有名合同与无名合同的区分意义主要在于两者适用的法律规则不同。对于有名合同应当直接适用《民法典》"合同编"的规定；对于无名合同，则首先应当考虑适用合同法律制度的一般规则，也可参照与该合同最为类似或基本类似的有名合同规定处理。

2. 双务合同和单务合同

以当事人是否互相负有给付义务可以将合同分为双务合同和单务合同。双务合同，是指双方当事人互负对待给付义务的合同，即双方当事人互享债权，互负债务，一方的权利正好是对方的义务，彼此形成对价关系。如买卖合同、租赁合同、承揽合同等。单务合同，是指仅一方当事人只负有义务而另一方只享有权利的合同。如赠与合同、无偿保管合同、无偿委托合同等。

3. 有偿合同和无偿合同

根据当事人取得权利是否支付对价，可以将合同分为有偿合同和无偿合同。实践中绝大多数反映交易关系的合同都是有偿的，例如买卖合同、租赁合同、保险合同都是有偿合同。无偿合同是指一方当事人向对方给予某种利益，对方取得该利益时不支付任何代价的合同，实践中主要有赠与合同、无偿借用合同、无偿保管合同等。

4. 诺成合同与实践合同

根据合同的成立是否以交付标的物为要件，可将合同分为诺成合同与实践合同。诺成合同以合意为成立要件，各方当事人意思表示一致，合同即成立，实践中的大多数合同都属于诺成性合同。实践合同是指除当事人意思表示一致外，尚须交付标的物才能成立的合同。如质押合同、保管合同等。

5. 要式合同与不要式合同

根据合同的成立是否需要特定的形式，可将合同分为要式合同与不要式合同。要式合同，是指必须根据法律规定的方式而成立的合同。不要式合同，是指当事人订立的合同，依法并不需要采取特定的形式，当事人可以采取口头方式，也可以采取书面形式。

6. 主合同与从合同

根据合同相互间的主从关系，可以将合同分为主合同和从合同。主合同，是指不需要其他合同的存在即可独立存在的合同。从合同，是指以其他合同的存在而为存在前提的合同。例如，对于保证合同而言，设立主债务的合同是主合同，保证合同相对于主债务合同而言就是从合同。

3.1.3 《民法典》"合同编"概述

《民法典》"合同编"共计 526 个条文，分为三个分编——通则、典型合同、准合同，在原来的合同法基础上，进行了全方位的修订，紧跟新时代的步伐，积极回应社会生活的热点问题，并为这些新需求、新方式提供了明确的法律规制。以《民法典》为基本法，其他有关法律、合同法规、相关司法解释，以及中国缔结、参加或者承认的国际条约和国际惯例与之形成配套，确定了中国的合同法律制度。

日常生活中，人们经常约定各种事项，达成各种协议。这些协议在形式与内容上与合同法中规定的合同非常类似，都约定了双方当事人的权利和义务甚至是责任。有的协议还在名称上使用了“合同”这个表述。但并不是所有协议都会适用《民法典》“合同编”。合同是民事主体之间设立、变更、终止民事法律关系的协议，《民法典》第463条规定，本编调整因合同产生的民事关系。既然是民事关系，“合同编”调整的是平等主体之间订立的民事合同，对于地位不平等的主体之间订立的合同，例如许多企业内部的承包合同，不能成为合同法的调整范围。企业内部承包多系属于企业内部管理关系，适用有关公司、企业的法律，而不适用合同法律规定。

另外，婚姻、收养、监护等有关身份关系的协议，适用有关该身份关系的法律规定；没有规定的，可以根据其性质参照适用《民法典》“合同编”的规定。

小案例

2002年1月，黄某被省妇女联合会聘用为驾驶员，并租住在单位提供的海口市××路房，其产权属于省机关事务局所有，省直机关后勤服务有限公司每月收取其租金107.4元。2008年10月7日黄某离职后，单位要求其搬离租赁房屋，但黄某未搬离。2018年省机关海府大院规划改造工作全面铺开，为确保规划改造工作的顺利实施，省机关事务局向黄某送达《关于限期搬离的通知》，内容为：您所租的房屋产权登记在省机关事务管理局名下，系为省直机关无房户干部职工提供的周转性过渡用房。为确保省机关海府大院改造项目顺利实施，请务必于11月5日前与我局签订周转房搬迁协议，于11月20日前搬离并腾空住房。逾期，我局将采取措施收回房屋。后，黄某拒不搬离。省机关事务局向法院起诉。

黄某认为，本案所诉讼房屋属公有制经济管理下福利分房问题，是属于国有单位与国有职工内部管理关系，属于上级管理单位对下级国有职工分配使用房屋问题管理关系，不属于平等主体之间民事关系，不适用合同法律制度。

问题：你认为该案适用合同法律制度吗？

【解析】黄某租赁的房屋是聘用单位为其提供的，产权属于省机关事务局所有，因此省机关事务局有权管理黄某所租赁的房屋。不论是公租房，还是私租房，其性质都是属于房屋租赁法律关系，只不过公租房基于公租、公益性质，其租金相对低廉些，但这并不能改变其租赁性质。按房屋租赁的法律规定，其出租方与承租者的民事法律地位均是平等的。因此，双方产生的房屋租赁纠纷，可适用合同法律。由于省机关事务局、黄某双方没有签订书面租赁合同，没有约定租赁期限，应视为不定期租赁关系，当事人可以随时解除合同，但出租人解除合同应当在合理期限之前通知承租人。省机关事务局根据省机关大院改造建设的需要，以产权人及管理者的身份向黄某送达了《关于限期搬离的通知》，解除与黄某的租赁关系，并要求其搬离租赁房屋，其做法是合法的。

3.2　合同的成立

3.2.1　合同的订立

当事人订立合同，可以采取要约、承诺方式或者其他方式。

1. 要约

要约是希望与他人订立合同的意思表示，也称为“报价”“发盘”“发价”等。发出要约的人称为“要约人”，接受要约的人称为“受要约人”。要约一旦发出，就具有约束力，要约人不能随意变更、撤销，否则，要承担相应的责任。

1）要约的构成要件

(1) 内容具体确定。即要约应当包括足以使合同成立的最基本的条款。

(2) 表明经受要约人承诺，要约人即受该意思表示约束。即要约人具有订立合同的意思，一经受要约人承诺，要约人与受要约人之间即产生合同关系，要约人受其发出要约的意思表示的约束。

2）要约邀请

在实践中要注意区分要约和要约邀请。要约邀请，是希望他人向自己发出要约的意思表示。要约和要约邀请的最主要的区别在于内容是否具体明确，包含合同的必要条款。要约的内容必须具体、明确，一经受要约人承诺，要约人即受该意思表示约束。而要约邀请则是事实行为且不需要承担责任，实践中，拍卖公告、招标公告、招股说明书、债券募集办法、基金招募说明书、商业广告和宣传、寄送的价目表等为要约邀请。但如果商业广告和宣传的内容符合要约条件的，构成要约。例如商业广告注明“限售30套”“先到先得”，或注明有效期的，通常视为已经“表明经受要约人承诺，要约人即受该意思表示约束”。相反，如意思表示上载有“仅供参考”、“以我公司最后确认为准”、“配置、价格如有变化，恕不另行通知”等字样，则肯定表示表意人不受该意思表示拘束，不构成要约。

3）要约的生效

要约到达受要约人时生效。具体而言，以对话方式作出的要约，从受要约人知道其内容时生效。以非对话方式作出的要约，到达受要约人时生效。例如，采用数据电文形式的要约，受要约人指定特定系统接收数据电文的，该数据电文进入该特定系统时生效;未指定特定系统的,受要约人知道或者应当知道该数据电文进入其系统时生效。当事人对采用数据电文形式的意思表示的生效时间另有约定的,按照其约定。

4）要约的撤回与撤销

要约人在发出要约后,可以撤回要约,但撤回要约的通知应当在要约到达受要约人前或者与要约同时到达受要约人。

要约的撤销是要约人在要约生效后、受要约人承诺前,使要约失去法律效力的意思表示。撤销要约的意思表示以对话方式作出的,该意思表示的内容应当在受要约人作出承诺之前为受要约人所知道;撤销要约的意思表示以非对话方式作出的,应当在受要约人作出承诺之前到达受要约人。

要约可以撤销,但是有下列情形之一的除外:①要约人以确定承诺期限或者其他形式明示要约不可撤销;②受要约人有理由认为要约是不可撤销的,并已经为履行合同做了合理准备工作。

5）要约失效

根据我国《民法典》第478条规定,有下列情形之一的,要约失效:①要约被拒绝;②要约被依法撤销;③承诺期限届满,受要约人未作出承诺;④受要约人对要约的内容作出实质性变更。

2. 承诺

承诺是受要约人同意要约的意思表示。

1）承诺的构成条件

(1) 承诺的内容应当与要约的内容一致。受要约人对要约的内容作出实质性改变的,应认为是拒绝原要约而提出新要约。有关合同标的、数量、质量、价款或者报酬、履行期限、履行地点和方式、违约责任和解决争议方法等的变更,是对要约内容的实质性变更。

(2) 承诺必须由接受要约的人或其合法代表或合法代理人向要约人表示。否则,由第三人所表示的承诺,仍不能成立合同。

(3) 承诺必须在要约确定的期限内到达要约人,否则认为不接受。

要约以信件或者电报作出的,承诺期限自信件载明的日期或者电报交发之日开始计算。信件未载明日期的,自投寄该信件的邮戳日期开始计算。要约以电话、传真、电子邮件等快速通讯方式作出的,承诺期限自要约到达受要约人时开始计算。

要约没有确定承诺期限的,如果要约以对话方式作出的,应当即时作出承诺。如果要约以非对话方式作出的,承诺应当在合理期限内到达。

(4) 以适当的方式做出。承诺应当以通知的方式做出,承诺应当以通知的方式作出;根据交易习惯或者要约表明,也可以通过行为作出承诺。

2）承诺的生效

承诺通知到达要约人时生效。承诺不需要通知的,根据交易习惯或者要约的要求作出承诺的行为时生效。

以对话方式作出的承诺，从要约人知道其内容时生效。以非对话方式作出的承诺，到达受要约人时生效。例如：采用数据电文形式的承诺，要约人指定特定系统接收数据电文的，该数据电文进入该特定系统时生效；未指定特定系统的，要约人知道或者应当知道该数据电文进入其系统时生效。当事人对采用数据电文形式的意思表示的生效时间另有约定的，按照其约定。

受要约人超过承诺期限发出承诺，或者在承诺期限内发出承诺，按照通常情形不能及时到达要约人的，为新要约；但是，要约人及时通知受要约人该承诺有效的除外。

受要约人在承诺期限内发出承诺，按照通常情形能够及时到达要约人，但是因其他原因致使承诺到达要约人时超过承诺期限的，除要约人及时通知受要约人因承诺超过期限不接受该承诺外，该承诺有效。

3）承诺的撤回

承诺的撤回是指受要约人在承诺生效之前阻却其发生法律效力的行为。撤回承诺的通知应当在承诺通知到达要约人之前或者与承诺通知同时到达要约人。

3.2.2 合同成立的时间和地点

1. 合同成立的时间

采用要约和承诺方式订立合同的，承诺生效时合同成立。

当事人采用合同书形式订立合同的，自当事人均签名、盖章或者按指印时合同成立。在签名、盖章或者按指印之前，当事人一方已经履行主要义务，对方接受时，该合同成立。

当事人采用信件、数据电文等形式订立合同要求签订确认书的，签订确认书时合同成立。法律、行政法规规定或者当事人约定合同应当采用书面形式订立，当事人未采用书面形式但是一方已经履行主要义务，对方接受时，该合同成立。

当事人一方通过互联网等信息网络发布的商品或者服务信息符合要约条件的，对方选择该商品或者服务并提交订单成功时合同成立，但是当事人另有约定的除外。

2. 合同成立的地点

承诺生效的地点为合同成立的地点。

当事人采用合同书形式订立合同的，最后签名、盖章或者按指印的地点为合同成立的地点。采用数据电文形式订立合同的，收件人的主营业地为合同成立的地点；没有主营业地的，其住所地为合同成立的地点。当事人另有约定的，按照其约定。

3.2.3 合同的内容

1. 合同一般应具备的条款

合同的内容由当事人约定，一般应具备以下条款：①当事人的名称、姓名和住所；②标的（有形财产、无形财产、劳务、工作成果）③数量；④质量；⑤价款或报酬；⑥履行期限、地点和方式；⑦违约责任；⑧解决争议的方法（协商、调解、仲裁和诉讼）。

2. 格式条款

格式条款,又称为标准条款、标准合同,是当事人为了重复使用而预先拟定,并在订立合同时未与对方协商的条款。

(1) 格式条款订立的规则。采用格式条款订立合同的,提供格式条款的一方应当遵循公平原则确定当事人之间的权利和义务,并采取合理的方式提示对方注意免除或者减轻其责任等与对方有重大利害关系的条款,按照对方的要求,对该条款予以说明。提供格式条款的一方未履行提示或者说明义务,致使对方没有注意或者理解与其有重大利害关系的条款的,对方可以主张该条款不成为合同的内容。

(2) 格式条款的无效。某些格式条款无效:第一,合同中关于造成对方人身损害的以及因故意或者重大过失造成对方财产损失的免责条款;第二,提供格式条款一方不合理地免除或者减轻其责任、加重对方责任、限制对方主要权利;第三,提供格式条款一方排除对方主要权利。

(3) 格式条款的解释。对格式条款的理解发生争议的,应当按照通常理解予以解释。对格式条款有两种以上解释的,应当作出不利于提供格式条款一方的解释。格式条款和非格式条款不一致的,应当采用非格式条款。

3.2.4 缔约过失责任

缔约过失责任是指在合同订立过程中,一方因违背其依据诚实信用所应尽的义务,而致另一方的信赖利益损失,依法应承担的损害赔偿责任。

当事人在订立合同过程中有下列情形之一,造成对方损失的,应当承担赔偿责任:①假借订立合同,恶意进行磋商;②故意隐瞒与订立合同有关的重要事实或者提供虚假情况;③有其他违背诚信原则的行为。

当事人在订立合同过程中知悉的商业秘密或者其他应当保密的信息,无论合同是否成立,不得泄露或者不正当地使用;泄露、不正当地使用该商业秘密或者 信息,造成对方损失的,应当承担赔偿责任。

小案例

2019 年 9 月 1 日,甲向乙发出一份欲出售木材的要约,要约中对木材的型号、质量、价格、数量等内容皆作了规定,且规定了乙应在 10 日内给予答复。9 月 4 日,乙收到此要约后,准备了价款,腾出了仓库,为履行合同作了必要的准备。9 月 7 日,甲向乙发出了一份撤销要约的通知,9 月 10 日到达乙处。乙主张,甲在要约中已确定了承诺期限,此要约属于不得撤销的要约,甲撤销要约的通知不发生效力,甲应承担相应的责任。

问题:甲是否应当承担法律责任?

【解析】 甲对要约规定了承诺期限，此要约即属于不得撤销的要约。要约人撤销要约不符合法律规定，这种情况下，要约的效力得到了维持，合同因而得以成立。乙信赖甲的要约行为，并为履行合同作了必要的准备，准备了价款必然会丧失一定的利息，同时，还可能丧失与他人订立合同的机会。故甲对乙应承担缔约过失责任。

3.3　合同的效力

合同的效力指依法成立的合同所产生的法律后果，即法律赋予依法成立的合同具有约束当事人各方乃至第三人的强制力。合同成立后，可能因符合生效条件而生效，也可能因违反法律规定而无效，还可能因欠缺一定的生效要件而可变更、可撤销或效力待定。因此，合同成立后，合同的效力可分为四类：有效合同、无效合同、可撤销合同、效力待定合同。

3.3.1　合同生效应具备的条件

根据我国《民法典》第143条，合同生效应具备以下条件：①当事人在订立合同时必须具有相应的民事行为能力；②合同当事人的意思表示真实；③不违反法律、行政法规的强制性规定，不违背公序良俗。

3.3.2　无效合同

1. 无效合同的概念

无效合同指严重欠缺合同的生效要件，不受国家法律保护，从而不能产生法律约束力的合同。无效合同分为部分无效和全部无效两种。部分无效的合同（即条款无效），指合同的某些条款虽然违反法律规定，但不影响其他部分效力的，其他部分仍然有效。

2. 无效合同的类型

（1）行为人与相对人以虚假的意思表示签订的合同。

（2）行为人与相对人恶意串通，损害他人合法权益的合同。

（3）无民事行为能力人签订的合同。

（4）违反法律、行政法规的强制性规定的合同。

（5）违背公序良俗的合同。

合同无效、被撤销或者确定不发生效力后，行为人因该行为取得的财产，应当予以返还；不能返还或者没有必要返还的，应当折价补偿。有过错的一方应当赔偿对方由此所受到的损失；各方都有过错的，应当各自承担相应的责任。

小案例

周先生与魏女士在婚姻关系存续期间签订了一份房屋买卖合同，将周先生名下的一套房屋（婚前购买）出售给魏女士并过户，后魏女士以该房屋办理了银行抵押贷款。现双方因关系恶化处于离婚诉讼中。周先生将魏女士起诉至法院，要求确认双方房屋买卖合同无效，并将房屋恢复登记至自己名下。

周先生称，因创业需要资金，且魏女士的身份可以获得银行低息贷款，便与魏女士商议后，以套取银行低息贷款为目的，在2009年与魏女士以明显不合理的低价签订了《存量房屋买卖合同》，将房屋过户至魏女士名下，并以魏女士名义、以该房屋为抵押物，取得了银行低息贷款。事实上，签订房屋买卖合同后，魏女士未偿还贷款也没有支付购房款，办理过户的所有税费及贷款的各种费用均由周先生承担，同时房屋也一直实际由周先生及其父母占有使用。双方签订虚假的房屋买卖合同真实意图是获取银行低息贷款，该行为属于以合法形式掩盖非法目的，依法应被确认为无效合同。

（资料来源：《人民法院报》，2018年08月25日）

魏女士认为该房屋是周先生对其的赠与，并通过房屋买卖的形式向银行贷款。房屋买卖合同是双方真实意思表示，经过房产部门登记、纳税、过户，依法有效。

问题：上述案例中的《存量房屋买卖合同》是否具有法律效力？

【解析】意思表示真实是民事法律行为应当具备的基本条件之一，行为人与相对人以虚假的意思表示实施的民事法律行为无效。案例中魏女士作为购房人并未按合同约定支付购房款，且周先生与魏女士均认可双方签订房屋买卖合同有将诉争房屋进行抵押，获取银行贷款的目的。魏女士虽抗辩称周先生基于双方的夫妻关系向其赠与诉争房屋，但双方赠与关系是否成立均不改变双方没有买卖诉争房屋意思表示的事实。基于以上事实，法院认定周先生与魏女士没有买卖诉争房屋的真实意思，其二人所签订的《存量房屋买卖合同》应属无效，诉争房屋应恢复登记至周先生名下。

3.3.3 可撤销合同

1. 可撤销合同的概念

可撤销合同是指欠缺合同有效要件，存在可撤销原因的合同。对可撤销合同，当事人可以请求人民法院或者仲裁机构予以撤销。

2. 撤销事由

(1) 重大误解。基于重大误解实施的民事法律行为，行为人有权请求人民法院或者仲裁机构予以撤销。

(2) 欺诈。以欺诈行为订立的合同，分为两种情况。①当事人欺诈：一方以欺诈手段，使对方在违背真实意思的情况下订立的合同，受欺诈方有权请求人民法院或者仲裁机构予以撤销。②第三人欺诈：第三人实施欺诈行为，使一方在违背真实意思的情况下实施的民事法律行为，对方知道或者应当知道该欺诈行为的，受欺诈方有权请求人民法院或者仲裁机构予以撤销。

(3) 胁迫。一方或者第三人以胁迫手段，使对方在违背真实意思的情况下实施的民事法律行为，受胁迫方有权请求人民法院或者仲裁机构予以撤销。

(4) 显失公平。一方当事人利用对方当事人处于危困状态、缺乏判断能力等情形，致使合同订立显失公平的，受损害方有权请求人民法院或者仲裁机构予以撤销。显失公平包括两种情况，一种是乘人之危，乘相对人危难之际或紧迫需要，迫使相对人做出违背真实意思的表示，造成合同自始显失公平；另一种是利用对方缺乏判断能力，造成合同自始显失公平。

3. 撤销权的行使

在可撤销合同中，当事人可以请求人民法院或仲裁机构撤销合同，也可以放弃撤销权，继续履行合同。为了避免合同的效力长期处于不稳定状态，我国《民法典》第 152 条规定了撤销权消灭的情形：

(1) 当事人自知道或者应当知道撤销事由之日起一年内、重大误解的当事人自知道或者应当知道撤销事由之日起九十日内没有行使撤销权；

(2) 当事人受胁迫，自胁迫行为终止之日起一年内没有行使撤销权；

(3) 当事人知道撤销事由后明确表示或者以自己的行为表明放弃撤销权。当事人自民事法律行为发生之日起五年内没有行使撤销权的，撤销权消灭。

小案例

剑河欧特美户外用品经营部是京东商城网站的卖家，店铺名称“欧特美骑行专营店”，主要经营户外运动产品、健身器材、保健护理用品、体育用品等。2017 年 5 月 22 日，张某在京东商城下单，购买“欧特美骑行专营店”的升特电动滑板车 1 台，京东价 298 元。张某在线支付 298 元，系统提示张某的订单已进入第三方卖家库房，准备出库。但后来一直未收到货物。因此，张某起诉至法院，要求判令被告剑河欧特美户外用品经营部按照订单交付货物，并且因商家未按约定时间发货赔付订单金额的 30%。

剑河欧特美户外用品经营部认为，张某的付款行为，只是要约，只有商城发货，货物到达用户后，才构成承诺，合同才成立；另外，由于店铺新开张，不熟悉操作导致标错价格(市场价 3800 元的滑板车标成了 298 元)，京东系统在一秒钟内识别到，及时下架了产品，但与此同时，已被好几个同名、同姓、同电话地址的几个恶意买家各自秒拍，共秒拍下 160 多单，无意标错价格下被秒拍多单，这个合同属于重大误解之下签订的，完全可以撤销。

问题：双方的买卖合同成立吗？如果你是法官，应该怎样处理？

【解析】本案系因网络购物引发的买卖纠纷，被告入驻京东商城平台，并在该平台发布商品出售信息，该信息包括了待售商品的名称、型号、配置、售价、交货方式等，原告通过京东商城平台向被告下单，双方之间的买卖关系成立，依法成立的合同对双方具有法律约束力，当事人应当按照约定履行自己的义务，不得擅自变更或者解除合同。

因重大误解订立的合同，在订立合同时显失公平的合同，当事人一方有权请求人民法院或者仲裁机构变更或者撤销合同。原告下单时的价格仅为 298 元，与市场价格 3800 元相差悬殊，即使被告搞促销活动，也没必要亏本销售，不符合商事主体的营利性及趋利性，被告将涉案商品以 298 元出售的意思表示并非其真实意思表示，应属重大误解的行为，涉案合同应属可撤销合同。享有合同撤销权的一方当事人可行使撤销权，请求人民法院或是仲裁机构变更或者撤销合同。

3.3.4 效力待定合同

效力待定合同指合同虽成立，但因其不完全符合有关生效要件的规定，因此其效力能否发生尚未确定的合同。主要包括以下几种情况：

1. 限制民事行为能力人订立的合同

限制民事行为能力人订立的合同，须经法定代理人同意或者追认后，方为有效，但纯获利益的合同以及与其年龄、智力、精神健康状况相适应而订立的合同，不必经过法定代理人追认。相对人可以催告法定代理人自收到通知之日起 30 日内予以追认。法定代理人未作表示的，视为拒绝追认。合同被追认前，善意相对人有撤销的权利。撤销应当以通知的方式作出。

2. 无权代理人以他人名义订立的合同

行为人没有代理权、超越代理权或者代理权终止后，仍然以被代理人的名义订立合同，未经被代理人追认的，对被代理人不发生效力，由行为人承担责任（履行债务、赔偿相对人受到的损害）。相对人可以催告被代理人自收到通知之日起 30 日内予以追认。被代理人未作表示的，视为拒绝追认。无权代理人以被代理人的名义订立合同，被代理人已经开始履行合同义务或者接受相对人履行的，视为对合同的追认。

合同被追认前，善意相对人有撤销的权利。撤销应当以通知的方式作出。行为人没有代理权、超越代理权或者代理权终止后，仍然实施代理行为，相对人有理由相信行为人有代理权的，代理行为有效。

此外，法人或非法人组织的法定代表人、负责人超越权限订立的合同，除相对人知道或者应当知道其超越权限外，该代表行为有效，订立的合同对法人或者非法人组织发生效力。

3.4　合同的履行

合同的履行是指合同生效后，合同当事人应当按照约定全面适当地完成合同中规定的各项义务的行为。

3.4.1　合同履行的原则

1. 全面履行原则

全面履行原则，亦称“适当履行原则”，指当事人除按合同规定的标的履行外，还要按合同规定的数量、质量、期限、地点、价格、结算方式等各方面全面、适当地履行。我国《民法典》第 509 条第 1 款规定，当事人应当按照约定全面履行自己的义务。

2. 诚实信用原则

诚实信用原则是指当事人在履行合同义务时，应当诚实、守信、善意，不滥用权力或规避义务。我国《民法典》第 509 条第 2 款规定，当事人应当遵循诚信原则，根据合同的性质、目的和交易习惯履行通知、协助、保密等义务。

3.4.2　合同履行的规则

由于主客观因素，当事人在合同中就质量、价款或者报酬、履行地点等内容没有约定或者约定不明确时，当事人可以协议补充，不能达成补充协议的，按照合同有关条款或交易习惯确定，若仍不能确定的，适用以下规定。

(1) 质量要求不明确的，按照强制性国家标准履行；没有强制性国家标准的，按照推荐性国家标准履行；没有推荐性国家标准的，按照行业标准履行；没有国家标准、行业标准的，按照通常标准或者符合合同目的的特定标准履行。

(2) 价款或者报酬不明确的，按照订立合同时履行地的市场价格履行；依法应当执行政府定价或者政府指导价的，依照规定履行。

(3) 履行地点不明确，给付货币的，在接受货币一方所在地履行；交付不动产的，在不动产所在地履行；其他标的，在履行义务一方所在地履行。

(4) 履行期限不明确的，债务人可以随时履行，债权人也可以随时请求履行，但是应当给对方必要的准备时间。

(5) 履行方式不明确的，按照有利于实现合同目的的方式履行。

(6) 履行费用的负担不明确的，由履行义务一方负担；因债权人原因增加的履行费用，由债权人负担。

3.4.3　双务合同履行中的抗辩权

抗辩权又称异议权，是对抗对方的请求权或否认对方权利主张的权利。双务合同履行中的抗辩权包括以下 3 种：同时履行抗辩权、后履行抗辩权、不安抗辩权。

1. 同时履行抗辩权

同时履行抗辩权，是指双务合同的当事人互负债务，没有先后履行顺序的，应当同时履行。一方在对方履行之前有权拒绝其履行请求。一方在对方履行债务不符合约定时，有权拒绝其相应的履行请求。

同时履行抗辩权的适用条件是：①双方互负债务；②双方债务没有先后履行顺序，应当同时履行；③双方互负的债务均已届清偿期；④对方未履行债务或者未适当履行债务；⑤对方未履行或者未适当履行的债务有履行的可能。

例如：甲公司与乙饮料厂签订一份买卖纯净水的合同，约定提货时付款。甲提货时称公司出纳员突发急病，支票一时拿不出来，要求先提货，过两天再把货款送来，乙拒绝了甲的要求，乙行使的是同时履行抗辩权。

2. 后履行抗辩权

后履行抗辩权，是指双务合同的当事人互负债务，有先后履行顺序，应当先履行债务一方未履行的，后履行一方有权拒绝其履行请求。先履行一方履行债务不符合约定的，后履行一方有权拒绝其相应的履行请求。

后履行抗辩权的适用条件是：①双方互负债务；②债务的履行有先后顺序；③应当先履行一方的债务已届清偿期；④应当先履行的一方不履行债务，或者未适当履行债务；⑤应当先履行的债务有履行的可能。

例如：甲与乙订立的买卖合同约定，甲向乙买西服 100 套，总价为 9 万元，甲应于 8 月 1 日前向乙预付 6 万元，余款于 10 月 15 日在乙交付西服后 2 日内一次付清。合同签订后，甲以资金周转困难为由未支付 6 万元预付款，10 月 15 日，甲要求乙交付西服，乙可行使后履行抗辩权。

3. 不安抗辩权

不安抗辩权是指双务合同中应当先履行债务的当事人，有确切证据证明后履行债务的一方不能履行债务或者有不能履行债务的可能时，在对方未履行其债务或提供担保前，有拒绝履行自己所负债务的权利。

1) 不安抗辩权的适用

根据我国《民法典》第 527、528 条的规定，应当先履行债务的当事人，有确切证据证明对方有下列情形之一的，可以中止履行：①经营状况严重恶化；②转移财产、抽逃资金，以逃避债务；③丧失商业信誉；有丧失或者可能丧失履行债务能力的其他情形。

当事人没有确切证据中止履行的，应当承担违约责任。

2)不安抗辩权的效力

(1) 中止履行。先履行合同的当事人行使中止权时，应当及时通知对方，便于对方在接到通知后，提供相应的担保，使合同得以履行。如果对方当事人恢复了履行能力或提供了相应的担保后，先履行一方当事人“不安”的原因消除，应当恢复合同的履行。

(2) 解除合同。中止履行合同后，如果对方在合理期限内未恢复履行能力并且未提供适当担保时，视为以自己的行为表明不履行主要债务，中止履行的一方可以解除合同并可以请求对方承担违约责任。

例如：甲、乙签订了一份买卖合同，双方约定由甲向乙提供一批生产用原材料，总货款为100万元，甲最晚于6月底前供货，货到付款。5月份甲从报纸上得知：乙为逃避债务私自转移财产，被法院依法查封扣押了财产。于是甲通知乙，在乙付款或提供担保前中止履行合同，甲在此行使的就是不安抗辩权。

3.4.4 合同的保全

合同的保全，是指法律为防止因债务人的财产不当减少而给债权人的债权带来危害，允许债权人对债务人或第三人的行为行使代位权或撤销权以保护其债权的法律制度。

合同的保全与民事诉讼中的财产保全是不同的。后者是指人民法院在案件受理前或诉讼过程中，为了保证判决的执行或避免财产受到损失，而对当事人的财产和有争议的标的物采取查封、扣押、冻结等强制性措施。

1. 代位权

1）代位权的概念

代位权是指因债务人怠于行使其债权或者与该债权有关的从权利，影响债权人的到期债权实现的，债权人可以向人民法院请求以自己的名义代位行使债务人对相对人的权利。例如，甲欠乙10万元，丙欠甲10万元，均已届清偿期，由于甲不去行使对丙的债权，以致使其无力偿还对乙的债务，则乙可以依据代位权行使甲对丙的债权，请求丙履行对甲的债务。

2）代位权的成立条件

（1）债权人的债权合法、确定，且已届清偿期。

（2）债务人须有有效权利存在。

（3）债务人怠于行使其到期债权，且该到期债权不是专属于债务人自身的债权。如劳动报酬、退休金、养老金、抚恤费、安置费、人寿保险、人身伤害赔偿请求权等权利。

（4）债务人怠于行使权利的行为已对债权人造成损害。

3）代位权的行使

代位权的行使范围以债权人的到期债权为限。债权人行使代位权的必要费用，由债务人负担。

相对人对债务人的抗辩，可以向债权人主张。

债权人的债权到期前，债务人的债权或者与该债权有关的从权利存在诉讼时效期间即将届满或者未及时申报破产债权等情形，影响债权人的债权实现的，

债权人可以代位向债务人的相对人请求其向债务人履行、向破产管理人申报或者作出其他必要的行为。

人民法院认定代位权成立的，由债务人的相对人向债权人履行义务，债权人接受履行后，债权人与债务人、债务人与相对人之间相应的权利义务终止。

债务人对相对人的债权或者与该债权有关的从权利被采取保全、执行措施，或者债务人破产的，依照相关法律的规定处理。

债务人以放弃其债权、放弃债权担保、无偿转让财产等方式无偿处分财产权益，或者恶意延长其到期债权的履行期限，影响债权人的债权实现的，债权人可以请求人民法院撤销债务人的行为。

小案例

2002年，法院判决富锦公司对合成公司享有合法债权376万元。后来因为合成公司未履行判决确定的义务，富锦公司申请执行。在执行过程中查明，合成公司系生产烟用聚丙烯丝束及过滤嘴棒、化纤等产品的企业，烟草公司常年向合成公司购买烟用聚丙烯丝束，依据烟草公司2004年6月24日出具的“供应商明细账”、2004年7月23日出具的“七月份资金需求计划明细表”，烟草公司对合成公司有应付的欠款459万元。

富锦公司认为，烟草公司是合成公司产品的长期用户，对该公司负有到期的货款债务。但合成公司至今未以诉讼或仲裁的方式向烟草公司主张债权，也不能向富锦公司清偿债务，其怠于行使到期债权的行为已损害了富锦公司的债权，故向法院起诉，要求烟草公司在其所欠合成公司货款范围内清偿合成公司对富锦公司所负到期债务本金376万元及迟延履行金，并承担诉讼费用。

合成公司认为，虽然烟草公司是合成公司产品的长期用户，但双方无书面买卖合同。烟草公司主张其与合成公司存在口头买卖合同关系，未约定供货、付款的时间、数量，合成公司根据烟草公司的生产、资金情况决定供货数量。另外，2004年7月14日，合成公司与佳木斯工行签订债权转让协议，将烟草公司欠其232万元应收货款转让给佳木斯工行，并于2004年7月20日通知烟草公司。烟草公司对此事实无异议，其在富锦公司提起的代位权诉讼中坚持合成公司在该公司的债权已转让给了佳木斯工行，但佳木斯工行至今未向烟草公司主张过该笔款项，烟草公司也未支付过该笔款项。

问题：富锦公司提起的代位权诉讼案应当如何处理？

【解析】本案争议的焦点问题是富锦公司对烟草公司提起的代位权诉讼是否合法。合成公司对烟草公司享有459万元欠款，但合成公司未以诉讼或仲裁的方式向烟草公司主张，从而也不能向富锦公司清偿债务，对富锦公司造成了损害。合成公司与烟草公司具有长期供货关系，双方没有约定履行期限，依据我国《民法典》511条规定，履行期限不明确的，债务人可以随时履行，债权人也可以随时请求履行，但是应当给对方必要的准备时间。因此合成公司对烟草公司的债权已到期，且不是专属于其自身的债权。富锦公司对烟草公司提起代位权纠纷诉讼时，合成公司对烟草公司享有到期债权459万元，因富锦公司对合成公司享有债权376万元，故烟草公司应在此范围内向富锦公司承担清偿责任。合成公司在富锦公司已就代位权诉讼起诉烟草公司后，将其在烟草公司的到期债权转让给案外人中国工商银行佳木斯分行，有串通逃避对富锦公司债务的恶意，损害了富锦公司的利益，其转让行为无效。

2. 撤销权

撤销权是指当债务人以明显不合理的低价转让财产、以明显不合理的高价受让他人财产或者为他人的债务提供担保，影响债权人的债权实现，债务人的相对人知道或者应当知道该情形的，债权人有权请求人民法院撤销债务人的行为。

撤销权的行使范围以债权人的债权为限。债权人行使撤销权的必要费用，由债务人负担。

撤销权自债权人知道或者应当知道撤销事由之日起一年内行使。自债务人的行为发生之日起五年内没有行使撤销权的，该撤销权消灭。

债务人影响债权人的债权实现的行为被撤销的，自始没有法律约束力。

3.4.5 合同的变更和转让

合同依法成立后，即具有法律效力，当事人应按照约定全面履行自己的义务。但是，在合同履行中，若实际情况发生变化，可能需要变更合同。

1. 合同的变更

1) 合同变更的概念

合同的变更是指合同成立后尚未完全履行时，由于某种情况的变化经双方当事人的同意，依照法律规定的条件和程序，在原合同的基础上对合同的内容进行修改或补充。

2) 合同变更的特点

(1) 合同变更仅指合同内容的变更，而非合同性质的变更，如不能以租赁合同代替原有的买卖合同。

(2) 合同变更前后其当事人应保持同一性，如果当事人变更，则属于合同转让。

(3) 合同变更在合同成立后发生，即合同成立后因某些新情况的变化而对合同部分内容进行补充或修改。

(4) 合同变更不溯及既往，即已履行的合同不能变更。

3) 合同变更的条件

当事人协商一致，可以变更合同。这是其一般的条件，也是必不可少的条件；当事人对合同变更的内容应当明确、清楚，如果约定不明确的，推定为未变更；合同变更后有生效的特殊形式约定的，应办理相应的合同批准、登记或公证手续。

2. 合同的转让

合同的转让是指在不变更合同内容的前提下,合同的当事人将合同权利或者合同义务转让给第三人,或者将权利义务一并转让给第三人的行为。合同的转让实际上是合同主体的变更,而合同之债的内容和客体仍保持不变。根据合同转让的对象不同,合同的转让分为合同权利的转让、合同义务的转让和合同权利与义务一并转让。

(1) 合同权利的转让。合同权利的转让是指合同债权人依法将自己的债权全部或部分转让给合同以外的第三人的行为。

债权人转让合同权利应当具备两个条件:一是债权人有处分债权的能力;二是债权具有可转让性。根据我国《民法典》第545条规定,债权人在以下三种情形下不得转让合同权利:第一,根据债权性质不得转让的。主要指合同是基于特定当事人的身份关系订立的,如雇佣、赠与、委托合同,合同权利转让给第三人,会使合同内容发生变化或者使合同难以履行,动摇合同订立的基础,违反当事人订立合同的目的。第二,按照当事人约定不得转让的。但是当事人约定非金钱债权不得转让的,不得对抗善意第三人。当事人约定金钱债权不得转让的,不得对抗第三人;第三,依照法律规定不得转让的。如担保法规定,抵押权不得与债权分离而单独转让或者作为其他债权的担保。

债权人转让权利应当通知债务人,未经通知,该转让对债务人不发生效力。债务人收到债权转让的通知后,债权转让行为生效。债务人对让与人的抗辩,可以向受让人主张。

有下列情形之一的,债务人可以向受让人主张抵销:①债务人接到债权转让通知时,债务人对让与人享有债权,且债务人的债权先于转让的债权到期或者同时到期;②债务人的债权与转让的债权是基于同一合同产生。

债权人转让债权的,受让人取得与债权有关的从权利,但是该从权利专属于债权人自身的除外。受让人取得从权利不因该从权利未办理转移登记手续或者未转移占有而受到影响。

(2) 合同义务的转移。合同义务转移是指合同债务人将将债务的全部或者部分转移给第三人的行为。合同义务转移应当经债权人同意。债务人或者第三人可以催告债权人在合理期限内予以同意,债权人未作表示的,视为不同意。

合同义务转移可以发生以下法律后果:①第三人与债务人约定加入债务并通知债权人,或者第三人向债权人表示愿意加入债务,债权人未在合理期限内明确拒绝的,债权人可以请求第三人在其愿意承担的债务范围内和债务人承担连带债务;②债务人转移债务的,新债务人可以主张原债务人对债权人的抗辩;③原债务人对债权人享有债权的,新债务人不得向债权人主张抵销;④债务人转移债务的,新债务人应当承担与主债务有关的从债务,但是该从债务专属于原债务人自身的除外。

(3) 权利义务概括转让。权利义务概括转让是指合同当事人一方经对方同意,可以将自己在合同中的权利和义务一并转让给第三人的行为。例如,甲果品公司与乙经销公司在 2018 年 1 月 10 日约定,甲公司在 2018 年 10 月 5 日发货,乙公司同年 10 月 28 日付款。合同生效后,同年 9 月 1 日,乙公司经甲公司同意,将收货的权利和付款的义务一并转让给丙公司,丙公司成了原买卖合同的买方,乙退出了合同,此处的转让,即为权利义务概括转让。

3.4.6　合同的终止

合同终止是指合同关系因法定事由或约定事由的出现而消灭,债权人不再享有合同权利,债务人不必再履行合同义务,合同当事人双方终止合同关系,合同的效力随之消灭。

1. 合同终止的情形

根据我国《民法典》第 557 条规定,合同终止的情形有以下七种:

(1) 债务已经按照约定履行,合同订立的目的已经实现。

(2) 债务相互抵销。当事人互负债务,该债务的标的物种类、品质相同的,任何一方可以将自己的债务与对方的到期债务抵销;但是,根据债务性质、按照当事人约定或者依照法律规定不得抵销的除外。

当事人主张抵销的,应当通知对方。通知自到达对方时生效。抵销不得附条件或者附期限。

当事人互负债务,标的物种类、品质不相同的,经协商一致,也可以抵销。

(3) 债务人依法将标的物提存。由于债权人的原因,例如:债权人无正当理由拒绝受领,债权人下落不明,债权人死亡未确定继承人、遗产管理人,或者丧失民事行为能力未确定监护人;导致债务人难以履行债务的,债务人可以将标的物提存。

标的物不适于提存或者提存费用过高的,债务人依法可以拍卖或者变卖标的物,提存所得的价款。债务人将标的物或者将标的物依法拍卖、变卖所得价款交付提存部门时,提存成立。提存成立的,视为债务人在其提存范围内已经交付标的物。标的物提存后,债务人应当及时通知债权人或者债权人的继承人、遗产管理人、监护人、财产代管人。

标的物提存后,毁损、灭失的风险由债权人承担。提存期间,标的物的孳息归债权人所有。提存费用由债权人负担。

债权人可以随时领取提存物。但是,债权人对债务人负有到期债务的,在债权人未履行债务或者提供担保之前,提存部门根据债务人的要求应当拒绝其领取提存物。

债权人领取提存物的权利,自提存之日起五年内不行使而消灭,提存物扣除提存费用后归国家所有。但是,债权人未履行对债务人的到期债务,或者债权人向提存部门书面表示放弃领取提存物权利的,债务人负担提存费用后有权取回提存物。

(4) 债权人免除债务。债权人免除债务人部分或者全部债务的,债权债务部分或者全部终止,但是债务人在合理期限内拒绝的除外。

(5) 债权债务同归于一人。债权和债务同归于一人的,债权债务终止,但是损害第三人利益的除外。

(6) 合同解除。合同解除分为约定解除和法定解除。

约定解除分为两种情况:①当事人在合同中约定一方解除合同的事由。当该事由发生时,解除权人可以解除合同;②当事人未事先约定解除事由,但在合同履行完毕前,当事人协商一致解除合同。

法定解除的事由有:①因不可抗力致使不能实现合同目的;②预期违约,即在履行期限届满前,当事人一方明确表示或者以自己的行为表明不履行主要债务;③当事人一方迟延履行主要债务,经催告后在合理期限内仍未履行;④根本违约,即当事人一方迟延履行债务或者有其他违约行为致使不能实现合同目的;⑤法律规定的其他情形。

以持续履行的债务为内容的不定期合同,当事人可以随时解除合同,但是应当在合理期限之前通知对方。

当事人一方依法主张解除合同的,应当通知对方。合同自通知到达对方时解除;通知载明债务人在一定期限内不履行债务则合同自动解除,债务人在该期限内未履行债务的,合同自通知载明的期限届满时解除。对方对解除合同有异议的,任何一方当事人均可以请求人民法院或者仲裁机构确认解除行为的效力。

当事人一方未通知对方,直接以提起诉讼或者申请仲裁的方式依法主张解除合同,人民法院或者仲裁机构确认该主张的,合同自起诉状副本或者仲裁申请书副本送达对方时解除。

合同解除后,尚未履行的,终止履行;已经履行的,根据履行情况和合同性质,当事人可以请求恢复原状或者采取其他补救措施,并有权请求赔偿损失。

合同因违约解除的,解除权人可以请求违约方承担违约责任,但是当事人另有约定的除外。

主合同解除后,担保人对债务人应当承担的民事责任仍应当承担担保责任,但是担保合同另有约定的除外。

(7) 法律规定或者当事人约定终止的其他情形。

2. 合同终止的法律后果

合同终止后,当事人应当遵循诚信等原则,根据交易习惯履行通知、协助、保密、旧物回收等义务。

合同终止时,债权的从权利同时消灭,但是法律另有规定或者当事人另有约定的除外。

合同的权利义务关系终止,不影响合同中结算和清理条款的效力。

3.5 违约责任

市场经济是一种契约经济，它通过合同关系把各种市场主体联系在一起，使市场秩序网络化和秩序化。违反合同的行为会破坏市场经济秩序。我国《民法典》规定了对违反合同行为将追究相应的法律责任。

3.5.1 违约责任的概念和特征

违约责任是指合同当事人违反合同义务而向对方当事人承担的民事责任。违约责任有以下特征：

(1) 违约责任的产生是以合同当事人不履行合同义务为条件的。

(2) 违约责任具有相对性。当事人一方因第三人的原因造成违约的，应当向对方承担违约责任。当事人一方和第三人之间的纠纷，依照法律规定或者按照约定解决。

(3) 违约责任具有补偿性。违约责任以补偿守约方因违约行为所受损失为主要目的，以损害赔偿为主要责任形式，故具有补偿性质。

(4) 违约责任可以由当事人约定。当事人既可以在合同中约定违约的责任形式，也可以约定违约责任的范围及损失的计算方法。

(5) 违约责任是民事责任的一种形式。

3.5.2 违约责任的承担方式

根据我国《民法典》规定，违约责任的承担方式有继续履行、采取补救措施、赔偿损失、支付违约金或定金等。

1. 继续履行

订立合同的目的是为了实现合同的约定，即实际履行合同。因此当事人一方不履行债务或者履行债务不符合约定的，对方可以要求其继续履行，我国《民法典》第579、580条规定，当事人一方未支付价款、报酬、租金、利息，或者不履行其他金钱债务的，对方可以请求其支付。当事人一方不履行非金钱债务或者履行非金钱债务不符合约定的，对方可以请求履行，但是有下列情形之一的除外：①法律上或者事实上不能履行；②债务的标的不适于强制履行或者履行费用过高；③债权人在合理期限内未请求履行。

当事人一方不履行债务或者履行债务不符合约定，根据债务的性质不得强制履行的，对方可以请求其负担由第三人替代履行的费用。

2. 采取补救措施

履行不符合约定的，应当按照当事人的约定承担违约责任。对违约责任没有约定或者约定不明确，不能确定的，受损害方根据标的的性质以及损失的大小，可以合理选择请求对方承担修理、重作、更换、退货、减少价款或者报酬等违约责任。

3. 赔偿损失

当事人一方不履行合同义务或者履行合同义务不符合约定的，在履行义务或者采取补救措施后，对方还有其他损失的，应当赔偿损失。

当事人一方不履行合同义务或者履行合同义务不符合约定，造成对方损失的，损失赔偿额应当相当于因违约所造成的损失，包括合同履行后可以获得的利益；但是，不得超过违约一方订立合同时预见到或者应当预见到的因违约可能造成的损失。

4. 支付违约金

当事人可以约定一方违约时应当根据违约情况向对方支付一定数额的违约金，也可以约定因违约产生的损失赔偿额的计算方法。

约定的违约金低于造成的损失的，人民法院或者仲裁机构可以根据当事人的请求予以增加；约定的违约金过分高于造成的损失的，人民法院或者仲裁机构可以根据当事人的请求予以适当减少。

当事人就迟延履行约定违约金的，违约方支付违约金后，还应当履行债务。

5. 支付定金

当事人可以约定一方向对方给付定金作为债权的担保。定金合同自实际交付定金时成立。定金的数额由当事人约定；但是，不得超过主合同标的额的百分之二十，超过部分不产生定金的效力。实际交付的定金数额多于或者少于约定数额的，视为变更约定的定金数额。

债务人履行债务的，定金应当抵作价款或者收回。给付定金的一方不履行债务或者履行债务不符合约定，致使不能实现合同目的的，无权请求返还定金；收受定金的一方不履行债务或者履行债务不符合约定，致使不能实现合同目的的，应当双倍返还定金。

应当注意的是，当事人既约定违约金，又约定定金的，一方违约时，对方可以选择适用违约金或者定金条款，不能同时适用违约金条款和定金条款。定金不足以弥补一方违约造成的损失的，对方可以请求赔偿超过定金数额的损失。

3.5.3 违约责任的归责原则和免责事由

1. 违约责任的归责原则

归责原则是指基于一定的归责事由而确定行为人是否应当承担责任的法律原则。我国《民法典》第 577 条规定："当事人一方不履行合同义务或者履行合同义务不符合约定的，应当承担继续履行、采取补救措施或者赔偿损失等违约责任。"由此可见，我国《民法典》确定的违约责任的归责原则是严格责任原则，即不论违约方有无故意或过失，只要有违约行为，除了法定或约定的免责事由之外，都必须承担违约责任。但需注意的是，当事人一方违约后，对方应当采取适当措施防止损失的扩大；没有采取适当措施致使损失扩大的，不得就扩大的损失请求赔偿。当事人因防止损失扩大而支出的合理费用，由违约方负担。

2. 免责事由

免责事由是指当事人对其违约行为免于承担违约责任的事由。合同法上的免责事由可分为两类：法定免责事由和当事人之间约定的免责事由。法定免责事由是指由法律直接规定、不需要当事人约定即可援用的免责事由。我国《民法典》第590条规定了法定免责事由即不可抗力。

1）不可抗力

不可抗力是指不能预见、不能避免并且不能克服的客观情况。

不可抗力主要包括以下几种情形：①自然灾害，如台风、洪水、冰雹、地震等；②政府行为，如征收、征用；③社会异常事件，如罢工、骚乱、战争等。

当事人一方因不可抗力不能履行合同的，根据不可抗力的影响，部分或者全部免除责任，但是法律另有规定的除外。当事人迟延履行后发生不可抗力的，不免除其违约责任。因不可抗力不能履行合同的，应当及时通知对方，以减轻可能给对方造成的损失，并应当在合理期限内提供证明。

2）约定免责事由

当事人在合同中约定免除将来可能发生的违约责任的条款，其所规定的免责事由即约定免责事由。免责条款是合同的组成部分，必须以明示的方式作出。免责条款不能排除当事人的基本义务，我国《民法典》第506条规定，合同中的下列免责条款无效：①造成对方人身损害的；②因故意或者重大过失造成对方财产损失的。

小案例

2010年11月30日，迪桑特公司与宝藤公司签订《物流业务委托契约书》，约定：宝藤公司使用上海市浦东新区××路××号的仓库为迪桑特公司提供仓储服务，协议有效期自2010年12月1日至2013年12月31日，但协议期满3个月前双方在没有变更意思表示的情况下，本协议将自动更新并继续履行；为确保货物在本仓库里仓储的安全，必须加强扩充消防、防火等设施设备；双方或者一方因为地震、台风、火灾、战争或者其他不可抗力的原因不能履行本协议时，受影响的当事者需立即通知另一方；双方根据不可抗力的原因给协议履行带来的影响程度商讨决定协议延期或者免除协议；因不可抗力的原因而带来的经济损失，双方不需要承担赔偿责任。

2013年12月28日，宝藤公司的仓库发生火灾事故，导致迪桑特公司存储在宝藤公司处的货物（服饰）受到烟熏、部分货物被烟尘污染以及被水淋湿。消防部门出具的火灾事故《简易调查认定书》载明：该起火灾系电气线路故障引发。迪桑特公司从宝藤公司仓库提走所有货物。自2013年12月29日起，迪桑特公司与宝藤公司以邮件方式沟通赔偿及货物的后续处理事宜，但未能达成一致意见。期间，迪桑特公司与A公司签订《业务委托合同书》，迪桑特公司委托A公司对其经营的商品进行修复、修理，合同约定具体商品数量及状态以双方签署确认的《商品状况报告》为准。《商品状况报告》载明修复的衣物共8469件，迪桑特公司为此支出人民币86249元。迪桑特公司通过电子邮件将清洗情况告知宝藤公司。2015年3月25日，迪桑特公司向宝藤公司发出《赔付通知书》，要求宝藤公司赔付：①因为265件商品全毁，要求按服饰吊牌价赔付共计361700元；②迪桑特公司一般以吊牌价的45%出售给零售商，但涉案服装中的8469件清洗之后，只能作为瑕疵品以吊牌价的15%出售给B公司，损失吊牌价的30%，因此，要求宝藤公司赔付8469件未全毁商品销售的差价3416187.50元；③修复费用86249元。

宝藤公司提供了2009年的消防验收证明，并认为：第一，双方当事人之间的《物流业务委托契约书》中明确将"火灾"约定为不可抗力，消防部门出具的火灾认定书上记载火灾是因电气线路故障引发，因此宝藤公司对此没有责任。而且用于仓储的房屋并非宝藤公司所有，而是向房东租赁的；第二，宝藤公司从未同意将涉案服装交给A公司清洗，清洗价格未经宝藤公司确认。

问题：本案中的火灾是否为双方约定或法定的不可抗力事由？迪桑特公司主张货损的价值是否合理？

【解析】《物流业务委托契约书》虽然约定"因为地震，台风，火灾，战争，或其他不可抗力的原因……带来的经济损失，双方不需要承担赔偿责任"，但合同也约定"为了确保货物在本仓库里仓储的安全，必须加强扩充消防，防火等设施设备"，据此分析，若将所有的火灾均理解为不可抗力，宝藤公司因而不负有赔偿责任，则合同这两处内容将发生冲突，造成合同体系解释上的矛盾。因此，对于合同中"火灾"应指无法预见、无法避免、无法克服的火灾事故，而不包括可以通过人为加强消防措施避免的火灾。本案火灾系由电气线路故障引发，而宝藤公司作为仓储服务的提供者，理应负有确保仓库内各设施符合消防安全要求的义务，宝藤公司仅能提供2009年的消防验收证明，未能证明其在此后至火灾发生前的约四年半期间内曾就电气线路的消防安全采取过任何检查或维护措施，故其应对火灾事故造成的仓储物损失承担赔偿责任。

宝藤公司认为其未同意将涉案服装交给A公司清洗，清洗价格未经其确认。对此，仓储服装因保管不善遭受损失后，存货人为减小损失而采取清洗措施并无不当，无须经过宝藤公司同意才能清洗。

对于全损的265件服装，迪桑特公司主张按照吊牌价(361700元)进行赔偿，但是其自认正常情况下系按吊牌价的45%出售给零售商，换言之，即使不发生涉案火灾事故，迪桑特公司就该265件服装也只能经由销售取得吊牌价的45%，故迪桑特公司在无法销售的情况下，所能主张的赔偿也应仅限于吊牌价的45%，即361700元×45%=162765元。迪桑特公司另称8469件服装实际按吊牌价的15%销售给B公司，因而产生吊牌价30%的损失，如能提供相应证据，可以主张赔偿。

本章小结

合同是民事活动领域中基本的法律行为形式。我国《民法典》"合同编"几乎占据整部法典"半壁江山"，是民法典中内容最广泛、体系最庞杂的一篇，既体现合同制度作为交易基本规则在民商事活动及日常生活中的重要性，也充分说明合同法律制度在民法体系中的重要地位。《民法典》"合同编"分为三个分编——通则、典型合同、准合同，本章主要阐述通则的内容，包括合同法的调整范围、合同的订立、合同的效力、合同的保全、合同的履行、违约责任等内容，同时通过合同纠纷案例分析来了解一些典型合同，如买卖合同、借款合同、租赁合同、保管合同等。

练习题

一、单选题

1. 甲公司于 3 月 18 日给乙公司发出要约，该要约于 3 月 20 日到达乙，期间甲又于 3 月 19 日给乙发出要约作废的通知，该作废通知于 3 月 21 日到达乙。要约生效时间是（　）

A. 3 月 18 日　　B. 3 月 19 日　　C. 3 月 20 日　　D. 3 月 21 日

2. 下列情形中，构成承诺的是（　）

A. 甲向乙发出要约，丙得知后表示接受甲的条件。

B. 丙向丁发出要约，丁考虑后向戊表示同意丙的要约。

C. 何某向刘某发出要约，要求 10 天内给予答复，过期视为无效，刘某未能如期答复。

D. 袁某根据广告上刊登的价格，给某体育用品厂汇款购买某型号的体育用品

3. 甲乙拟签订一书面买卖合同，甲签字盖章后尚未将书面合同邮寄给乙时，即接到乙按合同约定发来的货物，甲将货物清点后将货物入库，次日将签字盖章后的书面合同邮寄给乙公司，乙收到后在合同上签字盖章，买卖合同成立的时间是（　）

A. 甲签字盖章时　　B. 乙签字盖章时

C. 甲接受乙发来的货物时　　D. 甲将盖章后的合同发给乙时

4. 刘某为某农工商公司的采购员，刘某持该公司出具的采购农副产品的介绍信，与某供销社签订了一份购买 100 吨大米的购销合同。某供销社按照合同规定的日期发货后，被某农工商公司拒收，理由是只让刘某出外购买水产品，没让其采购大米。依照法律规定，刘某的行为是（　）

A. 超越代理权限，合同无效

B. 代理行为有效，公司不得违约

C. 擅自作主，个人应承担责任，公司不承担责任

D. 刘某和公司负连带责任

5. 甲、乙公司于 2007 年 3 月 10 日签订买卖合同，3 月 15 日甲发现自己对合同

的标的有重大误解，遂于3月20日向法院请求撤销该合同，4月10日法院依法撤销该合同，下列符合规定的是( )

A. 合同自3月10日起归于无效　　B. 合同自3月15日起归于无效

C. 合同自3月20日起归于无效　　D. 合同自4月10日起归于无效

6. 甲乙签订一份合同，约定由丙向甲履行债务，但丙履行债务的行为不符合合同的约定，下列有关甲请求承担违约责任的表述中，正确的是( )

A. 请求丙承担　　B. 请求乙承担

C. 请求丙和乙共同承担　　D. 请求丙或乙承担

7. 甲与乙订立买卖合同，规定甲应于1997年8月1日交货，乙应于同年8月7日付款。7月底，甲发现乙财产状况恶化，无支付货款之能力，并有确切证据，遂提出终止合同，但乙未允。基于上述因素，甲于8月1日未按约定交货。依据合同法的有关规定，有关该案的表述，正确的是( )

A. 甲有权不按合同约定交货，除非乙提供了相应的担保

B. 甲无权不按合同约定交货，但可以要求乙提供相应的担保

C. 甲无权不按合同约定交货，但可以仅先交付部分货物

D. 甲应当按合同约定交货，如乙不支付货款，可追究其违约责任

8. 债权人胡某下落不明，债务人沙某难以履行债务，遂将标的物提存。沙某将标的物提存以后，该标的物如果意外毁损灭失，应承担其损失的是( )

A. 应由胡某承担　　B. 应由沙某承担

C. 应由沙某与胡某共同承担　　D. 应由提存机关承担

9. 方某为送汤某生日礼物，特向余某定做一件玉器。订货单上，方某指示余某将玉器交给汤某，并将订货情况告知汤某。玉器制好后，余某委托朱某将玉器交给汤某，朱某不慎将玉器碰坏。下列表述正确的是( )

A. 汤某有权要求余某承担违约责任　B. 汤某有权要求朱某承担侵权责任

C. 方某有权要求朱某承担侵权责任　D. 方某有权要求余某承担违约责任

10. 甲公司向乙公司购买小轿车，约定7月1日预付10万元，10月1日预付20万元，12月1日乙公司交车时付清尾款。甲公司按时预付第一笔款。乙公司于9月30日发函称因原材料价格上涨，需提高小轿车价格。甲公司于10月1日拒绝，等待乙公司答复未果后于10月3日向乙公司汇去20万元。乙公司当即拒收，并称甲公司迟延付款构成违约，要求解除合同，甲公司则要求乙公司继续履行。下列表述正确的是( )

A. 甲公司不构成违约　　B. 乙公司有权解除合同

C. 乙公司可行使先履行抗辩权　　D. 乙公司可要求提高合同价格

二、多选题

1. 甲市某旅行社提出自己组团交乙市某旅行社接待的要求，并附上具体条件。乙市某旅行社也表示愿意接待此旅游团队，只对费用结算方式提出了新的要求。据

此，下列说法错误的有（ ）。

A. 甲市某旅行社的行为是要约邀请 B. 甲市某旅行社的行为是要约

C. 乙市某旅行社的行为是承诺 D. 乙市某旅行社的行为是新要约

2. 玉林公司向海东厂订购空调1000台，约定交货期为5月10日。由于当年暑期早至，玉林公司向海东厂提出，将交货期提前至4月10日。海东厂方提出生产能力有限，只能根据库存情况尽量提前。4月10日。海东厂未能交货。玉林公司遂向法院起诉，要求海东工厂承担违约责任，下列表述正确的有（ ）

A. 双方买卖合同有效成立

B. 双方买卖合同因交货日期未确定，故不成立

C. 海东厂行为不构成违约

D. 双方关于交货日期的提前未达成协议，应视为合同未变更

3. 依据合同法的规定，下列属于合同终止情形的有（ ）

A. 某旅行社履行了与游客签订的旅游合同，旅游活动圆满结束

B. 某旅行社在组织游客旅游过程中，因遭遇泥石流而取消剩余行程

C. 某旅行社拖欠某宾馆住宿费用，后经协商该旅行社合并为宾馆的旅游部

D. 某旅行社与某宾馆将租赁该宾馆商务用房的合同租期由三年改为一年

4. 当事人可以解除合同的法定情形包括（ ）

A. 因不可抗力致使不能实现合同目的

B. 当事人双方协商一致

C. 当事人一方迟延履行主要债务，经催告后在合理期限内仍未履行

D. 当事人一方迟延履行债务或者有其他违约行为致使不能实现合同目的

5. 乙乘人之危，于10月6日与甲签订了一份买卖合同，合同内容对甲显失公平，下列说法正确的有（ ）

A. 甲有权通知乙解除合同

B. 该合同无效

C. 该合同属于可撤销合同

D. 如果甲在一年后要求撤销，法院不予支持

6. 下列有关合同成立的表述中，正确的有（ ）

A. 承诺生效时合同成立

B. 承诺人收到要约时合同成立

C. 要求签订确认书的，签订确认书时合同成立

D. 采用合同书形式的，自双方当事人签字或者盖章时合同成立

7. 在下列哪些情况下，要约不得撤销（ ）

A. 要约人确定了承诺期限

B. 受要约人有理由认为要约时不可撤销的，并且已经为履行合同作了准备工作

C. 要约中明示要约不可撤销

D. 要约已经到达受要约人

8. 甲房产开发公司在交给购房人张某的某小区平面图和项目说明书中都标明有一个健身馆。张某看中小区健身方便，决定购买一套商品房并与甲公司签订了购房合同。张某收房时发现小区没有健身馆。下列表述正确的是( )

A. 甲公司不守诚信，构成根本违约，张某有权退房

B. 甲公司构成欺诈，张某有权请求甲公司承担缔约过失责任

C. 甲公司恶意误导，张某有权请求甲公司双倍返还购房款

D. 张某不能滥用权利，在退房和要求甲公司承担违约责任之间只能选择一种

9. 杜某拖欠谢某 100 万元。谢某请求杜某以登记在其名下的房屋抵债时，杜某称其已把房屋作价 90 万元卖给赖某，房屋钥匙已交，但产权尚未过户。该房屋市值为 120 万元。关于谢某权利的保护，下列表述错误的有( )

A. 谢某可请求法院撤销杜某、赖某的买卖合同

B. 因房屋尚未过户，杜某、赖某买卖合同无效

C. 如谢某能举证杜某、赖某构成恶意串通，则杜某、赖某买卖合同无效

D. 因房屋尚未过户，房屋仍属杜某所有，谢某有权直接取得房屋的所有权以实现其债权

10. 吴某是甲公司员工，持有甲公司授权委托书。吴某与温某签订了借款合同，该合同由温某签字、吴某用甲公司合同专用章盖章。后温某要求甲公司还款。下列情形有助于甲公司否定吴某的行为构成表见代理( )

A. 温某明知借款合同上的盖章是甲公司合同专用章而非甲公司公章，未表示反对

B. 温某未与甲公司核实，即将借款交给吴某

C. 吴某出示的甲公司授权委托书载明甲公司仅授权吴某参加投标活动

D. 吴某出示的甲公司空白授权委托书已届期

三、案例分析题

1. 2008 年 5 月 2 日导游吴某接待了一外地旅游团，在旅游途中，一游客孙某得病，急需大笔医药费，于是和导游吴某商量，先借 5000 元，等家里打款后再还，导游吴某答应可以，但得还 10000 元。孙某急于用钱只好答应。

问：导游吴某的行为属于什么？孙某如果在 2009 年 4 月 5 日行使撤销权能否得到支持？

2. 甲公司拟为新三板上市造势，在无真实交易意图的情况下，短期内以业务合作为由邀请多家公司来其主要办公地点洽谈。其中，乙公司安排授权代表往返十余次，每次都准备了详尽可操作的合作方案，甲公司佯装感兴趣并屡次表达将签署合同的意愿，但均在最后一刻推脱拒签。期间，甲公司还将知悉的乙公司的部分商业秘密不当泄露。乙公司起诉至法院，要求甲公司赔偿损失。

问：乙公司的诉讼请求是否有法律依据？

3. 甲公司向乙公司购买小轿车，约定 7 月 1 日预付 10 万元，10 月 1 日预付 20 万元，12 月 1 日乙公司交车时付清尾款。甲公司按时预付第一笔款。乙公司于 9 月 30 日发函称因原材料价格上涨，需提高小轿车价格。甲公司于 10 月 1 日拒绝，等待乙公司答复未果后于 10 月 3 日向乙公司汇去 20 万元。乙公司当即拒收，并称甲公司迟延付款构成违约，要求解除合同，甲公司则要求乙公司继续履行。

问：该案应如何处理？

能力训练

班级同学分组（4～5 人/组），每组分甲乙双方当事人，当事人根据合同法律制度，通过谈判签订一份书面合同。教师根据学生对合同法律制度的运用及签订的书面合同的合法性、完备性给出相应评分。

第4章 知识产权法律制度

知识目标

• 了解知识产权的含义及其与无形财产权、信息产权、工业版权和商品化权等概念的关系；

• 了解知识产权的范围，知识产权的属性与特征；

• 理解并掌握掌握著作权、专利权的主体、客体和内容。了解商标注册的申请，掌握商标的使用管理。

能力目标

• 掌握著作权的保护与限制，专利权和商标权的期限、终止和无效，侵权行为的认定等相关内容；

• 能够识别市场中的知识产权侵权行为，并依据知识产权法相关法律法规，正确处理知识产权侵权引起的法律事务。

导入案例

在生活中，法律无处不在。从一小玻璃瓶可口可乐，你可找到我们这一章要学的主题：知识产权。主要的知识产权类型在这瓶可乐上都可以找到。

可口可乐的神奇魅力首先在于它的神秘配方，可口可乐公司对配方进行了严格的保密。1886 年 5 月问世的可口可乐的原始配方现在保存在亚特兰大一家银行的保险库里，受法律保护。如果有人以不正当的手段获取该配方，则可口可乐公司可依法追偿。

再来看这个可爱的玻璃瓶，它中间凸起，便于掌握，又如人体曲线，很吸引人眼球。的确，这款于 1915 年开始使用的瓶子已成设计经典。它于 1915 年 11 月 16 日被授予专利，其外形在 1977 年注册为商标。

当然不要忽略了瓶子上的商标"Coca－Cola"，或"可口可乐"，这是世界上最著名的商标之一。美国《商业周刊》评出的 2004 年全球最有影响的 100 个品牌中，可口可乐位居榜首，它的品牌价值超过 670 亿美元。到 2013 年，该品牌价值继续攀升超过了 790 亿美元。

当然不要忘了瓶子和商标的设计者，他们分别是鲁特玻璃制品公司和弗兰克·罗宾逊(Frank M. Robinson)先生，他们对他们的设计享有著作权。

4.1 知识产权法律制度概述

4.1.1 知识产权概念

知识产权是指民事主体对特定智力劳动成果依法享有的专有权利。在知识经济时代，加强对知识产权的保护显得尤为重要和迫切。世界贸易组织的《与贸易有关的知识产权协定》(以下简称 TRIPS 协定)明确规定，知识产权属于私权。我国《民法典》也将知识产权作为一种特殊的民事权利予以规定。

知识产权具有如下特征：

(1) 知识产权的客体是不具有物质形态的智力成果。这是知识产权的本质属性，是知识产权区别于物权、债权、人身权和财产继承权等民事权利的首要特征。智力成果是指人们通过智力劳动创造的精神财富或精神产品，本身凝结了人类的一般劳动，具有财产价值，可以成为权利标的，是与民法意义上的"物"相并存的一种民事权利客体，也有学者称之为"知识产品"或"知识财产和相关精神权益"。

(2) 专有性，即知识产权的权利主体依法享有独占使用智力成果的权利，他人不得侵犯。从本质上讲，知识产权是一种垄断权。这种垄断权必须符合法律规定并受到一定限制。正是由于知识产权权利主体能获得法定垄断利益，才使知识产权制度具有激励功能，促使人们不断开发和创造新的智力成果，推动技术的进步和社会的发展。知识产权和物权都是一种绝对权和对世权，从而有别于债权。

(3) 地域性，即知识产权只在特定国家或地区的地域范围内有效，不具有域外效力。各国的知识产权立法基于主权原则必然呈现出独立性，各国的政治、经济、文化和社会制度的差异，也会使知识产权保护的规定有所不同。一国的知识产权要获得他国的法律保护，必须依照有关国际条约、双边协议或按互惠原则办理。

(4) 期限性，即依法产生的知识产权一般只在法律规定的期限内有效。超出知识产权的法定保护期后，该知识产权权利消灭，有关智力成果进入公有领域，人们可以自由使用。需注意的是，商标权期限届满后可通过续展依法延长保护；少数知识产权没有时间限制，只要符合有关条件，法律可长期予以保护，如商业秘密权、地理标志权、商号权等。

4.1.2 知识产权的范围

知识产权是不断扩张的开放体系。科学技术的发展和社会的进步，不仅使知识产权传统权利类型的内涵不断丰富，而且使知识产权的外延不断拓展。我国民法典第123条规定，民事主体依法享有知识产权。知识产权是权利人依法就下列客体享有的专有的权利：

(1) 作品。文学、艺术和科学作品的作者及其相关主体依法对作品享有著作权，包括人身权利和财产权利。

(2) 发明、实用新型和外观设计。指自然人、法人或其他组织依法对发明、实用新型和外观设计在一定期限内享有独占实施权，即专利权。

(3) 商标。商标注册人或权利继受人在法定期限内对注册商标依法享有独占、排他的权利，即商标权。

(4) 地理标志。地理标志在我国主要通过三种模式进行保护：通过注册为证明商标或者集体商标进行保护；通过地理标志保护产品进行保护；通过农产品地理标志进行保护。

(5) 商业秘密。民事主体对属于商业秘密的技术信息或经营信息依法享有专有权利。

(6) 集成电路布图设计。自然人、法人或其他组织依法对集成电路布图设计享有集成电路布图设计权。

(7) 植物新品种。

(8) 法律规定的其他客体。

4.1.3 侵犯知识产权的法律责任

1. 民事责任

知识产权属于民事权利，权利人以外的其他人负有不得侵犯该民事权利的法定义务，侵犯知识产权行为的后果首先是承担相应的民事责任，形式主要有停止侵害、消除影响、赔礼道歉和赔偿损失等。停止侵害是保护知识产权的重要救济措施，不管行为人主观上是否存在过错，也不管是否造成损害后果，只要侵权行为正在发生或有证据表明即将发生，权利人均可请求法院裁判行为人停止侵权行为。

对于侵犯知识产权的损害赔偿责任构成要件，是否要求主观上有过错，在理论界有一定分歧，一般认为仍实行过错责任原则。对于侵权作品制作者、传播者或侵权商品销售者的损害赔偿责任，则通常实行过错推定原则，如《中华人民共和国著作权法》(以下简称《著作权法》)第53条规定：复制品的出版者、制作者不能证明其出版、制作有合法授权的，复制品的发行者或者电影作品或者以类似摄制电影的方法创作的作品、计算机软件、录音录像制品的复制品的出租者不能证明其发行、出租的复制品有合法来源的，应当承担法律责任。《中华人民共和国商标法》(以下简称《商标法》)第

56 条第 3 款规定：销售不知道是侵犯注册商标专用权的商品，能证明该商品是自己合法取得的并说明提供者的，不承担赔偿责任。《中华人民共和国专利法》(以下简称《专利法》)第 70 条也有类似规定。

侵犯知识产权损害赔偿数额的确定主要有以下计算方法：

(1) 按权利人因侵权遭受的实际损失确定。

(2) 按侵权人因侵权获得的利益确定。

(3) 根据情节参照专利许可使用费的 3~6 倍合理确定(适用于侵犯专利权的诉讼)。

(4) 按前述方法都难以确定时，在侵犯著作权或商标权民事诉讼中，由法院根据当事人的请求或依职权在 50 万元以下酌情判决。在侵犯专利权民事诉讼中，权利人的损失、侵权人获得的利益和专利许可使用费均难以确定的，人民法院可以根据专利权的类型、侵权行为的性质和情节等因素，确定给予 1 万元以上 100 万元以下的赔偿。确定我国《反不正当竞争法》第 9 条规定的侵犯商业秘密行为的损害赔偿额，可以参照确定侵犯专利权的损害赔偿额的方法进行。

赔偿数额还应当包括权利人为制止侵权行为所支付的合理开支，包括权利人或者委托代理人对侵权行为进行调查、取证的合理费用；法院还可以根据当事人的诉讼请求和案件具体情况，将符合国家有关部门规定的律师费用计算在赔偿范围内。

2. 行政责任

知识产权是依法产生的专有权利，侵犯知识产权不仅对权利人造成侵害，也可能对消费者权益和正常的市场竞争秩序造成侵害，损害到公共利益，在这种情况下，国家行政管理只能机关在职能范围内亦可以依法对损害公共利益的知识产权侵权行为进行查处，施以相应的行政处罚，常见的形式有：责令停止侵害、没收侵权物品、没收违法所得、罚款等。

3. 刑事责任

刑事责任是指当侵犯他人知识产权情节严重构成犯罪的，由国家依照刑法追究行为人的相应责任，刑事责任是最严重的责任形式，是对侵权人最为严厉的法律制裁。在我国《刑法》第 2 编第 3 章中，规定了与知识产权保护有关的一系列罪名：侵犯著作权罪、销售侵权复制品罪、假冒注册商标罪、销售假冒注册商标的商品罪、假冒专利罪、侵犯商业秘密罪等。这些罪名意味着实施上述知识产权的侵权行为即构成犯罪，应依法承担相应的刑事责任。

4.2　著作权法律制度

4.2.1　著作权客体

1. 著作权客体概述

著作权的客体是指著作权法保护的对象，即文学、艺术和科学领域中的作品。作品是指文学、艺术和科学领域内具有独创性并能以某种有形形式复制的智力成果。其构成要件如下：

(1) 属于文学、艺术和自然科学、社会科学、工程技术等科学领域中的智力成果。

(2) 具有独创性。其含义有两个方面：一是作品系独立创作完成，而非剽窃之作；二是作品必须体现作者的个性特征，属于作者智力劳动创作结果，即具有创作性。独创性存在于作品的表达之中，作品中所包含的思想并不要求必须具有独创性。著作权法保护作品的表达，不保护作品所包含的思想或主题。由不同作者就同一题材创作的作品，只要作品的表达系独立完成并且具有创作性，应当认定作者各自享有独立的著作权。作品的表达是作品形式和作品内容的有机整体。

(3) 可复制性，即作品必须可以通过某种有形形式复制，从而被他人所感知。

2. 作品的种类

(1) 文字作品。它是指小说、诗词、散文、论文等以文字形式表现的作品。

(2) 口述作品。它是指即兴的演说、授课、法庭辩论等以口头语言形式表现的作品。

(3) 音乐、戏剧、曲艺、舞蹈、杂技艺术作品。音乐作品是指歌曲、交响乐等能够演唱或演奏的带词或者不带词的作品；戏剧作品是指话剧、歌剧、地方戏等供舞台演出的作品；曲艺作品是指相声、快板、大鼓、评书等以说唱为主要形式表演的作品；舞蹈作品是指通过连续的动作、姿势、表情等表现思想情感的作品；杂技作品是指杂技、魔术、马戏等通过形体动作和技巧表现的作品。

(4) 美术、建筑作品。美术作品是指绘画、书法、雕塑等以线条、色彩或者其他方式构成的有审美意义的平面或立体造型艺术作品；建筑作品是指以建筑物或者构筑物形式表现的有审美意义的作品。

(5) 摄影作品。它是指借助器械在感光材料或者其他介质上记录客观物体形象的艺术作品。

(6) 电影作品和以类似摄制电影的方法创作的作品。它们是指摄制在一定介质上，由一系列有伴音或者无伴音的画面组成，并且借助适当装置放映或者以其他方式传播的作品。

(7) 图形作品和模型作品。图形作品是指为施工、生产绘制的工程设计图、产品设计图，以及反映地理现象、说明事物原理或者结构的地图、示意图等作品；模型作品，是指为展示、试验或者观测等用途，根据物体的形状和结构，按照一定比例制成的立体作品。

(8) 计算机软件。它是指计算机程序及其文档。

(9) 法律、行政法规规定的其他作品，如民间文学艺术作品等。

3. 不予保护的对象

(1) 官方文件，是指法律、法规、国家机关的决议、决定、命令和其他具有立法、行政、司法性质的文件及其官方正式译文。官方文件具有独创性，属于作品范畴，不通过著作权法保护的根本原因在于方便人们自由复制和传播。

(2) 时事新闻，是指通过报纸、期刊、广播电台、电视台等媒体报道的单纯事实消息。时事新闻虽从总体上不受著作权法保护，但传播报道他人采编的时事新闻，应当注明出处。

(3) 历法、数表、通用表格和公式。这类成果表现形式单一，应成为人类共同财富，不宜被垄断使用。

4.2.2　著作权的主体

1. 一般意义上的著作权主体

1) 作者

创作作品的公民是作者。创作是指产生文学、艺术和科学作品的智力活动。为他人创作进行组织工作，提供咨询意见、物质条件，或者进行了其他辅助工作，均不视为创作。创作是一种事实行为，而非法律行为，不受自然人行为能力状况的限制，但创作成果必须符合作品的条件，创作主体才能取得作者身份。

创作本来只能是具有直接思维能力的自然人特有的活动，但单位也可在特定情形下通过其特定机构或自然人行使或表达其自由意志，因而单位也可被拟制为作者。《著作权法》第11条第3款规定，由法人或者其他组织主持，代表法人或者其他组织意志创作，并由法人或者其他组织承担责任的作品，法人或者其他组织视为作者。单位被视为作者时，可以成为完整的著作权主体，享有作者权利，承担作者义务。

如无相反证明，在作品上署名的公民、法人或者其他组织为作者。当事人提供的涉及著作权的底稿、原件、合法出版物、著作权登记证书、认证机构出具的证明、取得权利的合同等，都可作为认定作者的证据。

2) 继受人

继受人是指因发生继承、赠与、遗赠或受让等法律事实而取得著作财产权的人。继受著作权人包括继承人、受赠人、受遗赠人、受让人、作品原件的合法持有人和国家。继受著作权人只能成为著作财产权的继受主体，而不能成为著作人身权的继受主体，因著作人身权具有不可转让性。

3) 外国人和无国籍人

只要符合下列条件之一，外国人、无国籍人的作品即受我国著作权法保护：

(1) 外国人、无国籍人的作品根据其作者所属国或者经常居住地国同中国签订的协议或者共同参加的国际条约享有著作权的。

(2) 其作品首先在中国境内出版的。在中国境外首先出版，30日内又在中国境内出版的，视为该作品同时在中国境内出版。

(3) 未与中国签订协议或者共同参加国际条约的国家的作者以及无国籍人的作品首次在中国参加的国际条约的成员国出版的，或者在成员国和非成员国同时出版的。

小案例

常书欣系知名网络小说《余罪》《商海谍影》的作者，其与阅文公司签订作品独家授权协议，约定常书欣在2014—2019年的合同期内，创作的所有长篇小说均应独家授权给阅文公司。

2016年，常书欣工作室成立。其妻张某某成为该工作室签约作者，并使用“常舒欣”笔名对外进行商业合作，《第三重人格》《危险拍档》两部长篇小说作品以“常舒欣”（张某某的笔名）署名，并授权某网络文学平台发表。

阅文公司认为涉案两作品《第三重人格》及《危险拍档》，与常书欣已发表的《余罪》《商海谍影》类型趋同，都是罪案、刑侦、卧底等题材，文笔语言风格亦类同，系在合同期内由常书欣实际创作，为规避与阅文公司间的合同约定，所以以其妻之名发表新作品，遂起诉至法院，要求常书欣承担其违约责任。庭审期间，阅文公司提交了一系列证据，证明在上述两部作品发表时，阅文公司、常书欣虽然在合同期内，但双方当时已产生矛盾难以继续合作，《知音》杂志的报道中常书欣自认在创作《第三重人格》，常书欣的微信号以《内线》（即《危险拍档》）实体书封面为头像，并斥责阅文公司不让其发新书，在该实体书腰封宣传中亦指明“《余罪》后，老常又一现象级刑侦小说”等以及常书欣的妻子张某某是一名教师，没有刑侦、卧底之类的现实经历和生活经验，不可能创作该类型作品等。

问题：如何认定涉案两作品的著作权人？

【解析】本案的争议焦点是：第三方网络文学平台上发表的文字作品《第三重人格》及《危险拍档》的作者是常书欣，还是笔名为常舒欣的常书欣之妻张某某。

《著作权法》第11条规定，创作作品的公民是作者，且如无相反证明，在作品上署名的公民、法人或者其他组织为作者。本案中在第三方网络文学平台上发表的《第三重人格》及《危险拍档》署名作者为常舒欣，《内线》（即《危险拍档》）实体书上的署名作者亦为常舒欣，而常舒欣为常书欣之妻张某某的笔名。因此在通常情况下，如无相反证明，可以认定张某某为上述作品的作者。

为证明《第三重人格》及《危险拍档》的实际创作者为常书欣，阅文公司提交了一系列相反证据。首先，正常情况下，创作者当然愿意在作品上署自己的名字，以表明作者身份，这也是著作权法上署名可认定为作者规定的事实基础。但在本案中，应当特别注意本案纠纷发生的背景，上述两部作品发表时，阅文公司、常书欣尚在合同期内，但双方当时已产生矛盾难以继续合作。而作为网络作者，常书欣需要趁《余罪》大热时持续创作发表作品，以保持热度。因此，为规避与阅文公司间的合同约定，常书欣存在以他人之名发表自己新作品的合理动机。其次，常书欣与张某某系夫妻，为特定关系人。在两人婚姻关系存续期间，除法律规定的特殊情形外，上述两作品著作财产权所获经济利益实际上归于两人共同所有。因此，上述两作品的署名是常书欣或是常舒欣，对常书欣而言获得的经济利益是基本相同的。显然，以其妻之名发表新作品，既可使常书欣摆脱与阅文公司的合同约束，又不致其经济利益受损，此情节亦降低了上述两作品署名的证明力；再次，常书欣与张某某笔名常舒欣仅一字之差，且读音完全相同，对读者而言，极易混淆。最后，在《知音》的报道中常书欣自认在创作《第三重人格》，常书欣的微信号以《内线》实体书封面为头像，并斥责阅文公司不让其发新书，在该实体书腰封宣传中亦指明"《余罪》后，老常又一现象级刑侦小说"等，该些证据都能佐证上述两部作品的实际创作者为常书欣，而非作品上署名的常舒欣。

更为关键的是，通常情况下，小说作者的创作过程虽然私人化，但其最终呈现的作品基本都存在作品类型、创作习惯、文笔语言上的趋同性，或者说延续性，这与作者本人的生活阅历、写作习惯、爱好天赋等是息息相关的。就如金庸长于武侠，琼瑶擅写言情，但如果让两位大家互换创作类型，可能都会举步维艰。纵观《余罪》《商海谍影》《第三重人格》及《危险拍档》等作品，其类型趋同，都是罪案、刑侦、卧底等题材，文笔语言风格亦类同，因此其作者为同一人更符合文字作品创作的基本规律。虽然常书欣也可能未亲身卧底，未经历作品中的每一个案例，但其相对复杂的生活阅历直接决定了常书欣具有创作该类作品的基础。而常书欣之妻张某某作为女教师，是不可能存在这种现实经历和生活经验的。在没有这种人生阅历、现实生活的基础上，张某某较之常书欣就基本没有创作该类型作品的可能性。

综上，虽文字作品《第三重人格》及《危险拍档》的署名为常舒欣，但基于阅文公司、常书欣纠纷发生的背景、常书欣与张某某间的特殊身份关系、常舒欣与常书欣间的混淆关系、常书欣部分自认创作作品的事实以及文字作品的创作规律，一审法院认为，有确实、充分的相反证据能够证明，上述两作品的实际创作者为常书欣，即常书欣系上述作品的作者。

2. 特殊意义上的著作权主体

1）演绎作品

演绎作品又称派生作品，是指在已有作品的基础上，经过改编、翻译、注释、整理等创造性劳动而产生的作品。改编是指改变作品，创作出具有独创性的新作品；翻译是指将作品从一种语言文字转换成为另一种语言文字；注释是指对文字作品中的字、词、句进行解释；整理是指对内容零散、层次不清的已有文字作品或者材料进行条理化、系统化的加工。

演绎行为是演绎者的创造性劳动，是一种重要的创作方式。演绎创作所产生的作品，其著作权由演绎者享有，但行使著作权时不得侵犯原作品的著作权。

2）合作作品

合作作品是指两人以上合作创作的作品其构成要件是：①作者为两人或两人以上。②作者之间有共同创作的主观合意。

合作作品的著作权由合作作者共同享有。如果合作作品不可以分割使用，如共同创作的小说、绘画等，其著作权由各合作作者通过协商一致行使；不能协商一致，又无正当理由的，任何一方不得阻止他人行使除转让以外的其他权利，但是所得收益应当合理分配给所有合作作者。如果合作作品可以分割使用，如歌曲，作者对各自创作的部分可以单独享有著作权，但行使著作权时，不得侵犯合作作品整体的著作权。

3）汇编作品

汇编若干作品、作品的片段或者不构成作品的数据或者其他材料，对其内容的选择或者编排体现独创性的作品，称为汇编作品。汇编作品的构成成分既可以是受著作权法保护的作品及片段，如论文、词条、诗词、图片等，也可以是不受著作权法保护的数据或者其他材料，如法律法规、股市信息、商品报价单等。汇编作品受著作权法保护的根本原因不在于汇编材料本身是否受著作权法保护，而在于汇编人对汇编材料内容的选择或编排付出了创造性劳动。在材料的选择或编排上体现独创性的数据库，可作为汇编作品受著作权法保护。

汇编作品的著作权由汇编人享有，但行使著作权时，不得侵犯原作品的著作权。由于汇编权是作者的专有权利，因而汇编他人受著作权法保护的作品或作品的片段时，应征得他人的同意，并不得侵犯他人对作品享有的发表权、署名权、保护作品完整权和获得报酬权等著作权。

4）影视作品

影视作品是指电影作品和以类似摄制电影的方法创作的作品。影视作品是比较复杂、系统的智力创作工程，需要制片者、编剧、导演、摄影、演员等方面的通力合作。影视作品的著作权由制片者享有，但编剧、导演、摄影、作词、作曲等作者享有署名权，并有权按照与制片者签订的合同获得报酬。影视作品中的剧本、音乐等可以单独使用的，其作者有权单独行使其著作权。

5）职务作品

职务作品是指公民为完成法人或者其他组织的工作任务所创作的作品。其特征是：①创作作品的公民与所在法人或其他组织之间存在劳动或聘用关系；②创作完成作品是公民的工作任务，即属于公民在该单位中应当履行的职责。工作任务有时是具体的，明确指示公民创作一部作品；有时是笼统的，由劳动合同、岗位责任制、聘用手续等作概括性规定。职务作品的认定与公民创作作品是否利用上班时间没有必然联系。

根据《著作权法》第 11 条第 3 款的规定，由单位主持，代表单位意志创作并由单位承担责任的作品，单位被视为作者，行使完整的著作权。

职务作品包括以下两种：

一般职务作品。除单位作品外，公民为完成单位工作任务而又未主要利用单位物质技术条件创作的作品，称为一般职务作品。其著作权由作者享有，但法人或者其他组织有权在业务范围内优先使用。作品完成两年内，未经单位同意，作者不得许可第三人或者其他组织以与单位相同的方式使用该作品。作品完成两年内，经单位同意,作者许可第三人以与单位使用的相同方式使用作品所获报酬,由作者与单位按约定的比例分配。作品完成两年的期限,自作者向单位交付作品之日起计算。

特殊职务作品。这是指根据《著作权法》第16条第2款规定,主要是利用法人或其他组织的物质技术条件制作,并由法人或其他组织承担责任的工程设计图、产品设计图、地图、计算机软件等职务作品,或法律、行政法规规定以及合同约定著作权由法人或者其他组织享有的职务作品。特殊职务作品的作者享有署名权,著作权的其他权利由法人或者其他组织享有,法人或者其他组织可以给予作者奖励。

6）委托作品

委托作品是指作者接受他人委托而创作的作品。委托作品的创作基础是委托合同,既可以是口头的,也可以是书面的;既可以是有偿的,也可以是无偿的。委托作品应体现委托人的意志,实现委托人使用作品的目的。

委托作品的著作权归属由委托人和受托人通过合同约定。合同未作明确约定或者没有订立合同的,著作权属于受托人,但委托人在约定的使用范围内享有使用作品的权利;双方没有约定使用作品范围的,委托人可以在委托创作的特定目的范围内免费使用该作品。

须注意的是,以下两种作品不同于委托作品,其著作权归属有自己特定的规则:一是,除《著作权法》第11条第3款外,由他人执笔、本人审阅定稿并以本人名义发表的报告、讲话等作品,其著作权归报告人或讲话人享有,著作权人可以支付执笔人适当的报酬。二是,当事人合意以特定人物经历为题材完成的自传体作品,当事人对著作权权属有约定的,从其约定;没有约定的,著作权归该特定人物享有,执笔人或整理人对作品完成付出劳动的,著作权人可以向其支付适当的报酬。

7）原件所有权转移的作品的著作权归属

绘画、书法、雕塑等美术作品的原件所有权转移,不视为作品著作权的转移,但美术作品原件的展览权由原件所有人享有。作品原件购买人可以对美术作品欣赏、展览或再出售,但不得从事修改、复制等侵犯作品版权的行为。

除美术作品外,对载体所有权可能转移的其他作品,都要注意载体所有权变动并不必然引起著作权的变动。我国《合同法》第137条规定:出卖具有知识产权的计算机软件等标的物的,除法律另有规定或者当事人另有约定的以外,该标的物的知识产权不属于买受人。

8）作者身份不明的作品的著作权归属

作者身份不明的作品,是指从通常途径不能了解作者身份的作品。如果一件作品未署名,或署了鲜为人知的笔名,但作品原件持有人或收稿单位确知作者的真实身份,不属于作者身份不明的作品。

作者身份不明的作品,由作品原件的所有人行使除署名权以外的著作权。作者身份确定后,由作者或者其继承人行使著作权。

4.2.3 著作权的内容

1. 著作人身权

著作人身权是指著作权人基于作品的创作依法享有的以人格利益为内容的权利。它与作者的人身不可分离，一般不能继承、转让，也不能被非法剥夺或成为强制执行中的执行标的。

1）发表权

发表权是指决定作品是否公之于众的权利。其具体内容包括：决定作品是否公之于众，决定作品在何时何地公之于众，决定作品以何种方式公之于众。“公之于众”是指著作权人自行或者经著作权人许可将作品向不特定的人公开，但不以公众知晓为条件。

发表权是一次性权利。作品一旦发表，发表权即行消灭，以后再次使用作品与发表权无关，而是行使使用权的体现；发表权与财产权关系密切，须通过出版、上网、朗诵等使用作品的方式来行使。

2）署名权

署名权是指表明作者身份，在作品上署名的权利。其具体内容包括：决定是否在作品上署名；决定署名的方式，如署真名、笔名；决定署名的顺序；禁止未参加创作的人在作品上署名；禁止他人假冒署名，即有权禁止他人盗用自己的姓名或笔名在他人作品上署名。

3）修改权

修改权是指修改或授权他人修改作品的权利。作品表达了作者的思想、情感和观点，公之于众后会直接影响社会公众对作者人格的评价，因而法律赋予作者修改权是对作者人格的尊重。修改通常是指内容的修改，报社、杂志社进行的不影响作品内容的文字性删节不属修改权控制的范围，可以不经作者同意。但对内容的修改，必须征得作者同意。修改既可针对未发表的作品，也可针对已发表的作品。

4）保护作品完整权

保护作品完整权是指保护作品不受歪曲、篡改的权利。作品是作者思想的反映，也是作者人格的延伸。歪曲、篡改作品不仅损害作品的价值，而且直接影响作者的声誉，因而法律禁止任何人以任何方式歪曲和篡改作品。

2. 著作财产权

著作财产权是指著作权人依法享有的控制作品的使用并获得财产利益的权利。

1）使用权

使用权是指以复制、发行、出租、展览、放映、广播、网络传播、摄制、改编、翻译、汇编等方式使用作品的权利。

2）许可使用权

许可使用权是指著作权人依法享有的许可他人使用作品并获得报酬的权利。使用他人作品，应当同著作权人订立许可使用合同，但属于法定使用许可情形的除外。

3）转让权

转让权是指著作权人依法享有的转让使用权中一项或多项权利并获得报酬的权利。转让的标的不能是著作人身权，只能是著作财产权中的使用权，可以转让使用权中的一项或多项或全部权利。

4）获得报酬权

获得报酬权是指著作权人依法享有的因作品的使用或转让而获得报酬的权利。获得报酬权通常是从使用权、许可使用权或转让权中派生出来的财产权，是使用权、许可使用权或转让权必然包含的内容。但获得报酬权有时又具有独立存在的价值，并非完全属于使用权、许可使用权或转让权的附属权利。如在法定许可使用的情况下，他人使用作品可以不经著作权人同意.但必须按规定支付报酬。此时著作权人享有的获得报酬权就是独立存在的，与使用权、许可使用权或转让权没有直接联系。

小案例

经营网络图书服务的北京书生数字技术有限公司（简称书生公司），未经郑某许可，将其享有著作权的图书上传于"书生之家"网站上供公众浏览，但采取了一定技术措施限制公众传播，如同时只能有三人阅览及只能以拷屏的方式下载和保存等。郑某认为书生公司侵犯了其作品信息网络传播权，于是起诉到北京市海淀区人民法院。

（资料来源：冯晓青《知识产权法》（第三版），中国政法大学出版社，第114页。）

问题：书生公司是否侵犯了郑某的信息网络传播权？

【解析】郑某作为本案所涉作品的署名作者，依法享有涉案作品著作权。根据我国《著作权法》的规定，著作权包含复制权、发行权和信息网络传播权等权利。任何人未经著作权人许可，复制、发行或网络传播其作品，均构成时他人著作权的侵害，除非有法律规定的例外情形。书生公司在未经郑某许可的情况下，在互联网上向公众提供郑某享有著作权的作品，以非法方式造成网络传播作品的事实，违背著作权人的意志，构成对郑某作品的信息网络传播权的侵犯，被告书生公司应当停止侵权并公开向郑某致歉，对其侵权行为给权利人造成的损害予以赔偿。

4.2.4　著作权的限制

1. 合理使用

合理使用是指根据法律的明文规定，不必征得著作权人同意而无偿使用他人已发表作品的行为。

合理使用的情形包括：

(1) 为个人学习、研究或者欣赏,使用他人已经发表的作品。

(2) 为介绍、评论某一作品或者说明某一问题,在作品中适当引用他人已经发表的作品。

(3) 为报道时事新闻,在报纸、期刊、广播电台、电视台等媒体中不可避免地再现或者引用已经发表的作品。

(4) 报纸、期刊、广播电台、电视台等媒体刊登或者播放其他报纸、期刊、广播电台、电视台等媒体已经发表的关于政治、经济、宗教问题的时事性文章,但作者声明不许刊登、播放的除外。

(5) 报纸、期刊、广播电台、电视台等媒体刊登或者播放在公众集会上发表的讲话,但作者声明不许刊登、播放的除外。

(6) 为学校课堂教学或者科学研究,翻译或者少量复制已经发表的作品,供教学或者科研人员使用,但不得出版发行。

(7) 国家机关为执行公务在合理范围内使用已经发表的作品。

(8) 图书馆、档案馆、纪念馆、博物馆、美术馆等为陈列或者保存版本的需要,复制本馆收藏的作品。

(9) 免费表演已经发表的作品,该表演未向公众收取费用,也未向表演者支付报酬。

(10) 对设置或者陈列在室外公共场所的艺术作品进行临摹、绘画、摄影、录像。

(11) 将中国公民、法人或者其他组织已经发表的以汉语言文字创作的作品翻译成少数民族语言文字作品在国内出版发行。

(12) 将已经发表的作品改成盲文出版。

2. 法定许可使用

法定许可使用是指依照法律的明文规定,不经著作权人同意有偿使用他人已经发表作品的行为。它与合理使用的共同之处在于:都是基于法律的明文规定;都只能针对已经发表的作品;都不必征得著作权人的同意;都应当指明作者姓名、作品名称,并不得侵犯著作权人依法享有的其他权利。两者的区别在于:第一,法定许可使用主要是作品传播者的使用行为,而合理使用不受此限;第二,著作权人事先声明不许使用的,一般不适用法定许可制度,但合理使用一般不受此限;第三,法定许可使用是有偿使用,使用人必须按规定支付报酬,而合理使用是无偿使用。

根据有关规定,法定许可使用包括以下情形：

(1) 实施九年制义务教育和国家教育规划而编写出版教科书,除作者事先声明不许使用外,可以不经著作权人许可,在教科书中汇编已经发表的作品片段或者短小的文字作品、音乐作品或者单幅的美术作品、摄影作品。

(2) 作品被报社、期刊社刊登后,除著作权人声明不得转载、摘编的外,其他报刊可以转载或者作为文摘、资料刊登。

（3）已在报刊上刊登或者网络上传播的作品，除著作权人声明或者上载该作品的网络服务提供者受著作权人的委托声明不得转载、摘编的以外，网站可以转载、摘编。

（4）录音制作者使用他人已经合法录制为录音制品的音乐作品制作录音制品，著作权人声明不许使用的除外。

（5）广播电台、电视台播放他人已经发表的作品。

（6）广播电台、电视台播放已经出版的录音制品。

小案例

1992年5月5日，北影录音录像公司（简称北影公司）与小说《受戒》的作者汪曾祺订立了电影、电视剧改编权、拍摄权转让合同，1994年12月30日，北影公司与汪曾祺再次续订了合同，将原合同约定的期限重新确定为1995年3月15日至1998年3月15日，并约定北影公司另给付汪曾祺改编权转让费5000元，影片摄制完成后，北影公司再支付5000元，共计1万元。1992年10月，某电影学院（简称电影学院）文学系学生吴某为完成课程作业，将汪曾祺的小说《受戒》改编成电影剧本，并上交电影学院。电影学院经审核，选定该剧本用于当届学生毕业作品的拍摄。电影学院曾就拍摄《受戒》一事通过电话征求过汪曾祺及北影公司的意见。汪曾祺表示小说的改编权、拍摄权已转让给北影公司。北影公司未表示同意电影学院拍摄此片。1993年4月，电影学院出资5万元，组织该院八九级学生联合摄制电影《受戒》，当年7月完成后期制作，并于当年暑期前后在该院小剧场放映该片两次，用于教学观摩，观众系该院教师及学生。1994年11月，电影学院经有关部门批准，组团携《受戒》等片参加了法国朗格鲁瓦学生电影节。在电影节上，《受戒》一片共放映两次，观众主要为参加电影节的各国学生及教师，亦不排除有当地公民。电影节组委会曾对外公开销售过少量门票。

问题：电影学院是否侵犯了北影公司的著作权？

【解析】根据《著作权法》规定，为学校的课堂教学，在合理范围内使用他人已发表的作品，可以不经著作权人许可及不向其支付报酬。因此，电影学院课堂教学过程中使用作品《受戒》应为合理使用，不构成对北影公司专有使用权的侵犯。电影学院携《受戒》一片参加了朗格鲁瓦国际电影节，无论该电影节的性质如何，参展行为均不属于必不可少的课堂教学活动。故电影学院在电影节上放映使用小说《受戒》改编的影片，超出了为本校的课堂教学而使用的范围，不属于著作权法规定的合理使用，对此电影学院应承担责任。

4.2.5 邻接权

邻接权是指作品传播者对在作品传播过程中产生的劳动成果依法享有的专有权利，又称为作品传播者权或与著作权有关的权益。广义的著作权可以包括邻接权。狭义的著作权与邻接权的关系极为密切。没有作品，就谈不上作品的传播，因而邻接权以著作权为基础；对于著作权合理使用的限制，同样适用于对邻接权的限制；邻接权的保护期也为50年。邻接权与著作权的主要区别是：邻接权的主体多为法人或其他组织，著作权的主体多为自然人；邻接权的客体是作品传播过程中产生的成果，而著作权的客体是作品本身；邻接权中除表演者权外一般不涉及人身权，而著作权包括人身权和财产权两方面的内容。

1. 出版者权利

1）版式设计专有权

版式设计是指出版者对其出版的图书、期刊的版面和外观装饰所作的设计。版式设计是出版者，包括图书出版者（如出版社）和期刊出版者（如杂志社、报社）的创造性智力成果，出版者依法享有专有使用权，即有权许可或者禁止他人使用其出版的图书、期刊的版式设计。

2）专有出版权

图书出版者对著作权人交付出版的作品，按照双方订立的出版合同的约定享有专有出版权。其他出版者未经许可不得出版同一作品，著作权人也不得将出版者享有专有出版权的作品一稿多投。图书出版合同中约定图书出版者享有专有出版权但没有明确具体内容的，视为图书出版者享有在合同有效期内和在合同约定的地域范围内以同种文字的原版、修订版出版图书的专有权利。专有出版权是依出版合同而产生的权利而非法定权利，因而严格意义上讲它不属于邻接权范畴。

报社、杂志社对著作权人的投稿作品在一定期限内享有先载权。但著作权人自稿件发出之日起15日内未收到报社通知决定刊登的，或者自稿件发出之日起在30日内未收到期刊社通知决定刊登的，可以将同一作品向其他报社、期刊社投稿。双方另有约定的除外。

2. 表演者的权利

表演者权的主体是指表演者，包括演员、演出单位或者其他表演文学、艺术作品的人。表演者权的客体是指表演活动，即通过演员的声音、表情、动作公开再现作品或演奏作品。

表演者对其表演享有下列权利：①表明表演者身份；②保护表演形象不受歪曲；③许可他人从现场直播和公开传送其现场表演，并获得报酬；④许可他人录音录像，并获得报酬；⑤许可他人复制、发行录有其表演的录音录像制品，并获得报酬；⑥许可他人通过信息网络向公众传播其表演，并获得报酬。

3. 录制者的权利

录制者权的主体是录制者，包括录音制作者和录像制作者。录制者权的客体是录制品，包括录音制品和录像制品。录音制品是指任何声音的原始录制品；录像制品是指电影作品和以类似摄制电影的方法创作的作品以外的任何有伴音或无伴音的连续相关形象的原始录制品，包括表演的原始录制品和非表演的原始录制品。

录制者对其制作的录音录像制品，享有许可他人复制、发行、出租、通过信息网络向公众传播并获得报酬的权利。

录制者使用他人作品制作录音录像制品，应当取得著作权人许可，并支付报酬；使用演绎作品制作录制品的，应当征得演绎作品著作权人和原作品著作权人的许可，并支付报酬；录制表演活动的，应当同表演者订立合同，并支付报酬。

4. 播放者的权利

播放者权的主体是广播电视组织，包括广播电台和电视台。播放者权的客体是播放的广播或电视而非广播、电视节目。广播、电视是指广播电台、电视台通过载有声音、图像的信号播放的集成品、制品或其他材料在一起的合成品。

播放者有权禁止未经许可的下列行为：将其播放的广播、电视转播；将其播放的广播、电视录制在音像载体上以及复制音像载体。

播放者应当履行下列义务：播放他人未发表的作品，应当取得著作权人的许可，并支付报酬；播放已发表的作品或已出版的录音录像制品，可以不经著作权人许可，但应按规定支付报酬。

4.3 专利法律制度

4.3.1 专利权的主体

专利权的主体是指具体参加特定的专利权法律关系并享有专利权的人。根据《专利法》的规定，发明人或者设计人、职务发明创造的单位、外国人和外国企业或者外国其他组织都可以成为专利权的主体。

1. 发明人或者设计人

《专利法》所称发明人或者设计人，是指对发明创造的实质性特点作出创造性贡献的人。发明人或者设计人一般具有以下特征：

（1）发明人或者设计人为自然人。

（2）发明人或者设计人的认定不受其民事行为能力的限制。由于发明创造行为是一种事实行为，不是法律行为，因此，不论从事发明创造的人作为法律上的主体是否具备完全行为能力，只要其完成了发明创造，都可以被认定为发明人或者设计人。

（3）发明人或者设计人必须是对发明创造的实质性特点作出创造性贡献的人。在完成发明创造过程中，只负责组织工作的人、为物质技术条件的利用提供方便的人或者从事其他辅助工作的人，都不应认定为发明人或者设计人。

2. 职务发明创造的单位

职务发明创造是指发明人或者设计人执行本单位的任务，或者主要是利用本单位的物质技术条件所完成的发明创造。

凡符合下列条件之一的，均属于职务发明创造：

(1) 在本职工作中作出的发明创造。

(2) 履行本单位交付的本职工作之外的任务所作出的发明创造。

(3) 退职、退休或者调动工作后1年内作出的与其在原单位承担的本职工作或者原单位分配的任务有关的发明创造。

(4) 主要利用本单位的物质技术条件完成的发明创造。

对于职务发明创造，申请专利的权利属于该单位，申请被批准后，该单位为专利权人。对于非职务发明创造，申请专利的权利属于发明人或者设计人，申请被批准后，该发明人或者设计人为专利权人。利用本单位的物质技术条件所完成的发明创造，单位与发明人或者设计人订有合同，对申请专利的权利和专利权的归属作出约定的，从其约定。

两个以上单位或者个人合作完成的发明创造、一个单位或者个人接受其他单位或者个人委托所完成的发明创造，除另有协议的以外，申请专利的权利属于完成或者共同完成的单位或者个人；申请被批准后，申请的单位或者个人为专利权人。

3. 外国人、外国企业或者外国其他组织

外国人、外国企业或者外国其他组织在我国申请和取得专利权，依照有关规定，应按照以下情况办理：

(1) 在中国有经常居所或者营业所的外国人、外国企业或者外国其他组织在中国申请专利的，根据《保护工业产权巴黎公约》的规定和国际惯例，享有与我国国民同等的待遇。

(2) 在中国没有经常居所或者营业所的外国人、外国企业或者外国其他组织在中国申请专利的，依照其所属国同中国签订的协议或者共同参加的国际条约，或者依照互惠原则，根据《专利法》的规定处理。

(3) 在中国没有经常居所或者营业所的外国人、外国企业或者外国其他组织在中国申请专利和办理其他专利事务的，应当委托依法设立的专利代理机构办理。

4.3.2 专利权的客体

专利权的客体也称专利法保护的对象，是指可以获得专利法保护的发明创造。我国《专利法》规定的发明创造是指发明、实用新型和外观设计。

1. 发明

1) 发明的概念和特征

发明是指对产品、方法或者其改进所提出的新的技术方案。

发明具有如下两个特征：①发明是利用自然规律而进行的创造。自然规律是脱离人的思维而独立存在的客观事物，发明则是在利用自然规律的基础上进行的一种创造。发明与发现不同，发现是对自然规律本身的新的认识，并不是利用，因此发现不能称之为发明。②发明是具体的技术方案。发明应能够解决特定的技术难题，必须产生一定的技术效果，具有一定的实用性。

2）发明的分类

发明一般分为产品发明和方法发明两类。产品发明是指人们通过研究开发出来的关于各种新产品、新材料、新物质等的技术方案，如电子计算机、超导材料等。方法发明是指人们为制造产品或者解决某个技术课题而研究开发出来的操作方法、制造方法以及工艺流程等技术方案，如汉字输入方法、无铅汽油的提炼方法等。

2. 实用新型

1）实用新型的概念和特征

实用新型是指对产品的形状、构造或者其结合所提出的适于实用的新的技术方案。

实用新型具有如下特征：①实用新型是一种新的技术方案。实用新型实质上是一种技术方案，也是发明的一部分。②实用新型仅限于产品，不包括方法。③实用新型要求产品必须是具有固定的形状、构造的产品。气态、液态、凝胶状或颗粒粉末状的物质或者材料，不属于实用新型的范围。

2）实用新型与发明的区别

实用新型与发明虽然同属于专利法保护的发明创造，两者又都是一种新的技术方案，但两者也存在许多区别：①两者保护的范围不同。发明专利保护的范围宽于实用新型专利。发明既可以是产品，也可以是方法；而实用新型仅限于产品，不包括方法。发明的产品没有任何特殊要求；而实用新型的产品要求具有固定的形状或构造。②两者对创造性要求不同。发明专利要求的创造性高于实用新型专利。《专利法》规定，发明专利的创造性是指与现有技术相比，具有实质性特点和进步。③两者的审查程序不同。发明专利既要对发明专利申请进行形式审查，还要对发明专利的内容进行实质审查；而实用新型专利采用形式审查制度，即只审查形式内容而不审查实质内容。④两者的保护期限不同。《专利法》规定，发明专利权的保护期限为20年；而实用新型专利的保护期限为10年。

3. 外观设计

外观设计是指对产品的形状、图案或者其结合以及色彩与形状、图案的结合所作出的富有美感并适于工业应用的新设计。

外观设计具有如下特征：①外观设计必须与产品相结合。外观设计是产品的外观设计，外观设计必须以产品的外表为依托，构成产品与设计的组合。②外观设计必须能在产业上应用。外观设计必须能够用于生产经营目的的制造或生产。如果设计不能用工业的方法复制出来，或者达不到批量生产的要求，就不是专利法意义上的外观设计。③外观设计富有美感。外观设计包含的是美术思想，即解决产品的视觉效果问题，而不是技术思想。这一点与实用新型相区别。

4.3.3 授予专利权的条件

1. 授予专利权的发明和实用新型应当符合的条件

根据我国《专利法》第22条第1款的规定，授予专利权的发明和实用新型，应当具备新颖性、创造性和实用性。

1）新颖性

根据我国《专利法》第22条第2款的规定，新颖性是指该发明或者实用新型不属于现有技术；也没有任何单位或者个人就同样的发明或者实用新型在申请日以前向国务院专利行政部门提出过申请，并记载在申请日以后公布的专利申请文件或者公告的专利文件中。

丧失新颖性的例外。丧失新颖性的例外是指在某些特殊情况下，尽管申请专利的发明或者实用新型在申请日或者优先权日前公开，但在一定期限内提出专利申请的，则不丧失新颖性。

《专利法》规定，申请专利的发明创造在申请日以前6个月内，有下列情形之一的，不丧失新颖性：①在中国政府主办或者承认的国际展览会上首次展出的；②在规定的学术会议或者技术会议上首次发表的；③他人未经申请人同意泄露其内容的。

2）创造性

创造性是指与现有技术相比，该发明具有突出的实质性特点和显著的进步，该实用新型具有实质性特点和进步。创造性的衡量标准可以从该发明或者实用新型是否存在“实质性特点”和“进步”而得到判断。所谓实质性特点是指发明创造具有一个或几个技术特征，与现有技术相比有本质的区别。因此，凡是发明创造所属技术领域的普通技术人员，都不能直接从现有技术中得出构成该发明创造的全部必要技术特征的，都应认为具有实质性特点。在评定一项发明创造是否具有实质性特点时，不仅要考虑技术方案本身的内容，还要考虑它的目的和效果，并把它们作为一个整体来理解。

所谓进步是指与现有技术相比有所发展和前进，如克服了现有技术存在的缺点和不足，或者具有新的优点或效果，或者代表了某种新的技术趋势。

3）实用性

实用性是指该发明或者实用新型能够制造或者使用，并且能够产生积极效果。

实用性一般具备三个条件：①具有可实施性。即发明创造必须能够解决技术问题，并且能够在产业中应用，能够制造或者使用。②具有再现性。即所属技术领域的技术人员根据公开的技术内容，能够重复实施专利申请中为解决技术问题所采用的技术方案。③具有有益性。即发明创造能够在经济、技术和社会等领域产生积极和有益的效果。

2. 授予专利权的外观设计应当符合的条件

我国《专利法》第23条规定，授予专利权的外观设计，应当不属于现有设计；也没有任何单位或者个人就同样的外观设计在申请日以前向国务院专利行政部门提出过申请，并记载在申请日以后公告的专利文件中。授予专利权的外观设计与现有设计或者现有设计特征的组合相比，应当具有明显区别。授予专利权的外观设计不得与他人在申请日以前已经取得的合法权利相冲突。上述所称现有设计，是指申请日以前在国内外为公众所知的设计。

由于外观设计是产品的一种新设计，是产品外在的东西，其本身并不涉及技术上的创造，因此，对于外观设计授予专利权的条件更多地体现在与同类产品比较是否具有新颖性。

3. 不授予专利权的项目

《专利法》规定，对下列各项不授予专利权：

(1) 科学发现。科学发现是指人们通过自己的智力活动对客观世界已经存在的但未被揭示出来的规律、性质和现象等的认识。

(2) 智力活动的规则和方法。智力活动的规则和方法是指人们进行推理、分析、判断、记忆等思维活动的规则和方法，如体育竞赛规则、游戏规则、计算方法、生产管理方法等。但进行智力活动的设备、装置或者根据智力活动的规则和方法而设计制造的仪器、用具等，如果具备专利条件，可以被授予专利权。

(3) 疾病的诊断和治疗方法。由于疾病的诊断和治疗方法不能用工业的方法制造和使用，因此不适用于专利法保护。但是对于血液、毛发、尿样等脱离了人体的物质的化验方法则不属于疾病的诊断和治疗方法，因此如果具备专利条件，可以授予专利权。另外，对于用于诊断或者治疗疾病的仪器、设备或者器械等，如果具备专利条件，可以被授予专利权。

(4) 动物和植物品种，不包括动物和植物品种的生产方法。动物和植物品种分为天然生长和人工培养两种。天然生长的动植物品种不是人类智力活动的发明创造，因此不能被授予专利权。人类培养的动植物品种，虽然是人类智力活动的成果，但其不是用工业的方法进行制造、生产出来的，而是通过动植物母体培养出来的，有其自身的发生和成长规律，套用产品发明的模式保护不太合适，因此我国专利法明确规定对动植物品种不授予专利权。但是对动植物品种的生产方法，可以依照专利法的规定授予专利权。

(5) 用原子核变换方法获得的物质。用原子核变换方法获得的物质，关系国防和国家利益，也涉及科研和公共生活的各个方面，不宜为人垄断，因此不授予专利权。

(6) 对平面印刷品的图案、色彩或者两者的结合作出的主要起标识作用的设计。

此外，我国《专利法》还规定，对违反法律、社会公德或者妨害公共利益的发明创造，不授予专利权。对违反法律、行政法规的规定获取或者利用遗传资源，并依赖该遗传资源完成的发明创造，不授予专利权。如对专用于伪造货币的方法或者工具的发明创造不得授予专利权等。若发明创造本身的目的并不违法，但其实施可能破坏社会公德或者妨害公共利益，如万能钥匙等，这样的发明创造也不能被授予专利权。

小案例

上海某矿机科技有限公司(简称某矿机公司)自2008年成立之日起即从事生物质发电领域物料运输技术的研发业务。钱某于2000年至2011年6月在某矿机公司工作，从事技术研发，并按月在该公司领取工资。2011年2月11日，钱某向国家知识产权局申请名称为“秸秆压缩泵送装置”的发明专利(简称“涉案专利”)，并于2013年3月6日获得授权，专利号为ZL2011100362494。发明人及专利权人均为钱某。某矿机公司认为该专利属于职务发明创造，遂向上海市第二中级人民法院起诉。

问题：涉案专利属于职务发明吗?

【解析】本案的争议焦点为涉案专利是否为职务发明，专利权是否应当归某矿机公司所有。根据《专利法》第6条第1款的规定和《专利法实施细则》第12条的规定，为执行本单位工作任务或者利用本单位物质技术条件完成的发明创造属于职务发明创造，专利申请权和专利权属于单位。《专利法》意义上的“本单位”并不限于员工与单位存在劳动关系，与员工存在临时工作关系、劳务关系等的主体都属于《专利法》意义上的“本单位”。本案中，钱某自2000年起至2011年6月一直在某矿机公司工作，故该公司属于《专利法》意义上钱某的“本单位”，涉案专利是为了执行某矿机公司的任务所完成的发明创造。某矿机公司从成立之日起从事生物质发电领域物料运输技术的研发业务，钱某参与该公司的相关研发工作，并作为发明人研发出固体泵送专利。因此，涉案专利的专利权人应为某矿机公司。

4.3.4 专利的取得、终止和无效

1. 专利权的取得

(1) 专利申请的提出。专利权不能自动取得，申请人必须履行《专利法》规定的专利申请手续，向国务院专利行政部门提交必要的申请文件。根据《专利法》的规定，申请发明或者实用新型专利的，应当提交请求书、说明书及其摘要和权利要求书等文件。请求书应当写明发明或者实用新型的名称，发明人的姓名，申请人姓名或者名称、地址，以及其他事项。说明书应当对发明或者实用新型作出清楚、完整的说明。以所属技术领域的技术人员能够实现为准；必要的时候，应当有附图。摘要应当简要说明发明或者实用新型的技术要点。权利要求书应当以说明书为依据，清楚、简要地限定要求专利保护的范围。依赖遗传资源完成的发明创造，申请人应当在专利申请文件中说明该遗传资源的直接来源和原始来源；申请人无法说明原始来源的，应当陈

述理由。申请外观设计专利的，应当提交请求书、该外观设计的图片或者照片以及对该外观设计的简要说明等文件。申请人提交的有关图片或者照片应当清楚地显示要求专利保护的产品的外观设计。

国务院专利行政部门收到专利申请文件之日为申请日，如果申请文件是邮寄的，以寄出的邮戳日为申请日。

（2）专利申请的修改。专利申请的修改，可以由申请人自己主动提出修改，也可以根据国务院专利行政部门的要求进行修改。对于申请人自己主动提出修改的，由申请人自行修改，但修改时要遵守以下规定：对发明和实用新型专利申请文件的修改不得超出原说明书和权利要求书记载的范围；对外观设计专利申请文件的修改不得超出原图片或者照片表示的范围。对于根据国务院专利行政部门的要求进行修改的，申请人应当在指定的期限内修改申请，逾期不修改的，应视为撤回；经修改后仍不符合《专利法》规定的，国务院专利行政部门应当予以驳回。

（3）专利申请的撤回。申请人可以在被授予专利权之前随时撤回其专利申请。申请人撤回其专利申请的，应当向国务院专利行政部门提出书面的撤回申请，写明发明创造的名称、申请号和申请日。专利申请被撤回后，该申请视为自始即不存在。如果专利申请的撤回是在专利公开以前提出的，在撤回之后，申请人可以重新提出申请，其他人也可以就相同的发明创造提出专利申请。如果撤回是在专利公开以后提出的，则该发明创造已丧失新颖性，任何人就此发明创造提出申请都会被驳回。

（4）专利申请的审查批准。发明专利申请的审查批准：①初步审查。国务院专利行政部门收到发明专利申请后，应当进行初步审查。初步审查主要包括以下内容：专利申请是否具备专利法规定的申请文件和其他必要的文件，以及这些文件是否符合规定的格式；发明专利申请是否明显属于违反国家法律、社会公德或者妨害公共利益的发明创造；发明专利申请是否明显属于不授予专利权的项目；专利申请人是否符合申请人主体资格；专利申请是否明显不符合申请主题单一性原则；专利申请文件的修改是否符合要求；申请发明专利是否合适；专利申请文件尤其是说明书和权利要求书的撰写是否符合《专利法》规定的格式和内容，等等。②申请公开。国务院专利行政部门对发明专利申请经初步审查认为符合《专利法》规定要求的，自申请日起满 18 个月，即行公布。国务院专利行政部门还可以根据申请人的请求早日公布其申请。③实质审查。实质审查是国务院专利行政部门根据申请人的请求，对发明的新颖性、创造性、实用性等实质性条件进行的审查。发明专利申请自申请日起 3 年内，国务院专利行政部门可以根据申请人随时提出的请求，对其申请进行实质审查；申请人无正当理由逾期不请求实质审查的，该申请即被视为撤回。国务院专利行政部门认为必要时，可以自行对发明专利申请进行实质审查。发明专利的申请人请求实质审查的时候，应当提交在申请日前与其发明有关的参考资料。发明专利已经在外国提出过申请的，国务院专利行政部门可以要求申请人在指定的期限内提交该国为审查其申请进行检索的资料或者审查结果的资料；无正当理由逾期不提交的，该申请即被视为撤回。④授权决定。国务院专利行政部门对发明专利申请进行实质审查后，认为不符合《专利法》规定的，应当通知申请人，要求其在指定的期限内陈述意见，或者对其申请进行修改；无正当理由逾期不答复的，该申请即被视为撤回。发明专利申请经申请人陈述意见或者进行修改后，国务院专利行政部门仍然认为不符合《专利法》规定的，应当予以驳回。发明专利申请经实质审查没有发现驳回理由的，由国务院专利行政部门作出授予发明专利权的决定，发给发明专利证书，同时予以登记和公告。发明专利权自公告之日起生效。

实用新型和外观设计专利申请的审查批准：国务院专利行政部门受理实用新型和外观设计专利申请后，只进行初步审查，不进行申请公开和实质审查程序。实用新型和外观设计专利申请经初步审查没有发现驳回理由的，由国务院专利行政部门作出授予实用新型专利权或者外观设计专利权的决定，发给相应的专利证书，同时予以登记和公告。实用新型专利权和外观设计专利权自公告之日起生效。

(5) 专利的复审。国务院专利行政部门设立专利复审委员会。专利申请人对国务院专利行政部门驳回申请的决定不服的，可以自收到通知之日起 3 个月内向专利复审委员会请求复审。专利复审委员会复审后，作出复审决定，并通知专利申请人。专利申请人对专利复审委员会的复审决定不服的，可以自收到通知之日起 3 个月内向人民法院起诉。

2. 专利权的终止

专利权的终止是指专利权因期限届满或者其他原因在期限届满前失去法律效力。专利权终止后，被授予专利权的发明创造成为人类的共同财富，任何单位和个人都可以无偿使用。

根据《专利法》的规定，有下列情形之一的，专利权终止：①专利权的期限届满；②没有按照规定缴纳年费的；③专利权人以书面声明放弃其专利的；④专利权人死亡，无继承人或受遗赠人的。

专利权在期限届满前终止的，由国务院专利行政部门登记和公告。

3. 专利权的无效

1) 专利权无效的概念和理由

专利权无效是指已经取得的专利权因不符合《专利法》的规定，根据有关单位或个人的请求，经专利复审委员会审核后被宣告无效。

宣告专利权无效的理由，具体包括：授予专利权的发明创造不符合《专利法》规定的授予专利权的实质性条件；授予专利权的发明创造不符合《专利法》规定的关于专利申请文件的撰写要求或专利申请文件修改范围的规定；授予专利权的发明创造不属于《专利法》规定的发明、实用新型和外观设计；授予专利权的发明创造不符合先申请原则和单一性原则；授予专利权的发明创造属于《专利法》规定的不授予专利权的项目，或者属于依照《专利法》关于申请在先取得专利权的规定而不能取得专利权的项目，等等。

2）专利权宣告无效的程序

请求宣告专利权无效的单位或个人,应当向专利复审委员会提出请求书,并说明理由。专利复审委员会收到请求宣告专利权无效的请求书后,应当及时审查和作出决定,并通知请求人和专利权人。宣告专利权无效的决定,由国务院专利行政部门登记和公告。对专利复审委员会宣告专利权无效或者维持专利权的决定不服的,可以自收到通知之日起3个月内向人民法院起诉。人民法院应当通知无效宣告请求程序的对方当事人作为第三人参加诉讼。

3）专利权宣告无效的法律效力

根据《专利法》的规定,专利权宣告无效的法律效力具体体现为:①宣告无效的专利权视为自始即不存在。②宣告专利权无效的决定,对在宣告专利权无效前人民法院作出并已执行的专利侵权的判决、调解书,已经履行或者强制执行的专利侵权纠纷处理决定以及已经履行专利实施许可合同和专利权转让合同,不具有追溯力。但是因专利权人的恶意给他人造成的损失,应当给予赔偿。③依照上述规定不返还专利侵权赔偿金、专利使用费。专利权转让费,明显违反公平原则,应当全部或者部分返还。

4.3.5　专利实施的强制许可

强制许可又称为非自愿许可,是指国务院专利行政部门依照法律规定,不经专利权人的同意,直接许可具备实施条件的申请者实施发明或实用新型专利的一种行政措施。其目的是为了促进获得专利的发明创造得以实施,防止专利权人滥用专利权,维护国家利益和社会公共利益。我国专利法将强制许可分为以下三类。

1. 滥用专利权的强制许可

有下列情形之一的,国务院专利行政部门根据具备实施条件的单位或者个人的申请,可以给予实施发明专利或者实用新型专利的强制许可:①专利权人自专利权被授予之日起满3年,且自提出专利申请之日起满4年,无正当理由未实施或者未充分实施其专利的。申请强制许可的单位或者个人应当提供证据,证明其以合理的条件请求专利权人许可其实施专利,但未能在合理的时间内获得许可。②专利权人行使专利权的行为被依法认定为垄断行为,为消除或者减少该行为对竞争产生的不利影响的。

2. 根据公共利益需要的强制许可

在国家出现紧急状态或者非常情况时,或者为了公共利益的目的,国务院专利行政部门可以给予实施发明专利或者实用新型专利的强制许可。为了公共健康目的,对取得专利权的药品,国务院专利行政部门可以给予制造并将其出口到符合中华人民共和国参加的有关国际条约规定的国家或者地区的强制许可。

3. 从属专利的强制许可

一项取得专利权的发明或者实用新型比前一已经取得专利权的发明或者实用新

型具有显著经济意义的重大技术进步，其实施又有赖于前一发明或者实用新型的实施的，国务院专利行政部门根据后一专利权人的申请，可以给予实施前一发明或者实用新型的强制许可。在依照前述规定给予实施强制许可的情形下，国务院专利行政部门根据前一专利权人的申请，也可以给予实施后一发明或者实用新型的强制许可。

强制许可涉及的发明创造为半导体技术的，其实施限于公共利益的目的和专利权人行使专利权的行为被依法认定为垄断行为后，为消除或者减少该行为对竞争产生的不利影响的情形。

除专利权人行使专利权的行为被依法认定为垄断行为后，为消除或者减少该行为对竞争产生的不利影响，以及为了公共健康目的的强制许可外，强制许可的实施应当主要为了供应国内市场。

取得实施强制许可的单位或者个人应当付给专利权人合理的使用费，或者依照中华人民共和国参加的有关国际条约的规定处理使用费问题。付给使用费的，其数额由双方协商；双方不能达成协议的，由国务院专利行政部门裁决。另外，国有企业事业单位的发明专利，对国家利益或者公共利益具有重大意义的，国务院有关主管部门和省、自治区、直辖市人民政府报经国务院批准，可以决定在批准的范围内推广应用，允许指定的单位实施，由实施单位按照国家规定向专利权人支付使用费。

不视为侵犯专利权的情形：

(1) 专利产品或者依照专利方法直接获得的产品，由专利权人或者经其许可的单位、个人售出后，使用、许诺销售、销售、进口该产品的。

(2) 在专利申请日前已经制造相同产品、使用相同方法或者已经作好制造、使用的必要准备，并且仅在原有范围内继续制造、使用的。

(3) 临时通过中国领陆、领水、领空的外国运输工具，依照其所属国同中国签订的协议或者共同参加的国际条约，或者依照互惠原则，为运输工具自身需要而在其装置和设备中使用有关专利的。

(4) 专为科学研究和实验而使用有关专利的。

(5) 为提供行政审批所需要的信息，制造、使用、进口专利药品或者专利医疗器械的，以及专门为其制造、进口专利药品或者专利医疗器械的。

小案例

陕西汉王药业有限公司(简称汉王公司)是名称为“一种具有降压、降脂、定眩、定风作用的中药组合物及其制备方法和其用途”的发明专利(即本案专利)的专利权人。汉王公司发现江西银涛药业有限公司(简称银涛公司)生产、销售的“强力定眩胶囊”药品处方、工艺、剂型以及主治功能等与本案专利相同，遂提起诉讼，请求判令银涛公司承担侵权责任。经技术特征比对，“强力定眩胶囊”药品处方、制备方法和用途均落入本案专利权保护范围。银涛公司对此提出先用权抗辩,并提交了如下证据:一是江西省食品药品监督管理局于本案专利申请目前向其出具的"强力定眩胶囊"药品注册申请受理通知书以及银涛公司申请药品注册时所报送的《"强力定眩胶囊"申报资料项目》,该资料的药学研究资料部分记载了"强力定眩胶囊"的处方、制备方法、用途;二是江西省药检所《药品注册检验报告表》及附件,该报告表及附件显示银涛公司于本案专利申请日前生产了三批"强力定眩胶囊"样品供申请注册检验使用;三是"药品生产许可证"和"药品 GMP 证书",表明其在申请注册"强力定眩胶囊"时即已具有"胶囊剂"生产线。

（资料来源:《最高人民法院知识产权案件年度报告(2011)》,第 16-17 页;
最高人民法院(2011)民申字第 1490 号。）

问题:银涛公司是否侵犯了汉王公司的专利权?

【解析】 根据《最高人民法院关于审理侵犯专利权纠纷案件应用法律若干问题的解释》第 15 条第 2 款的规定,先用权是否成立,关键在于被诉侵权人在专利申请日前是否已经实施专利或者为实施专利做好了技术或者物质上的必要准备。从银涛公司提交的主张先用权抗辩的证据来看,在本案专利的申请日前,银涛公司已经完成了生产被诉侵权产品的工艺文件,具备了相应的生产设备,应当认定银涛公司在本案专利申请目前为实施本案专利做好了制造、使用的必要准备。至于银涛公司何时取得"强力定眩胶囊"药品生产批件,是药品监管的行政审批事项,不能以是否取得药品生产批件来判断其是否做好了制造、使用的必要准备。

4.3.6　专利权的保护和内容

1. 专利权的期限

专利权的期限,又称专利保护期。根据《专利法》的规定,发明专利权的期限为 20 年,实用新型专利权和外观设计专利权的期限为 10 年,均自申请日起计算。

2. 专利权的保护范围

专利权的保护范围是指专利权效力所及的发明创造的技术特征和技术幅度。因此,专利权的范围即是专利权的保护范围。

根据《专利法》的规定,发明或者实用新型专利权的保护范围以其权利要求的内容为准,说明书及附图可以用于解释权利要求的内容。外观设计专利权的保护范围以表示在图片或者照片中的该产品的外观设计为准,简要说明可以用于解释图片或者照片所表示的该产品的外观设计。

根据《最高人民法院关于审理专利纠纷案件适用法律问题的若干规定(2020 修正)》,专利权的保护范围应当以权利要求记载的全部技术特征所确定的范围为准,也包括与该技术特征相等同的特征所确定的范围。等同特征,是指与所记载的技术特征以基本相同的手段,实现基本相同的功能,达到基本相同的效果,并且本领域普通技术人员在被诉侵权行为发生时无需经过创造性劳动就能够联想到的特征。

3. 专利权的内容

专利权人可以依自己的意志独立行使其专利权。专利权的共有人对权利的行使有约定的,从其约定。没有约定的,共有人可以单独实施或者以普通许可方式许可他人实施该专利;许可他人实施该专利的,收取的使用费应当在共有人之间分配。除前述情形外,行使共有的专利权应当取得全体共有人的同意。

1)独占实施权

发明和实用新型专利权被授予后,除《专利法》另有规定的以外,任何单位或者个人未经专利权人许可,都不得实施其专利,即不得为生产经营目的制造、使用、许诺销售、销售、进口其专利产品,或者使用其专利方法以及使用、许诺销售、销售、进口依照该专利方法直接获得的产品。

外观设计专利权被授予后,任何单位或者个人未经专利权人许可,都不得实施其专利,即不得为生产经营目的制造、许诺销售、销售、进口其外观设计专利产品。

2)实施许可权

它是指专利权人可以许可他人实施其专利技术并收取专利使用费。任何单位或者个人实施他人专利的,应当与专利权人订立实施许可合同,向专利权人支付专利使用费。被许可人无权允许合同规定以外的任何单位或者个人实施该专利。

3)转让权

专利权可以转让。我国单位或者个人向外国人、外国企业或者外国其他组织转让专利权的,应当依照有关法律、行政法规的规定办理手续。

当事人转让专利权的,应当订立书面合同,并向国务院专利行政部门登记,由国务院专利行政部门予以公告专利申请权或者专利权的转让自登记之日起生效。

4)标示权

它是指专利权人享有在其专利产品或者该产品的包装上标明专利标记和专利号的权利。

专利权人的义务主要是缴纳专利年费。《专利法》第 43 条规定,专利权人应当自被授予专利权的当年开始缴纳年费。未按规定缴纳年费的,可能导致专利权终止。

此外,职务发明创造专利的单位,在授予专利权后,应当按照规定对发明人或设计人进行奖励;专利实施后,根据其推广应用所取得的经济效益,应按规定对发明人或者设计人发给合理的报酬。

4.4 商标权法律制度

4.4.1 商标制度概述

商标法是调整商标的组成、注册、使用、管理和商标专用权的保护等的法律规范的总称。其核心是确认和保护注册商标专用权。现行的《商标法》是1982年通过，经过1993年第1次修订、2001年第2次修订、2013年第3次修订并于2014年5月1日起施行的。

1. 商标的概念

商标是指由文字、图形、字母、数字、三维标志、颜色组合和声音等，以及上述要素的组合，使用于一定的商品或者服务项目，用以区别商标使用者与同类商品的生产经营者或者同类服务业经营者的显著标记。

2. 禁止作为商标使用和商标注册的标志

根据《商标法》的规定，下列标志不得作为商标使用：①同中华人民共和国的国家名称、国旗、国徽、国歌、军旗、军徽、军歌、勋章等相同或者近似的，以及同中央国家机关的名称、标志、所在地特定地点的名称或者标志性建筑物的名称、图形相同的；②同外国的国家名称、国旗、国徽、军旗等相同或者近似的，但经该国政府同意的除外；③同政府间国际组织的名称、旗帜、徽记等相同或者近似的，但经该组织同意或者不易误导公众的除外；④与表明实施控制、予以保证的官方标志、检验印记相同或者近似的，但经授权的除外；⑤同"红十字""红新月"的名称、标志相同或者近似的；⑥带有民族歧视性的；⑦带有欺骗性，容易使公众对商品的质量等特点或者产地产生误认的；⑧有害于社会主义道德风尚或者有其他不良影响的；⑨县级以上行政区划的地名或者公众知晓的外国地名，不得作为商标。但是，地名具有其他含义或者作为集体商标、证明商标组成部分的除外；已经注册的使用地名的商标继续有效。

下列标志不得作为商标注册：①仅有本商品的通用名称、图形、型号的。②仅仅直接表示商品的质量、主要原料、功能、用途、重量、数量及其他特点的。③缺乏显著特征的。上述所列标志经过使用取得显著特征，并便于识别的，可以作为商标注册。此外，以三维标志申请注册商标的，仅由商品自身的性质产生的形状、为获得技术效果而需有的商品形状或者使商品具有实质性价值的形状，不得注册。

3. 商标的分类

根据不同的划分标准，可以将商标分成不同的种类：

(1) 根据商标的结构，可将商标分为文字商标、图形商标、数字商标、三维商标、声音商标以及组合商标。文字商标是以文字为主组成的商标，如"白玉"牙膏等。图形商标是指用图形构成的商标，如上海老城隍庙工艺品商店就是以城隍庙的图形作为商标。数字商标是以阿拉伯数字组成的商标，如"555"等。三维商标即立体商标，如某酒瓶的包装等。声音商标又叫音响商标、听觉商标，是生产经营者使用在商品或服务上以音乐或以某种特殊声音构成的能够识别商品或服务来源的标记。声音商标在2006年世界知识产权组织缔结的《商标法新加坡条约》中得到了明确的认可，目前，全球有38个国家的商标主管机关表示接受音乐声音作为商标。组合商标是以文字、图形、数字等组合起来的商标，它可以是上述要素的组合，也可以是其中两个或几个要素的组合。

(2) 根据商标的用途,可将商标分为商品商标和服务商标。商品商标是用于生产销售的商品上的标记。服务商标是用于服务行业,以便与其他服务行业相区别的标记。

(3) 根据商标的作用和功能,可将商标分为证明商标、集体商标、防御商标和联合商标。证明商标是指由对某种商品或者服务具有监督能力的组织所控制,而由该组织以外的单位或者个人使用于其商品或者服务,用以证明该商品或者服务的原产地、原料、制造方法、质量或者其他特定品质的标志。集体商标是指以团体、协会或者其他组织名义注册,供该组织成员在商事活动中使用,以表明使用者在该组织中的成员资格的标志。防御商标是将同一商标注册于不同的商品或服务上,构成一个防御体系,以防止他人在不同商品或服务上使用该商标可能给消费者造成的混淆。联合商标是指在相同或类似商品或服务上注册的与已注册商标相近似的商标。

(4) 根据商标在相关市场上的知名度,可将商标分为驰名商标、著名商标和知名商标。驰名商标是指由商标局认定的在市场上享有较高声誉并为相关公众所熟知的商标。著名商标是指由省级工商行政管理部门认可的,在该行政区划范围内具有较高声誉和市场知名度的商标。知名商标是指由市一级工商行政管理部门认可的,在该行政区划范围内具有较高声誉和市场知名度的商标。

4. 商标权的概念

商标权是指商标所有人对其商标拥有的独占的、排他的权利。由于我国在商标权的取得方面实行的是注册原则,因此商标权实际上是因商标所有人申请,经政府主管部门确认的专有权利,即因商标注册而产生的权利。

商标权的主体是指通过法定程序,在生产经营活动中,对其商品或者服务需要取得商标专用权的人。根据我国《商标法》的规定,商标权的主体范围包括自然人、法人或者其他组织。

商标权的客体是指经商标局核准注册的商标,即注册商标。注册商标包括商品商标、服务商标和集体商标、证明商标。

4.4.2 商标注册的申请

1. 商标注册申请的主体

我国《商标法》第 4 条规定,商标注册申请人包括自然人、法人和其他组织。自然人不限国籍,多个主体可以共同申请,并共同享有和行使该商标权。

2. 申请注册商标的条件

申请注册的商标应当具备以下条件:①商标应当具备显著性。《商标法》规定,申请注册的商标,应当有显著特征,便于识别,并不得与他人在先取得的合法权利相冲突。商标具备的这种显著性,可以通过两种方式产生,一是商标本身具有显著性;二是通过长期的使用获得商标的显著性。②商标应当符合可视或可听性要求。《商标法》规定,任何能够将自然人、法人或者其他组织的商品与他人的商品区别开的标志,包括文字、图形、字母、数字、三维标志、颜色组合和声音等，以及上述要素的组合，均可以作为商标申请注册。由此可见，气味标志不能成为注册商标。

3．商标注册申请的方法

（1）按规定的商品分类表填报使用商标的商品类别和商品名称。商品分类表是划分商品或服务类别和进行商标注册管理的重要依据。我国 1988 年 11 月 1 日开始采用《商标注册商品和服务国际分类尼斯协定》的商品分类表申请商标注册，1994 年加入尼斯同盟。该协定将商品和服务分为 45 类，其中有 34 类商品、11 类服务项目，覆盖了 1 万多个商品和服务项目。

（2）商标注册申请人可以通过一份申请就多个类别的商品申请注册同一商标。商标注册申请等有关文件，可以以书面方式或者数据电文方式提出。

（3）注册商标需要在核定使用范围之外的商品上取得商标专用权的，应当另行提出注册申请。

（4）注册商标需要改变其标志的，应当重新提出注册申请。

（5）注册商标需要变更注册人的名义、地址或者其他注册事项的，应当提出变更申请。

4．商标注册申请的期限

除法律、法规另有规定的外，当事人向商标局或者商标评审委员会提交文件或者材料的日期，直接递交的，以递交日为准，邮寄的，以寄出的邮戳日为准；邮戳日不清晰或者没有邮戳的，以商标局或者商标评审委员会实际收到日为准，但是当事人能够提出实际邮戳日证据的除外。

商标注册的申请日期，以商标局收到申请文件的日期为准。申请手续齐备并按照规定填写申请文件的，商标局予以受理并书面通知申请人；申请手续不齐备或者未按照规定填写申请文件的，商标局不予受理，书面通知申请人并说明理由。申请手续基本齐备或者申请文件基本符合规定，但是需要补正的，商标局通知申请人予以补正，限其自收到通知之日起 30 日内，按照指定内容补正并交回商标局。在规定期限内补正并交回商标局的，保留申请日期；期满未补正的，视为放弃申请，商标局应当书面通知申请人。

两个或者两个以上的申请人，在同一种商品或者类似商品上，分别以相同或者近似的商标在同一天申请注册的，各申请人应当自收到商标局通知之日起 30 日内提交其申请注册前已先使用该商标的证据。同日使用或者均未使用的，各申请人可以自收到商标局通知之日起 30 日内自行协商，并将书面协议报送商标局；不愿协商或者协商不成的，商标局通知各申请人以抽签的方式确定一个申请人，驳回其他人的注册申请。商标局已经通知但申请人未参加抽签的，视为放弃申请，商标局应当书面通知未参加抽签的申请人。

4.4.3 商标注册的审查核准

1. 商标注册的审查核准程序

商标注册的审查是商标主管机关就申请注册的商标是否符合商标法的规定所进行的一系列活动。其主要包括形式审查、实质审查、公告核准阶段。对于有争议的商标,还可能发生复审或者裁定。《商标法》规定,对申请注册的商标,商标局应当自收到商标注册申请文件之日起9个月内审查完毕,符合该法有关规定的,予以初步审定公告。在审查过程中,商标局认为商标注册申请内容需要说明或者修正的,可以要求申请人作出说明或者修正。申请人未作出说明或者修正的,不影响商标局作出审查决定。

1) 形式审查

商标局收到商标注册申请文件后,应当首先进行形式审查。形式审查的内容主要包括:申请手续是否齐备;申请人是否具备申请资格;申请文件是否齐全,填写是否正确;是否按规定缴纳了申请注册费等。经过形式审查,凡符合规定的,商标局予以受理,编定申请号,发给受理通知书。

2) 实质审查

商标局对受理的申请,依照《商标法》的规定进行实质审查。实质审查的内容主要包括:申请注册的商标是否具有显著特征,便于识别;申请注册的商标是否与已注册在相同或类似商品或服务上的商标相同或近似;申请注册的商标是否违背《商标法》的禁止规定,等等。

3) 公告核准

申请注册的商标,凡符合《商标法》规定的,由商标局初步审定,予以公告。对于两个或者两个以上的商标注册申请人在同一种商品或者类似商品上以相同或者近似的商标申请注册的,初步审定并公告申请在先的商标,同一天申请的,初步审定并公告使用在先的商标,驳回其他人的申请,不予公告。申请注册的商标,凡不符合《商标法》规定的,由商标局驳回申请,不予公告。对初步审定公告的商标,自公告之日起3个月内,在先权利人、利害关系人认为违反《商标法》第13条第2款和第3款、第15条、第16条第1款、第30条、第31条和第32条规定的,或者任何人认为违反《商标法》第10条、第11条和第12条规定的,可以向商标局提出异议。公告期满无异议的,予以核准注册,发给商标注册证,并予公告。此外,商标局认为商标注册申请内容应当修正的,发给审查意见书,限其在收到通知之日起15日内予以修正,未作修正的,超过期限修正或者修正后仍不符合《商标法》规定的,驳回申请,发给申请人驳回通知书。

2. 商标的异议

对驳回申请、不予公告的商标,商标局应当书面通知商标注册申请人。商标注册申请人不服的,可以自收到通知之日起15日内向商标评审委员会申请复审。商标评审委员会应当自收到申请之日起9个月内作出决定,并书面通知申请人。有特殊情况需要延长的,经国务院工商行政管理部门批准,可以延长3个月。当事人对商标评审委员会的决定不服的,可以自收到通知之日起30日内向人民法院起诉。

对初步审定公告的商标提出异议的,商标局应当听取异议人和被异议人陈述事实和理由,经调查核实后,自公告期满之日起12个月内作出是否准予注册的决定,并书面通知异议人和被异议人。有特殊情况需要延长的,经国务院工商行政管理部门批准,可以延长6个月。商标局作出准予注册决定的,发给商标注册证,并予公告。异议人不服的,可以依照《商标法》第44条、第45条的规定向商标评审委员会请求宣告该注册商标无效。商标局作出不予注册决定,被异议人不服的,可以自收到通知之日起15日内向商标评审委员会申请复审。商标评审委员会应当自收到申请之日起12个月内作出复审决定,并书面通知异议人和被异议人。有特殊情况需要延长的,经国务院工商行政管理部门批准,可以延长6个月。被异议人对商标评审委员会的决定不服的,可以自收到通知之日起30日内向人民法院起诉。人民法院应当通知异议人作为第三人参加诉讼。商标评审委员会在依照前款规定进行复审的过程中,所涉及的在先权利的确定必须以人民法院正在审理或者行政机关正在处理的另一案件的结果为依据的,可以中止审查。中止原因消除后,应当恢复审查程序。法定期限届满,当事人对商标局作出的驳回申请决定、不予注册决定不申请复审或者对商标评审委员会作出的复审决定不向人民法院起诉的,驳回申请决定、不予注册决定或者复审决定生效。经审查异议不成立而准予注册的商标,商标注册申请人取得商标专用权的时间自初步审定公告3个月期满之日起计算。自该商标公告期满之日起至准予注册决定作出前,对他人在同一种或者类似商品上使用与该商标相同或者近似的标志的行为不具有追溯力;但是,因该使用人的恶意给商标注册人造成的损失,应当给予赔偿。

4.4.4　注册商标的续展、转让、使用许可和争议裁定

1. 注册商标的续展

注册商标的续展是指注册商标所有人在商标注册有效期届满前后的一定时间内,依法办理一定手续延长其注册商标有效期的制度。

根据《商标法》的规定,注册商标的有效期为10年,自核准注册之日起计算。注册商标有效期满,需要继续使用的,应当在期满前12个月内按照规定办理续展手续;在此期间未能办理的,可以给予6个月的宽展期。宽展期满仍未提出申请的,注销其注册商标。续展注册可以无限制地重复进行,每次续展注册的有效期为10年,自该商标上一次有效期满次日起计算。

申请商标续展注册的,每一次申请都应当向商标局交送商标续展注册申请书,商标局应当对续展注册申请进行审查。续展注册符合《商标法》规定的,经核准后,发给相应证明,并予以公告。不符合《商标法》规定的,不予核准,予以驳回。

2. 注册商标的转让

注册商标的转让是指注册商标所有人依法将因注册商标产生的商标权转让给他人的行为。注册商标转让后,原注册商标所有人不再享有该注册商标的专用权,受让人成为该注册商标的所有人,享有商标专用权。

根据《商标法》的规定,转让注册商标的,转让人和受让人应当签订转让协议,并共同向商标局提出申请。受让人应当保证使用该注册商标的商品质量。转让注册商标的,商标注册人对其在同一种商品上注册的近似的商标,或者在类似商品上注册的相同或者近似的商标,应当一并转让。对容易导致混淆或者有其他不良影响的转让,商标局不予核准,书面通知申请人并说明理由。转让注册商标经商标局核准后,并予以公告。受让人自公告之日起享有商标专用权。

3. 注册商标的使用许可

注册商标的使用许可是指注册商标所有人通过签订商标使用许可合同,许可他人使用其注册商标,同时收取一定的许可使用费。

注册商标的使用许可应当符合下列条件:①许可人是被许可的注册商标的所有人或有充分处置权人;②被许可人有生产使用许可的商品的资格;③使用许可的商标在法律保护的期限内,且使用许可期限不得超过该注册商标的有效期限;④使用许可的商品在该注册商标核定使用的商品范围内;⑤使用许可的商标与注册商标一致。

根据《商标法》的规定,商标注册人可以通过签订商标使用许可合同,许可他人使用其注册商标。许可人应当监督被许可人使用其注册商标的商品质量。被许可人应当保证使用该注册商标的商品质量。经许可使用他人注册商标的,必须在使用该注册商标的商品上标明被许可人的名称和商品产地。许可他人使用其注册商标的,许可人应当将其商标使用许可报商标局备案,由商标局公告。商标使用许可未经备案不得对抗善意第三人。

4. 注册商标的争议裁定

注册商标的争议裁定是指商标评审委员会对已经注册的商标发生的争议进行裁定的活动。

根据《商标法》的规定,除以下两种情形外,对已经注册的商标有争议的,可以自该商标经核准注册之日起 5 年内,向商标评审委员会申请裁定:

(1) 已经注册的商标,违反《商标法》不得作为商标使用的标志的规定、不得作为商标注册的标志的规定、不得以三维标志申请注册商标情形的规定的,或者是以欺骗手段或者其他不正当手段取得注册的,由商标局宣告该注册商标无效;其他单位或者个人可以请求商标评审委员会宣告该注册商标无效。

(2) 已经注册的商标,违反《商标法》有关不予注册并禁止使用的规定的,或者违反《商标法》有关申请商标注册不得损害他人现有的在先权利、不得以不正当手段抢先注册他人已经使用并有一定影响的商标的规定的,自商标注册之日起 5 年内,在先权利人或者利害关系人可以请求商标评审委员会宣告该注册商标无效。对恶意注册的,驰名商标所有人不受5年的时间限制。

商标评审委员会收到宣告注册商标无效的申请后,应当书面通知有关当事人,并限期提出答辩。商标评审委员会应当自收到申请之日起12个月内作出维持注册商标或者宣告注册商标无效的裁定,并书面通知当事人。有特殊情况需要延长的,经国务院工商行政管理部门批准,可以延长6个月。当事人对商标评审委员会的裁定不服的,可以自收到通知之日起30日内向人民法院起诉。人民法院应当通知商标裁定程序的对方当事人作为第三人参加诉讼。

4.4.5　商标的使用管理

商标使用的管理是指商标局对注册商标、未注册商标的使用进行监督管理,并对违反《商标法》规定的侵权行为予以制裁的活动。

1. 对注册商标使用的管理

经商标局核准注册的商标为注册商标,商标注册人依法享有商标专用权,受法律保护。根据《商标法》的规定,商标行政管理部门对注册商标的使用依法实行管理。具体管理工作包括以下内容:

(1) 商标注册人在使用注册商标的过程中,自行改变注册商标、注册人名义、地址或者其他注册事项的,由地方工商行政管理部门责令限期改正;期满不改正的,由商标局撤销其注册商标。

(2) 注册商标成为其核定使用的商品的通用名称或者没有正当理由连续3年不使用的,任何单位或者个人可以向商标局申请撤销该注册商标。商标局应当自收到申请之日起9个月内作出决定。有特殊情况需要延长的,经国务院工商行政管理部门批准,可以延长3个月。

(3) 注册商标被撤销、被宣告无效或者期满不再续展的,自撤销、宣告无效或者注销之日起1年内,商标局对与该商标相同或者近似的商标注册申请,不予核准。

(4) 对必须使用注册商标的商品的管理。对按照法律、行政法规规定必须使用注册商标的商品,未申请注册而在市场销售的,由地方工商行政管理部门责令限期申请注册,可以处非法经营额20%以下的罚款。

2. 对未注册商标使用的管理

未注册的商标不享有商标专用权,但由于我国对商标注册采取自愿原则,除法律、法规规定必须使用注册商标的商品外,允许商品生产者、经营者或者服务提供者合法使用未注册商标。未注册商标的使用同样涉及商标专用权的保护、商品或者服务质量的保证和消费者利益的保障,因而商标管理工作也包括对未注册商标使用的管理。

根据《商标法》的规定,将未注册商标冒充注册商标使用的,或者使用未注册商标违反商标法第十条规定的,由地方工商行政管理部门予以制止,限期改正,并可以予以通报,违法经营额5万元以上的,可以处违法经营额20%以下的罚款,没有违法经营额或者违法经营额不足 5 万元的，可以处 1 万元以下的罚款。

4.4.6 对注册商标专用权的保护

根据《商标法》的规定，注册商标的专用权，以核准注册的商标和核定使用的商品为限。根据这一规定，注册商标专用权的保护范围主要限定在三个方面：核准注册的商标、核定使用的商品或者服务的注册商标在有效期限内。注册商标的有效期限为 10 年，可无限续展。

根据《商标法》57 条的规定，有下列行为之一的，均属侵犯注册商标专用：①未经商标注册人的许可，在同一种商品上使用与其注册商标相同的商标的；②未经商标注册人的许可，在同一种商品上使用与其注册商标近似的商标，或者在类似商品上使用与其注册商标相同或者近似的商标，容易导致混淆的；③销售侵犯注册商标专用权的商品的；④伪造、擅自制造他人注册商标标识或者销售伪造、擅自制造的注册商标标识的；⑤未经商标注册人同意，更换其注册商标并将该更换商标的商品又投入市场的；⑥故意为侵犯他人商标专用权行为提供便利条件，帮助他人实施侵犯商标专用权行为的；⑦给他人的注册商标专用权造成其他损害的。

根据《商标法》的规定，对侵犯注册商标专用权的案件，首先由当事人协商解决。当事人不愿协商或者协商不成的，可以有两种处理方式：一是由商标注册人或者利害关系人请求工商行政管理部门处理。二是由商标注册人或者利害关系人向人民法院起诉。

注册商标中含有本商品的通用名称、图形、型号，或者直接标示商品的质量、主要原料、功能、用途、重量、数量及其他特点或者含有地名，注册商标专用权人无权禁止他人正当使用。对他人的正当使用行为不能作为商标侵权行为查处。

小案例

山西沁州黄小米(集团)有限公司(简称沁州黄公司)享有第 606790 号“沁州”注册商标专用权。该商标于 1992 年被核准注册，核定使用商品为第 30 类小米。2003 年和 2006 年，该商标先后被认定为长治市知名商标和山西省著名商标、驰名商标。2010 年，沁州黄公司又以书法作品“沁州黄”加图形申请注册商标，商标局于 2015 年 9 月作出了准予注册的决定。山西沁州檀山皇小米发展有限公司(简称檀山皇发展公司)享有第 1368854 号“檀山皇＋图形＋拼音”商标、第 1368856 号“檀山＋图形＋拼音”注册商标专用权。该商标于 2000 年被核准注册，核定使用商品为第 30 类谷类制品、米。2006 年 3 月，“檀山皇”商标被认定为山西省著名商标。2006 年 2 月，山西省长治市工商局根据沁州黄公司的投诉，对四伟檀山皇名优特产经销部涉嫌侵犯“沁州”注册商标专用权的产品进行了查处。檀山皇发展公司不服，向山西省长治市中级人民法院提起行政诉讼,认为“沁州黄”属于谷物类商品的通用名称,檀山皇发展公司在其生产销售的小米商品包装明显位置使用了自己的注册商标,其在包装上使用“沁州黄”文字是为了表明小米品种来源,不属于侵权行为。

问题:通用名称应当如何认定?

【解析】“沁州黄”能够反映出一类谷子(米)与其他谷子(米)的根本区别,符合通用名称的要求。所谓的通用名称是指由于历史传统、风土人情、地理环境等原因形成的相关市场较为固定的商品,在该相关市场内通用的称谓。“沁州黄”不是沁州黄公司最初使用并创造的名称。作为谷物品种的名称,“沁州黄”符合通用名称对广泛性和规范性的要求。在“沁州”商标申请注册前,“沁州黄”是通用的谷物品种名称,沁州黄公司对沁州黄小米品种提纯复壮、产业化及商品化的贡献,不能成为其垄断“沁州黄”这一通用名称的理由。沁州黄公司没有提交证据证明“沁州黄”已经与其形成一一对应关系。“沁州”注册商标虽然具有较高知名度,但是无权禁止其他企业将“沁州黄”文字使用在以“沁州黄”谷子加工而成的小米商品上,以表明其小米的品种来源。檀山皇发展公司、檀山皇基地公司在包装上使用“沁州黄”文字以表明小米品种来源的行为,属于正当使用。

4.4.7 驰名商标

1. 驰名商标的概念

驰名商标是指在中国为相关公众广为知晓并享有较高声誉的商标。驰名商标能给国家和企业带来巨大的经济效益,驰名商标的多少,在一定程度上表现了一个国家的经济实力和水平。保护驰名商标有利于维护社会经济秩序,保护驰名商标权人的合法权益,保护消费者的利益。

2. 驰名商标的认定

驰名商标由商标局、商标评审委员会、人民法院认定,任何组织和个人不得认定或者采取其他变相方式认定驰名商标。根据《商标法》的规定,驰名商标应当根据当事人的请求,作为处理涉及商标案件需要认定的事实进行认定。认定驰名商标,应当考虑下列因素:①相关公众对该商标的知晓程度;②该商标使用的持续时间;③该商标的任何宣传工作的持续时间、程度和地理范围;④该商标作为驰名商标受保护的记录;⑤该商标驰名的其他因素。商标局、商标评审委员在认定驰名商标时,应当综合考虑上述各项因素,但不以该商标必须满足上述规定的全部因素为前提。

3. 驰名商标的保护

为了保护驰名商标所有权人的合法权益,我国对驰名商标制定了有别于一般商标的特殊保护规定,持有人认为其权利受到侵害时,即可以依照我国《商标法》的规定请求驰名商标保护。具体表现如下。

(1) 将与他人驰名商标相同或者近似的商标在非类似商品上申请注册,且可能损害驰名商标注册人的权益的，由国家工商行政管理总局商标局驳回其注册申请；申请人不服的，可以向国家工商行政总局商标局评审委员会申请复审；已经注册的，自注册之日起 5 年内，驰名商标注册人可以请求国家工商行政管理总局商标局评审委员会予以撤销，但恶意注册的不受时间限制。

(2) 将与他人驰名商标相同或者近似的商标使用在非类似的商品上，且会暗示该商品与驰名商标注册人存在某种联系，从而可能使驰名商标注册人的权益受到损害的，驰名商标注册人可以自知道或者应当知道之日起 2 年内，请求工商行政管理机关予以制止。

(3) 自驰名商标认定之日起，他人将与该驰名商标相同或近似的文字作为企业名称一部分使用，且可能引起公众误认的，工商行政管理机关不予核准登记；已经登记的，驰名商标注册人可以自知道或者应当知道之日起 2 年内，请求工商行政管理机关予以撤销。

(4) 未经国家工商行政管理总局商标局认定，伪称商标为驰名商标，欺骗公众的，由行为地工商行政管理机关视其情节予以警告，处以违法所得额 3 倍以下的罚款，但最高不超过 3 万元，没有违法所得的，处以 1 万元以下的罚款。

本章小结

本章主要讲解著作权、专利权、商标权的概念、特征及其法律保护。知识产权作为一种无形财产权，具有专有性、地域性、时间性的特征。从客体、主体和内容三个角度分别来看待这三个知识产权各自的特征。本章的重点是著作权这一兼具人身和财产属性权利的相关知识，以及专利权、商标权侵权行为的认定。

练习题

一、单项选择题

1. 知识产权具有的四个基本特征是(　)

A. 独占性、地域性、时间性和实用性

B. 国家授予性、独占性、地域性和时间性

C. 国家性、独占性、地域性和时间性

D. 国家授予性、独占性、地域性和实践性

2. 我国目前已经形成以(　)为首要的保护知识产权的法律体系

A. 著作权法　　　　B. 民法总则

C. 反不正当竞争法　　　　D. 合同法

3. 著作权法保护的是(　)

A. 作品所使用的名词、概念、术语等

B. 思想观念的表达

C. 作品所反映的思想、观念、创意

D. 思想观念、工艺、操作方法或者数字概念之类

4. 甲为无国籍人，经常居住地为乙国，甲创作的小说《黑客》在丙国首次出版。我国公民丁在丙国购买了该小说，未经甲同意将其翻译并在我国境内某网站传播。《黑客》要受我国著作权法保护，应当具备下列哪个条件（　）

A.《黑客》不应当属于我国禁止出版或传播的作品

B. 甲对丁翻译《黑客》并在我国境内网站传播的行为予以追认

C. 乙和丙国均加入了《保护文学艺术作品伯尔尼公约》

D. 乙或丙国加入了《保护文学艺术作品伯尔尼公约》

5. 某杂志社的期刊名称设计新颖，具有独特的含义，并且产生了广泛而良好的社会声誉，特咨询某律师其名称可以获得哪些法律保护。就该问题，该律师的下列回答既符合法律规定又能最大限度地保护当事人的利益的是（　）

A. 著作权法、商标法、反不正当竞争法

B. 著作权法、商标法

C. 著作权法、反不正当竞争法

D. 商标法、反不正当竞争法

6. 在中国，实用新型和外观设计申请（　）

A. 初审合格即可授权　　B. 须经过实质审查后授权

C. 递交申请后即可授权　　D. 经过形式审查和实质审查后才授权

7. 甲公司开发出一项发动机关键部件的技术，大大减少了汽车尾气排放。乙公司与甲公司签订书面合同受让该技术的专利申请权后不久，将该技术方案向国家知识产权局同时申请了发明专利和实用新型专利。下列说法正确的是（　）

A. 因该技术转让合同未生效，乙公司无权申请专利

B. 因尚未依据该技术方案制造出产品，乙公司无权申请专利

C. 乙公司获得专利申请权后，无权就同一技术方案同时申请发明专利和实用新型专利

D. 乙公司无权就该技术方案获得发明专利和实用新型专利

8. 依据《专利法》的有关规定，下列可以授予专利权的是（　）

A. 甲发明了仿真伪钞机

B. 乙发现了某植物新品种

C. 丙发明了某植物新品种的生产方法

D. 丁发明了对糖尿病特有的治疗方法

9. 为了创造自己的品牌，某内衣专卖店注册了“活得好”商标，该商标的性质属于哪一类商标（　）

A. 服务商标　　B. 证明商标　　C. 销售商标　　D. 制造商标

10. 如外国企业在我国申请注册商标，下列说法正确是（　）

A. 应当委托在我国依法成立的律师事务所代理

B. 属国必须已加入《保护工业产权巴黎公约》

C. 所属国必须已加入世界贸易组织

D. 如所属国商标注册主管机关曾驳回了其商标注册申请，该申请在我国仍有可能获准注册

二、多项选择题

1. 甲作曲、乙填词，合作创作了歌曲《春风来》甲拟将该歌曲授权歌星丙演唱，乙坚决反对。甲不顾反对，重新填词并改名为《秋风起》，仍与丙签订许可使用合同，并获报酬 10 万元。对此，下列正确的选项是（ ）

A.《春风来》的著作权由甲、乙共同享有

B. 甲侵害了《春风来》歌曲的整体著作权

C. 甲、丙签订的许可使用合同有效

D. 甲获得的 10 万元报酬应合理分配给乙

2. 王某创作歌曲《唱来唱去》，张某经王某许可后演唱该歌曲并由花园公司合法制作成录音制品后发行。下列哪些未经权利人许可的行为属于侵权行为（ ）

A. 甲航空公司购买该正版录音制品后在飞机上播放供乘客欣赏

B. 乙公司购买该正版录音制品后进行出租

C. 丙学生购买正版的录音制品后用于个人欣赏

D. 丁学生购买正版录音制品试听后将其上传到网络上传播

3. 工程师王某在甲公司的职责是研发电脑鼠标。下列错误的说法是（ ）

A. 王某利用业余时间研发的新鼠标的专利申请权属于甲公司

B. 如王某没有利用甲公司物质技术条件研发出新鼠标，其专利申请权属于王某

C. 王某主要利用了单位物质技术条件研发出新型手机，其专利申请权属于王某

D. 如王某辞职后到乙公司研发出新鼠标，其专利申请权均属于乙公司

4. 甲乙丙三人合作开发一项技术，合同中未约定权利归属。该项技术开发完成后，甲、丙想要申请专利，而乙主张通过商业秘密来保护。对此，下列选项错误的是（ ）

A. 甲、丙不得申请专利

B. 甲、丙可申请专利，申请批准后专利权归甲、乙、丙共有

C. 甲、丙可申请专利，申请批准后专利权归甲、丙所有，乙有免费实施的权利

D. 甲、丙不得申请专利，但乙应向甲、丙支付补偿费

5. 河川县盛产荔枝，远近闻名。该县成立了河川县荔枝协会，申请注册了“河川商标，核定使用在荔枝商品上，许可本协会成员使用。加入该荔枝协会的农户将有“河川”商标包装的荔枝批发给盛联超市销售。超市在销售该批荔枝时，在荔枝包装上还加贴了自己的注册商标“盛联”。下列说法正确的是（ ）

A.“河川”商标是集体商标

B.“河川”商标是证明商标

C.“河川”商标使用了县级以上行政区划名称，应被宣告无效

D. 盛联超市的行为没有侵犯商标权

6. 应出版社约稿，崔雪创作完成一部儿童题材小说《森林之歌》。为吸引儿童阅读，增添小说离奇色彩，作者使用笔名“吹雪”，特意将小说中的狗熊写成三只腿的动物。出版社编辑在核稿和编辑过程中，认为作者有笔误，直接将“吹雪”改为“崔雪”、将狗熊改写成四只腿的动物。出版社将《森林之歌》批发给书店销售。下列说法正确的有（　）

A. 出版社侵犯了作者的修改权　　B. 出版社侵犯了作者的保护作品完整权

C. 出版社侵犯了作者的署名权　　D. 书店侵犯了作者的发行权

7. 作曲家甲创作了一首歌曲《雪花飘飘》，唱片公司乙经甲同意并请歌星丙演唱，将该歌和其他歌曲一起制作成 DVD 唱片。某酒店将合法购买的该正版 DVD 唱片在其咖啡厅播放。关于该酒店行为的定性，下列选项错误的是（　）

A. 侵犯了甲的表演权　　B. 侵犯了乙的录制者权

C. 侵犯了丙的表演者权　　D. 合法行为

8. 甲公司获得一项用于自行车雨伞装置的实用新型专利，发现乙公司生产的自行车使用了该技术，遂向法院起诉，要求乙公司停止侵害并赔偿损失 10 万元。甲公司下列做法正确的是（　）

A. 向乙公司所在地的基层法院起诉

B. 起诉时未向受理法院提交国家知识产权局出具的该专利书面评价报告

C. 将仅在说明书中表述而未在权利要求中记载的技术方案纳入专利权的保护范围

D. 举证期届满后法庭辩论终结前变更其主张的权利要求

9. 甲公司非法窃取竞争对手乙公司最新开发的一项技术秘密成果，与丙公司签订转让合同，约定丙公司向甲公司支付一笔转让费后拥有并使用该技术秘密。乙公司得知后，主张甲丙间的合同无效，并要求赔偿损失。下列哪些说法是正确的？（　）

A. 如丙公司不知道或不应当知道甲公司窃取技术秘密的事实，则甲丙间的合同有效

B. 如丙公司为善意，有权继续使用该技术秘密，乙公司不得要求丙公司支付费用，只能要求甲公司承担责任

C. 如丙公司明知甲公司窃取技术秘密的事实仍与其订立合同，不得继续使用该技术秘密，并应当与甲公司承担连带赔偿责任

D. 不论丙公司取得该技术秘密权时是否为善意，该技术转让合同均无效

10. 商标注册申请人自其在某外国第一次提出商标注册申请之日起六个月内，又在中国就相同商品以同一商标提出注册申请的，下列可享有优先权的情形是（　）

A. 该外国同中国签订的协议　　B. 该外国同中国共同参加的国际条约

C. 该外国同中国相互承认优先权　　D. 该外国同中国有外交关系

三、案例分析

1. 1991年1月，某甲与乙饭店签订合作开办饭店协议一份。同年3月，乙饭店开业后，未悬挂店名，但在该店门上方悬挂“正宗厚味莫美包子第四代传人赵某第五代传人甲”为内客的牌匾一块。其中“厚味美包子”为大字，其余为小字，并聘请甲为该店厨师。该店自1991年3月起经营包子。1980年12月，多年经营厚味美包子的丙饮食公司取得厚味美牌商标注册证，当其发现乙饭店及甲的行为后，即向法院提起诉讼要求保护其商标专用权。甲与乙饭店辩称，制作悬挂的牌匾是对“厚味美”创始人及传人赵某和甲个人身份的宣传；且丙公司的商标已过有效期，所以法院应驳回。

(1) 丙公司是否具有厚味美牌商标专用权，为什么？

(2) 甲与乙饭店的行为是否侵权？为什么？

(3) 哪一方当事人应承担民事责任？应承担什么民事责任？

2. 甲厂研制一种N23型高压开关，于1987年8月向专利局提出专利申请，1988年5月专利局授予实用新型专利。乙厂于1978年5月下达N23型高压开关试制任务书，但该任务书未涉及具体技术方案。1987年12月乙厂所在县工业局向乙厂下达通知，决定将N23型高压开关列入1987年新产品开发计划。1988年6月乙厂试产，产品其主要特征之一与甲厂专利产品相同。1989年4月乙厂完成产品定型图纸，至同年年底共销售20台。甲厂发现乙厂销售行为后，经交涉无效向法院起诉，请求依法保护其专利权。乙厂以其在甲厂申请专利前已作好生产该产品必要准备为由，请求法院确认其行为合法并驳回甲厂诉讼请求。

(1) 依据专利法的规定，乙厂请求法院确认的是一种什么行为或权利？

(2) 依据专利法的规定，乙厂请求法院确认的行为的法定条件是什么？

3. 1992年8月，某省艺术博物馆向省内外画家和书法家发出几千份邀请函，称明年5月10日是该馆建馆40周年纪念日，邀请届时参加庆典。一些画家和书法家收到邀请函后，纷纷作画或赋诗以示祝贺，并将作品赠与该博物馆。至1992年12月底，博物馆收到字、画共计1000幅，遂从中挑选100幅作品编辑称纪念画册，出版1万册公开销售：

(1) 博物馆的行为是否侵犯了作者的著作权？为什么？

(2) 博物馆是否可以将上述赠与的作品展览？为什么？

能力训练

互联网时代，网络热词层出不穷，由于其传播速度快，传播范围广，近年来，网络热词申请注册商标成为一种现象，如申请“火神山”“雷神山”“秋天的第一杯奶茶”为注册商标。2020年7月，电视剧《三十而已》首播之后就有申请人短时间内在多个类别提交了40余件商标注册申请。请结合商标法律制度谈谈你的看法。

第 5 章

企业破产法律制度

知识目标

- 了解破产法的概念及基本原则、破产清算、重整、和解的程序；
- 熟悉企业破产的原因、管理人及债权人会议职权；
- 掌握债务人财产的认定、收回、撤销权、取回权、抵消权的使用等。

能力目标

- 掌握分析破产法律问题的基本思路；
- 具备分析解决实际破产法律问题的初步能力。

导入案例

2020 年 8 月 6 日，中国人民银行披露《2020 年第二季度中国货币政策执行报告》，该报告提到根据前期包商银行严重资不抵债的清产核资结果，包商银行将被提起破产申请，对原股东的股权和未予保障的债权进行依法清算；此外，有关部门正依法依规对相关人员进行追责问责。

据悉，包商银行的客户约 473.16 万户，其中，个人客户 466.77 万户、企业及同业机构客户 6.39 万户。银行破产，储户的存款本息还有保障吗？个人储户与企业客户的清偿会是一样吗？银行破产后，欠银行的贷款还需要还吗？如果我在该银行既有存款，又有贷款，可以抵销吗？为什么包商银行会提起破产？包商银行破产后，政府该如何保护 400 多万储户的利益？

包商银行的破产程序一旦被开启，将成为我国第一起经由司法程序完成市场退出的商业银行案例。《企业破产法》的法律程序是否适应于现行的商业银行破产？随着本章内容的学习，希望能回答上述问题，并激发进一步的思考。

破产法以公司法、合同法、担保法等法学知识为基础，属于实体法；同时又具有一定的程序法性质，需要了解破产清算、重整、和解的法律流程。

5.1 企业破产法概述

5.1.1 什么是“破产”

破产通常有三个层次的含义。作为日常用语，“破产”即“破家丧产”，通常指经营失败，倾家荡产，全部家产都丧失了；作为经济现象的破产，通常用来描述债务人的经济状况，一般指“不能偿还到期的债务”的客观状态；而作为法律用语的“破产”，通常指一种制度，除了用来指称“不能偿还到期的债务”“资不抵债”“有不能清偿的危险”状态外，还涉及主体（债权人与债务人）及程序意义。

企业破产是发展的概念，正如人有生老病死一样，企业也有正常的生命周期。从初创期、发展成长期、成熟稳定期、到破产退市。传统的破产观点认为，企业破产就是倒闭清算，只要债务人无力清偿到期债务，相对应的法律程序就是破产清算程序。而现代的企业破产理论认为，企业即便处于破产的事实状态，即“不能偿还到期的债务”“资不抵债”“有不能清偿的危险”，并不表明企业就一定以“清算”作为终结，“重整”“和解”等程序可以让申请破产的企业获得新生。

5.1.2 企业破产法的概念

1. 企业破产法的定义

企业破产法规定当债务人不能清偿到期债务或负债超过资产时，由法院宣告其破产，并主持对其全部财产强制进行清算分配，公平清偿全体债权人，或由债务人与债权人会议达成和解协议、进行企业重整，避免破产的法律规范的总称。

破产法有狭义与广义之分，狭义的破产法仅指对债务人财产进行破产清算的法律，广义的破产法则还包括以避免债务人破产为主要目的的各种关于和解、整顿、企业重整等制度的法律。

2. 破产法的性质

1）实体与程序合体

破产法是实体法与程序法的混合体。在我国的企业破产法中，“申请与受理”“管理人”“债权申报”“债权人会议”等章节主要属于程序性规定，而“债务人财产”“破产费用与共益债务”主要为实体性规定，在“重整”“和解”“破产清算”等章节，既有程序性的规定，也实体性的规定。由于实体与程序的区分并不明显，因此将实体与程序整合在一起更有利于法律的编写。

2）强行法与任意法合体

破产法中包含了强制法，比如为维护破产中债权人的整体利益而设置的规则，如对管理人的规定等。同时，破产法中也包含了自由意志的特征，比如：权利人可以放弃破产债权等，债权人会议就是自治的集中体现。

5.1.3　破产法的基本原则

1. 债权平等原则

当债务人同时存在多个债权人且全部资产不足以清偿全部债务时，债权清偿原则就非常重要。债权平等清偿原则是破产法的第一原则，即不计数额及债权发生的时间，各债权人按比例受偿。债权平等原则更多地体现了社会公平，各债权人平等承受，防止资力或能力强大的债权人损害相对弱小的债权人。债权平等原则的内容主要有以下三个方面。

(1) 同类债权人的受偿比例相同（比如：普通债权平等、按比例受偿）。

(2) 禁止个人债权人在破产受理后单独申请强制执行的规定。

(3) 债权平等表明实质平等，破产债权平等原则并不意味着所有债权都一律平等，而是遵循"相同类型的债权相同对待，不同类型的债权不同对待"，比如：抵押债权优先普通债权受偿，但普通债权内债权人平等受偿。

2. 债权人自治原则

经济学诺贝尔奖获得者默顿·米勒（Merton Miller，1991）认为，当企业破产后，企业股东已经丧失了企业的权益，企业债权人应该成为新的企业控制人，这样更符合公司制度原理及效率原则。债权人自治原则主要体现为以下几个方面。

1）债权人影响破产管理人的选任

我国《企业破产法》第22第2款："债权人会议认为管理人不能依法、公正执行职务或者有其他不能胜任职务情形的，可以申请人民法院予以更换。"

2）决定破产程序中的重大事项

债权人自治原则是确定债权人会议地位的基本依据。根据这一原则，有关债权人权利行使和权利处分的一切事项，均应由债权人会议独立地做出决议。债权人在债权人会议上应享有充分的自由表达和自主表决的权利。债权人会议做出的关于债权确认、与债务人和解、破产财产变价和分配等重大事项的决议，是程序进行的重要根据。债权人会议还应享有监督破产财产管理和处分的权利。

3. 集体清偿原则

集体清偿原则是指在破产程序中，各债权人应受破产程序的限制，不得谋求通过单独强制执行实现其权利。集体清偿的原则是限制债权人的无效率行为，确保债权人的整体利益最大化，其次是由于债权人的利益差异及信息的不对称，让不同诉求的债权人自发达成合作的意愿极其困难。集体清偿原则在破产法上主要体现为两个方面：其一是破产法允许法院在条件具备时，强制债权人接受重整计划，以达到增加企业整体价值的效果。其二是为了保护债权人财产和整体价值及债权人的整体受偿，对债权人的自救和强制执行权及债务人优先清偿个别债权人的行为加以限制，比如破产中止及破产撤销制度。

5.1.4 破产法的价值

破产法是一部债务清偿法，债务清偿秩序是经济正常流转的保障，同时也是市场信用、金融安全的保障。

破产法是企业淘汰法，优胜劣汰是市场经济的本质特征，也是市场发挥资源配置作用的结果，而破产是实现企业优胜劣汰的一种机制，如果企业丧失赖以生存的财产，即丧失其法律人格，破产企业把资源让渡给更合适的用途。

破产法是企业拯救法。现代破产法设立的和解和重整制度，可以帮助企业恢复生机，促进企业复兴。破产法是债务清偿法和企业法的结合，承担着公平清理债务和治理困境企业的双重任务。

总之，企业破产法的价值体现为：对债权人，破产法可以使债权人的债权得到公平的清偿，避免在不公平清偿情况下受到损害；对债务人，破产法可以通过破产清算程序使落后的企业得以淘汰，又可通过和解或重整程序使企业得以起死回生；对社会，破产法可以维护债务清偿秩序，维护社会安定，实现资源的优化组合。在我国，企业破产法主要解决企业困境问题及银行不良资产问题。

5.1.5 我国企业破产法的渊源

1. 1986 年破产法及其司法解释

1）破产立法

1986 年 12 月 2 日，全国人大常委会颁布了《企业破产法(试行)》，该法共 6 章 43 条，适用于全民所有制企业，于 1988 年 11 月 1 号起实施。随着经济结构中民营经济的蓬勃发展，该法因不能满足私营企业破产、股份制企业破产的需求，急需修订与完善。1991 年 4 月 9 日全国人大在修订《民事诉讼法》时，专设第 19 章“企业法人破产还债程序，共 8 条，适用于非全民所有制的法人型企业破产案件。

2）司法解释

1991 年 11 月 7 日《最高院关于贯彻执行〈企业破产法〉若干问题的意见》，8 部分 76 条，对破产事项作了进一步的规范。1992 年，最高法院颁行了《关于中华人民共和国民事诉讼法若干问题的意见》，涉及破产程序的解释及细化。2002 年，随着案件的增加，最高法院又制定了《关于审理企业破产法案件若干问题的规定》的破产司法解释。

2. 2006 年破产法及其司法解释

1）破产立法

由于中国缺少一部适用于不同所有制企业的破产法律，也是中国的市场经济地位一直无法得到世界认可的原因之一。为此,2003年第十届全国人大常委会将《企业破产法》列入五年立法规划。经过长达3年的起草、讨论、修订,2006年8月27号,第十届全国人大常委会第二十三次会议最终审议通过了《中华人民共和国企业破产法》,并于2007年6月1日起实施。

2）司法解释

2006年《企业破产法》实施后,最高人民法院陆续发布了关于企业破产法的司法解释等规范性文件。2011年8月29日由最高人民法院审判委员会第1527次会议通过关于适用《中华人民共和国企业破产法》若干问题的规定(一),予以公布,自2011年9月26日起施行。2013年7月29日由最高人民法院审判委员会第1586次会议通过关于适用《中华人民共和国企业破产法》若干问题的规定(二),予以公布,自2013年9月16日起施行。2019年2月25日由最高人民法院审判委员会第1762次会议通过,关于适用《中华人民共和国企业破产法》若干问题的规定(三),予以公布,自2019年3月28日起施行。

5.1.6　破产法的适用范围

1. 主体适应范围

(1) 所有的企业法人;

(2) 资不抵债的民办学校;

(3) 个人独资企业;

(4) 合伙企业;

(5) 金融机构实施破产的,国务院可以依据《企业破产法》和其他有关法律的规定制定实施办法。

2. 地域适用范围

对债务人在中国领域外的财产发生效力(如,国内企业在国外的办事处)。

5.2　破产申请与受理

5.2.1　破产原因

企业破产的根本原因分为两个方面,企业自身的因素(内因)及外部环境因素(外因),内因即企业所有者及管理者的懈怠、决策失误、或者机会主义的行为等;外因主要指企业难以预测、无法控制的外部环境因素,比如:产业周期的兴衰、宏观经济环境的恶化、政治经济法律制度的调整、新技术革命等。

根据我国《企业破产法》第2条和第7条,破产法规定的破产原因有以下三项:不能清偿到期债务且资不抵债、不能清偿到期债务且明显缺乏清偿能力、有明显丧失清偿能力的可能。

1. 不能清偿到期债务且资不抵债

不能清偿到期债务的认定以下三个条件必须同时成立:①债权债务关系依法成立;②债务履行期限已经届满;③债务人未完全清偿债务。

如果相关当事人以对债务人的债务负有连带责任的人未丧失清偿能力为由,主张债务人不具备破产原因的,人民法院不予支持。(比如:A 企业被债权人 B 申请破产,即便 A 的连带保证人 C 企业具有清偿能力,A 主张债权人 B 不可以申请受理 A 破产,A 的主张也是不成立的。)

资不抵债的认定:债务人的资产负债表,或者审计报告、资产评估报告等显示其全部资产不足以偿付全部负债的,人民法院应当认定债务人资产不足以清偿全部债务,但有相反证据足以证明债人资产能够偿付全部负债的除外。

“债务人不能清偿到期债务,且资产不足以清偿全部债务”,主要适用于债务人提出破产申请且资不抵债易于判断的案件。

2. 不能清偿到期债务且明显缺乏清偿能力

债务人不能清偿到期债务,且明显缺乏清偿能力。主要适用于债权人提出破产申请和债务人提出破产申请但其资不抵债不易判断的案件。债务人账面资产虽大于负债,但存在下列情形之一的,人民法院应当认定其明显缺乏清偿能力。

(1) 资金严重不足或者财产不能变现等原因,如过期存货。

(2) 法定代表人下落不明且无其他人员负责管理财产。

(3) 经人民法院强制执行,无法清偿债务(只要一个债权人经法院强制执行未得到清偿,其他任何债权人都可以要求法院受理该债务人的破产案件)。

(4) 长期亏损且经营扭亏困难,比如,由于产业政策的影响,明显快被淘汰的行业。

(5) 导致债务人丧失清偿能力的其他情形。

3. 明显丧失清偿能力的可能性

与前面两种破产原因不同,债务人并没有出现不能清偿到期债务的客观事实,但是已经出现了经营危机。比如:2008 年的三鹿奶粉企业,被曝光三聚氰胺事件之前,三鹿的经营非常稳健,现金流充裕,还是河北省优质企业,不存在不能清偿到期债务及资不抵债的情况。但三聚氰胺丑闻曝光后,三鹿奶粉企业陷于严重的信用危机,市场遭遇雪崩式坍塌,这种就属于明显丧失清偿能力的可能性,后来被三元集团重整。债务人明显丧失清偿能力的可能性,只能由债务人申请,启动破产中的重整流程。

法院是否受理破产,关键是看企业是否符合如上所述的破产原因中的一种。

小案例

2018 年 10 月,A 公司因拖欠 B 公司债务被诉至人民法院并败诉。判决生效后,经人民法院强制执行,A 公司仍无法完全清偿 B 公司债务。A 公司的债权人 C 公司知悉该情况后，于 2019 年 7 月 30 日向人民法院提出对 A 公司的破产申请。A 公司提出异议：第一，A 公司账面资产仍大于负债；第二，C 公司并未就其债权向 A 公司提出清偿要求，因此不能直接判断其债权能否获得清偿。人民法院驳回异议，于 8 月 12 日受理破产申请。

问题：A 公司就破产申请提出的两项异议是否成立？并分别说明理由。

【解析】

A 公司就破产申请提出的第一项异议不成立。根据企业破产法律制度的规定，债务人账面资产虽大于负债，但经人民法院强制执行仍无法清偿债务的，应当认定其明显缺乏清偿能力。A 公司提出的第二项异议也不成立。因为任何债务不能执行都说明债务人明显缺乏清偿能力，故只要债务人的任何一个债权人经人民法院强制执行未能得到清偿，其每一个债权人就均有权申请其破产。

5.2.2 破产申请的提出

按照《企业破产法》第 7 条规定：破产申请人包括债务人（非主流）、债权人（主流）、对债务人负有清算责任的人（清算组）。该法第 9 条规定，人民法院受理破产申请前，申请人可以请求撤回申请。申请条件：具有破产原因、已解散但未清算或者未清算完毕，资产不足以清偿债务的。债权人申请破产，只需要提供债务人不能清偿申请人到期债务的证据即可，不需要提供资不抵债的证明。为了防止“假破产，真逃债”，我国《企业破产法》对债务人申请破产设定了一些限制条款，《企业破产法》第 2 条、第 7 条规定，要求债务人申请破产需证明其破产原因存在的可信性。

债务人可以申请重整、和解、破产清算；债权人只能申请重整或破产清算；清算人只能提出清算申请。破产清算由债务人住所地人民法院管辖。

5.2.3 破产申请的受理

法院裁定受理破产申请，标志破产流程的开始。

根据我国《企业破产法》第 10 条规定，债权人提出破产申请，法院受理的程序及时间如图 5.1 所示。

债权人提出破产申请的，人民法院应当自收到申请之日起 5 日内通知债务人。债务人对申请有异议的，应当自收到人民法院的通知之日起 7 日内向人民法院提出。人民法院应当自异议期满之日起 10 日内裁定是否受理。

人民法院收到破产申请应及时对申请人的主体资格、债务人的主体资格及破产原因、材料证据等进行审查，并根据企业破产法第 10 条裁定是否受理。

我国《企业破产法》第 15—21 条规定了破产程序开始的法律效力，包括债务人企业的义务（第 15 条），禁止个别清偿（第 16 条）、破产管理人接管债务人财产（第 17 条），管理人的处置权（第 18 条）、保全转移与执行中止（第 19 条）、破产相关的民事诉

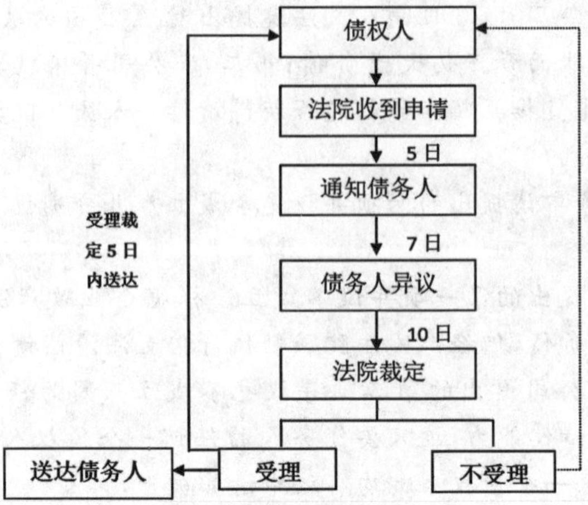

图 5.1 破产申请受理程序图

讼的中止与提出(第 20、21 条)。

破产受理的效力 1：基于平等清偿原则的破产法，在法院受理破产申请后，债务人对个别债权人的清偿无效。但是，债务人以其财产向债权人提供物的担保，在担保物市场价值范围内向债权人所做的清偿，不受限制。

破产受理的效力 2：对债务人的债务人或者财产持有人，债务人的债务人或者财产持有人应当向管理人清偿债务或者交付财产，即破产管理人代替债务人接受履行。

破产受理的效力 3：双方均未履行完的合同：人民法院受理破产申请后，管理人对破产申请受理前成立而债务人和对方当事人均未履行完毕的合同有权决定解除或者继续履行，并通知对方当事人。

视为解除的情形：

(1) 管理人自破产申请受理之日起 2 个月内未通知对方当事人，或者自收到对方当事人催告之日起 30 日内未答复的，视为解除合同。

(2) 管理人决定继续履行合同的，对方当事人应当履行，但有权要求管理人提供担保。管理人不提供担保的，视为解除合同。

不得解除的情形通常有两种，当破产企业为保险公司的保险合同时，不得解除，破产企业为出租人的不动产租赁合同(买卖不破租赁，不动产承租人享有优先购买权)，也不得解除。

破产受理的效力 4：对债务人财产的保全与执行。为公平清偿起见，有关债务人财产的保全措施应当解除，执行程序应当中止，有两处例外。

(1) 根据破产法解释二，如果破产申请被驳回或破产程序终结的，应恢复债务人财产的保全。

(2) 根据破产法解释二，为了防止部分投资人偷走资产，破产申请受理后，对于可能因有关利益相关人的行为或者其他原因，影响破产程序依法进行的，受理破产申请的人民法院可以根据管理人的申请或者依职权，对债务人的全部或者部分财产采取保全措施。

破产受理的效力5：已经开始尚未终结的诉讼。已经开始而尚未终结的有关债务人的民事诉讼或者仲裁应当中止，在管理人接管债务人的财产后，该诉讼或者仲裁继续进行。破产分配前审结的诉讼，债权人申报债权；破产分配时未审结的诉讼，作为预留部分。但凡要求个别清偿的诉讼，一律中止。

破产受理的效力6：新的诉讼。有关债务人的民事诉讼只能向受理破产申请的人民法院提起。新提起的个别清偿诉讼不予受理。破产申请受理后，债权人就债务人财产向人民法院提起。

5.3 债务人财产与破产债权

“债务人财产”是指破产受理时债务人企业所有或者经营管理的全部财产，以及破产申请受理后至破产程序终结前债务人取得的财产。“债务人财产”是具有特殊法律地位的财产集合，权利主体不再是破产企业的所有者，而是债权人。“债务人财产”由管理人负责接管与管理。

5.3.1 债务人财产的范围

1. 认定

根据《企业破产法》第30条的规定，债务人财产包括以下两大类：

(1) 债务人享有所有权的财产。破产申请受理时属于债务人的全部财产，包括有形资产，知识产权、商誉等无形资产。以及破产申请受理后至破产程序终结前债务人取得的财产。

此处需特别注意：包括债务人已设定担保的财产。

(2) 不属于债务人财产范围。原则上，凡债务人不享有所有权的财产均不属于债务人财产。

债务人基于仓储、保管、承揽、代销、借用、寄存、租赁、信托、委托交易、融资租赁等法律关系占有、使用的他人财产，不属于债务人财产，权利人可以行使取回权取回。

债务人在所有权保留买卖中尚未取得所有权的财产，不属于债务人财产，但是管理人有权要求继续履行合同从而取得财产所有权。

所有权专属于国家且不得转让的财产（比如：债务人企业占用的国有土地所有权）、债务人工会所有的财产等，依照有关法律、行政法规不属于债务人财产。

小案例

2015 年 7 月 10 日，申浙家禽有限公司（简称申浙公司）向富阳农商银行贷款人民币 200 万元，由杭州富阳农信担保有限责任公司（简称农信公司）提供保证担保。

贷款到期后，申浙公司无力偿还，农信公司实际代偿人民币 196 万元。2016 年 12 月 29 日，杭州市富阳区人民法院裁定受理申浙公司破产清算一案。2017 年 1 月 19 日，申浙公司向农信公司归还 60 万元。企业破产法第 16 条规定，人民法院受理破产申请后，债务人对个别债权人的债务清偿无效。据此，原告（申浙破产管理人）认为，2017 年 1 月 19 日，申浙公司归还农信公司 60 万元清偿款的行为应当无效，农信公司应当向原告返还 60 万元。

被告农信公司答辩称：该 60 万元不是破产财产，不是清偿款。该 60 万元款项系来自富阳区银湖街道财政所拨付的 2017 年政府专项“农林直补资金”207 万元，由浙江省财政厅、农业厅联合下发。申浙公司能享有该扶持资金份额主要是需要出面解决 40 余位职工工资遗留问题，协助政府维稳，并非申浙公司自身实际享有该份额资金。鉴于此，本案所涉资金不属于申浙公司的专属资金，不应纳入债务人对个别债权人的清偿范围，应驳回原告诉讼请求。

问题：(1) 案涉款项 60 万元是否系申浙公司的债务人财产？

(2) 如 60 万元系申浙公司债务人财产，则向被告农信公司的清偿行为是否构成个别清偿，该清偿行为是否有效？

【解析】《企业破产法》第 30 条规定，破产申请受理时属于债务人的全部财产，以及破产申请受理后至破产程序终结前债务人取得的财产，为债务人财产。

本案所涉款项 60 万元系由杭州市富阳区财政所 2017 年农林直补专项第一批补助资金。申浙公司因拥有家禽屠宰资质而享有对上述款项的拨付，且款项拨付时间晚于申浙公司被杭州市富阳区人民法院裁定受理破产清算申请之日，故案涉 60 万元理应属于企业破产法规定的破产申请受理后至破产程序终结前债务人取得的财产，故系申浙公司财产。

《企业破产法》第 16 条规定，人民法院受理破产申请后，债务人对个别债权人的债务清偿无效。申浙公司于 2016 年 12 月 29 日进入破产清算程序，理应由管理人开展清产核资工作。申浙公司向被告农信公司支付 60 万元代偿款的行为属于个别清偿行为，理应认定为无效。

2. 债务人财产的收回

1）针对出资不足、抽逃出资的

人民法院受理破产申请后，债务人的出资人尚未完全履行出资义务或抽逃出资的，管理人应当要求该出资人缴纳或返还，不受出资期限、诉讼时效的限制。也可以要求其他协助者(公司设立时的其他股东等)承担相应责任。

2) 针对董事、监事、高级管理人员

债务人的董事、监事和高级管理人员利用职权从企业获取的非正常收入和侵占的企业财产,管理人应当追回。非正常收入包括超出平均工资的部分,作为普通债权。

3) 针对设定担保的财产

在人民法院受理破产申请后,管理人可以通过清偿债务或者提供为债权人接受的(其他)担保,取回质物、留置物。

5.3.2 破产无效行为与撤销权

为了防止债务人以逃避偿债为目的,操控其财产的变动,将自己陷于不能清偿或资不抵债的境地,法律上设定了债务人无效行为及破产撤销权。

1. 无效行为

涉及债务人财产的下列行为无效:

(1) 为逃避债务而隐匿、转移财产的。

(2) 虚构债务或者承认不真实的债务的。

2. 破产撤销权

破产撤销是一种特殊的撤销制度,由破产管理人代表全体债权人提出,撤销的范围包括债权人所有可撤销的行为。按时间,具体可分为:

人民法院受理破产申请前1年内,涉及债务人财产的下列行为,管理人有权请求人民法院予以撤销,如管理人不履行申请,债权人可以申请:

(1) 无偿转让财产;

(2) 以明显不合理的价格进行交易;

(3) 放弃债权;

(4) 对没有财产担保的债务提供财产担保;

(5) 对未到期债务提前清偿。

人民法院受理破产申请前6个月内,债务人有《企业破产法》第2条第1款规定的情形(已经达到破产界限),仍对个别债权人进行清偿,管理人有权请求人民法院予以撤销。但是,个别清偿使债务人财产受益的不可撤销。

3. 不可撤销的个别清偿行为

(1) 债务人经诉讼、仲裁、执行程序对债权人进行的个别清偿,管理人请求撤销的,人民法院不予支持。但是,债务人与债权人恶意串通损害其他债权人利益的除外。

(2) 债务人对以自有财产设定担保物权的债权进行的个别清偿,管理人请求撤销的,人民法院不予支持。但是,债务清偿时担保财产的价值低于债权额的除外。

(3) 债务人对债权人进行的以下个别清偿,不得撤销:①债务人为维系基本生产需要而支付水费、电费等;②债务人支付劳动报酬、人身损害赔偿金;③使债务人财产受益的其他个别清偿。

5.3.3 取回权

取回权是所有权人或其他权利人不受破产程序约束,向破产管理人请求返回其“不属于债务人财产”的权利。因基础权利的不同,取回权可分为以“所有权”为基础的一半取回权和以“债权”为基础的取回权。

1. 一般取回权

人民法院受理破产申请后,债务人占有的不属于债务人的财产,该财产的权利人可以通过管理人取回。权利人应当在破产财产变价方案或者和解协议、重整计划草案提交债权人会议表决前向管理人提出。权利人在上述期限后主张取回相关财产的,应当承担延迟行使取回权增加的相关费用。

权利人行使取回权时未依法向管理人支付相关的加工费、保管费、托运费、委托费、代销费等费用,管理人拒绝其取回相关财产的,人民法院应予支持。

取回方式通常有三种:

(1) 取回原物。一般取回权的行使通常只限于取回原物。

(2) 申报债权。原物已被债务人卖出,根据买受人是否取得产权,可以分为:①买受人善意取得,权利人只能以损失申报债权。如果破产申请受理前善意取得的权利人只能申报普通债权;如果善意取得行为发生在破产申请受理后,权利人申报共益债务。②买受人尚未取得所有权,权利人可以要求返还原物。买受人已支付的价款,只能申报债权。如果购买行为发生在破产申请受理前,买受人申请普通债权;购买行为发生在破产申请受理后,买受人申请共益债务,管理人有故意或重大过失导致共益债务,应承担相应赔偿责任。

(3) 代偿取回权。债务人占有的他人财产毁损、灭失。①因此获得的保险金、赔偿金、代偿物尚未交付给债务人,或者代偿物虽已交付给债务人但能与债务人财产予以区分的,权利人有权取回就此获得的保险金、赔偿金、代偿物。②保险金、赔偿金已经交付给债务人,或者代偿物已经交付给债务人且不能与债务人财产予以区分的,根据毁损发生在破产申请受理前后申请不同的债权。毁损灭失发生在破产申请受理前,权利人申请普通债权;毁损灭失发生在破产申请受理后,权利人申请共益债务。管理人有故意或重大过失导致共益债务,应承担相应赔偿责任。

小案例

甲公司被申请破产,乙公司准备取回1年前租赁给甲公司的一台机器。通过了解,得知甲公司在破产申请受理前已经将机器卖给不知情的丙公司,丙公司已经付款并将机器运走。

问题:(1)乙公司能否要求丙公司返还机器?

(2)乙公司的损失如何得到解决?

【解析】(1)乙公司不能要求丙公司返还机器,因为丙构成善意取得。

(2)乙公司可以向管理人申报债权。根据规定,债务人占有的他人财产被违法转让给第三人,依据物权法善意取得制度的规定第三人已善意取得财产所有权,原权利人无法取回该财产,转让行为发生在破产申请受理前的,原权利人因财产损失形成的债权,作为普通破产债权清偿。

2. 出卖人取回权(在途标的物)

出卖人取回权是破产法中规定的一项特殊的取回权。一般是指尚未收到全部价款的动产出卖人,将买卖标的物发送后,如果买受人在尚未收到标的物前破产的,出卖人可以向标的物的承运人或者实际占有人请求取回标的物的权利。

出卖人取回权行使条件:

(1) 取回权的标的是人民法院受理破产申请时,出卖人已经发运,并且在运途中的标的物。

(2) 债务人尚未付清全部价款。

(3) 出卖人取回权的限制:

①如果货物已到达,出卖人尚未主张的,不能取回。②管理人具有选择权,管理人可以支付全部价款,请求出卖人交付标的物。比如,如果标的物的价格急剧上涨,管理人可以支付合同规定的价格取得标的物的所有权。

3. 所有权保留买卖合同的处理

所有权保留是指在移转财产所有权的商品交易中,根据法律规定或者当事人约定,财产所有人将标的物的占有权移转给对方当事人,但仍保留其对该财产的所有权,待对方当事人支付部分或全部价款,或完成特定条件时,该财产的所有权才发生移转的一种法律制度。根据破产的对象不同,可分为出卖人及买受人破产。

1) 出卖人破产时

管理人决定继续履行,买受人应当按照原买卖合同的约定支付价款或者履行其他义务。

管理人决定取回标的物时,如果管理人决定解除合同,应返还买受人价款,形成共益债务。如果买受人未依约支付价款或者履行完毕其他义务,或者将标的物出卖、出质或者作出其他不当处分,给出卖人造成损害,出卖人管理人依法主张取回标的物的,人民法院应予支持。出卖管理人返还买受人价款,形成普通债权。

但是,买受人已经支付标的物总价款75%以上或者第三人善意取得标的物所有权或者其他物权的除外。这种情况下,买受人应支付全部价款。

2）买受人破产时

出卖人会作为债权人申报债权或行使取回权。此时，管理人应以债权人利益最大化为目标，酌定或者继续履行合同，或者解除合同。当管理人决定继续履行合同时，应当及时向出卖人支付价款（或履行其他义务且合同义务未到期视为到期）。

出卖人取回标的物：买受人管理人未依约支付价款或者履行完毕其他义务，或者将标的物出卖、出质或者作出其他不当处分，给出卖人造成损害，出卖人管理人依法主张取回标的物的，人民法院应予支持。

但是，买受人已经支付标的物总价款百分之七十五以上或者第三人善意取得标的物所有权或者其他物权的除外。

小案例

沈阳锅炉制造有限公司（简称沈阳锅炉）与被告长白山保护开发区润森热力有限公司（简称润森公司）一般取回权纠纷一案。

沈阳锅炉与润森公司签订《工业品买卖合同》，为润森公司提供2台锅炉，该合同第三条约定全部货款未付清前，标的物所有权归供方所有。在法院受理润森公司破产案之前，沈阳锅炉针对上述两份《工业品买卖合同》诉至法院请求判令润森公司支付尚欠货款，经法院审理支持其诉求，并且该法律文书已生效。

问题：已经诉讼，但未执行的标的物，产权人还有取回权吗？

【解析】破产取回权是指在破产程序中，对于不属于债务人财产而由其占有或支配的财产，所有人或者其他权利人不依照破产程序，通过破产管理人直接将该财产取回的权利。

在该案件中沈阳锅炉根据合同约定有两种诉权可供其选择，其一为主张债权，即请求支付未履行的标的物价值；其二为主张所有权，即根据合同约定的所有权保留条款要求返还标的物，但在该起案件中沈阳锅炉已选择主张债权，该买卖合同纠纷已得到处理。沈阳锅炉与润森公司之间《工业品买卖合同》纠纷经法院审理，沈阳锅炉在润森公司进行破产程序前已被法院判决确定为债权，该案的审理终结导致《工业品买卖合同》权利义务的一并终结。原告的诉讼主张可依据企业破产法的规定，在法院确定的债权申报期向管理人申报债权，依照破产程序从破产财产中公平受偿。原告沈阳锅炉的取回权诉讼请求不能成立。

5.3.4 抵销权

抵销是债权债务相互结清的制度，债权人在破产申请受理前对债务人负有债务的，可以向管理人主张抵销。

注意，无论是否到期，也无论债务的品质和种类是否相同，债权人都可以向管理人提出抵销主张。管理人一般情况下不得主动抵销债务人与债权人的互负债务。

以下四种属于不可抵销的情形：

(1) 债务人的债务人在破产申请受理后取得他人对债务人的债权的。

(2) 债权人已知债务人有不能清偿到期债务或者破产申请的事实，对债务人负担债务的。但是，债权人因为法律规定或者有破产申请一年前所发生的原因而负担债务的除外；破产申请受理前6个月内，以抵销方式个别清偿上述债权的，抵销无效。

(3) 债务人的债务人已知债务人有不能清偿到期债务或者破产申请的事实，对债务人取得债权的；但是，债务人的债务人因为法律规定或者有破产申请一年前所发生的原因而取得债权的除外。

破产申请受理前6个月内，以抵销方式个别清偿上述债权的，抵销无效。

(4) 股东的破产债权，不得与其欠付的注册资本、抽逃出资等相抵销。

5.3.5　破产费用与共益债务

1. 破产费用

破产费用指人民法院受理破产申请后，为破产程序的顺利进行及对债务人财产的管理、变价、分配过程中，必须支付的且用债务人财产优先支付的费用，包括：①破产案件的诉讼费用；②管理、变价和分配债务人财产的费用；③管理人执行职务的费用(差旅费等)、报酬和聘用工作人员(非本专业)的费用。

2. 共益债务

指人民法院受理破产申请后，管理人为全体债权人的共同利益，管理债务人财产时所担负或产生的债务，以及因债务人财产而产生的，以债务人财产优先支付的债务，破产程序中的共益债务包括以下6种：

(1) 因管理人或者债务人请求对方当事人履行双方均未履行完毕的合同所产生的债务。

(2) 债务人财产受无因管理所产生的债务；比如，抢险费用等。

(3) 因债务人不当得利所产生的债务；比如：银行错进账等。

(4) 为债务人继续营业而应支付的劳动报酬和社会保险费用以及由此产生的其他债务。

(5) 管理人或者相关人员执行职务致人损害所产生的债务。

(6) 债务人财产致人损害所产生的债务。

3. 破产费用和共益债务的清偿

(1) 破产费用和共益债务用债务人财产随时清偿。

(2) 债务人财产不足以清偿所有破产费用和共益债务的，先行清偿破产费用；优先维持破产程序进行。

(3) 债务人财产不足以清偿所有破产费用或者共益债务的，按照比例清偿。

(4) 债务人财产不足以清偿破产费用的，管理人应当提请人民法院终结破产程序。

小案例

2017年6月26日法院裁定受理中宁硅业(被告)破产清算申请。

2017年12月28日，永宁气体(原告)向被告管理人提交了《债权异议书》，请求书面回复是否解除或继续履行供气合同。

2018年1月23日中宁硅业管理人与永宁气体签订《备忘录》，明确继续履行供气合同。

原告诉求：基于上述事实，根据破产法第42的规定，债务人或管理人请求对方当事人履行均未履行完毕的合同所产生的债务为共益债务，且该条规定未对债务作分割性排除。因此，当中宁硅业管理人决定继续履行供气合同时，因合同而产生的所有债务无论发生在破产案件受理前后，均应作为共益债务优先清偿。

中宁硅业辩称，对2017年6月26日被告破产案件受理之前，被告尚欠原告供气款437.3731万元无异议。但原告要求将该笔债务作为共益债务予以优先清偿缺乏法律依据。破产法第42条明确规定共益债务系破产案件受理后，债务人为继续履行合同而产生的债务。自被告破产案件受理后产生的供气款，被告已全部作为共益债务支付完毕。对437.3731万元的供气款已列入普通债权表中进行清偿。

问题：中宁硅业破产程序开始前产生的437.3731万元供气款是否属于中宁硅业破产案中的共益债务？

【解析】根据《企业破产法》第42条规定，“人民法院受理破产申请后发生的下列债务，为共益债务”，该条明确规定共益债务为发生在破产程序开始之后的债务。且从共益债务的性质来看，该类债务是在破产程序中为了全体债权人利益而由债务人财产负担的债务。而破产程序开始前债务人已产生的尚未支付给相对人的债务仅是相对人的个别利益，而非全体债权人利益，此类债务与共益债务性质并不相符。此外，若破产程序开始前产生的债务也列入共益债务范围，这将导致某些债务因合同继续履行而得到优先清偿，有违债权平等原则及破产法的公平清偿原则。本案诉争的437.3731万元供气款在中宁硅业破产程序开始前即已产生并且固定，故该笔债务不属中宁硅业破产案的共益债务。

5.3.6 破产债权申报的一般规则

债权申报是债权人在破产案件受理后依照法定程序主张并证明其债权，以便参加破产程序的法律行为。

1. 可申报债权的条件

可申报的债权，应该满足以下 4 点要求：

(1) 以财产给付为内容的请求权，标的为劳务或者不作为的请求权不能申报。

(2) 以债务人财产为受控基础的请求权。

(3) 必须为法院受理破产前成立的对债务人享有的债权。

(4) 必须为平等民事主体之间的请求权。

2. 债权申报的期限

正常申报，债权人应当在人民法院确定的债权申报期限内向管理人申报债权；受理破产申请公告之日起计算，最短不得少于 30 日，最长不得超过 3 个月。

补充申报：在人民法院确定的债权申报期限内，债权人未申报债权的，可以在破产财产最后分配前补充申报。

(1) 此前已进行的分配，不再对其补充分配。

(2) 为审查和确认补充申报债权的费用，由补充申报人承担。

3. 无需申报的债权

职工劳动债权无须申报：具体包括债务人所欠职工的工资和医疗、伤残补助、抚恤费用，所欠的应当划入职工个人账户的基本养老保险、基本医疗保险费用，以及法律、行政法规规定应当支付给职工的补偿金。

具体处理：

(1) 由管理人调查后列出清单并予以公示。

(2) 职工对清单记载有异议的，可以要求管理人更正，管理人不予更正的，职工可以向人民法院提起诉讼。

另外，税收债权、社会保障债权以及对债务人特定财产享有担保权的债权均需依法申报。

5.3.7 特殊债权申报

1. 特殊债权申报

特殊债权的申报较为复杂，具体可分为以下 6 类：

(1) 未到期债权：未到期的债权，在破产申请受理时视为到期。

(2) 附利息的债权：附利息的债权自破产申请受理时起停止计息。债权人可以申报本金＋利息；无利息的债权，无论是否到期均以本金申报债权。

(3) 未定之债权：附条件、附期限的债权和诉讼、仲裁未决的债权，债权人可以申报。

(4) 连带债权：连带债权人可以由其中一人代表全体连带债权人申报债权，也可以共同申报债权。

(5) 连带债务人破产：债权人有权就“全部债权”同时分别在各破产案件中申报债权，但清偿总额不超过债权额。

(6) 合同解除的损害赔偿请求权：管理人解除双方均未履行完毕的合同，对方当事人以因合同解除所产生的损害赔偿请求权申报债权。以实际损失为限，违约金不得作为破产债权申报。

债务人破产涉及合同问题总结如下：

第一，双方均未履行完毕，管理人决定是否履行。如果履行则产生共益债务；如果解除，债权人申报债权，以实际损失为准，违约金不得作为破产债权申报。

第二，债务人一方未履行：债权人申报普通债权。

第三，债务人一方已履行：对方应向管理人履行债务。

2. 债务人破产涉及保证人的债务清偿

债务人破产涉及保证人的债务清偿分两种情况，连带责任保证及一般保证。

1）连带责任保证

债权人三种选择：①直接要求保证人清偿保证债务。②先向进入破产程序的债务人追偿，然后再以未受偿的余额向保证人追偿。③同时向债务人和保证人追偿：债务人先清偿的，相应减少保证人的保证责任；保证人先清偿的，获得已清偿部分对债务人的追偿权。

2）一般保证：负补充责任的保证

如主债务已到期，债权人可以直接向负补充责任的保证人追偿。债务人先清偿的，保证人承担补充责任。保证人先清偿的，获得已清偿部分对债务人的追偿权（可以在破产程序中申报债权）。

如主债务未到期，债权人先向债务人申报债权追偿（视为已到期），对于其在破产程序中未受清偿的部分，债权人要求保证人承担保证责任。

3. 保证人破产涉及的债务清偿

人民法院受理保证人破产案件的，保证人的保证责任不得因其破产而免除。

1）按保证债务是否到期

保证债务已到期：债权人按合同约定向保证人申报债权追偿。

保证债务未到期：将其未到期之保证责任视为已到期，在减去未到期的利息后予以提前清偿。

2）一般保证人破产

一般保证人被人民法院宣告破产的，丧失先诉抗辩权。债权人可以向尚未履行清偿义务的一般保证人申报债权获得清偿：①如债权人先从债务人处获得债务清偿，只能在保证人处申报未获清偿部分。②如债权人直接在保证人处申报债权，可以申报全部债权。先从保证人处获得清偿，应先行提存，待债权人在债务到期从债务人处行使受偿权利后，再确定保证人是否还应承担保证责任，并按保证人实际应承担补充责任的范围向债权人支付，余款由法院收回，分配给保证人的其他破产债权人。

5.4 管理人制度与债权人会议

破产管理人是为实现破产程序的目的而设定的履行法定职能的机构，在破产程序中具有重要地位。我国 2006 年的《企业破产法》以破产管理人制度取代了原来的清算组，与国际惯例相接轨，克服了清算组的弊端。债权人会议是由所有依法申报债权的债权人组成，以保障债权人共同利益为目的，为实现债权人的破产程序参与权，讨论决定有关破产事宜，表达债权人意志，协调债权人行为的破产议事机构。

5.4.1 管理人的资格与指定

管理人由人民法院依法受理破产申请的同时指定，全面接管破产企业并负责破产财产的保管、清理、估价、处理和分配，总管破产事务。

1. 管理人基本条件

管理人可以由有关部门、机构的人员组成的清算组（破产申请受理前，已经成立的清算组，法院认为符合规定的）或者依法设立的律师事务所、会计师事务所、破产清算事务所等社会中介机构担任，称为机构破产管理人。也可以是自然人担任破产管理人，由人民法院在前述机构具备相关专业知识并取得资格的人员中选定。

符合以下情形的不得担任管理人：

(1) 因故意犯罪受过刑事处罚；

(2) 曾被吊销相关专业执业证书（如会计师事务所、律师事务所）；

(3) 与本案有利害关系；

(4) 人民法院认为不宜担任管理人的其他情形。

2. 指定清算组或个人担任管理人的案件

1) 清算组担任管理人

(1) 破产申请受理前，已经成立的清算组，法院认为符合规定的。

(2) 纳入国家计划的国有企业政策性破产案件。

(3) 金融机构破产，根据有关法律规定成立清算组的。

2) 个人担任管理人

个人条件：中介机构中具备相关专业知识并取得执业资格的个人。

适用案件：事实清楚、债权债务关系简单、债务人财产相对集中的企业破产案件，但对案件的金额大小不做限制。

3. 管理人因利害关系应当回避的情形

为了明确《企业破产法》对管理人限制条款中的“利害关系”，司法解释〔2007〕8 号进行了细化规定，依据该解释 23 条的规定，当管理人为机构时，有下列情形之一，可认定存在“利害关系”。

(1) 在破产受理前 3 年内，曾为债务人提供相对固定的中介服务；

(2) 与债务人、债权人有未了结的债权债务关系；

(3) 现在或破产受理前3年内曾经是债务人、债权人的控股股东或者实际控制人；

(4) 现在或破产受理前3年内曾经担任债务人、债权人的财务顾问、法律顾问。

基于自然管理人的特殊性，除了上述规定的情形外，法释〔2007〕8号第24条还列举了个人管理人与债务人、债权人之间存在"利害关系"的另外两种情形：

(1) 现在或破产受理前3年内曾经担任债务人、债权人的董事、监事、高级管理人员；

(2) 与债权人或者债务人的控股股东、董事、监事、高级管理人员存在夫妻、直系血亲、三代以内旁系血亲或者近姻亲关系。

5.4.2 管理人的报酬

为激励破产管理人更好地履行职责，破产管理人享有取得报酬的权利。我国《企业破产法》第22条第3款规定：管理人的报酬由人民法院确定。

(1) 债权人会议对管理人的报酬有异议的，有权向人民法院提出，由人民法院决定是否调整，债权人会议无权直接调整管理人的报酬。

(2) 管理人获得的报酬是纯报酬，不包括其执行职务和聘用(非本专业)工作人员的费用。

(3) 为防止重复计酬，律师事务所、会计师事务所通过聘用本专业的其他社会中介机构或者人员协助履行管理人职责的，所需费用从其报酬中支付。

(4) 人民法院应根据"债务人最终清偿的财产价值总额"，分段确定管理人报酬。为激励破产管理人努力工作，使得破产债权人能够得到最大限度的清偿，我国破产法将管理人的报酬与最终能够用于清偿债务的财产挂钩，假定最终清偿的财产价值总额与管理人的付出正相关，保证管理人报酬与其付出直接挂钩。由于管理人报酬与最终清偿的财产价值总额正相关，在计算最终清偿的财产价值总额，需要注意以下两点：①由于担保人优先受偿，因此担保物原则上不计入财产价值总额。②管理人对担保物的维护、变现、交付等管理工作付出合理劳动的，有权向担保权人收取适当的报酬。

(5) 对清算组中参与工作的有关政府部门派出的工作人员，不支付报酬。

(6) 最终确定的管理人报酬及收取情况，应列入破产财产分配方案。

在和解、重整程序中，管理人报酬方案内容应列入和解协议草案或重整计划草案。

5.4.3 管理人的职责与责任

破产管理人在破产程序全流程中都承担了重要职责，比如：接管破产企业、保管与清理破产企业相关的财产，对外代表债务人，提议召开债权人会议等。

《企业破产法》第25条列举了管理人的职责：

(1) 接管债务人的财产、印章和账簿、文书等资料；

(2) 调查债务人财产状况,制作财产状况报告;

(3) 决定债务人的内部管理事务;

(4) 决定债务人的日常开支和其他必要开支;

(5) 在第一次债权人会议召开之前,决定继续或者停止债务人的营业;

(6) 管理和处分债务人的财产;

(7)代表债务人参加诉讼、仲裁或者其他法律程序;

(8)提议召开债权人会议;

(9)人民法院认为管理人应当履行的其他职责。

管理人依法履行职务,向人民法院报告工作,并接受债权人会议和债权人委员会的监督。

5.4.4 债权人会议的组成与表决权

债权人会议是全体债权人参加破产程序进行权利自治的临时机构。其权利范围和行使方式均由法律直接规定,主要是决议职能和监督职能。债权人会议是人民法院审理企业破产案件中一个重要的环节,是"实现债权人破产程序参与权的机构"。

1. 组成

由所有依法申报债权的债权人组成,债权人会议主席由法院在有表决权的债权人中指定。

2. 表决权

债权人会议成员均享有表决权(包括享有担保物权的债权人);但享有担保物权的债权人,未放弃优先受偿权的,对两类事项无表决权:①通过和解协议;②破产财产的分配方案。

职工劳动债权一般不认为具有表决权,但是可以通过职工代表发表意见。

5.4.5 债权人会议的召集与职权

1. 召集

第一次债权人会议由人民法院召集,自债权申报期限届满之日起 15 日内召开。后续的债权人会议,在以下情况召开。

(1) 人民法院认为必要时;

(2) 管理人提议;

(3) 债权人委员会提议;

(4) 占债权总额 1/4 以上的债权人提议。

2. 表决

1) 表决条件

一般情况:由出席会议的有表决权的债权人过半数通过,并且其所代表的债权额占无财产担保债权总额的 1/2 以上,但是法律另有规定的除外。债权人会议的决议,对于在该决议事项上有表决权的全体债权人均有约束力。

和解:有表决权的债权人人数过半数通过;并且其所代表的债权额占无财产担保债权总额的2/3以上。重整计划分4组表决:各组有表决权的债权人人数过半数;其所代表的债权额占无财产担保债权总额的2/3以上。

2）表决的补救

违法决议撤销:债权人认为债权人会议的决议违法,损害其利益的,可以自决议作出之日起15日内,请求人民法院裁定撤销该决议,责令债权人会议依法重新作出决议。

表决未通过:①“债务人财产的管理方案”、“破产财产的变价方案”,经债权人会议表决未通过的,由法院裁定。债权人对裁定不服的,可以向该人民法院申请复议。②“破产财产的分配方案”经债权人会议2次表决仍未通过的,由人民法院裁定。

3. 债权人会议职权

根据我国《企业破产法》第61条的规定,债权人会议的职权,主要包括以下几个方面:

(1) 核查债权;

(2) 申请人民法院更换管理人,审查管理人的费用和报酬;

(3) 监督管理人;

(4) 选任和更换债权人委员会成员;

(5) 决定继续或者停止债务人的营业;

(6) 通过重整计划;

(7) 通过和解协议;

(8) 通过债务人财产的管理方案;

(9) 通过破产财产的变价方案;

(10) 通过破产财产的分配方案。

管理人相当于债务人企业的董事会,债权人会议是外部监督机构,因为企业财产直接涉及债权分配数额。债权人会议是全体债权人参加破产程序并集体行使权利的决议机构。它对破产程序进行中涉及债权人利益的各重大事项作出决定,并监督破产财产管理和分配的一系列权利,以及保障这些权利实现的有关程序制定。破产管理人是破产财产和事务的管理,其性质是一个法定机构。

5.4.6 债权人委员会

债权人委员会由债权人会议选任的债权人代表和1名债务人的职工代表或者工会代表组成。债权人委员会成员原则上不得超过9人。

债权人委员会职权包括以下四个方面:

(1) 监督债务人财产的管理和处分;

(2) 监督破产财产分配;

(3) 提议召开债权人会议;

(4) 债权人会议委托的其他职权。

5.5　重整程序与和解制度

5.5.1　重整制度的一般理论

重整制度指对已经或可能发生破产原因但又有挽救希望的法人企业,通过各方利害关系人的利益协调,借助法律强制进行营业重组与债务清理,以避免破产、获得新生的法律制度。主要适用于信誉或资产情况较好的大型企业(尤其是上市公司),中小企业多采用和解方式。本着再建主义的立法原则,《破产法》尽可能提供企业拯救的机会。

5.5.2　重整申请与重整期间

1. 申请主体

重整是破产申请的一种,是重整利害关系人启动重整程序的法定方式,根据重整提出的时间,可分为初始申请及后续申请。初始申请是指尚未进入破产程序时,债务人或者债权人可以直接向法院申请对债务人进行重整。初始申请权有利于避免当事人不愿意破产清算的情况下拖延,耗尽企业生存能力。债权人及债务人均能以“债务人不能清偿到期债务”为由提出初始重整申请,仅债务人可以以“有明显丧失清偿能力可能”提出初始重整申请。后续重整申请是指人民法院已经受理债权人提出的对债务人进行破产清算申请,但尚未宣告债务人破产的情况下,债务人或者出资额占债务人注册资本十分之一以上的出资人,向人民法院申请重整。银监会可以向法院提出对金融机构重整的申请。人民法院经审查认为重整申请符合本法规定的,应当裁定债务人重整,并予以公告。

2. 重整期间

自法院裁定债务人重整之日起至重整程序结束,不包括重整计划批准后的执行时间。

1) 重整期间的管理权

在重整期间,经债务人申请,人民法院批准,债务人可以在管理人的监督下自行管理财产和营业事务。已接管债务人财产和营业事务的管理人应当向债务人移交财产和营业事务,管理人的职权由债务人行使。管理人负责管理财产和营业事务的,可以聘任债务人的经营管理人员负责营业事务。

2) 重整期间的法律效力

重整期间:担保权暂停行使与恢复。

在重整期间,对债务人的特定财产享有的担保权暂停行使。但是,担保物有损坏或者价值明显减少的可能，足以危害担保权人权利的，担保权人可以向人民法院请求恢复行使担保权。在重整期间，债务人或者管理人为继续营业而借款的，可以为该借款设定担保。重整期间对相关人员的限制：在重整期间，债务人的出资人不得请求投资收益分配。在重整期间，债务人的董事、监事、高级管理人员不得向第三人转让其持有的债务人的股权。但是，经人民法院同意的除外。

有下列情形之一的，经管理人或者利害关系人请求，法院应当裁定终止重整程序，并宣告债务人破产：①债务人的经营状况和财产状况继续恶化，缺乏挽救的可能性；②债务人有欺诈、恶意减少债务人财产或者其他显著不利于债权人的行为；③由于债务人的行为致使管理人无法执行职务。

5.5.3 重整计划的制定与批准

1. 重整计划的提交期限

债务人或者管理人应当自人民法院裁定债务人重整之日起六个月内，同时向人民法院和债权人会议提交重整计划草案。期限届满，经债务人或者管理人请求，有正当理由的，人民法院可以裁定延期三个月。债务人或者管理人未按期提出重整计划草案的，人民法院应当裁定终止重整程序，并宣告债务人破产。

2. 重整计划的制定

1）重整计划制备人原则

根据“谁管理、谁制备”的原则，债务人自行管理财产和营业事务的，由债务人制作重整计划草案。管理人负责管理财产和营业事务的，由管理人制作重整计划草案。有利于计划制备人充分掌握债务人的信息，制定切实可行的重整方案。

2）重整计划草案的内容：

重整计划涉及多方利益主体，《企业破产法》对重整计划的基本内容作出强制性规定，为以下 7 条：①债务人的经营方案；②债权分类；③债权调整方案；④债权受偿方案；⑤重整计划的执行期限；⑥重整计划执行的监督期限；⑦有利于债务人重整的其他方案。

3. 表决与批准

重整计划草案包括债务人的经营方案、债权调整方案等内容，涉及债权人的利益调整，需要债权人表决才能通过，但重整计划并非全体债权人集体表决，而是采用强制性分组表决制。分组表决制按照权利相似性标准，将债权人和股东分为诺干表决组，以组为单位进行表决，各组均表决通过为重整计划草案通过。

自草案表决通过之日后的 10 日内，债务人或管理人向法院提出批准重整计划的申请。人民法院经审查认为重整计划草案符合本法规定的，应当自收到申请之日起 30 日内裁定批准，终止重整程序，并予以公告。

5.5.4 重整计划的执行、监督与终止

1. 重整计划的执行

重整计划由债务人负责执行，人民法院裁定批准重整计划后，已接管财产和营业事务的管理人应当向债务人移交财产和营业事务。

在重整计划执行期间，债务人享有经营管理的自主权，但必须接受管理人的监督。我国破产法规定债务人为单一执行主体，负责重整计划的执行。

2. 重整计划的监督

自人民法院裁定批准重整计划之日起，在重整计划规定的监督期内，由管理人监督重整计划的执行。

在监督期内，债务人应当向管理人报告重整计划执行情况和债务人财务状况。管理人向人民法院提交的监督报告，重整计划的利害关系人有权查阅。

3. 重整计划的效力

经人民法院裁定批准的重整计划，对债务人和全体债权人均有约束力。包括对债务人的特定财产享有担保权的债权人。

债权人未依照破产法规定申报债权的，在重整计划执行期间不得行使权利；在重整计划执行完毕后，可以按照重整计划规定的同类债权的清偿条件行使权利。

债权人对债务人的保证人和其他连带债务人所享有的权利，不受重整计划的影响。

4. 重整计划的终止执行

债务人不能执行或者不执行重整计划的，人民法院经管理人或者利害关系人请求，应当裁定终止重整计划的执行，并宣告债务人破产。

法院裁定终止重整计划执行的，债权人在重整计划中作出的债权调整的承诺失去效力。债权人因执行重整计划所受的清偿仍然有效，债权未受清偿的部分作为破产债权。

5.5.5 和解的特征与程序

1. 概念和特征

具备破产原因的债务人为避免破产清算，向债权人团体提出和解申请及和解协议草案，由债权人会议表决，如通过，再经法院认可后执行，可以避免破产。

和解制度具有如下特征：

(1) 债务人已具备破产原因，若债务人不具备破产原因，则不适用和解制度。

(2) 只能由债务人提出和解的请求，适用和解制度是为了避免破产清算，是出于债务人利益需要。出于商业原则，不适合债权人提出。

(3) 和解请求是以避免破产清算为目的。

(4) 和解协议采用让步方式了结债务。破产清算是以债务人的现有财产即时了

结债务。通过和解协议的执行，债权人通常可以获得比破产清算更多的清偿。

（5）和解协议的达成，必须基于平等自愿原则，不能由政府加以强制。

（6）和解程序受法定机关监督。

2. 和解程序

1）申请和解

债务人可以依照破产法规定，直接向人民法院申请和解；也可以在人民法院受理破产申请后、宣告债务人破产前，向人民法院申请和解。

2）提出和解协议草案

债务人申请和解，应当提出和解协议草案。和解协议草案必备内容是偿债安排。通常包括：清偿债务的财产来源、清偿债务的办法和清偿债务的期限等。

3）人民法院裁定

人民法院经审查认为和解申请符合破产法规定的，应当裁定和解，予以公告，并召集债权人会议讨论和解协议草案。

对债务人的特定财产享有担保权的权利人，自人民法院裁定和解之日起可以行使权利。

4）通过和解协议

债权人会议通过和解协议的决议，由出席会议的有表决权的债权人过半数同意，并且其所代表的债权额占无财产担保债权总额的2/3以上。

5）和解协议的生效

债权人会议通过和解协议的，由人民法院裁定认可（重整计划需法院批准），终止和解程序，并予以公告。管理人应当向债务人移交财产和营业事务，并向人民法院提交执行职务的报告。

6）和解协议未通过

和解协议草案经债权人会议表决未获得通过，或者已经债权人会议通过的和解协议未获得人民法院认可的，人民法院应当裁定终止和解程序，并宣告债务人破产。

5.5.6 和解协议的效力

1. 对债务人和债权人的效力

经人民法院裁定认可的和解协议，对债务人和全体和解债权人均有约束力。和解协议对债务人的约束力主要表现为：必须严格履行和解协议的偿债条款，不得实施任何有损债权人清偿利益的行为。对债权人的约束表现为：不得超出和解协议规定的数额、时间和方式对债务人进行追索等。

和解债权人是指人民法院受理破产申请时对债务人享有无财产担保债权的人。和解债权人未依法申报债权的，在和解协议执行期间不得行使权利；在和解协议执行完毕后，可以按照和解协议规定的清偿条件行使权利。

未及时申报债权的和解债权人在和解协议执行期间不得“行使权利”，此处的“行使权利”是指私下追索、诉讼、民事执行等方式，在和解以外对债务人提出的清偿要求。根据“程序不消灭实体权利”的法理，未申报债权的债权人依然享有实体债权，只是实体债权受限。

2. 对债务人的保证人和其他连带债务人的效力

和解协议中的债权让步不惠及连带债务人。和解债权人对债务人的保证人和其他连带债务人所享有的权利，不受和解协议的影响。和解债权人对连带债务人的请求权不受和解协议的影响。

3. 和解协议的执行

债务人应当按照和解协议规定的条件清偿债务。

和解协议生效后，债务人作为和解协议的一方当事人，有履行和解协议的义务。尽管和解协议以调整债权为主，但清偿债务是根本目的。

和解协议生效后，法院裁定程序终止。

4. 和解协议无效

因债务人的欺诈或者其他违法行为而成立的和解协议，人民法院应当裁定无效，并宣告债务人破产。

5. 和解协议的终止

债务人不能执行或者不执行和解协议的，人民法院经和解债权人请求，应当裁定终止和解协议的执行，并宣告债务人破产。

人民法院裁定终止和解协议执行的，和解债权人在和解协议中作出的债权调整的承诺失去效力。但债务人方面为和解协议的执行提供的担保继续有效。和解债权人因执行和解协议所受的清偿仍然有效，和解债权未受清偿的部分作为破产债权。

上述债权人，只有在其他债权人同自己所受的清偿达到同一比例时，才能继续接受分配。

和解协议具有程序法上的意义，不能提起强制执行。

5.6 破产清算程序

我国清算程序主要涉及到破产宣告、破产财产的变价、破产财产的分配、破产程序终结四项程序。

5.6.1 破产宣告

破产宣告就是法院对债务人具备破产原因的事实作出有法律效力的认定。破产宣告是一种司法行为，会产生一系列法律效果，表明案件不可逆转地进入了清算程序，债务人不可挽回地限入信用丧失。流程上可以理解为破产清算的宣告，即为破产清算程序中企业财产进入拍卖、变卖等变现过程的时间起点。

1. 破产宣告的效果

(1) 对破产案件的裁定。破产宣告对于破产案件的效果是破产案件进入破产清算程序。

(2) 对债务人的效果，债务人成为破产人，债务人财产成为破产财产，债务人丧失对财产和事物的管理权。

(3) 对债权人的效果，有财产担保的债权人即别除权人可以由担保物获得优先清偿权，无财产担保的债权人依破产法分配方案获得清偿。

2. 别除权

别除权是指债权人不依据破产程序，由破产财产中的特定财产单独优先受偿的权利。别除权具有以下特征

1) 别除权以担保权为基础权力

我国企业破产法第 109 条规定："对破产人的特定财产享有担保权的权利人，对该特定财产享有优先受偿的权利。"这里所说的"担保物权"，包括债务人企业提供的抵押、质押、留置。

2) 别除权以实现债权为目的

在破产程序中，别除权的行使以债权申报和确认为前提，未申报债权或债权不被确认者，不得享有和行使别除权。别除权的行使，以实现债权全部清偿为限度，如别除权标的物在清偿被担保的债权后还有余额，则该余额应当属于破产财产。

3) 别除权以破产人的特定财产为标的物

这里的特定财产，指特定物或特定化的种类物。当别除权标的物不足以清偿被担保的全部债务时，别除权人不得就未足额清偿部分请求优先清偿，只能作为普通债权参加集体清偿。

4) 别除权的行使不参加集体清偿程序

别除权人有权就担保物单独优先受偿，不再参加集体清偿程序。

5) 别除权的标的物不计入破产财产

别除权人有权就标的物优先受偿，则其他破产债权人不能对别除权标的物提出清偿请求，管理人也不得擅自将别除权标的物纳入破产财产分配，除非别除权人放弃优先受偿权，或者别除权标的物在清偿被担保的债权后还有余额的。

小案例

人民法院于 2019 年 8 月 12 日受理 A 公司破产申请。管理人接管 A 公司后，在清理债权债务过程中发现如下事项：2019 年 6 月，D 公司向甲银行借款 80 万元，借期 1 年。A 公司以其设备为 D 公司的借款提供抵押担保，并办理了抵押登记。借款到期后，D 公司未能偿还。经 A 公司、D 公司和甲银行协商，A 公司用于抵押的设备

依法变现，所得价款全部用于偿还借款本息，但尚有 14 万元未能清偿。

问题：甲银行能否将尚未得到清偿的 14 万元向管理人申报破产债权？并说明理由。

【解析】甲银行不能将尚未得到清偿的 14 万元向管理人申报破产债权。因为 A 公司仅为抵押人，并非借款人。作为抵押人，其仅在抵押物价值范围内向甲银行承担担保责任。

5.6.2　破产财产的变价和分配

在破产清算中，财产的管理、变现和分配应当由管理人负责，而破产清算的程序主导权属于法院。

1. 变价

破产清算以货币分配为原则，破产财产变价就是指管理人将非货币的破产财产通过合法方式加以出让，使之转化为货币形态，参与清算分配的过程。

破产财产在变价前，有必要进行评估，评估方应当具备合法资格，评估结论及评估费用应且取得债权人会议及管理人的同意。

管理人进行破产定价，应当拟定破产变价方案，提交债权人会议讨论和表决。管理人应当遵循及时原则，拟定破产变价方案，实现破产财产价值的最大化，包含债权人的利益。

管理人拟定破产财产变价方案后，由债权人会议表决通过直接发生效力。如果债权人会议一次表决没有通过，则由人民法院裁定通过。破产财产变价方案生效后，管理人以此实施变价出售。

2. 破产财产的分配

破产财产分配指破产管理人将变价后的破产财产，根据符合法定顺序并经合法程序确定的分配方案，对全体债权人进行公平清偿的程序。

1）破产分配的基本规则

按顺序清偿。依据一定的法律政策确定不同类别的债权人的受偿顺序，顺序在先的债权人优先顺序在后的债权人。

顺序清偿的规则：优先清偿在先顺序的债权；在先顺序清偿完毕后，有剩余财产的，进行下一顺序清偿；对同一顺序的债权，破产财产足够清偿的，予以足额清偿，不足清偿的，按比例清偿。按比例分配后，即便有未获分配的下一顺序债权，破产分配即告结束。例如：清偿第一顺序债权，剩余财产不足以清偿第二顺序债权，则第二顺序债权按比例清偿后，结束破产清算。

2）破产分配的法定顺序

破产财产在优先清偿破产费用和共益债务后，依照下列顺序清偿：

第一顺序：职工劳动债权。破产人所欠职工的工资和医疗、伤残补助、抚恤费用，所欠的应当划入职工个人账户的基本养老保险、基本医疗保险费用，以及法律、行政法规规定应当支付给职工的补偿金。

第二顺序：其他社会保险费用及税款。破产人欠缴的除前项规定以外的社会保险费用和破产人所欠税款；但破产受理前产生的税款滞纳金只能作为普通债权。

第三顺序：普通破产债权。实际司法实践中，破产财产一般不足以清偿本顺序的债权，本顺序的债权通常按比例分配，国际上的清偿比例一般在10%左右。

小案例

宝恒建材自2011年成立之后，一直拖欠国家税款，经税务局多次催缴未果。2016年10月18日，宝恒建材以资不抵债为由向法院申请破产，法院于2017年10月17日裁定受理宝恒建材的破产清算申请。2017年12月1日，税务局向宝恒建材公司破产管理人申报优先税款债权764万元（其中税金467万元、税款滞纳金293万元、税款罚款4万元）。2018年2月6日，宝恒建材向税务局作出《债权人异议告知书》，仅对税务局申报的税金467万元认定为优先债权，对税款滞纳金293万元认定为普通债权，对税款罚款4万元认定不属于破产债权。

原告税务局提起诉讼请求：根据《中华人民共和国税收征收管理法》规定，税款滞纳金在征缴时视同税款管理，税款滞纳金与税金同时属于优先权执行的范围。又根据《企业破产法》113条第(二)款规定，破产人所欠的税款以及因税金滞纳金及罚款应当具有优先受偿权。因此，宝恒建材没有认定原告申报的税金滞纳金293万元为优先债权不当。同时，宝恒建材不认定税务局申报的税款罚款属于破产债权，该认定事实错误，违反法律规定，依法不能成立。

宝恒建材答辩称：根据《最高人民法院关于税务机关就破产企业欠缴税款产生的滞纳金提起的债权确认》法释〔2012〕9号："依照企业破产法、税收征收管理法的有关规定，破产企业在破产案件受理前因欠缴税款产生的滞纳金属于普通破产债权……"的规定，税务局申报的税款滞纳金计算至2017年10月16日，系破产案件受理前欠缴税款产生的滞纳金，按法律规定依法应当认定为普通债权。其次，根据《最高人民法院关于审理企业破产案件若干问题的规定》第六一条"下列债权不属于破产债权：(一)行政、司法机关对破产企业的罚款、罚金以及其他有关费用……"的规定，税务局作为行政机关其对破产企业的罚款按法律规定依法不属于破产债权。

问题：(1)税款滞纳金是否具有优先权？

(2)税收罚款是否属于破产债权？若属于破产债权是否属于优先债权？

【解析】《最高人民法院关于税务机关就破产企业欠缴税款产生的滞纳金提起的债权确认之诉应否受理问题的批复》（法释〔2012〕9号）规定："税务机关就破产企业欠缴税款产生的滞纳金提起的债权确认之诉……，破产企业在破产案件受理前因欠缴税款产生的滞纳金属于普通破产债权,不享有税收优先权。本案中,法院裁定受理宝恒建材破产清算日之前欠缴税款产生的税款滞纳金属于普通破产债权,之后的部分依法不属于破产债权。由于债务人宝恒建材公司已进入破产清算程序,欠缴税款产生的滞纳金应当依照企业破产法及相关司法解释的规定处理。

关于税收罚款是否属于破产债权,若属于破产债权是否属于优先债权问题。《最高人民法院关于审理企业破产案件若干问题的规定》第61条规定:"下列债权不属于破产债权:(一)行政、司法机关对破产企业的罚款、罚金以及其他有关费用。"根据上述司法解释规定,行政机关对破产企业的罚款不属于破产债权。本案中,税务局对宝恒建材公司的税收罚款不属于破产债权,更不可能属于优先债权。

3. 附条件债权的分配方法

(1) 附生效条件或者解除条件的债权,管理人应当将其分配额提存。在最后分配公告日,生效条件未成就或者解除条件成就的应当分配给其他债权人;在最后分配公告日,生效条件成就或者解除条件未成就的应当交付给债权人。

(2) 债权人未受领的破产财产分配额,管理人应当提存。债权人自最后分配公告之日起满2个月仍不领取的,视为放弃受领分配的权利,管理人或者人民法院应当提存的分配额分配给其他债权人。

(3) 破产财产分配时,诉讼或者仲裁未决的债权,管理人应当将其分配额提存。自破产程序终结之日起满2年仍不能受领分配的,人民法院应当将提存的分配额分配给其他债权人。

5.6.3 破产程序的终结

破产程序的终结,是指破产程序不可逆转地归于结束。

《企业破产法》第120条规定,破产人无财产可供分配,管理人应当请求人民法院裁定终结破产程序。

管理人在最后分配完结后,应当及时向人民法院提交破产财产分配报告,并提请人民法院裁定终结破产程序。

人民法院应当自收到管理人终结破产程序的请求之日起15日内作出是否终结破产的裁定。裁定总结的,应当予以公告。

本章小结

企业破产是企业因不能清偿到期债务,通过重整、和解或清算等法定程序,实现债务公平清偿的法律制定。企业破产基于三个法律事实:不能清偿到期债务且资不抵债;不能清偿到期债务且明显缺乏清偿能力;明显丧失清偿能力的可能性。

破产管理人负责整个破产流程的进展,接管破产企业、保管与清理破产企业相关的财产,对外代表债务人,提议召开债权人会议等。而债权人会议是全体债权人参加破产程序进行权利自治的临时机构。其权利范围和行使方式均由法律直接规定，主要是决议职能和监督职能。

破产清算程序主要涉及到破产宣告、破产财产的变现、破产财产的分配。别除权是指债权人不依据破产程序，由破产财产中的特定财产单独优先受偿的权利。破产财产的分配顺序：优先清偿在先顺序的债权，同一顺序债权人按比例清偿。当破产人无财产可供分配时，管理人应当请求人民法院裁定终结破产程序。

练习题

一、单选题

1. 根据企业破产法律制度的规定，下列表述中，正确的是（ ）

A. 国有企业破产属政策性破产，不适用《企业破产法》

B. 金融机构实施破产的，由国务院根据《商业银行法》等法律另行制度破产实施办法，不适用《企业破产法》

C. 民办学校的破产清算可以参照适用《企业破产法》规定的程序

D. 依照《企业破产法》开始的破产程序，对债务人在中华人民共和国领域外的财产不发生效力

2. 因甲公司未能偿还对乙公司的债务，乙公司向人民法院提出对甲公司进行破产清算的申请。以下能够成为法院不受理甲公司破产申请的理由的是（ ）

A. 甲公司对乙公司的债务尚未到期

B. 甲公司认为自己对乙公司的债务，有丙公司连带保证人，丙公司有清偿能力

C. 甲公司认为自己账面资产超过负债，只是实物资产难以变现，未达到资不抵债的程度

D. 甲公司认为自己账面资产超过负债，只是法定代表人下落不明，没有人员管理财产，不便清偿债务

3. 2019 年 6 月 1 日，人民法院受理了对甲公司提起的破产申请。根据企业破产法律制度的规定，下列人员中，有资格担任管理人的是（ ）

A. 3 年前被吊销执业证书，但现已重获执业资格的会计师乙

B. 曾于 2019 年 1 月 1 日至 2019 年 12 月 31 日担任甲公司法律顾问的丙律师事务所

C. 甲公司董事丁

D. 甲公司监事会主席的妻子戊

4. 人民法院于 2019 年 5 月 16 日受理了债权人甲公司申请债务人乙公司破产案。管理人在对乙公司的债权债务进行清理时发现，乙公司曾于 2019 年 9 月 11 日为所欠丙公司的一笔原本没有财产担保的债务提供抵押担保。根据企业破产法律制度的规定，下列表述中，正确的是（ ）

A. 若管理人能够证明丙公司知悉乙公司在为其债权提供担保时已濒临破产，则

有权请求人民法院撤销该抵押担保行为

B. 管理人无需证明丙公司知悉乙公司在为其债权提供担保时已濒临破产，即可请求人民法院撤销该抵押担保行为

C. 若甲公司能够证明丙公司知悉乙公司在为其债权提供担保时已濒临破产，则有权请求人民法院撤销该抵押担保行为

D. 甲公司无需证明丙公司知悉乙公司在为其债权提供担保时已濒临破产，即可请求人民法院撤销该抵押担保行为

5. 人民法院受理债务人甲公司破产申请时，乙公司依照其与甲公司之间的买卖合同已向买受人甲公司发运了该合同项下的货物，但甲公司尚未付价款。乙公司得知甲公司破产申请被受理后，立即通过传真向甲公司的管理人要求取回在运途中的货物。管理人收到乙公司传真后不久，即收到了乙公司发运的货物。下列表述中，正确的是（　）

A. 乙公司有权取回该批货物

B. 乙公司无权取回该批货物，但可以就买卖合同价款向管理人申报债权

C. 管理人已取得该批货物的所有权，但乙公司有权要求管理人立即支付全部价款

D. 管理人已取得该批货物的所有权，但乙公司有权要求管理人就价款支付提供担保

6. 根据企业破产法的规定，下列情形中，债权人可以行使抵销权的是（　）

A. 甲享有债务人120万元的债权，同时又是债务人股东，在债务人破产时，甲尚有100万元的分期出资额未缴纳

B. 乙享有债务人120万元的债权，但在听说债务人申请破产后，购买了债务人100万元的货物并拒绝支付货款而形成债务

C. 丙应付债务人100万元的货款，在债务人破产申请被受理后，从另一债权人手中以六折的价格买入了100万元的债权

D. 丁应付债务人100万元的货款，在债务人的破产申请被受理后，继续向债务人提供了100万元的货物，未能及时收到货款而形成债权

7. 根据企业破产法律制度的规定，下列各项中，属于债权人会议职权的是（　）

A. 调查债务人的财产状况，制作财产状况报告

B. 决定债务人的日常开支

C. 决定债务人的内部管理事务

D. 通过债务人财产的管理方案

8. 某公司经营不善，现进行破产清算。关于本案的诉讼费用，下列哪一说法是错误的？（　）

A. 在破产申请人未预先交纳诉讼费用时，法院应裁定不予受理破产申请

B. 该诉讼费用可由债务人财产随时清偿

C. 债务人财产不足时，诉讼费用应先于共益费用受清偿

D. 债务人财产不足以清偿诉讼费用等破产费用的，破产管理人应提请法院总结破产程序

9. 在某公司破产案件中，债权人会议经出席会议的有表决权的债权人过半数通过，并且其所有代表的债权额占无财产担保债权总额的60%，就若干事项形成决议。该决议所涉下列哪一事项不符合《破产法》的规定？（ ）

A. 选举8名债权人代表与1名职工代表组成债权人委员会

B. 通过债务人财产的管理方案

C. 申请法院更换管理人

D. 通过和解协议

10. 启航公司向法院申请破产，法院受理并指定甲为管理人。债权人会议决定设立债权人委员会。现豪泰公司提出要受让启航公司的全部业务与资产。甲的下列哪一做法是正确的？（ ）

A. 代表启航公司决定是否向豪泰公司转让业务与资产

B. 将该转让事宜交给法院决定

C. 提议召开债权人会议决议并转让事宜

D. 作出是否转让的决定并将该转让事宜报告债权人委员会

二、多选题

1. 2018年3月，债权人A公司对债务人B公司提出破产申请，下列哪些选项是正确的？（ ）

A. A公司应该提交B公司不能清偿到期债务的证据

B. A公司应该提交B公司资产不足以清偿全部债务的证据

C. B公司就A公司的破产申请，在收到法院通知之日7日内可向法院提出异议

D. 如B公司对A公司所附债务存在连带保证人，则其可以该保证人具有清偿能力为由，主张其不具备破产原因

2. 根据企业破产法律制度的有关规定，下列选项中，属于人民法院可以指定管理人名册中的个人作为管理人的企业破产案件应同时具备的条件有（ ）

A. 事实清楚　　B. 标的额较小

C. 债权债务关系简单　　D. 债务人财产相对集中

3. 根据企业破产法律制度的规定，下列关于破产管理人报酬的表述中，正确的有（ ）

A. 人民法院采取公开竞争方式指定管理人的，其报酬方案由市场决定，不受有关规定关于管理人报酬比例范围的限制

B. 在指定清算组担任管理人时，有关政府部门派出的工作人员参与工作的，不收取报酬

C. 担保权人优先受偿的担保物价值原则上不计入管理人报酬的标的额

D. 担任管理人的会计师事务所聘用本专业的其他社会中介机构协助变现担保物的，所需费用可由担保权人承担

4. 甲公司于 2019 年 1 月设立，2019 年 6 月被申请破产，管理人发现甲公司大股东张某一直担任董事长但尚未履行出资义务，且张某在 2019 年年底公司发生破产原因后，仍然领取了高额的工资和绩效奖金。根据企业破产法的规定，下列说法错误的有(　)

A. 张某的出资义务可以不再履行，因已过诉讼时效

B. 张某领取的工资应当由管理人追回，以此形成的债权按拖欠职工工资处理

C. 张某领取的工资应当由管理人追回，以此形成的债权按普通债权处理

D. 张某领取的绩效奖金应当由管理人追回，以此形成的债权按普通债权处理

5. 下列关于破产费用与共益债务清偿的表述中，符合企业破产法规定的有(　)

A. 破产费用和共益债务由债务人财产随时清偿

B. 债务人财产不足以清偿所有破产费用和共益债务的，先行清偿共益债务

C. 债务人财产不足以清偿所有共益债务的，按照比例清偿

D. 债务人财产不足以清偿所有破产费用的，在按照比例清偿后，管理人应当提请人民法院终结破产程序

6. 根据企业破产法律制度的规定，下列债务中，债权人应在人民法院确定的期限内进行债权申报的有(　)

A. 债务人所欠税款

B. 债务人所欠银行未到清偿期的借款

C. 债务人所欠职工工资

D. 债务人所欠职工医疗费

7. 法院受理了利捷公司的破产申请，管理人甲发现，利捷公司与翰扬公司之间的债权债务关系较为复杂，下列说法正确的是(　)

A. 翰扬公司的某一项债权有房产抵押，可在破产受理后行使抵押权

B. 翰扬公司与利捷公司有一合同未履行完毕，甲可以解除该合同

C. 翰扬公司曾租给利捷公司一套设备被损毁，侵权人之前向利捷公司支付了赔偿金，翰扬公司不能主张取回该笔赔偿金

D. 茹洁公司对利捷公司负有债务，在破产受理后茹洁公司受让了翰扬公司的一项债权，因此茹洁公司无需再向利捷公司履行等额的债务

8. 甲公司依据买卖合同，在买卖人乙公司尚未付清全部货款的情况下，将货物发运给乙公司。乙公司尚未收到该批货物时，向法院提出破产申请，且法院已经裁定受理。对此，下列选项正确的是(　)

A. 乙公司已经取得该批货物的所有权

B. 甲公司可以取回在运货物

C. 乙公司破产管理人在支付全部价款情况下，可以请求甲公司交付货物

D. 货物运到后，甲公司对乙公司的价款债权构成破产债权

9. A公司因经营不善，资产不足以清偿全部债务，经申请进入破产还债程序。关于破产债权的申报，下列表述正确的是( )

A. 甲对A公司的债权虽未到期，仍可以申报

B. 乙队A公司的债权因附有条件，故不能申报

C. 丙对A公司的债权虽然诉讼未决，但丙仍可以申报

D. 职工丁对A公司的伤残补助请求权，应予以申报

10. 2011年9月1日，某法院受理了湘江服装公司的破产申请并指定了管理人，管理人开始受理债权申报。下列请求权属于可以申报的债权的是( )

A. 甲公司的设备余款给付请求权，但根据约定该余款的支付时间为2011年10月30日

B. 乙公司请求湘江公司加工一批服装的合同履行请求权

C. 丙银行的借款偿还请求权，但该借款已经设定财产抵押担保

D. 当地税务机关对湘江公司做出的10万元行政处罚决定

三、案例分析题

1. 西南公司不能清偿到期债务，债权人天河公司向法院提出对其进行破产清算的申请，但西南公司以其账目资产大于负债为由表示异议。天河公司遂提出各种事由，以证明西南公司属于明显缺乏清偿能力的情形。

(1) 因房地产市场管制严格，西南公司核心资产的房地产项目无法按时交付，资金回笼困难。

(2) 西南公司管理混乱，高管近期频繁离职。

(3) 天河公司已申请法院强制执行西南公司财产，仍无法获得清偿。

(4) 西南公司已出售房屋质量纠纷多，客户投诉多，市场信誉差。

试分析以上哪些属于法律规定的关于债务人明显缺乏清偿能力、无法清偿债务的情形?

2. 安尔泰公司因资产不足以清偿全部到期债务，法院裁定其重整。管理人为维持公司运行，向齐某借款20万元支付水电费和保安费，约定如1年内还清就不计利息。1年后安尔泰公司未还款，还因不能执行重整计划被法院宣告破产。

如果你是齐某，该如何维护自己的权益? 是否需要申报债权? 是否能够得到优先清偿? 是否能主张逾期还款的利息?

3. 甲公司因不能清偿到期债务且明显缺乏清偿能力，遂于2020年3月申请破产，且法院已受理。经查，在此前半年内，甲公司对以下若干债务进行了个别清偿：

清偿对乙银行所负的且自有房产设定抵押担保的贷款债务；

清偿对丙公司所负的且经法院判决所确定的贷款债务；

清偿对丁公司所负的为维系基本生产所需的水电费债务；

清偿对戊所负的劳动报酬债务。

如果你是甲公司的破产管理人，试分析以上个别清偿中，哪些是可以撤销的？为什么？

能力训练

2017 年 8 月 20 日，甲公司就自己不能支付到期债务向人民法院提出破产申请，人民法院于 2017 年 9 月 1 日裁定受理甲公司的破产申请，同时指定某会计师事务所为破产管理人。管理人接管甲公司后，对甲公司的资产、负债进行了清理，有关清理情况如下：

(1) 人民法院受理破产申请时，甲公司的资产总额为 5600 万元(全部财产的变现价值)。其中，全部厂房变现价值 520 万元，办公楼变现价值为 650 万元；全部机器设备变现价值 480 万元。

(2) 人民法院受理破产申请时，负债总额为 11 000 万元。其中，流动负债的情况为：

① 应付职工工资 180 万元，未缴税金 220 万元；

② 短期借款 900 万元。其中，2017 年 3 月 5 日，以甲公司全部厂房作抵押，向中国工商银行贷款 500 万元；

2017 年 6 月 1 日，以全部机器设备作抵押，向中国建设银行贷款 400 万元。

③ 应付账款 640 万元，其中包括但不限于：

(A)应付乙公司到期货款 380 万元。乙公司经多次催要无效后向人民法院提起诉讼，2017 年 8 月 10 日，人民法院终审判决甲公司支付乙公司欠款及违约金和赔偿金等共计 400 万元。乙公司申请强制执行，人民法院对甲公司办公楼予以查封。人民法院受理甲公司破产申请时，此判决尚未执行。

(B)应付丙公司 2015 年 9 月 18 日到期货款 180 万元，2016 年 8 月 18 日应丙公司的要求，甲公司与丙公司签订了一份担保合同，担保合同约定：以甲公司全部机器设备作抵押，若 2017 年 8 月 18 日前甲公司仍不能支付丙公司 180 万元的货款，则以甲公司机器设备变卖受偿。

(C)应付丁公司 2017 年 8 月 1 日到期货款 200 万元。

(3) 2016 年 7 月，甲公司为逃避债务而隐匿 230 万元的财产。

(4) 2017 年 6 月，甲公司已经知道自己不能清偿到期债务、即将破产，仍向债权人戊公司清偿了 90 万元。

(5) 甲公司的股东用于出资的房产在出资时作价 600 万元，而当时的实际价值仅为 520 万元。

(6) 人民法院的诉讼费用 30 万元，管理人报酬 20 万元，为继续营业而支付的职工工资及社会保险费用 150 万元。

经查：甲公司用于抵押的厂房、机器设备于合同签订的当天全部办理了抵押登记手续。

要求:根据以上事实,在不考虑债权利息的情况下,分别回答下列问题。

(1) 人民法院查封的甲公司的办公楼可否用于偿还所欠乙公司的货款?并说明理由。

(2) 哪些属于破产费用?哪些属于共益债务?

(3) 对于甲公司向丙公司设定的抵押担保,管理人能否向人民法院申请撤销?并说明理由。

(4) 对于甲公司隐匿230万元财产的行为,管理人是否有权追回?并说明理由。根据《刑法》的规定,其直接责任人员应承担何种刑事责任?

(5) 对于甲公司向其债权人戊公司清偿债务的行为,管理人能否向人民法院申请撤销?并说明理由。

(6) 甲公司的股东出资不实应如何处理?并说明理由。

(7)甲公司的破产财产额是多少?并说明如何分配?

(8)丁公司可分配的财产具体数额为多少?并列出计算过程(金额保留至元)。

第 6 章

反不正当竞争法律制度

知识目标

- 了解不正当竞争和反垄断的概念和特点；
- 了解不正当竞争法的概念；
- 掌握反不正当竞争法规定的不正当行为；
- 理解违反反不正当竞争法的法律责任。

能力目标

- 能够辨别不正当竞争行为；
- 能够依据反不正当竞争法相关法律法规，从维护经营者合法竞争利益角度，处理不正当竞争纠纷引起的法律事务。

导入案例

A 省有一生产洗涤产品的外资企业，其生产的无磷、无铝、无毒的"绵羊牌"洗衣粉不污染环境，不危害身体，并且有抑菌作用。该厂经过宣传推广，该洗衣粉在市场上销量迅速提高，对 B 省洗涤剂厂家的生产、经营形成很大的冲击。2006 年 9 月，B 省的省技术监督局根据该省洗涤厂的反映，召集了市技术监督局、洗涤剂厂家和肥皂厂家等许多单位在省技术监督局开会。会上由主持人作了如下布置：先由某洗涤剂厂向市技术监督局正式投诉，市技术监督局根据投诉的材料对"绵羊牌"洗衣粉进行抽样检查，检查出"质量问题"，市工商行政管理局等部门协同他们工作。9 月 25 日，市技术监督局拿来了"样品"，交给省质检中心。质检中心出具了四份检验报告，以去污力、聚磷酸含量两项指标未达标为由宣布"绵羊牌"洗衣粉为不合格产品，不能在本省进行销售。市技术监督局即将各销售点的"绵羊牌"洗衣粉查封。11 月，市技术监督局对销售"绵羊牌"洗衣粉的几个主要商场作出处罚决定：①罚款 1000 元；②限期追回已经售出的洗衣粉;③通知厂方更换使用说明,并在包装上注明"处理品"字样。

请问:(1)市技术监督局的行为是否有违法行为?

(2)市技术监督局应该承担怎样的法律责任?

制止不正当竞争行为,保护经营者和消费者的合法权益,才能创造良好的营商环境,保障社会主义市场经济健康发展。案例中的企业是否存在不正当竞争行为,市技术监督局的行为是否合法,要回答这些问题,需要学习以下相关知识。

6.1 不正当竞争与反不正当竞争法

6.1.1 不正当竞争的概念与特征

1. 反不正当竞争的概念

不正当竞争是指经营者在生产经营活动中,违反《中华人民共和国反不正当竞争法》(以下简称《反不正当竞争法》)规定,扰乱市场竞争秩序,损害其他经营者或者消费者的合法权益的行为。

2. 不正当竞争的特点

1)不正当竞争行为的主体是经营者

经营者是指从事商品经营或营利性服务的法人、其他经济组织和个人。非经营者不是竞争行为主体,所以也不能成为不正当竞争行为的主体。但是在有些情况下,非经营者的某些行为也会妨害经营者的正当经营活动,侵害经营者的合法权益,这种行为也是反不正当竞争法的规制对象。例如,政府及其所属部门滥用行政权力妨害经营者的正当竞争行为就是这种类型。对于经营者,我国法律上也有明确的定义,《反不正当竞争法》第2条第3款规定:本法所称的经营者,是指从事商品生产、经营或者提供服务(以下所称商品包括服务)的自然人、法人和非法人组织。

2)不正当竞争行为是违法行为

不正当竞争行为的违法性,是法律对特定市场交易行为的不正当属性的确认,也是该行为在法律上的本质特征。不正当竞争行为的违法性不仅体现在其违反了《反不正当竞争法》第二章所列举的不正当竞争行为的禁止性规定,也表现在其违反了反不正当竞争法义务性和原则性的规范。即《反不正当竞争法》第2条第1款的规定:经营者在生产经营活动中,应当遵循自愿、平等、公平、诚信的原则,遵守法律和商业道德。经营者的某些行为虽然表面上难以确认为该法明确规定的不正当竞争行为,但是只要违反了自愿、平等、公平、诚实信用原则或违反了公认的商业道德,损害了其他经营者的合法权益,扰乱了社会经济秩序,也应认定为不正当竞争行为。

3)不正当竞争行为是违反商业道德的行为

违反商业道德是不正当竞争行为的本质特征,而正是不正当竞争行为对商业道德的损害会破坏公平竞争的市场机制，从而成为法律的当然禁止对象。

4）不正当竞争行为是侵犯其他经营者合法权益的行为

不正当竞争行为直接或间接地侵害了其他经营者的知识产权、财产权、名誉权、公平竞争权、经营权等合法权益，给其他经营者造成财产损失或名誉损害，有时对消费者利益也在一定程度上造成损害。

5）不正当竞争行为是扰乱市场竞争秩序的行为

社会经济的发展和个人利益的实现有赖于秩序的确立与维护，而不正当竞争行为却是通过采用违反商业道德的手段来谋求个体利益的最大化，会误导消费者，扭曲商品或服务的价格，妨碍竞争机制的功能发挥，从而严重破坏市场竞争秩序。

6.1.2 反不正当竞争法的概念与特征

1. 反不正当竞争法的概念

反不正当竞争法是指制止经营者采用欺骗、胁迫、利诱以及其他违背诚信原则的手段从事市场交易的各种不正当竞争行为，维护公平竞争的商业道德和交易秩序的法律制度。反不正当竞争法与维护自由竞争的反垄断法一起，共同构成现代竞争法的两大重要组成部分。

为了保障我国社会主义市场经济健康发展，鼓励和保护公平竞争，制止不正当竞争行为，保护经营者和消费者的合法权益，1993年9月2日，第八届全国人民代表大会常务委员会第三次会议通过了《中华人民共和国反不正当竞争法》，并于1993年12月1日起施行。2016年11月23日召开的国务院第155次常务会议讨论通过《中华人民共和国反不正当竞争法(修订草案)》，草案完善充实了对不正当竞争行为的法律界定，补充了打击商业贿赂、加强商业秘密保护和互联网领域反不正当竞争等规定，强化民事赔偿责任，加大了对违法行为的信用惩戒和行政处罚力度。2016年12月27日国务院向全国人大常委会提请审议修订草案，2017年11月4日十二届全国人大常委会第三十次会议通过修订草案，自2018年1月1日起施行。2019年4月23日十三届全国人大常委会第十次会议修订《中华人民共和国反不正当竞争法(修正案)》，并增设了商业秘密相关条款。

2. 反不正当竞争法的特征

与其他有关规制市场秩序、维护市场主体合法权益的法律相比，反不正当竞争法具有调整范围的针对性、调整手段的综合性、实体法和程序法相结合、弥补性的特征。

1）调整范围具有针对性

我国反不正当竞争法主要调整不正当竞争行为，具有调整范围针对性的特征。

2）调整手段具有综合性，并且以行政手段为主、其他手段为辅

为维护正常的市场竞争秩序，行政执法是最为有效的手段。维护市场竞争秩序最适当的主体是政府，所以反不正当竞争法有大量行政执法的规定。

3）实体法与程序法相结合

反不正当竞争法调整的内容既有实体性规定，也有程序性规定。反不正当竞争法对不正当竞争行为的界定是实体性规定，对执法机构对于制止不正当竞争行为、维护竞争秩序的规定是程序性的。

4）弥补性

反不正当竞争法禁止的大多数不正当竞争行为都是典型的侵权行为，但是维护公平竞争秩序，仅仅依靠侵权法、知识产权法等民商法律、法规是不够的。反不正当竞争法在传统民商法对不正当竞争行为进行调整的基础上，对这些法律的调整拾遗补缺，弥补其规制不足的方面。

6.1.3 反不正当竞争法的立法目的

现代反不正当竞争法服务于三重立法目的，即保护竞争者、保护消费者以及维护代表社会整体利益的公平竞争秩序。反不正当竞争法的立法目的一般在立法中作出明确的规定。不同国家或者同一国家不同的阶段，反不正当竞争法的立法目的存在一定的差异性。我国《反不正当竞争法》第1条即规定了其立法目的是促进社会主义市场经济健康发展，鼓励和保护公平竞争，制止不正当竞争行为，保护经营者和消费者的合法权益。

6.2 不正当竞争行为的类型

1. 市场混淆行为

市场混淆行为是指通过一系列混淆手段引人误认为是他人商品或者与他人存在特定联系的行为。《反不正当竞争法》第6条规定了市场混淆行为，经营者不得实施下列混淆行为，引人误认为是他人商品或者与他人存在特定联系：①擅自使用与他人有一定影响的商品名称、包装、装潢等相同或者近似的标识；②擅自使用他人有一定影响的企业名称（包括简称、字号等）、社会组织名称（包括简称等）、姓名（包括笔名、艺名、译名等）；③擅自使用他人有一定影响的域名主体部分、网站名称、网页等；④其他足以引人误认为是他人商品或者与他人存在特定联系的混淆行为。

2. 虚假宣传行为

虚假宣传行为，是指经营者利用广告或者其他方法对商品作与实际情况不符的虚假宣传，导致用户和消费者误认的行为。《反不正当竞争法》第8条规定，经营者不得对其商品的性能、功能、质量、销售状况、用户评价、曾获荣誉等作虚假或者引人误解的商业宣传，欺骗、误导消费者。经营者不得通过组织虚假交易等方式，帮助其他经营者进行虚假或者引人误解的商业宣传。

虚假宣传的内容涉及商品的性能、功能、质量、销售状况、用户评价、曾获荣誉等。其表现形式有两种：一种是与实际情况不符的虚假宣传，例如将一般产品宣传为名牌产品，将国产商品宣传为进口商品，将人为合成材料宣传为天然材料等；另一种是引人误解的宣传，即通过宣传上的渲染手段导致用户和消费者对商品的真实情况产生错误的联想，从而影响其对商品的选择。

小案例

江苏生产保温瓶的A厂在新闻发布会上，公布了一条消息：我国百姓几十年来一直使用的“银胆”保温瓶胆存在着砒霜渗透的问题。A厂为了弥补这一缺陷，经过几年研制了无毒的“金胆”，安全、可靠，是保温瓶生产的一次革命。这一消息引起广大消费者的关注，很多商场也关心这一问题，大家纷纷打听如何购买所谓的“金胆”。这家企业又及时地发出广告，开展“金胆”换“银胆”的销售活动，消费者只要交两元人民币可以用一个“银胆”换一个“金胆”。于是，A厂大发其财。但是，与此同时，全国各地的“银胆”销售大受影响，产品积压。很多外国商人闻听此讯，也纷纷发出退货、解除合同等电文和传真。A厂“金胆”产品的宣传、广告及销售方法，冲击了其他生产保温瓶厂家的生产、经营。这些经济损失巨大的“银胆”的生产厂家，纷纷要求工商行政管理部门、各级技术监督管理部门调查有关事实真相，为“银胆”平反。经过江苏省技术监督部门的技术鉴定，作出如下结论：①普通的保温瓶所使用的“银胆”根本不存在砒霜渗透的问题；②所谓的“金胆”和普通保温瓶使用的“银胆”在原材料、设计方法、外形制造工艺等方面都完全一样。当地的工商行政部门经过调查也发现A厂产的所谓“金胆”实际上就是用换来的“银胆”冒充的；鉴于此有关部门作出了如下处罚：①责令该厂立即停止违法行为；②在全国性的报刊杂志上登报一个月，澄清事实的真相，消除影响；③赔偿“银胆”生产厂家的经济损失；④处以二十万元的罚款。

问题：A厂的行为是否构成了虚假宣传？

【解析】本案例涉及到经营者的虚假宣传行为构成不正当竞争及其法律责任问题。第一，保温瓶厂的虚假宣传行已构成不正当竞争。按照我国《反不正当竞争法》第8条规定，经营者不得对其商品的性能、功能、质量、销售状况、用户评价、曾获荣誉等作虚假或者引人误解的商业宣传，欺骗、误导消费者。经营者不得通过组织虚假交易等方式，帮助其他经营者进行虚假或者引人误解的商业宣传。本案A厂宣传其他厂家的保温瓶存在着砒霜渗透的问题，称自己所生产的保温瓶已经克服了该缺陷，实际上就是对其产品的性能作引人误解的虚假宣传，已经构成了不正当竞争。第二，A厂应当承担相应的法律责任。根据《中华人民共和国反不正当竞争法》第24条的规定，监督检查部门应当责令保温瓶厂停止违法行为，处二十万元以上一百万元以下的罚款；情节严重的，处一百万元以上二百万元以下的罚款，可以吊销营业执照。经营者发布虚假广告的，依照《中华人民共和国广告法》的规定处罚。

3. 商业贿赂行为

商业贿赂是指经营者为销售或者购买商品而采用财物或者其他手段贿赂对方单位或者个人的行为。《反不正当竞争法》第 7 条规定，经营者不得采用财物或者其他手段贿赂下列单位或者个人，以谋取交易机会或者竞争优势：①交易相对方的工作人员；②受交易相对方委托办理相关事务的单位或者个人；③利用职权或者影响力影响交易的单位或者个人。经营者在交易活动中，可以以明示方式向交易相对方支付折扣，或者向中间人支付佣金。经营者向交易相对方支付折扣、向中间人支付佣金的，应当如实入账。接受折扣、佣金的经营者也应当如实入账。经营者的工作人员进行贿赂的，应当认定为经营者的行为；但是，经营者有证据证明该工作人员的行为与为经营者谋取交易机会或者竞争优势无关的除外。

小案例

A 单位经过介绍人 B 向 C 服装厂订购工作服 500 套，双方在合同中订明，C 服装厂给 A 单位 10%的折扣优惠。A 单位依照合同通过银行转账支付了 450 套的货款。C 服装厂提款后一个月交货给 A 单位。同时服装厂为了酬谢介绍人 B，支付介绍费 1000 元。[①]

【解析】C 服装厂与 A 单位之间的交易行为是合法的。我国《反不正当竞争法》规定的商业贿赂的表现形式主要是回扣。回扣是指在商业购销中，卖方从明确标价应支付价款外，暗中向买方退还钱财及其他报偿以争取交易机会和交易条件的行为。回扣的特征之一是从账外秘密给付，由此看 C 服装厂与 A 单位之间没有秘密给付。A 单位和 C 服装厂所签合同中的 10%的优惠是折扣，折扣是经营者在市场交易中，以明示的方式减扣或送让给对方一部分款额，促成交易的一种促销手段，不属于商业贿赂，是一种合法行为。介绍人 B 所取的是介绍人劳务报酬也称佣金。佣金也是经营者以明示的方式给付，并明示入账的。所以介绍人 B 收取 1 000 元佣金是合法的。

4. 侵犯商业秘密行为

商业秘密，是指不为公众所知悉、具有商业价值并经权利人采取相应保密措施的技术信息、经营信息等商业信息。侵犯商业秘密行为，是指行为人未经权利人许可，以非法手段获取商业秘密并予以披露或者使用的行为。我国《反不正当竞争法》第 9 条规定了商业秘密保护问题。经营者不得实施下列侵犯商业秘密的行为：①以盗窃、贿赂、欺诈、胁迫、电子侵入或者其他不正当手段获取权利人的商业秘密；②披露、使用或者允许他人使用以前项手段获取的权利人的商业秘密；③违反保密义务或者违

① 吴桂梅、王成芬主编《经济法》，北京理工大学出版社，2017 年，225 页。

反权利人有关保守商业秘密的要求，披露、使用或者允许他人使用其所掌握的商业秘密；④教唆、引诱、帮助他人违反保密义务或者违反权利人有关保守商业秘密的要求，获取、披露、使用或者允许他人使用权利人的商业秘密。经营者以外的其他自然人、法人和非法人组织实施前款所列违法行为的，视为侵犯商业秘密。第三人明知或者应知商业秘密权利人的员工、前员工或者其他单位、个人实施本条第一款所列违法行为，仍获取、披露、使用或者允许他人使用该商业秘密的，视为侵犯商业秘密。

小案例

甲、乙两旅行社都是享有盛名的国家承办境外游客到国内观光的经济组织。2014 年，两旅行社均接待海外游客 20 万人次，经济效益不相上下。2017 年上半年，甲旅行社以高薪为条件，致使乙旅行社海外部 15 名工作人员全部辞职，转入甲旅行社工作。甲旅行社为此成立海外旅行二部，该 15 名原乙旅行社的工作人员在转入甲旅行社时将自己的业务资料、海外业务单位名单都带入甲旅行社。2017 年上半年，两旅行社的业务均发生很大的变化，甲旅行社的海外游客骤然上升，效益大增，而乙旅行社业务受到极大影响，造成了较大的经济损失。

【解析】甲旅行社的行为已构成不正当竞争，属于侵犯商业秘密的行为。商业秘密是指不为公众所知悉、能为权利人带来经济利益，具有实用性并经权利人采取保密措施的技术信息和经营信息。雇员或职员的"跳槽"行为是企业的商业秘密被泄露的主要渠道。甲旅行社利用高薪利诱乙旅行社职员泄露乙旅行社的经营信息，致使乙旅行社业务骤减，造成一定经济损失。商业秘密是企业的一种无形财产，具有不可侵犯性，任何人均负有不可侵犯的义务，雇员也不例外。本案例的雇员"跳槽"以及泄露商业秘密行为都有构成侵权，应依法进行相应的处理。

5. 商业诽谤行为

商业诽谤，或称商业诋毁、诋毁商誉，是指经营者采取捏造、散布虚伪事实等不正当手段，对竞争对手的商业信誉、商品声誉进行诋毁、贬低，以削弱竞争对手竞争能力的行为。《反不正当竞争法》第 11 条规定，经营者不得捏造、散布虚伪事实，损害竞争对手的商业信誉、商品声誉。经营者不得编造、传播虚假信息或者误导性信息，损害竞争对手的商业信誉、商品声誉。

商业诽谤行为的对象是他人商誉。商业诽谤行为的构成应当具备以下要件：第一，行为的主体是经营者，并且行为人与受害者之间具有竞争关系；第二，行为人主观上具有过错；第三，行为人在客观上有诋毁行为，即编造、传播虚假信息或者误导性信息的行为；第四，行为的后果是被诋毁者的商业形象或商品形象方面的社会评价降低或有降低的可能性。

6. 不当有奖销售行为

有奖销售行为，是指经营者以附带性地提供金钱、物品或者其他利益的引诱方式，促销其商品或者服务的行为。有奖销售行为的基本特征：第一，有奖销售是在经营者与购买者之间进行的。第二，用于进行有奖销售的奖品(赠品)包括物品、金钱或者其他经济上的利益。第三，存在着主从双重法律关系。有奖销售行为存在双重法律关系有：一是经营者向购买者销售商品或者提供服务的关系；二是经营者向购买者提供赠品的赠与关系。第四，有奖销售的目的是为了招揽顾客。

《反不正当竞争法》第 10 条规定，经营者进行有奖销售不得存在下列情形：①所设奖的种类、兑奖条件、奖金金额或者奖品等有奖销售信息不明确，影响兑奖；②采用谎称有奖或者故意让内定人员中奖的欺骗方式进行有奖销售；③抽奖式的有奖销售，最高奖的金额超过五万元。

7. 网络新型不正当竞争行为

随着信息技术的发展，互联网经营者的技术手段和服务模式不断推陈出新，市场竞争非常激烈。基于网络数字化、开放性的特点，经营者利用网络开展商业活动更具便利性，经营活动不再拘泥于实体环境，贸易壁垒不易形成，因而竞争更为充分自由，效率大为提高。但同时，网络经营活动中的不正当竞争问题也相伴而生，甚至在一些领域愈演愈烈。网络信息不正当竞争行为以互联网等网络为背景，是网络产业发展的产物，其具有以下特点：第一，参与竞争的企业数量众多，竞争激烈；第二，技术性强，隐蔽性高；第三，行为的交互性强；第四，行为造成的损害影响大。

针对网络新型不正当竞争行为的危害，我国《反不正当竞争法》第 12 条作出了相应规定。此条指出，经营者利用网络从事生产经营活动，应当遵守本法的各项规定。经营者不得利用技术手段，通过影响用户选择或者其他方式，实施下列妨碍、破坏其他经营者合法提供的网络产品或者服务正常运行的行为：①未经其他经营者同意，在其合法提供的网络产品或者服务中，插入链接、强制进行目标跳转；②误导、欺骗、强迫用户修改、关闭、卸载其他经营者合法提供的网络产品或者服务；③恶意对其他经营者合法提供的网络产品或者服务实施不兼容；④其他妨碍、破坏其他经营者合法提供的网络产品或者服务正常运行的行为。

8. 其他不正当竞争行为

除了上述不正当竞争行为外，还有一些行为也应当被认定为不正当竞争行为。例如，低价倾销行为，限制竞争行为等。低价倾销行为是指经营者不得以排挤竞争对手为目的，以低于成本的价格销售商品，主要包括：①销售鲜活商品；②处理有效期限即将到期的商品或者其他积压的商品；③季节性降价；④因清偿债务、转产、歇业降价销售商品。

公用企业或者其他依法具有独占地位的经营者，不得限定他人购买其指定的经营者的商品，以排挤其他经营者的公平竞争。政府及其所属部门不得滥用行政权力，限定他人购买其指定的经营者的商品，限制其他经营者正当的经营活动。政府及其所属部门不得滥用行政权力，限制外地商品进入本地市场，或者本地商品流向外地市场。

6.3 违反反不正当竞争法的法律责任

6.3.1 经营者的法律责任

经营者的合法权益受到不正当竞争行为损害的，可以向人民法院提起诉讼。因不正当竞争行为受到损害的经营者的赔偿数额，按照其因被侵权所受到的实际损失确定；实际损失难以计算的，按照侵权人因侵权所获得的利益确定。经营者恶意实施侵犯商业秘密行为，情节严重的，可以在按照上述方法确定数额的一倍以上五倍以下确定赔偿数额。赔偿数额还应当包括经营者为制止侵权行为所支付的合理开支。经营者造成市场混淆、侵犯商业秘密后果，权利人因被侵权所受到的实际损失、侵权人因侵权所获得的利益难以确定的，由人民法院根据侵权行为的情节判决给予权利人五百万元以下的赔偿。

经营者违反法律实施混淆行为的，由监督检查部门责令停止违法行为，没收违法商品。违法经营额五万元以上的，可以并处违法经营额五倍以下的罚款；没有违法经营额或者违法经营额不足五万元的，可以并处二十五万元以下的罚款。情节严重的，吊销营业执照。经营者登记的企业名称违反此规定的，应当及时办理名称变更登记；名称变更前，由原企业登记机关以统一社会信用代码代替其名称。

经营者采用财物或者其他手段进行贿赂以销售或者购买商品，构成犯罪的，依法追究刑事责任；不构成犯罪的，由监督检查部门没收违法所得，处十万元以上三百万元以下的罚款；情节严重的，吊销营业执照。

经营者违反法律规定对其商品作虚假或者引人误解的商业宣传，或者通过组织虚假交易等方式帮助其他经营者进行虚假或者引人误解的商业宣传的，由监督检查部门责令停止违法行为，处二十万元以上一百万元以下的罚款；情节严重的，处一百万元以上二百万元以下的罚款，可以吊销营业执照。经营者违反此规定，属于发布虚假广告的，依照《中华人民共和国广告法》的规定处罚。

经营者以及其他自然人、法人和非法人组织违反本法第九条规定侵犯商业秘密的，由监督检查部门责令停止违法行为，没收违法所得，处十万元以上一百万元以下的罚款；情节严重的，处五十万元以上五百万元以下的罚款。

经营者违反法律规定进行有奖销售的，由监督检查部门责令停止违法行为，处五万元以上五十万元以下的罚款。经营者法律规定损害竞争对手商业信誉、商品声誉的，由监督检查部门责令停止违法行为、消除影响，处十万元以上五十万元以下的罚款；情节严重的，处五十万元以上三百万元以下的罚款。

经营者违反法律规定妨碍、破坏其他经营者合法提供的网络产品或者服务正常运行的，由监督检查部门责令停止违法行为，处十万元以上五十万元以下的罚款；情节严重的，处五十万元以上三百万元以下的罚款。

经营者违反法律规定从事不正当竞争，有主动消除或者减轻违法行为危害后果等法定情形的，依法从轻或者减轻行政处罚；违法行为轻微并及时纠正，没有造成危害后果的，不予行政处罚；受到行政处罚的，由监督检查部门记入信用记录，并依照有关法律、行政法规的规定予以公示。经营者因不正当竞争行为造成损害的，应当承担民事责任、行政责任和刑事责任，其财产不足以支付的，优先用于承担民事责任。

妨害监督检查部门依法履行职责，拒绝、阻碍调查的，由监督检查部门责令改正，对个人可以处五千元以下的罚款，对单位可以处五万元以下的罚款，并可以由公安机关依法给予治安管理处罚。

当事人对监督检查部门作出的处罚决定不服的，可以自收到处罚决定之日起 15 日内向上一级主管机关申请复议；对复议决定不服的，可以自收到复议决定书之日起 15 日内向人民法院提起诉讼；也可以直接向人民法院提起诉讼。

小案例

上海宽娱数码科技有限公司是哔哩哔哩弹幕网（网站地址 www. bilibili. com，下称 b 站）的主办单位，是“bilibili”“bilibili 小电视”“bilibili 站娘 22”“bilibili 站娘 33”注册商标的独家使用权人，b 站为国内知名互联网社区，提供各类网络视频，尤其是高质量日本动漫视频的传播、直播等服务。

福州市嘀哩科技有限公司、福州羁绊网络有限公司、福建天下无双投资有限公司三被告系嘀哩嘀哩网站（网址 www. dilidili. wang，下称 d 站）的共同经营者，其也向网络用户提供日本动漫等视频的网络播放服务，并在 d 站及其微博的诸多界面持续、大量使用“dilidili”“dilidili 小电视”“dilidili 站娘”等商标，其推出的手机 APP 应用程序也配套使用前述商标进行推广使用。

2018 年，上海宽娱数码科技有限公司向法院提起诉讼，认为福州市嘀哩科技有限公司、福州羁绊网络有限公司、福建天下无双投资有限公司三被告恶意使用与原告注册商标高度近似的商标，意图使网络用户混淆、误认进而牟利，严重损害原告的合法权益及社会公共利益。请求法院判令：①三被告立即停止侵犯原告注册商标权的行为，即删除全部网络侵权内容；②三被告在共同经营的嘀哩嘀哩网站（www. dilidili. wang）及两个新浪微博账号（嘀哩嘀哩更新姬、dili 更新姬）首页刊登声明，消除不良影响；③三被告共同赔偿原告经济损失 5000 万元；④三被告共同赔偿原告为制止侵权行为所发生的合理费用共计 100 万元。

被告认为，自己有权使用包含“dilidili”的商业标识，未侵害涉案注册商标专用权，具体理由为：其一，dilidili. com 域名的注册时间为 2013 年 8 月 27 日，早于涉案商标的注册时间，故被告有权在网站上使用该域名标识；其二，涉案商标中使用的字母为 b，被告使用的对应字母为 d，两者在外观、读音上均有明显不同，不存在相似性，不会造成年轻人群体的混淆；其三，“dilidili”源于儿歌“春天在哪里”中的歌词，显示健康活泼的文化背景，与原告臆造的 bilibili 不相似；其四，被告之前确实临时性使用过纯字母的 DILIDILI 或 dilidili 标识，但这些标识与涉案商标并不相同，且被告现已不再使用，原网页上或有些许标识残存，但不存在原告所说的大量使用的情形。

问题：请分析三被告是否应承担不正当竞争的法律责任？

【解析】《最高人民法院关于审理商标民事纠纷案件适用法律若干问题的解释》第 9 条规定，商标近似是指被控侵权的商标与原告的注册商标相比较，其文字的字形、读音、含义或者图形的构图及颜色，或者其各要素组合后的整体结构相似，或者其立体形状、颜色组合近似，易使相关公众对商品的来源产生误认或者认为其来源与原告注册商标的商品有特定的联系。

可以确定的是，原告经授权系前述四个商标的独占使用权人。结合原告使用、宣传、推广 bilibili 商标的情况以及 B 站、“哔哩哔哩”应用程序具有的影响力和所获荣誉，可以认定涉案商标具有一定显著性和知名度。

依照上述法规，法院认为三被告实施了侵害涉案注册商标专用权的行为，主要理由如下：

其一，D 站、dilidili. name 网站及手机 APP“嘀哩嘀哩”均提供动画在线播放服务，与第 15362394 号 bilibili 商标核定的服务项目相同；其中，D 站被控侵权标识与涉案 bilibili 商标相比，在拼音部分仅存在“B”和“D”字母的区别，其余字母及组合方式均相同，在整体外观上构成近似，且两者的读音为相似的叠音，亦容易导致产生混淆，故两者构成近似。

其二，“嘀哩嘀哩”手机 APP 属于可下载的计算机程序，且 D 站上提供该应用程序的下载，与第 19068427 号 bilibili 商标核定使用商品类别相同；该应用程序的图标为“DILIDILI”，载入页面使用了被控侵权标识，用户登录页面上方有“DILIDILI”字样。上述被控侵权标识中的“DILIDILI”与第 19068427 号 bilibili 商标构成近似。

由于涉案商标知名度较高，容易使相关公众对被控侵权标识和原告商标产生混淆误认，进而对 D 站的运营主体产生误认，或者认为该网站与原告之间有特定联系。且客观上，确已有公众对 B 站和 D 站的关系产生混淆。

同时，结合部分涉案平台已无法打开，其侵权行为已不复存在的情况；以及立足商标本身的作用及价值、结合涉案商标的具体情况，法院依法酌定赔偿数额，作出一审判决:三被告在“嘀哩嘀哩更新姬”“dili 更新姬”新浪微博上连续五日刊登声明以消除影响;三被告赔偿原告经济损失 300 万元;三被告赔偿原告合理费用 11 万元;驳回原告其余诉讼请求。

6.3.2 监管人员的法律责任

国家机关及其工作人员不得支持、包庇不正当竞争行为。监督检查部门调查涉嫌不正当竞争行为,应当遵守《中华人民共和国行政强制法》和其他有关法律、行政法规的规定,并应当将查处结果及时向社会公开。

对涉嫌不正当竞争行为,任何单位和个人有权向监督检查部门举报,监督检查部门接到举报后应当依法及时处理。监督检查部门应当向社会公开受理举报的电话、信箱或者电子邮件地址,并为举报人保密。对实名举报并提供相关事实和证据的,监督检查部门应当将处理结果告知举报人。

监督检查部门及其工作人员对调查过程中知悉的商业秘密负有保密义务。对于滥用职权、玩忽职守、徇私舞弊或者泄露调查过程中知悉的商业秘密的,依法给予处分。

本章小结

本章介绍了不正当竞争行为的主体是经营者,侵犯的客体是其他经营者的合法权益和社会经济秩序。不正当竞争行为包括欺骗性标示行为、侵犯商业秘密行为、诋毁商誉行为、商业贿赂行为、引人误解的虚假宣传行为、不当附奖赠促销行为、低价倾销行为、限制竞争行为、串通招投标行为等九种行为。

练习题

一、单项选择题

1. 我国对不正当竞争行为进行监督检查的主管部门是( )

A. 商业部　　B. 国家质检总局

C. 市场监督管理总局　　D. 物价局

2. 根据反不正当竞争法律制度的规定,下列行为中,属于不正当竞争行为的是( )

A. 甲因其所居住小区内的超市过于吵闹,影响其休息,遂捏造该超市出售伪劣商品的事实并进行散布,导致该超市营业额严重下降

B. 乙家具制造企业将产自中国的家具产品的原产地标注为意大利

C. 丙歌厅见与其相邻的另外一家歌厅价格低、服务好、客源多,遂雇用打手上门寻衅滋事,进行威胁

D. 入夏前,丁商场为了筹集资金购进夏装,以低于进货价的价格甩卖了一批库存的羽绒服

3. 违背相对交易人的意愿的搭售行为是侵害了购买者的( )

A. 自主选择权 B. 知悉真情权

C. 维护尊严权 D. 依法求偿权

4. 商业秘密的两大特征是( )

A. 新颖性和保密性 B. 商业性和秘密性

C. 创造性和专有性 D. 实用性和专有性

5. 在《反不正当竞争法》中商业贿赂主要指( )

A. 回扣 B. 让利 C. 折扣 D. 佣金

6. 擅自使用他人的企业名称或者姓名,引人误认为是他人的商品的行为属于( )

A. 采用欺骗性标志交易行为 B. 虚假宣传行为

C. 侵犯商业秘密行为 D. 诋毁商誉行为

7. 抽奖式的有奖销售,最高的奖金额不得超过( )元

A. 3000 B. 5000 C. 10000 D. 50000

8. 监督检查部门工作人员监督检查不正当竞争行为时( )

A. 可出示检查证件 B. 应出示检查证件

C. 可不出示检查证件 D. 在某些场合应出示检查证件

9. 经营者的不正当竞争行为给被侵害的经营者造成的损失难以计算,赔偿额为( )

A. 受害人在被侵权其间所获得的利润

B. 侵权人在侵权其间所获得的利润

C. 侵权人在侵权其间因侵权所获得的利润

D. 侵权人在侵权其向所获得的利润的1.5倍

10. 原告为推销商品,而与被告约定由原告向被告支付一定数额的"进场费",其行为实质上是以不正当的竞争手段排挤、限制他人公平竞争的不正当竞争行为。此行为属于《反不正当竞争法》上的( )行为。

A. 商业贿赂 B. 商业诋毁 C. 垄断协议 D滥用市场支配地位

二、多项选择题

1.《反不正当竞争法》的主体——经营者可以是( )

A. 从事生产的法人 B. 从事销售的个人

C. 从事营利性服务的个人 D. 从事商品服务的个人

2. 我国《反不正当竞争法》严加禁止的不正当竞争行为有( )

A. 以格式合同对消费者作出不合法律规定的行为

B. 侵犯消费者的人身权行为

C. 串通投标行为

D. 降价排挤行为

3. 下列有奖销售行为中属于不正当有奖销售行为的有（ ）

A. 谎称有奖进行有奖销售

B. 故意让内定人员中奖进行有奖销售

C. 利用有奖销售的手段推销质次价高的商品

D. 抽奖式有奖销售的奖品为50000元的实物心

4. 监督检查部门在对不正当竞争行为进行监督检查时，享有的职权有（ ）

A. 处罚权　　B. 责令赔偿权

C. 检查权　　D. 询问权

5. 有下列情形之一的，不属于不正当竞争行为的有（ ）

A. 最高奖的金额为3000元的抽奖式有奖销售

B. 以低于成本的价格销售鲜活商品

C. 擅自使用某个体工商户的商号

D. 在级别低的名优产品上使用级别高的名优标志

6. 政府及其所属部门，不得滥用行政权力（ ）

A. 限定他人购买其指定的经营者的商品

B. 限制其他经营者的正当的经营活动

C. 限制外地商品进入本地市场

D. 限制本地商品流向外地市场

7. 在商品上伪造冒用（ ），对商品质量作引人误解的虚假表示，是不正当竞争行为。

A. 认证标志　　B. 名优标志　　C. 产地　　D. 非注册商标

8. 搭售的构成要件有（ ）

A. 市场支配地位　　B. 两个或者两个以上的产品

C. 强制购买被搭售品　　D. 对被搭售品市场的竞争具有限制效果

9. 甲酒厂为扩大销量，精心模仿乙酒厂知名白酒的包装、装潢。根据反不正当竞争法律制度的规定，下列说法不正确的有（ ）

A. 如果乙厂的包装、装潢未获得外观设计专利，则甲厂摹仿行为合法

B. 如果甲厂在包装、装潢上标明了自己的厂名、厂址、商标，则不构成仿冒行为

C. 如果甲厂白酒的包装、装潢不足以使消费者误认为是乙厂白酒，则不仿冒混淆行为

D. 如果乙厂白酒的长期消费者留意之下能够辨别出二者差异，则不构成仿冒行为

10. 春运期间，某省国有公路客运公司为缓解短途客运压力，在客运高峰到来前5天，宣布提高票价50%，下列表述正确的有（ ）

A. 不违反《消费者权益保护法》，乘客可以不乘坐该公司的客车或者上车后与之讨价还价

B. 违反了《消费者权益保护法》，侵犯了消费者的公平交易权

C. 因没有举行听证会，违反了价格法

D. 违反了《反不正竞争法》，属于公用企业滥用优势地位的不正当竞争行为

三、案例分析

1990 年，原告长春市通达化工技术实验厂研制开发成功了一项新型“橡胶防老剂”技术成果，并用本厂技术副厂长王某和生产副厂长韩某姓名的汉语拼音字头的组合，命名为“WH 系列新型橡胶防老剂”。在该系列产品中，“WH－O2”产品是专用于轮胎橡胶配方中的防老剂。1992 年，原告开始批量生产“WH－O2”产品，该产品的年产销售量均在一千吨左右，每吨可获利近 2005 元，经济效益较好。《中国橡胶》、《橡胶工业》、《轮胎工业》对橡胶防老剂作过专题介绍和评论。2005 年，原告产的“WH－O2 新型橡胶防老剂”技术成果被长春市科学技术委员会列为国家火炬计划项目；2005 年，此技术成果被第二届中国长春电影节高新技术科技成果展览会评为优秀成果一等奖；2005 年 3 月，原告国家商标局提出了“WH 橡胶防老剂”的商标注册申请。至诉讼时，国家商标局尚未核准注册。2005 年，原告发现被告长春市橡胶助剂厂冒用“WH－02”橡胶防老剂产品的名称和商标，生产“WH－O2”橡胶防老剂产品，销售给天津、河南、杭州等地的轮胎生产企业。原告认为被告侵害了自己知名商品的名称权和商标权，经与被告多次交涉未果，起诉至长春市中级人民法院，请求判令被告立即停止侵权行为并赔偿其经济损失 20 万元。

请用本章所学知识对该案例进行分析。

能力训练

2019 年 12 月底，姚先生在某电商平台上购买了 2 盒国内某著名品牌坚果，发现买回来的坚果吃起来味道与之前官网购买的相差甚远，怀疑是假货，于是选择报警。民警立即对网店的流水进行查询，发现店铺短时间内流水超过 50 万。经调查发现，该店铺所售坚果为小作坊生产的假冒品牌坚果。一盒成本 20 元的坚果，以 50 元价格出售，非法获利 500 万余元，而且坚果霉菌严重超标。

请分组讨论：店铺经营者应承担什么样的法律责任？

第 7 章 产品质量法律制度

知识目标

• 了解《产品质量法》的适用范围；

• 熟悉生产者与销售者的产品质量责任和义务；

• 掌握产品瑕疵和产品缺陷的含义及其区别、识别产品责任的归则原则及其确定。

能力目标

• 了解产品质量法的适用范围、产品质量监督管理制度、生产者和销售者的产品质量义务的主要内容；

• 掌握产品质量责任(主要是民事责任)的确认条件与责任承担方式。

导入案例①

2015 年 6 月 14 日，鸿荣公司厂房发生火灾。同年 7 月 22 日，泉州消防支队出具《火灾事故认定书》，认定起火原因为空调故障引起。2014 年，鸿荣公司从鸿星尔克公司厦门总部调拨一批旧办公设备、其中包括美的空调。泉州消防支队在火灾现场只提取了电气线路残骸作为痕迹物证，并送物证鉴定中心进行技术鉴定，并未把空调残骸作为痕迹物证进行提取。而鸿荣公司也未有效地保存空调残骸。

鸿荣公司作为原告，起诉要求判令美的公司赔偿鸿荣公司损失 66 576 872.15 元及利息。

一审法院认为鸿荣公司应对其主张引起火灾的故障空调承担举证责任，案涉火灾事故的故障空调是认定该空调品牌的重要物证，但鸿荣公司提供的证据不足以证

① 〔2020〕最高法民申 1151 号，中国裁判文书网。

明其主张，可通过对空调残骸进行司法鉴定以查明事实。而鸿荣公司无法提供调查令中所要求的案涉空调残骸。因此，鸿荣公司主张引起火灾的故障空调是美的公司生产的美的空调，证据不足，应予驳回。

鸿荣公司不服，二审上诉。

美的公司是否应承担案涉火灾事故赔偿责任，需要澄清下列两个问题：

(1) 关于案涉火灾事故是否因美的空调故障所引发的问题？

(2) 关于空调故障是否系空调本身质量存在缺陷所致的问题？

随着本章内容的学习，尤其是生产商的质量责任和义务，产品质量的民事责任章节的内容，我们可以回答这个问题。

7.1　产品质量法律制度概述

1. 产品与产品质量

什么是产品？产品是支撑功能的载体，以满足特定的需求。ISO9000 标准对产品的定义，产品是“过程的结果，包括硬件、软件、服务和流程性材料”。本法规定的产品是指经过加工、制作，用于销售的产品。

什么是产品质量？产品质量是指产品性能在正常使用条件下，满足合理使用用途要求所必须具备的物质、技术、心理和社会特性的总和。

产品质量特征包括：适应性、安全性、经济性、可靠性、维修性、获得性等。

2. 产品质量法的概念、体系

为了加强对产品质量的监督管理，提高产品质量水平，明确产品质量责任，保护消费者的合法权益，维护社会经济秩序，特制定了产品质量法。产品质量法的调整对象为产品质量监督管理关系、及产品质量责任关系。具体为两个方面，其一为法律授权的行政管理机关与产品的生产者、销售者之间的产品质量监督管理关系，其二为生产者、销售者与消费者之间产品质量责任关系。

《中华人民共和国产品质量法》1993 年 2 月 22 日第七届全国人民代表大会常务委员会第三十次会议通过了《中华人民共和国产品质量法》，并于 1993 年 9 月 1 日起实施。迄今为止，共修正了 3 次、2000 年修正、2009 年修正、2018 年修正。

3. 产品质量法的适用范围

(1) 产品的适用范围，以销售为目的，经过加工、制作，用于销售的产品。未经加工天然形成的产品(如：原油、原煤等)及初级农产品不适用本法规定。另外，建设工程质量及军工产品有专门法律规定，也不适用本法规定，但是，建设工程使用的建筑材料、建筑构配件和设备，属于前款规定的产品范围的，适用本法规定。

(2) 对事的适用范围，只适用生产及销售环节，运输与储存不适用本法。

(3) 对地的适用范围，在中国境内的产品生产、销售活动。

小案例

原告刘某在煤炭市场购买被告佘某块煤一车。某日，原告在往炉子里加煤时，炉子突然发生爆炸，致使原告右眼被炸伤。因人身赔偿问题，原告将块煤销售者、生产者作为共同被告起诉到法院，要求赔偿损失。

审理结果：法庭认为，因产品存在缺陷造成他人人身损害的产品生产者或销售者应承担赔偿责任。佘某作为销售者不能提供充足证据证实被告煤炭公司是生产者，因此承担全部赔偿责任。

被告佘某不服，提出上诉。上诉理由是销售的块煤是原始矿产品，不属于《产品质量法》中的产品。

问题：本案是否适用《产品质量法》?

【解析】根据《产品质量法》第2条第2款规定，产品是指经过加工、制作，用于销售的产品。因此，产品须具备两个条件：一是经过加工、制作；二是用于销售，即进入流通领域。本案中上诉人佘某向刘某销售的块煤显然不是未经加工制作的自然物，且已进入流通领域，完全符合“产品”的内涵与外延。因此，上诉人认为其出售的块煤并非产品，不受《产品质量法》的调整是不成立的。本案界定为产品侵权行为。

7.2 生产者、销售者的产品质量责任和义务

生产者对其生产的产品质量负责，必须严格履行其保证产品质量的法定义务；当不履行或不完全履行其法定义务时，必须依法承担相应的产品质量责任。

7.2.1 生产者产品质量责任和义务

1. 保证内在质量义务

安全性：不存在危及人身、财产安全的不合理的危险，有保障人体健康和人身、财产安全的国家标准、行业标准的，应当符合该标准；

功能性：具备产品应当具备的使用性能，但是，对产品存在使用性能的瑕疵作出说明的除外；

使用性能的明示担保：符合在产品或者其包装上注明采用的产品标准，符合以产品说明、实物样品等方式表明的质量状况。

2. 提供外在标识义务

提供必要的产品标识：产品质量检验合格证明；有中文标明的产品名称、生产厂家、厂址；产品规格等级所含成分等；使用期限及警示标识等。提供的标识应当真实、明确。

3. 特殊产品包装义务

易碎、易燃、易爆、有毒、有腐蚀性、有放射性等危险物品以及储运中不能倒置和其他有特殊要求的产品，其包装标识需明确告知仓储、运输、销售及用户相关该产品的信息，作出警示说明。

4. 不作为义务

不得生产国家明令淘汰的产品；不得伪造产地、伪造或者冒用他人的厂名、厂址、伪造或者冒用认证标志等质量标志；不得掺杂、掺假、以假充真、以次充好；不得以不合格产品冒充合格产品。

7.2.2 销售者产品质量责任和义务

1. 作为义务

进货检查验收制度及保持销售产品的质量。销售者对购进的产品质量进行检查，符合合同约定的予以验收。进货检验验收包括产品标识检查、产品感官检查及必要的内在质量检验。销售者根据产品的不同特点，需采取必要的防雨、通风、防晒、防霉变、分类、恒温、恒湿等方式，保持产品进货时的质量状态。

2. 不作为义务

与生产者不作为义务一样、销售者不得销售国家明令淘汰并停止销售的产品；不得伪造产地，不得伪造或者冒用他人的厂名、厂址；不得伪造或者冒用认证标志等质量标志；不得掺杂、掺假，不得以假充真、以次充好，不得以不合格产品冒充合格产品。

7.3 产品质量的管理与监督

产品质量法的调整对象为产品质量监督管理关系、及产品质量责任关系。产品质量监督管理又分为管理体制、管理制度及监督制度。

1. 产品质量管理体制

我国产品质量管理采取集中领导，分区分行业管理方式。

《产品质量法》第8条明确规定，国务院市场监督管理部门主管全国产品质量监督工作。国务院有关部门在各自的职责范围内负责产品质量监督工作。县级以上地方市场监督管理部门主管本行政区域内的产品质量监督工作。县级以上地方人民政府有关部门在各自的职责范围内负责产品质量监督工作。

2. 产品质量管理制度

1）企业质量体系认证制度

企业根据自愿原则可以向国务院市场监督管理部门认可的或者国务院市场监督管理部门授权的部门认可的认证机构申请企业质量体系认证（ISO9000系列）。经认证合格的，由认证机构颁发企业质量体系认证证书，证明企业的质量保证能力符合相应标准要求。

2）产品质量认证制度

国家参照国际先进的产品标准和技术要求，推行产品质量认证制度。企业根据自愿原则，向法定认证机构申请产品质量认证。经认证合格的，由认证机构颁发产品质量认证证书，准许企业在产品或者其包装上使用产品质量认证标志。

3）生产许可证制度

对可能危及人体健康和人身、财产安全和公共利益的产品，我国采用生产许可制度。具备该类产品的生产条件并能保证产品质量的企业，国家依法授予许可生产该类产品的凭证。

3. 产品质量监督制度

1）国家监督：抽查制度

抽查对象：对可能危及人体健康和人身、财产安全的产品，影响国计民生的重要工业产品以及消费者、有关组织反映有质量问题的产品进行抽查。

抽查依据和方法：以产品标准、产品应当具备的使用功能、产品说明书、质量保证书、实物样品、产品标识等为依据，初查的样品应当是在市场上或者企业仓库内的代销产品，随机抽样。

法律后果：抽查的产品质量不合格的，由实施监督抽查的市场监督管理部门责令其生产者、销售者限期改正。逾期不改正的，由省级以上人民政府市场监督管理部门予以公告；公告后经复查仍不合格的，责令停业，限期整顿；整顿期满后经复查产品质量仍不合格的，吊销营业执照。监督抽查的产品有严重质量问题的，依照本法第五章的有关规定处罚。对依法进行的监督检查，生产者、销售者不得拒绝。不得向企业收取抽查费用。

2）社会监督

任何单位和个人有权对违反本法规定的行为，向市场监督管理部门或者其他有关部门检举，其检举权受法律保护，可以署名检举，也可以匿名检举。

3）消费者监督

消费者有权就产品质量问题，向产品的生产者、销售者查询；向市场监督管理部门及有关部门申诉，接受申诉的部门应当负责处理。

7.4 产品质量责任制度

产品质量责任是指产品的生产者、销售者不履行本法规定的保证产品质量的义务，应当承担的法律后果。包括产品质量民事责任和违反本法规定的行政责任及刑事责任。

7.4.1 产品质量民事责任

产品质量民事责任包括产品瑕疵担保责任与产品缺陷损害赔偿责任。

1. 承担产品瑕疵担保责任的条件

(1) 瑕疵:①不具备应当具备的使用性能而事先未作说明的;②不符合在产品或者其包装上注明采用的产品标准的;③不符合以产品说明、实物样品等方式表明的质量状况的。

(2) 权利主体为产品的购买者和责任主体为销售者。

(3) 责任方式:销售者承担的产品瑕疵担保责任包括:负责修理、更换、退货、赔偿产品购买人造成的损失,如运输费、交通费、误工费等。

(4) 销售者赔偿损失后,产品瑕疵属于生产者或供货者的责任的,销售者有权向生产者、供货者追偿。

2. 产品缺陷损害赔偿责任

(1) 承担产品缺陷损害赔偿责任的条件:①产品存在缺陷;②产品缺陷造成了损害;③产品缺陷和损害事实间有因果关系。

(2) 权利主体是受害者(可用是购买者,也可以是使用者)和责任主体是生产者和销售者。

(3) 承担连带责任和先行赔偿责任。

(4) 生产者对免除责任的条件,负有举证的责任。如果生产者不能有效证明其免责条件的,则不能免除生产者的赔偿责任。免责情形:①未将产品投入流通的;②产品投入流通时,引起损害的缺陷尚不存在的;③将产品投入流通时的科学技术水平尚不能发现缺陷存在的。

(5) 销售者责任承担:由于销售者的过错使产品存在缺陷,造成人身、他人财产损害的,销售者应当承担赔偿责任。如销售者不能指明缺陷产品的生产者或供货者的,销售者应当承担全部赔偿责任。

(6) 产品损害赔偿责任的承担。

因产品存在缺陷造成人身、他人财产损害的,受害人可以向产品的生产者或销售者要求赔偿。属于产品生产者的责任,销售者赔偿的,有权向其生产者追偿。同理,属于产品销售者的责任,生产者赔偿的,有权向其销售者追偿。

(7)赔偿范围:人身伤害赔偿和财产损害赔偿。

(8)责任期间和诉讼时效。

责任期间:10 年,自造成损害的缺陷产品交付最初用户之日起算;但未超过明示的安全使用期的除外。诉讼时效:2 年,自当事人知道或者应当知道其权益受到侵害时起计算。

小案例

2015 年 10 月 16 日晚 19 时许,原告张某在使用被告永康市邦尔达工贸有限公司生产的“天添喜”牌防爆压力锅时，该高压锅突然发生爆炸，将其炸伤。该事件致使原告张某右眼球破裂等多处伤情，经鉴定为七级伤残，仍需后续治疗。

被告永康市邦尔达就其涉事高压锅辩称，原告张某受伤事实并非邦尔达所致，与该公司没有因果关系。邦尔达公司自成立以来，专业生产各类型压力锅，拥有全国工业产品生产许可证，在行业内得到一致好评，且生产的产品均为合格产品，有合格证及使用方法说明。原告张某未提交证据证明本案争议产品存在缺陷或属于不合格产品，根据举证责任分配原则，因缺陷产品引发的诉讼，原告张某作为受害人应当对产品存在质量问题和缺陷问题、人身或财产遭受损害，损害因缺陷产品所致负有举证责任。

庭审结果：被告邦尔达生产的涉案高压锅发生爆炸致使原告张某受伤事实依法予以确认。根据《产品质量法》第二十六条相关规定，生产者应当对其生产的产品质量负责，产品质量不应存在危及人身、财产安全的不合理的危险，被告邦尔达生产标准虽符合国家强制性质量要求，具有压力锅类产品生产资质，但本案所涉压力锅发生爆炸的事实，严重危及了消费者的人身财产安全，明显违背高压容器应具有的通常产品使用用途，应认定涉案高压锅属于存在产品质量缺陷的个案产品，被告邦尔达在不能举证证明原告张某使用时存在不当行为，且无其他法定免责事由，应当就其生产的本案缺陷产品所致人身、财产损害给予赔偿。

被告不服，提起上诉。

问题：产品存在质量问题或系缺陷产品该谁举证？当双方都无法举证时，法庭如何审判？

【解析】本案双方举证的责任都很艰难。

张某在使用过程中未充分履行注意义务，未及时发现高压锅已无法正当排气的情形，也未采取合理措施以避免危险的发生。考虑张某在使用案涉高压锅过程中存在的上述不当行为，减轻上诉人邦尔达公司的赔偿责任。经法院查明，案涉高压锅案涉不仅存在安全阀门功能上的缺陷，并且在抗压材料的选择及与密闭锁定部位设计上也存在不足。相比于消费者的使用责任，生产者的产品质量安全责任为最主要责任，根据本案实际，法院确定张某承担的责任比例为10%，永康市邦尔达承担90%。

7.4.2 产品质量行政责任

产品质量行政责任是指生产者、销售者因违反产品质量法而应当承担的法定的不利后果，主要是由产品质量监督部门和有关部门依法对生产者、销售者违反产品质量法规定的产品质量义务的行为给予罚款，没收违法生产销售的产品和违法所得，吊销营业执照等行政处罚。

《产品质量法》第五章“罚则”详细列举了生产者、销售者、中介机构、行政部门等违反本法时的各种行政责任。如第49条至第53条列举了生产者、销售者不履行“不作为义务"时的处罚规定。第57、58、65、66、67、68条列举了检验机构、中介机构、政府行政部门违反本法时的处罚规定。

小案例

2006年4月,某质量技术监督局对某砖厂进行抽样检查,发现产品尺寸不合格(其他项目合格)。技术监督局将检验结果报告及告知书送达该砖厂。砖厂未在此期限内提出书面意见。2007年1月,技术监督局向砖厂送达行政处罚告知书,罚款46,000元,并根据《产品质量法》第13条、26条、49条规定,责令停止生产、处罚违法货值金额一倍罚款。砖厂不服,向法院提起行政诉讼。一审法庭认为:被告某质量技术监督局所作的处罚决定认定事实主要证据不足,适用法律错误,违法法定程序,应撤销行政处罚决定。

(资料来源:李俊,许光红. 产品质量法案例评析[M]. 对外经济贸易大学出版社,2012. P184-P186)

该质量技术监督局不服一审判决,提起上诉。

本案争议焦点:对于生产不存在危及人身、财产安全的不合格产品的行为可以适用《产品质量法》第49条规定进行处罚吗?

【解析】《产品质量法》第49条规定是针对生产销售不符合保障人体健康和人身、财产安全标准的产品的处罚规定,并非所有生产、销售不合格品的行为都适用,因为并非所有的不合格产品均存在危及人身、财产安全。本案中,没有证据表明砖厂生产的产品违反保障人体健康和人身、财产安全的国家标准、行业标准。存在危及人身、财产安全的不合理危险。

质监局认定砖厂别抽检的砖为不合格产品,违反了《产品质量法》第32条的规定,对于违反该条规定的行为如何进行处罚,《产品质量法》第50条作了明确规定。因此,本案维持原判。

7.4.3 产品质量刑事责任

产品质量的刑事责任是指产品质量问题的严重违法行为,依照《刑法》规定构成犯罪所应承担的法律后果。承担刑事责任的方式主要有:罚款、拘役、判刑等。刑事责任是最严厉的法律责任。2009年在修改后的新《刑法》专门对生产、销售伪劣商品构成犯罪的行为的刑事责任作了具体规定。在《产品质量法》"罚则"一章的有关条款中,对严重的质量违法行为,规定了要"依法追究刑事责任"。

本章小结

产品质量法是规范市场行为的重要法律制度。本章首先从概念、体系、适用范围对《产品质量法》进行了概述，重点强调适用范围为"加工、制作，用于销售"的产品。然后，对产品质量的法律制度的主要内容，如产品质量的监督管理制度，生产者和销售者的产品质量义务及违反产品质量法的法律责任等进行了概括阐述。对于重点内容，并引用了相关案例，进行详细分析。

练习题

一、单项选择题

1. 下列产品属于《产品质量法》管理的范围是（ ）

A. 药品质量　　B. 建筑工程质量

C. 食品安全　　D. 建筑材料质量

2. 按《产品质量法》规定，销售者的下列行为可以减轻或从轻处罚的是（ ）

A. 不知道该产品是《产品质量法》禁止销售的产品

B. 提供出产品的进货渠道

C. 举报出该产品的生产窝点

D. 有证据证明其不知道该产品为禁止销售的产品，并如实说明其进货渠道

3. 某公司开发一款新型手机，给某实验室 10 件样品用于测试，后来样品有 6 件丢失。一天，刘某手机爆炸，经查明刘某从朋友处低价购买了样品手机，正是实验室丢失的 6 件样品手机中的一件，而该手机电池存在重大缺陷。刘某要求该公司赔偿损失，该公司不同意赔偿，下列最能支持该公司立场的理由是（ ）

A. 该手机尚未投入流通

B. 刘某如何得到手机的事实不清

C. 刘某偷盗样品，由此造成的损失应由其自负

D. 刘某应向提供给其手机的人索赔

4. 张某在某 4S 店购得一辆电动汽车，使用一年后去该 4S 店维护保养。张某被告知该车变速控制部分存在故障，需要更换。张某认为车变速控制存在质量问题，要求该 4S 店免费更换，4S 店认为是张某使用不当所致，要求其承担更换费用。经查，该车变速控制部分不符合产品说明所述质量。对此，下列说法正确的是（ ）

A. 张某有权请求该 4s 店承担免费更换责任

B. 张某只能请求该车生产商承担免费更换责任

C. 张某有权请求该 4S 店承担产品侵权责任

D. 该 4S 店和该车生产商应当连带承担产品侵权责任

5. 李某以 4000 元在某知名网商购买某品牌洗衣机。使用 6 年后，洗衣机突然爆炸，造成玻璃碎裂，人员受伤，经评估，李某损失约 5 万元。事发后，该网商同意赔

偿 4000 元,而李某提出不能低于 5 万元。李某向法院起诉,法院认为,认定有产品质量问题,必须有技术监督部门的鉴定,该洗衣机已毁且库存已无,技术监督部门表示无法鉴定。法院推定,不能排除消费者由于使用,管理不当和其他因素发生爆炸的可能性,洗衣机产品质量问题证据不足,驳回起诉。请问下列说法正确的是(　)

A. 法院可以推定该洗衣机产品质量问题证据不足

B. 网商同意赔偿 4000 元,是合法的

C. 李某可以向网商索赔 5 万元,也可以向生产商索赔 5 万元

D. 生产商以该洗衣机已经过了有效期为由,不予赔偿李某的损失

二、多项选择题

1. 销售者在产品质量方面承担民事责任的具体形式有(　)

A. 修理　　　　B. 更换　　　　C. 退货　　　　D. 赔偿

2. 某知名品牌家具店出售的书柜,如安装不当(如未固定到墙上),可能发生因柜子倾斜致人伤亡的危险。关于此事,下列说法正确的是(　)

A. 该书柜质量应符合产品安全性的要求

B. 该书柜本身或者包装上应有警示标志或者中文警示说明

C. 质检部门对这种书柜进行抽查,可向该店收取检验费

D. 该书柜应该被召回,且该店应承担购买者因召回支出的全部费用

3. 王某在某大型超市给 10 个月的孩子买了辆学步车,孩子在学步车中摔倒并受伤严重。经查询得知,该型号学步车半年前已被认定为不合格产品,超市从总经销商正规渠道进货,下列选项正确的是(　)

A. 王某有权向该学步车生产商索赔

B. 王某有权向总经销商、超市索赔

C. 超市向王某赔偿后,有权向该学步车生产商索赔

D. 超市向王某赔偿后,有全向总经销商索赔

4. 刘某从某商场购买了某品牌厂生产的高压锅送给其母亲,刘某母亲在烹饪时邻居张大妈到其厨房聊天,高压锅爆炸致 2 人受伤。下列选项错误的是(　)

A. 张大妈不得依据《产品质量法》请求赔偿

B. 如高压锅被认定为缺陷产品,刘某可向该品牌生产厂家或商场请求赔偿

C. 如高压锅未被认定为缺陷产品则该厂不承担赔偿责任

D. 如该商场证明目前科技水平尚不能发现缺陷存在,则不承担赔偿责任

5. 4 岁的幼儿豆豆在公园的免费游乐场玩滑滑梯时,不慎摔倒,严重骨折。经查明,该滑梯的滑梯与滑道连接处有缝隙,滑道安装不符合安全性标准。下列选项正确的是(　)

A. 豆豆的家长可以依据《产品质量法》起诉公园经营者请求赔偿

B. 因为是游乐场是免费的,公园不承担赔偿责任

C. 豆豆的家长可以以“存在质量缺陷”请求该滑梯的生产商赔偿

D. 公园可以向该滑梯的生产商追偿

三、案例分析题

1. 某厂2006年生产了一种治疗腰肌劳损的频谱治疗仪投放市场，消费者甲购买了一部，用后腰肌劳损大大减轻，却患上了偏头疼症，甲询问了这种治疗仪的其他用户，很多人都有类似反应。甲向某厂要求索赔。某厂对此十分重视，专门找专家作了鉴定，结论是：目前科学技术无法断定治疗仪与偏头疼之间的关系。

对此，甲认为，本着公平原则，某厂应予适当赔偿。而且，因出现不良反应的用户众多，应将争议搁置，待科技发展到能够作出明确结论时消费者应该还有诉讼权。

而厂商认为，该治疗仪的功能是治疗腰肌劳损，该功能完全具备，至于其他副作用是治疗中不可避免的，该厂可不负责任。而且，由于治疗仪投入流通时的科学技术水平不能发现缺陷的存在，厂家不能承担赔偿责任。

你认为消费者甲的观点正确还是厂商的观点正确？为什么？

2. 甲公司售与乙商场一批玻璃花瓶，称花瓶上有不规则的抽象花纹为新产品，乙商场接货后即行销售，后受到很多消费者投诉，消费者说花瓶上的花纹实际上裂缝，花瓶漏水，要求乙商场退货并赔偿损失，乙商场与甲公司交涉，甲公司称此类花瓶是用于插装塑料花的，裂缝不影响使用，且有特殊的美学效果，拒绝承担责任。消费者丙被花瓶裂缝划伤，他该向乙商场索赔？还是向甲公司直接索赔？乙商场该怎么处理，才能挽回损失？乙商场与甲公司分别该承担怎样的责任？试回答以上问题。

能力训练

某县质监局执法人员在某农药有限责任公司（以下简称农药公司）检查时，发现农药公司生产的某种农药的外包装标识存在三个问题：产品名称未标注中文名称（用英文标示）、未标注有效成分及含量、未标注生产企业地址。

经查，该农药公司共生产该款农药500包，尚未出厂售出，货值金额10 000元。根据以上违法事实，县质监局认为，本案农药包装物的标识标注，不符合《农药包装通则》国家强制性标准的规定，因此，农药公司生产该批农药的行为，违反了《标准化法实施条例》第23条“从事科研、生产、经营的单位和个人，必须严格执行强制性标准。不符合强制性标准的产品，禁止生产、销售和进口”的规定，决定依据《标准化法实施条例》第33条第一款“生产不符合强制性标准的产品的，应当责令其停止生产，并没收产品，监督销毁或作必要技术处理；处以该批产品处货值金额20%至50%的罚款；对有关责任者处以5000以下罚款”的规定，作如下行政处罚：责令停止生产不符合强制性标准要求的农药，没收500包不符合强制性标准的农药，处货值金额40%的罚款计4000元，对农药公司法定代表人陈某某处以2500元罚款。农药公司不服县质监局的处罚，以县质监局认定事实错误、适用法律不当为由，向上一级质监局提出行政复议，请求撤销县质监局的行政处罚。

针对农药公司提出的理由，在是否维持县质监局行政处罚问题上，市质监局行政案件复议审理委员会的审理人员有两种不同意见。

第一种意见认为：县质监局对本案违法事实认定清楚，适用法律正确，应予维持。理由是：农药公司生产的农药包装物标识不符合《农药包装通则》国家强制性标准的规定，虽然农药内在质量未经检验无法判定其为不合格，但农药不可能裸装，必须用包装物（如瓶子、纸箱等）进行包装，方能出厂销售，所以，包装物是农药不可缺少的组成部分，包装物上的标识违反国家强制性标准的规定，即可认定农药产品亦不符合国家强制性标准要求。

第二种意见认为：县质监局认定事实有误，证据不足，适用法律不当，该行政处罚应予撤销。理由是：虽说农药要用包装物包装后才能出厂销售，包装物与农药是一个整体，但据此认定包装物标识违反了强制性标准规定，农药也不符合强制性标准要求并无充分依据，农药是否符合强制性标准的要求，应当进行内在质量检验，依据检验结果判定，未经检验没有根据认定农药不符合强制性标准。另外，《标准化法实施条例》第33条第一款规定的处罚对象是“产品”而不是包装物的标识，将标识等同于“产品”，无法律依据。

你认为哪一种意见正确，请分析案例并给出理由。

第8章 消费者权益法律保护制度

知识目标

- 了解消费者及消费者权益保护法的概念；
- 理解并掌握消费者的权利和经营者的义务；
- 掌握消费者与经营者发生争议的解决办法和法律责任的确定。

能力目标

- 能辨别消费者权益保护法的适用对象；
- 能明辨侵犯消费者权益的行为；
- 能通过有效的途径来解决消费争议。

导入案例

李某于2014年3月16日从甲经营部购买了茶几、电视柜、转椅、四门柜、木床和两个床头柜，共计20000元，均为特价商品。订货单据记载：天然材料制成的家具色泽、纹理会有差异，还会有色斑、结疤等非质量问题，选购时敬请充分注意。家具出售后，如有质量问题，按国家相关法律法规执行。

李某支付完毕所有货款后，甲经营部于2016年11月27日将上述家具送货到李某家中并安装。后李某向甲经营部反映存在电视柜有凹坑和划痕，床头被撞了个坑，衣柜门板有裂口，转椅掉漆等问题。甲经营部于2016年12月6日表示可以负责维修，但李某要求更换木床，其他家具可以进行维修，双方协商未果引发诉讼。

问题：如果你是法官，该做何判决？

随着改革开放深入发展，人民生活消费水平有了很大提高，但假冒伪劣商品充斥市场，商品和服务质量瑕疵侵害消费者合法权益的现象也屡见不鲜，当发生消费者权益争议时，如何通过适当和有效的途径解决纠纷，保护消费者合法权益，需要学习以下内容。

8.1 消费者权益保护法概述

在日常生活中，我们每个人都是消费者。与作为经营者的大公司、大企业尤其是大的垄断集团相比，分散的消费者由于经济力量极为弱小，造成了买卖双方交易能力的不平衡。加上消费者与经营者之间有关商品的知识存在着固有的差异，在商品交易中，消费者经常成为被损害的弱者。因此，各国普遍重视消费者权益保护方面的立法工作。消费者权益保护法律制度不仅保护消费者个体的利益，而且保障社会经济秩序和社会整体利益。

8.1.1 消费者的概念和法律特征

消费者权益保护法律制度是保障消费者合法权益的法律，首先必须正确理解消费者的概念。

1. 消费者的概念

《消费者权益保护法》第 2 条对“消费者”的内涵作了界定，即为生活消费需要购买、使用商品或者接受服务的社会成员是《消费者权益保护法》意义上的消费者。由此可推知，判定是否属于“消费者”最重要的标准是看这种消费的性质是否属于生活消费。

2. 消费者的法律特征

1）消费者的消费性质属于生活消费

广义的消费包括生活消费和生产消费。所谓生活消费，是指为了个体或家庭的物质、文化生活需要所进行的消费，比如去商场购买服装、去饭店吃饭、去理发店理发等。消费者不仅包括为自己生活需要购买物品的人，也包括为了收藏、保存、送人等需要而购买物品，以及替家人、朋友购买物品，或者代理他人购买生活用品的人。所谓生产消费，是指为了生产经营的目的。先行购进原材料，然后将其再加工或者再销售。生产消费不在《消费者权益保护法》的保护之列，只能使用《中华人民共和国民法典》、《中华人民共和国产品质量法》等法律来规范。

《消费者权益保护法》第 62 条规定：“农民购买、使用直接用于农业生产的生产资料，参照本法执行。”尽管农民对这些商品的消费是以生产为目的，但仍然适用《消费者权益保护法》保护，体现了国家对农民予以特别的关注和保护。例如，某公司因生产经营需要购买化肥，由于对方交付的化肥是掺假的，此时尽管化肥是农用物资，但由于是用于经营而不是直接用于农户生产，因此，该公司只能以《合同法》请求请求仲裁机构或人民法院确认该合同无效，而不能适用《消费者权益保护法》。如果是农民购买的化肥用于春耕，从用途上仍用于生产经营，由于销售者有欺诈行为，则该农民有权依《消费者权益保护法》请求销售者承担惩罚性违约金。

小案例

张某是经营装修材料的个体户,3 月,张某从某建材批发市场购进了大批装修材料准备用于销售,为了生意方便,他住进了堆满装修材料的库房。生意非常红火,但张某经常感到头痛。刚开始张某没有在意,可随着时间的推移,张某的身体状况每况愈下。后到医院检查,张某得知是甲醛中毒,原来他所购进的这批装修材料甲醛严重超标。张某决定诉诸法律,他认为自己购买了商品就是消费者,理应受到《消费者权益保护法》的保护。而建材批发市场却认为:张某购买商品是为了再销售,不应当是消费者。那么,张某到底是不是消费者呢?

【解析】《中华人民共和国消费者权益保护法》中所指的生活消费是相对于生产消费而言,只要消费者购买装修材料是用于自身房屋装修需要,都应当属于生活消费;反之,购买装修材料用于生产经营则不属于生活消费。从该法的立法目的看,主要是保护消费者的合法权益,至于生产经营者生产消费权益的保护,应当通过合同法等法律予以调整。本案中,张某购买装修材料系为了经营需要,其与销售者之间产生的争议不应适用《中华人民共和国消费者权益保护法》的规定,而应适用《中华人民共和国合同法》的规定。

2) 消费的客体是商品或服务

消费者消费的客体是法律允许提供的商品和服务。

3) 消费的方式是购买、使用商品或接受服务

这对认定消费者权益保护法的保护对象具有重要意义。消费者并不完全等同于买受人。购买者和使用者有时是一致的,有时是相互分离的。承担服务费用的人,有时是服务的实际享受者,有时是承担服务费用而让他人实际享受的人。所以说,消费者既可能是购买商品的个人,也可能是使用和消费他人购买的商品的人。既可能是有关服务合同中接受服务的一方当事人。也可能是接受服务的非合同当事人。

4) 消费的主体限于个体社会成员,即自然人

从事消费活动的社会组织、企事业单位不属于消费者保护法意义上的消费者。分散的、单个的自然人在市场中处于弱势地位,需要法律的特别保护,实践中存在法人、其他组织或团体为了分配给内部成员个人使用而出面购买生活消费品或服务的情况,此种情形可以适用《消费者权益保护法》,因为最终的使用者还是自然人而非单位,这与"单位购买、单位使用"并不相同。

5) 消费对象由经营者提供

经营者为消费者提供其生产、销售的商品或者提供服务。

8.1.2 消费者权益保护法的概念

消费者权益保护法是保护消费者的合法权益,规范经营者经营活动,调整生活消

费关系的法律规范的总称。广义的消费者权益保护法是指调整生活消费关系的所有法律规范,包括《中华人民共和国消费者权益保护法》《中华人民共和国反不正当竞争法》《中华人民共和国产品质量法》《中华人民共和国食品卫生法》以及其他法律法规中有关消费者权益保护的规范。狭义的消费者权益保护法仅指《中华人民共和国消费者权益保护法》。

《中华人民共和国消费者权益保护法》(简称《消费者权益保护法》)由中华人民共和国第八届全国人大常委会第四次会议于 1993 年 10 月 31 日通过,自 1994 年 1 月 1 日起施行。2009 年 8 月 27 日,第十一届全国人民代表大会常务委员会第十次会议《关于修改部分法律的规定》进行第一次修正。2013 年 10 月 25 日,第十二届全国人大常委会第 5 次会议《关于修改的决定》第 2 次修正。2014 年 3 月 15 日,由全国人大修订的新版《消费者权益保护法》(简称《新消法》)正式实施。《新消法》分总则、消费者的权利、经营者的义务、国家对消费者合法权益的保护、消费者组织、争议的解决、法律责任、附则 8 章 63 条。此次修改幅度较大,重点从充实细化消费者权益、强化经营者义务两个方面,加强对消费者权利的保护,对网络购物、个人信息保护、惩罚性赔偿等新领域新问题作出了具体规范。《新消法》对保护消费者的权益,规范经营者的行为,维护社会经济秩序,促进社会主义市场经济健康发展具有十分重要的意义。

8.1.3 《消费者权益保护法》的基本原则

《新消法》的基本原则是指贯穿了该法的内容及整个调整消费过程的总的指导思想或总的指导方针,主要有以下几大原则:

1. 经营者依法提供商品或服务的原则

《新消法》第三条规定:“经营者为消费者提供其生产,销售的商品或者提供服务,应当遵守本法;本法未作规定的,应当遵守其他有关法律法规。”经营者在经营活动中严格履行法律的各项义务,是实现消费者有关权利的条件和前提。经营者向消费者提供商品或服务,应当符合有关法律法规所规定的标准,应当保证其提供的商品或者服务符合保障人身、财产安全的要求。

2. 平等自愿、诚实信用原则

《新消法》第四条明确规定:“经营者与消费者进行交易,应当遵循自愿、平等、公平、诚实信用的原则。”在“消费者的权利”中又明确了消费者的自主选择权、公平交易权、受尊重权等,在“经营者的义务”中也明确了经营者京戏当诚实信用的一些具体义务,在“法律责任”的规定中,更规定了经营者违反此原则的处罚措施。

3. 国家保障原则

《新消法》第五条规定:“国家保护消费者的合法权益不受侵害。国家采取措施,保障消费者依法行使权利,维护消费者的合法权益。”这一原则是由国家的职能和性质以及消费者的弱势地位决定的,体现了国家对生活消费关系的适度干预,是《消费者权益保护法》最为重要的原则。该原则具体体现在以下几个方面:①国家通过消费者权益保护立法,保障消费者合法权益;②国家通过行政管理手段保障消费者合法权益;③国家通过加强司法工作,保障消费者的合法权益。

4. 行政监督与社会监督相结合的原则

《新消法》第六条规定:"保护消费者的合法权益是全世界社会共同的责任。国家鼓励、支持一切组织和个人对损害消费者合法权益的行为进行社会监督。大众传播媒介应当做好维护消费者合法权益的宣传,对损害消费合法权益的行为进行舆论监督。"一方面,应充分发挥国家有关行政管理机关的监督管理职能。另一方面,社会组织和公民应通过各种渠道、各种途径对经营者损害消费者合法权益的行为进行社会监督。

8.2 消费者的权利和经营者的义务

消费者权利是指消费者为了满足生活消费的需要,能够作出或不作出一定行为,以及其要求经营者相应作出或不作出一定行为的法律权利。经营者的义务是指经营者依法必须为一定行为或不为一定行为,以满足和实现消费者的生活消费需要的责任。消费者的权利与经营者的义务是对应的,消费者所享有的权利一般就是经营者所承担的义务。

8.2.1 消费者的权利

根据《消费者权益保护法》第二章的内容,将消费者应当享有的权利归纳为以下九项。

1. 安全保障权

安全保障权是消费者最基本的权利。《消费者权益保护法》第 7 条规定:"消费者在购买、使用商品和接受服务时享有人身、财产安全不受损害的权利。消费者有权要求经营者提供的商品和服务,符合保障人身、财产安全的要求。"由于消费者取得商品和服务适用于生活消费,因此商品和服务必须绝对可靠,必须绝对保证商品和服务的质量,不会损害消费者的生命和健康。

小案例

2012 年 7 月 20 日,张某在某超市购物,后乘坐超市免费购物车回家。途中,购物车因急刹车致张某跌倒在车厢内,颈椎受伤,被立即送至医院救治并做了手术。此后,张某颈椎经常性疼痛。2012 年 12 月,张某提起诉讼,请求判令被告超市赔偿医疗费等 4 万余元。法院经审理,判决被告超市赔偿张某 4.2 万元。

【解析】经营者应当保证其提供的商品或服务符合保障人身、财产安全的要求。超市购物车接送消费者是商业营销活动中的服务行为，消费者与超市之间的服务关系成立，超市有义务确保每位消费者的人身和财产安全。另外，根据我国侵权责任法律制度规定，宾馆、商场、银行、车站、娱乐场所等公共场所的管理人或者群众性活动的组织者，未尽到安全保障义务，造成他人损害的，应当承担侵权责任。该案中，虽然超市提供的是免费购物车，但该购物车是超市以营利为目的而开设的，费用已经包括在超市所卖商品中，这是超市的市场营销策略，尽管名义上称免费，实际上并不是真正的免费，因此超市并不能免除其管理失误和损害赔偿责任。另一方面，消费者从搭乘超市免费购物车的那一刻起就意味着与超市达成了承运协议。根据合同法律制度规定，承运人应当对运输过程中旅客的伤亡承担损害赔偿责任。既然"免费"仅仅是名义上的，那么就应当承担相应的责任，超市提供自己运营的车辆或外包给出租公司运营的车辆，超市都不能免除责任。

2. 知悉真情权

知悉真情权，或称为获取信息权、知情权、了解权，是消费者享有知悉其购买、使用的商品或者接受的服务的真实情况的权利。为了减少经营者和消费者之间关于商品和服务的信息不对称，保障消费者的知情权，依据法律规定，消费者有权根据商品或者服务的不同情况，要求经营者提供商品的价格、产地、生产者、用途、性能、规格、等级、主要成分、生产日期、有效期限、检验合格证明、使用方法说明书、售后服务，或者服务的内容、规格、费用等有关情况。

3. 自主选择权

我国《消费者权益保护法》第9条规定了消费者的自主选择权，即消费者享有自主选择商品或者服务的权利。消费者的自主选择权包括以下几个方面：①自主选择提供商品或者服务的经营者的权利；②自主选择商品品种或者服务方式的权利；③自主决定购买或者不购买任何一种商品、接受或者不接受任何一项服务的权利；④在自主选择商品或者服务时，进行比较、鉴别和挑选的权利。

4. 公平交易权

我国《消费者权益保护法》第10条规定了消费者的公平交易权，即消费者享有公平交易的权利。消费者在购买商品或者接受服务时，有权获得质量保障、价格合理、计量正确等公平交易条件。为了保障公平交易的实现，必须依据《反垄断法》和《反不正当竞争法》等，对劣质销售、价格不公、计量失度等不公平交易行为加以禁止。此外，消费者还有权拒绝经营者的强制交易行为。

5. 依法求偿权

依法求偿权是消费者因购买、使用商品或者接受服务受到人身、财产损害的，享有依法获得赔偿的权利。依法求偿权是弥补消费者所受损害的必不可少的救济性权利。

6. 依法结社权

消费者享有依法成立维护自身合法权益的社会组织的权利。消费者的结社权是随着消费者运动的兴起而在法律上的必然表现，也是客观实践的需要。在消费领域，虽然经营者与消费者法律地位平等，但双方经济地位在实践中是不平等的。消费者的依法结社权使消费者能够从分散、弱小走向集中和强大，并通过集体的力量改变自己的弱势地位，从而与实力雄厚的经营者相抗衡，因此，对消费者的依法结社权必须予以保障。

7. 获取知识权

获取知识权是指消费者享有获得有关消费和消费者权益保护方面的知识的权利。在今天，由于厂商与消费者在信息、实力等方面的差距越来越大，因此，消费者应当努力掌握所需商品或者服务的知识和使用技能，正确使用商品，提高自我保护意识。获取知识权既是知情权、自主选择权等其他权利实现的重要保障，也是消费者的主要权利。

小案例

2009 年 1 月，瓜农杨某在某农资经销点购买农药给西瓜地土壤除虫。经销商得知其购买意向后，向其推荐了辛硫磷农药，并告知杨某要以 100 克/亩的配比施药。杨某以 5 元的价格购买了一包，回去后以 300 克/亩的配比直接混拌到西瓜地土壤中用于除虫。但是当西瓜苗出土后，杨某却发现部分西瓜苗出现不同程度的烂茎。杨某认为肯定是农药出了问题，于是立即到农资经销点进行理论，但经销商认为瓜苗受损是由于杨某擅自提高农药配比造成的，不属于农药质量问题，故不予以赔偿。双方各执一词，争执不下。杨某转而向消保委投诉。

消保委接到瓜农杨某的投诉后，在了解详细情况的基础上，立即组织工作人员并邀请街道农技人员前往西瓜棚进行实地调查。经农技人员鉴定，瓜苗烂茎是由于农药配制浓度过高和施药方式不当所致，且主要原因是施药方式不当所造成，西瓜苗接触辛硫磷农药，浓度越大受害越重，所以西瓜田应尽量不要使用辛硫磷农药，非用不可时可拌成毒饵实施沟施，且要避免农药接触到瓜苗任何部位。因此，工作人员认为杨某擅自提高农药施药配比存在一定过错，但是经销商指导农药的施药方式不当应承担主要责任，应赔偿杨某 1600 元。

（资料来源：中国消费者协会 http://www.cca.cn/tsdh/detail/11967.html）

问题：消协的认定结论是否正确？为什么？

【解析】在本案中，在知晓杨某购买农药给西瓜地土壤除虫时，作为专业经销农药的经营者对所售农药未尽到清晰准确使用方法的告知义务，剥夺了杨某获得掌握自己所购买的商品性能、使用方法等知识的权利，侵犯了杨某的知情权，同时也侵犯了其获得相关知识的权利。当然,杨某擅自提高配比浓度的行为与损失的扩大之间有一定因果关系,杨某也存在一定的过错。因此,经营者就因其未告知正确的施药方式而造成的损失,应当承担相应的赔偿责任。

8. 维护尊严权

消费者在购买、使用商品和接受服务时,享有人格尊严、民族风俗习惯得到尊重的权利,享有个人信息依法得到保护的权利。

小案例

上海某公司在开展英语培训等经营中,利用电话呼叫中心以号段逐一拨打的方式,推销英语培训及相关活动,消费者拒绝后并将座机号码拉入黑名单,随后员工杨某又拨打该消费者手机,并发生语言冲突,还向消费者发送带有侮辱内容的短信,侵害了消费者的人格尊严。

上述行为已构成侵害消费者人格尊严和侵害个人信息依法得到保护权利,静安区市场监督管理局依法对当事人予以行政处罚。

【解析】当事人在电话营销中,未经消费者同意而使用其个人信息,且遭明确拒绝后仍向其发送商业性信息,甚至辱骂消费者,侵害消费者多项合法权益。本案的查办,对企业侵害消费者个人信息及人格尊严的行为起到警示作用,也强化了社会公众的维权意识。

9. 监督批评权

监督批评权是指消费者享有对商品和服务以及保护消费者权益工作进行监督的权利。消费者有权检举、控告侵害消费者权益的行为和国家机关及其工作人员在保护消费者权益工作中的违法失职行为,有权对保护消费者权益工作提出批评、建议。《消费者权益保护法》赋予消费者监督批评权,其目的在于保护广泛的消费者群体,同时也有利于经营者提高服务质量,有助于相关国家机关改进工作作风。经营者应接受消费者的监督,要通过有效途径或方式接受消费者的批评和建议,把提供商品或服务的活动置于消费者有效监督之下。

8.2.2 经营者的义务

根据《消费者权益保护法》第三章的内容,将消费者应当享有的权利归纳为以下十项。

1. 依法定或约定履行义务

经营者向消费者提供商品或者服务,应当依照本法和其他有关法律、法规的规定履行义务。经营者和消费者有约定的，应当按照约定履行义务，但双方的约定不得违背法律、法规的规定。经营者向消费者提供商品或者服务，应当恪守社会公德，诚信经营，保障消费者的合法权益；不得设定不公平、不合理的交易条件，不得强制交易。

经营者提供的商品或者服务不符合质量要求的，消费者可以依照国家规定、当事人约定退货，或者要求经营者履行更换、修理等义务。没有国家规定和当事人约定的，消费者可以自收到商品之日起七日内退货；七日后符合法定解除合同条件的，消费者可以及时退货，不符合法定解除合同条件的，可以要求经营者履行更换、修理等义务。依照相关规定进行退货、更换、修理的，经营者应当承担运输等必要费用。

《消费者权益保护法》第 25 条为 2013 年修订中新增加的条款，赋予了消费者七日反悔权。其具体内容为："经营者采用网络、电视、电话、邮购等方式销售商品，消费者有权自收到商品之日起七日内退货，且无需说明理由，但下列商品除外：①消费者定作的；②鲜活易腐的；③在线下载或者消费者拆封的音像制品、计算机软件等数字化商品；④交付的报纸、期刊。除前款所列商品外，其他根据商品性质并经消费者在购买时确认不宜退货的商品，不适用无理由退货。消费者退货的商品应当完好。经营者应当自收到退回商品之日起七日内返还消费者支付的商品价款。退回商品的运费由消费者承担；经营者和消费者另有约定的，按照约定。"

2. 听取意见和接收监督的义务

依据《消费者权益保护法》第 17 条规定，经营者应当听取消费者对其提供的商品或者服务的意见，接受消费者的监督。这是与消费者的监督批评权相对应的经营者义务。法律规定经营者听取意见和接收监督的义务有利于提高消费者的地位。

3. 安全保障义务

这是与消费者的安全保障权相对应的经营者的义务。经营者应当保证其提供的商品或者服务符合保障人身、财产安全的要求。对可能危及人身、财产安全的商品和服务，应当向消费者作出真实的说明和明确的警示，并说明和标明正确使用商品或者接受服务的方法以及防止危害发生的方法。

宾馆、商场、餐馆、银行、机场、车站、港口、影剧院等经营场所的经营者，应当对消费者尽到安全保障义务。

2013 年修改的《消费者权益保护法》明确了经营者召回缺陷商品的义务。法律规定，经营者发现其提供的商品或者服务存在缺陷，有危及人身、财产安全危险的，应当立即向有关行政部门报告和告知消费者，并采取停止销售、警示、召回、无害化处理、销毁、停止生产或者服务等措施。采取召回措施的，经营者应当承担消费者因商品被召回支出的必要费用。

4. 提供真实信息的义务

经营者向消费者提供有关商品或者服务的质量、性能、用途、有效期限等信息，应当真实、全面，不得作虚假或者引人误解的宣传。经营者对消费者就其提供的商品或者服务的质量和使用方法等问题提出的询问，应当作出真实、明确的答复。经营者提供商品或者服务应当明码标价。

针对网络购物等非现场交易中经营者提供的信息不真实、不完整问题,《消费者权益保护法》第 28 条规定,采用网络、电视、电话、邮购等方式提供商品或者服务的经营者,以及提供证券、保险、银行等金融服务的经营者,应当向消费者提供经营地址、联系方式、商品或者服务的数量和质量、价款或者费用、履行期限和方式、安全注意事项和风险警示、售后服务、民事责任等信息。

5. 标明其真实名称和标记的义务

《消费者权益保护法》第 21 条规定,经营者应当标明其真实名称和标记。租赁他人柜台或者场地的经营者,应当标明其真实名称和标记。即使租赁期满后,在法律规定的情况下,消费者也有权要求其承担责任。

6. 出具凭证或单据的义务

《消费者权益保护法》第 22 条规定,经营者提供商品或者服务,应当按照国家有关规定或者商业惯例向消费者出具发票等购货凭证或者服务单据;消费者索要发票等购货凭证或者服务单据的,经营者必须出具。

7. 保证质量的义务

《消费者权益保护法》第 23 条规定,经营者应当保证在正常使用商品或者接受服务的情况下其提供的商品或者服务应当具有的质量、性能、用途和有效期限;但消费者在购买该商品或者接受该服务前已经知道其存在瑕疵,且存在该瑕疵不违反法律强制性规定的除外。

经营者以广告、产品说明、实物样品或者其他方式表明商品或者服务的质量状况的,应当保证其提供的商品或者服务的实际质量与表明的质量状况相符。

经营者提供的机动车、计算机、电视机、电冰箱、空调器、洗衣机等耐用商品或者装饰装修等服务,消费者自接受商品或者服务之日起六个月内发现瑕疵,发生争议的,由经营者承担有关瑕疵的举证责任。

8. 公平交易义务

经营者在经营活动中使用格式条款的,应当以显著方式提请消费者注意商品或者服务的数量和质量、价款或者费用、履行期限和方式、安全注意事项和风险警示、售后服务、民事责任等与消费者有重大利害关系的内容,并按照消费者的要求予以说明。

经营者不得以格式条款、通知、声明、店堂告示等方式,作出排除或者限制消费者权利、减轻或者免除经营者责任、加重消费者责任等对消费者不公平、不合理的规定,不得利用格式条款并借助技术手段强制交易。格式条款、通知、声明、店堂告示等含有前述所列内容的,其内容无效。

小案例

2018 年 4 月 28 日，戴某在环球雅思学校处报名英语培训课程，填写了注册报名表、并在报名须知上签名。报名规则载明：“……退款须知：不可办理退款的情形(即学员不得单方解除合同的情形)：①所有享受报名优惠(含连报优惠)的学员不退费。②3～5 人 VIP 班、VIP 一对一套餐班一律不退费，也不可退任一单项课程。③丢失听课证的学员不退费……以上所有情况，报名后学员不得单方解除合同，一律不可退班退款。”

同日，环球雅思学校向戴某出具金额为 30000 元的收据一张，内容为：“VIP1 对 1 课程，100 课时店庆充值 3 万元送 2000 元课程＋2000 元礼物。”同时，环球雅思学校在该收据上备注：“刷卡特别活动专属定制课程不退班不退费。”

2018 年 5 月 2 日，戴某向环球雅思学校邮寄“要求退款通知函”，要求解除合同，双方发生争议，协商不成，形成诉讼。

请分析：戴某要求解除合同是否有法律依据?

【解析】消费者是与制造者、经营者相区别的概念，是指为生活需要而购买商品或服务的人。“生活消费”的内涵丰富，既包括衣食住行等生存型消费，也包括职业培训等发展型消费，还包括旅游等精神或休闲型消费。本案中，教育服务是生活消费的一种表现形式，戴某为提升自身英语水平而接受培训，也是为职业发展的生活需要而购买服务，戴某属于消费者，受《消费者权益保护法》的保护。本案中，环球雅思学校制定的报名制度中，不允许学员的退班、退费权利，实质上是排除了学员的合同解除权，报名规则上载明的条款系剥夺消费者合法权益的格式条款，属于无效条款，戴某在订立合同的十五天内主张解除合同于法有据，故法院判令解除双方订立的合同，被告全额返还交付的预付教育培训费 30000 元。

9. 不得侵犯消费者人身权的义务

经营者不得对消费者进行侮辱、诽谤，不得搜查消费者的身体及其携带的物品，不得侵犯消费者的人身自由。

10. 保护消费者个人信息的义务

实践中有的经营者非法收集、使用消费者的个人信息，擅自泄露或者非法向他人提供消费者个人信息，严重影响消费者正常生活，侵害消费者的合法权益。《消费者权益保护法》在 2013 年的修订中，新增加了第 29 条，明确了经营者对消费者个人信息的保护义务。首先，经营者收集、使用消费者个人信息，应当遵循合法、正当、必要的原则，明示收集、使用信息的目的、方式和范围，并经消费者同意。经营者收集、使用消费者个人信息，应当公开其收集、使用规则，不得违反法律、法规的规定和双方的约定收集、使用信息。其次，经营者及其工作人员对收集的消费者个人信息必须严格保密，不得泄露、出售或者非法向他人提供。经营者应当采取技术措施和其他必要措施，确保信息安全，防止消费者个人信息泄露、丢失。在发生或者可能发生信息泄露、丢失的情况时，应当立即采取补救措施。最后，经营者未经消费者同意或者请求，或者消费者明确表示拒绝的，不得向其发送商业性信息。

8.3　消费者合法权益的保护

在消费者权益的保护方面，不仅经营者负有直接的义务，而且国家、社会也都负有相应的义务。只有各类主体都有效地承担起相应的保护消费者权益的义务，消费者的各项权利才能得到有效的保障。《消费者权益保护法》对于国家和社会在保护消费者权益方面的义务也做出了明确规定。

8.3.1　消费者合法权益的国家保护

国家对消费者合法权益保护的具体规定在《中华人民共和国消费者权益保护法》第四章，主要包括以下几个方面。

1. 立法保护

保护消费者合法权益，立法是基础。《消费者权益保护法》是保护消费者合法权益的基本法律，此外，《中华人民共和国产品质量法》《中华人民共和国反不正当竞争法》《中华人民共和国广告法》等也都体现了国家对消费者合法权益的保护。《消费者权益保护法》第 30 条规定，国家制定有关消费者权益的法律、法规、规章和强制性标准，应当听取消费者和消费者协会等组织的意见。

2. 行政保护

《消费者权益保护法》第 31 条规定，各级人民政府应当加强领导，组织、协调、督促有关行政部门做好保护消费者合法权益的工作，落实保护消费者合法权益的职责。各级人民政府应当加强监督，预防危害消费者人身、财产安全行为的发生，及时制止危害消费者人身、财产安全的行为。

《消费者权益保护法》第 32 条规定，各级人民政府工商行政管理部门和其他有关行政部门应当依照法律、法规的规定，在各自的职责范围内，采取措施，保护消费者的合法权益。有关行政部门应当听取消费者和消费者协会等组织对经营者交易行为、商品和服务质量问题的意见，及时调查处理。

《消费者权益保护法》第 33 条规定，有关行政部门在各自的职责范围内，应当定期或者不定期对经营者提供的商品和服务进行抽查检验，并及时向社会公布抽查检验结果。有关行政部门发现并认定经营者提供的商品或者服务存在缺陷，有危及人身、财产安全危险的，应当立即责令经营者采取停止销售、警示、召回、无害化处理、销毁、停止生产或者服务等措施。

3. 司法保护

《消费者权益保护法》第 34 条规定有关国家机关应当依照法律、法规的规定，惩处经营者在提供商品和服务中侵害消费者合法权益的违法犯罪行为。

《消费者权益保护法》第 35 条规定，人民法院应当采取措施，方便消费者提起诉讼。对符合《中华人民共和国民事诉讼法》起诉条件的消费者权益争议，必须受理，及时审理。

8.3.2 消费者合法权益的社会保护

消费者协会和其他消费者组织是依法成立的对商品和服务进行社会监督的保护消费者合法权益的社会组织。中国消费者协会于 1984 年 12 月经国务院批准成立，是对商品和服务进行社会监督的保护消费者合法权益的全国性社会组织。截至 2016 年 9 月，全国已建立省级消协组织 31 个、地市级消协组织 351 个、县级消协组织 2852 个。根据全国消协组织受理投诉情况统计，2019 年全国消协组织共受理消费者投诉 821377 件，同比增长 7.76%，解决 614246 件，投诉解决率 75%，为消费者挽回经济损失 117722 万元。其中，因经营者有欺诈行为得到加倍赔偿的投诉 3160 件，加倍赔偿金额 1607 万元。全年接待消费者来访和咨询 140 万人次。消费者协会对商品和服务进行社会监督，保护消费者的合法权益，引导广大消费者合理、科学消费，促进社会主义市场经济健康发展。

《消费者权益保护法》第 37 条规定，消费者协会履行下列公益性职责：

(1) 向消费者提供消费信息和咨询服务，提高消费者维护自身合法权益的能力，引导文明、健康、节约资源和保护环境的消费方式；

(2) 参与制定有关消费者权益的法律、法规、规章和强制性标准；

(3) 参与有关行政部门对商品和服务的监督、检查；

(4) 就有关消费者合法权益的问题，向有关部门反映、查询，提出建议；

(5) 受理消费者的投诉，并对投诉事项进行调查、调解；

(6) 投诉事项涉及商品和服务质量问题的，可以委托具备资格的鉴定人鉴定，鉴定人应当告知鉴定意见；

(7)就损害消费者合法权益的行为，支持受损害的消费者提起诉讼或者依照本法提起诉讼；

(8)对损害消费者合法权益的行为，通过大众传播媒介予以揭露、批评。

各级人民政府对消费者协会履行职责应当予以必要的经费等支持。

消费者协会应当认真履行保护消费者合法权益的职责，听取消费者的意见和建议，接受社会监督。对侵害众多消费者合法权益的行为，中国消费者协会以及在省、自治区、直辖市设立的消费者协会，可以向人民法院提起诉讼。

依法成立的其他消费者组织依照法律、法规及其章程的规定，开展保护消费者合法权益的活动。消费者组织不得从事商品经营和营利性服务，不得以收取费用或者其他牟取利益的方式向消费者推荐商品和服务。

8.4 消费者权益争议的解决

8.4.1 消费者争议发生的原因及解决途径

消费者权益争议是指在消费领域中,消费者与经营者之间因权利义务关系产生的矛盾纠纷,主要表现为消费者在购买、使用商品或接受服务中,由于经营者不依法履行义务或不适当履行义务使消费者的合法权益受到损害或消费者对经营者提供的商品或服务不满意,双方因此而产生的矛盾纠纷。

1. 消费者争议发生的原因

之所以发生消费者权益争议,主要是因为经营者违法或不适当履行义务,表现为以下几种情况:

(1) 所提供的商品存在危及人身、财产安全的危险,或不符合有关的国家标准、行业标准;

(2) 对提供的商品或服务作虚假宣传,误导消费者;

(3) 经营者侵犯消费者的人身权,进行侮辱、诽谤、搜查身体及其携带的物品;

(4) 经营者隐匿或冒用他人的名称、标记等使消费者产生误认;

(5) 无理拒绝履行国家规定的义务或双方约定的义务等。

2. 争议的解决途径

消费者在购买、使用商品和接受服务时,其合法权益受到损害,必然也应该要求经营者对损害予以赔偿或公平、合理地解决争议。

消费者和经营者发生消费者权益争议的,可以通过下列途径解决:

(1) 与经营者协商和解。这是指消费争议的双方当事人就有关争议进行协商,最终达成和解协议,解决纠纷。协商和解是消费者与经营者解决争议首先采用的方式,具有经济、简便、快捷的特点,在实践中应用最普遍。

(2) 请求消费者协会或者依法成立的其他调解组织调解。调解是指消费者与经营者将争议交由作为第三方的消费者协会就有关争议进行协商,双方达成协议以解决争议的方式。消费者协会和其他消费者组织是依法成立的,对商品和服务进行社会监督的保护消费者合法权益的社会组织,其基本任务是保护消费者的合法权益,对商品和服务进行社会监督;受理消费者的投诉,并对投诉事项进行调查,调解。

(3) 向有关行政部门投诉。消费者在发生消费争议时,不愿意通过协商和解,也不愿意请求调解,或协商和解不成时,也可以向有关行政部门申诉,要求给予处理。我国有关食品卫生、药品管理、价格管理、医疗卫生、产品质量等保护消费者法律规范中都有由有关行政机关处理消费者权益纠纷的明确规定。例如我国《消费者权益保护法》第 46 条规定,消费者向有关行政部门投诉的,该部门应当自收到投诉之日起七个工作日内，予以处理并告知消费者。

（4）根据与经营者达成的仲裁协议提请仲裁机构仲裁。消费者可以依据与经营者达成的仲裁协议，将消费争议提请仲裁机构仲裁。

（5）向人民法院提起诉讼。消费争议亦可以通过民事诉讼程序解决。

8.4.2 赔偿责任主体的确定

社会再生产及社会分工决定了消费者在购买使用商品或接受服务时直接、间接与多个经营者产生利害关系，那么，当消费者权益受到损害时应该向谁要求赔偿，即如何确定赔偿责任主体呢？为了防止和避免生产者与销售者之间相互推诿，逃避法律责任，保证消费者的合法权益及时得到保护，我国《消费者权益保护法》就赔偿责任主体的确定，作出如下规定。

1. 生产者、销售者、服务者的责任

（1）消费者在购买使用商品时，其合法权益受到损害，可以向销售者要求赔偿。这体现了对消费者的先行赔付义务，即销售者负有先行赔偿消费者损失的法定义务。如果造成消费者损害的责任在于生产者或中间商，销售者在赔偿消费者后，有权向责任方追偿。值得指出的是，违反这一法律规定的现象，在当前还时有发生，例如消费者因商品质量问题受到损害而要求销售者承担相应责任时，售货员（甚至商场管理人员）还嚷着让消费者去找生产厂家，仿佛理直气壮，其实这是违反法律的行为，消费者切不可因此而退让。

（2）消费者或者其他受害人因商品缺陷造成人身、财产损害的，可以向销售者要求赔偿，也可以向生产者要求赔偿。属于生产者责任的，销售者赔偿后，有权向生产者追偿。属于销售者责任的，生产者赔偿后，有权向销售者追偿。这一规定赋予消费者对求偿主体的选择权，同时也强化和固定了销售者、生产者的赔偿义务。此处，保护范围不仅基于消费者，而且扩大到了第三人及其他受害人。如果事后查明不可归责于生产者或销售者，而是可归责于仓储者或运输者，应由生产者或销售者向仓储者或运输者追偿，消费者不能直接请求仓储者或运输者赔偿。

（3）消费者在接受服务时，其合法权益受到损害的，可以向服务者要求赔偿。

（4）为防止经营者利用企业变更之机，逃避对消费者理应承担的损害赔偿责任，《消费者权益保护法》规定，变更后的企业仍应承担赔偿责任。消费者在购买、使用商品或者接受服务时，其合法权益受到损害，因原企业分立、合并的，可以向变更后承受其权利义务的企业要求赔偿。

2. 营业执照持有人和租借人的责任

出借、出租营业执照或借用、租用他人营业执照，是违反工商行政管理法规的行为。使用他人营业执照的违法经营者提供商品或者服务，损害消费者合法权益的，消费者可以向其要求赔偿，也可以向营业执照的持有人要求赔偿。

3. 展销会举办者、柜台出租者承担的期后连带责任

消费者在展销会、租赁柜台购买商品或者接受服务，其合法权益受到损害的，可以向销售者或者服务者要求赔偿。展销会结束或者柜台租赁期满后，也可以向展销会的举办者、柜台的出租者要求赔偿。展销会的举办者、柜台的出租者赔偿后，有权向销售者或者服务者追偿。

4. 网络交易平台的责任

消费者通过网络交易平台购买商品或者接受服务，其合法权益受到损害的，可以向销售者或者服务者要求赔偿。网络交易平台提供者不能提供销售者或者服务者的真实名称、地址和有效联系方式的，消费者也可以向网络交易平台提供者要求赔偿；网络交易平台提供者作出更有利于消费者的承诺的，应当履行承诺。网络交易平台提供者赔偿后，有权向销售者或者服务者追偿。

网络交易平台提供者明知或者应知销售者或者服务者利用其平台侵害消费者合法权益，未采取必要措施的，依法与该销售者或者服务者承担连带责任。

5. 广告经营者、发布者、推荐人的连带赔偿责任

消费者因经营者利用虚假广告或者其他虚假宣传方式提供商品或者服务，其合法权益受到损害的，可以向经营者要求赔偿。广告经营者、发布者发布虚假广告的，消费者可以请求行政主管部门予以惩处。广告经营者、发布者不能提供经营者的真实名称、地址和有效联系方式的，应当承担赔偿责任。

广告经营者、发布者设计、制作、发布关系消费者生命健康商品或者服务的虚假广告，造成消费者损害的，应当与提供该商品或者服务的经营者承担连带责任。

社会团体或者其他组织、个人在关系消费者生命健康商品或者服务的虚假广告或者其他虚假宣传中向消费者推荐商品或者服务，造成消费者损害的，应当与提供该商品或者服务的经营者承担连带责任。

8.5 法律责任

我国《消费者权益保护法》规定了以下三种责任形式。

8.5.1 民事责任

1. 承担民事责任的概括性规定

根据我国《消费者权益保护法》第 48 条的规定，经营者提供商品或者服务有下列情形之一的，除本法另有规定外，应当依照其他有关法律、法规的规定，承担民事责任：

(1) 商品或者服务存在缺陷的；

(2) 不具备商品应当具备的使用性能而出售时未作说明的；

(3) 不符合在商品或者其包装上注明采用的商品标准的；

(4) 不符合商品说明、实物样品等方式表明的质量状况的;

(5) 生产国家明令淘汰的商品或者销售失效、变质的商品的;

(6) 销售的商品数量不足的;

(7) 服务的内容和费用违反约定的;

(8) 对消费者提出的修理、重作、更换、退货、补足商品数量、退还货款和服务费用或者赔偿损失的要求,故意拖延或者无理拒绝的;

(9) 法律、法规规定的其他损害消费者权益的情形。

经营者对消费者未尽到安全保障义务,造成消费者损害的,应当承担侵权责任。

2. 关于侵犯人身权的民事责任

根据我国《消费者权益保护法》第 49 条至第 51 条的规定,侵犯人身权的民事责任如下:

(1) 经营者提供商品或者服务,造成消费者或者其他受害人人身伤害的,应当赔偿医疗费、护理费、交通费等为治疗和康复支出的合理费用,以及因误工减少的收入。造成残疾的,还应当赔偿残疾生活辅助具费和残疾赔偿金。造成死亡的,还应当赔偿丧葬费和死亡赔偿金。

(2) 经营者侵害消费者的人格尊严、侵犯消费者人身自由或者侵害消费者个人信息依法得到保护的权利的,应当停止侵害、恢复名誉、消除影响、赔礼道歉,并赔偿损失。

(3) 经营者有侮辱诽谤、搜查身体、侵犯人身自由等侵害消费者或者其他受害人人身权益的行为,造成严重精神损害的,受害人可以要求精神损害赔偿。

3. 关于侵犯财产权的民事责任

根据我国《消费者权益保护法》第 52 条至 55 条的规定,侵犯财产权的民事责任如下:

(1) 经营者提供商品或者服务,造成消费者财产损害的,应当依照法律规定或者当事人约定承担修理、重作、更换、退货、补足商品数量、退还货款和服务费用或者赔偿损失等民事责任。

(2) 经营者以预收款方式提供商品或者服务的,应当按照约定提供。未按照约定提供的,应当按照消费者的要求履行约定或者退回预付款,并应当承担预付款的利息、消费者必须支付的合理费用。

(3) 依法经有关行政部门认定为不合格的商品,消费者要求退货的,经营者应当负责退货。

(4) 经营者提供商品或者服务有欺诈行为的,应当按照消费者的要求增加赔偿其受到的损失,增加赔偿的金额为消费者购买商品的价款或者接受服务的费用的三倍;增加赔偿的金额不足 500 元的,为 500 元。法律另有规定的,依照其规定。经营者明知商品或者服务存在缺陷,仍然向消费者提供,造成消费者或者其他受害人死亡或者健康严重损害的,受害人有权要求经营者依照本法第 49 条、第 51 条等法律规定赔偿损失，并有权要求所受损失 2 倍以下的惩罚性赔偿。

8.5.2　行政责任

根据我国《消费者权益保护法》第 56 条的规定，经营者有下列情形之一，除承担相应的民事责任外，其他有关法律、法规对处罚机关和处罚方式有规定的，依照法律、法规的规定执行；法律、法规未作规定的，由工商行政管理部门或者其他有关行政部门责令改正，可以根据情节单处或者并处警告、没收违法所得、处以违法所得 1 倍以上 10 倍以下的罚款，没有违法所得的，处以 50 万元以下的罚款；情节严重的，责令停业整顿、吊销营业执照：

(1) 提供的商品或者服务不符合保障人身、财产安全要求的；

(2) 在商品中掺杂、掺假，以假充真，以次充好，或者以不合格商品冒充合格商品的；

(3) 生产国家明令淘汰的商品或者销售失效、变质的商品的；

(4) 伪造商品的产地，伪造或者冒用他人的厂名、厂址，篡改生产日期，伪造或者冒用认证标志等质量标志的；

(5) 销售的商品应当检验、检疫而未检验、检疫或者伪造检验、检疫结果的；

(6) 对商品或者服务作虚假或者引人误解的宣传的；

(7) 拒绝或者拖延有关行政部门责令对缺陷商品或者服务采取停止销售、警示、召回、无害化处理、销毁、停止生产或者服务等措施的；

(8) 对消费者提出的修理、重作、更换、退货、补足商品数量、退还货款和服务费用或者赔偿损失的要求，故意拖延或者无理拒绝的；

(9) 侵害消费者人格尊严、侵犯消费者人身自由或者侵害消费者个人信息依法得到保护的权利的；

(10) 法律、法规规定的对损害消费者权益应当予以处罚的其他情形。

经营者有前款规定情形的，除依照法律、法规规定予以处罚外，处罚机关应当记入信用档案，向社会公布。

经营者违反我国《消费者权益保护法》规定，应当承担民事赔偿责任和缴纳罚款、罚金，其财产不足以同时支付的，先承担民事赔偿责任。

经营者对行政处罚决定不服的，可以依法申请行政复议或者提起行政诉讼。

8.5.3　刑事责任

经营者违反我国《消费者权益保护法》规定提供商品或者服务，侵害消费者合法权益，构成犯罪的，依法追究刑事责任。

以暴力、威胁等方法阻碍有关行政部门工作人员依法执行职务的，依法追究刑事责任；拒绝、阻碍有关行政部门工作人员依法执行职务，未使用暴力、威胁方法的，由公安机关依照《中华人民共和国治安管理处罚法》的规定处罚。

国家机关工作人员玩忽职守或者包庇经营者侵害消费者合法权益的行为的，由其所在单位或者上级机关给予行政处分；情节严重，构成犯罪的，依法追究刑事责任。

小案例

2018 年 7 月至 8 月期间，马某在甲市经营了两家理发店，在经营上述两家理发店的过程中，以非法获利为目的，指使、纠集杨某、韩某等人以外地来本市的未成年暑期学生工为主要作案对象，采用虚假宣传服务价格，未经顾客允许即向其提供服务等手段虚增服务价格，并通过显露纹身、围住被害人、扬言带被害人去市区找老板等方式营造紧张气氛，先后强迫 57 人在上述两家店内消费合计 23164 元。逐渐形成以马某为较为固定的纠集者，杨某、韩某等人为一般成员的恶势力犯罪团伙，对当地市场秩序造成严重威胁，造成了较为恶劣的社会影响。

法院认为，马某、杨某、韩某等人结伙，多次强迫他人接受服务，其行为均已构成强迫交易罪。据此，判处被告人马某等人二年五个月至五年不等有期徒刑，并处罚金。

【解析】我国《消费者权益保护法》规定，消费者享有自主选择商品或者服务的权利。消费者在购买商品或者接受服务时，有权获得质量保障、价格合理、计量正确等公平交易条件，有权拒绝经营者的强制交易行为。公平交易权和自主选择权是消费者的基本权利之一，强迫交易行为严重损害了消费者的自主选择权和公平交易权，必须受到法律的严惩。依据我国《刑法》规定，以暴力、威胁手段，强买强卖商品或强迫他人接受服务，情节严重的，处三年以下有期徒刑或者拘役，并处或者单处罚金；情节特别严重的，处三年以上七年以下有期徒刑，并处罚金。强迫交易罪是打击黑恶势力犯罪的重要刑法规范，也是黑恶势力惯常实施的违法犯罪活动之一。

本案中，以马某为首的多名被告人纠集在一起形成恶势力犯罪团伙，依托成立的两家理发店，以外来未成年暑期学生工为作案对象，先通过虚假宣传等方式虚增服务价格，后以显露纹身、围住被害人等威胁手段，强迫 57 名被害人在理发店内消费，严重损害消费者的经济利益，严重扰乱市场秩序，造成了恶劣的社会影响，应当以强迫交易罪追究其刑事责任。本案警示经营者，经营行为应当建立在双方自愿的基础上，经营者应当通过不断提高商品质量和服务水平吸引消费者自愿消费，而不是强买强卖的方式牟取不正当利益。

本章小结

消费者权益保护法律制度是国家从社会经济整体出发，是为了保护消费者的合法权益，维护社会经济秩序稳定，促进社会主义市场经济健康发展而制定的法律规范的总称。我国《消费者权益保护法》规定了消费者的权利、经营者的义务，对消费者合法权益的国家保护和社会保护，消费争议解决的途径、赔偿主体的确定，以及当经营者违反法律规定时，应当承担的民事责任、行政责任和刑事责任。

练习题

一、单项选择题

1. 下列各项中，不属于《消费者权益保护法》调整对象的是（　）

A. 农民为自办的蛋糕店购买鸡蛋　　B. 学生为自学需要购买书籍

C. 个体老板为家庭消费需要购买大米　　D. 农民为种植购买蔬菜种子

2. 经营者采用网络、电视、电话、邮购等方式销售商品，除特殊商品外，消费者有权自收到商品之日起（　）日内退货，且无需说明理由

A. 5　　B. 7　　C. 10　　D. 15

3. 下列说法错误的是（　）

A. 消费者或者其他受害人因商品缺陷造成人身、财产损害的，可以向销售者要求赔偿，也可以向生产者要求赔偿

B. 广告经营者、发布者设计、制作、发布关系到消费者生命健康的商品或者服务的虚假广告，造成消费者损害的，应当与提供该商品或者服务的经营者承担连带责任

C. 经营者提供的机动车、计算机、电视机、电冰箱、空调、洗衣机等耐用商品或者装饰装修等服务，消费者自接受商品或者服务之日起六个月内发现瑕疵，发生争议的，由经营者承担有关瑕疵的举证责任

D. 经营者提供商品或者服务有欺诈行为的，其赔偿金额为消费者购买商品的价款或者接受服务的费用的两倍

4. 经营者的下列哪项行为，未违反《消费者权益保护法》规定的义务（　）

A. 店堂告示“商品一旦售出概不退货”

B. 店堂告示“未成年人须由成人陪伴方可入内”

C. 顾客购买两条毛巾索要发票，经营者以“小额商品，不开发票”为由加以拒绝

D. 商店出售打折商品，商品小票上注明：“打折商品一经售出概不退换”

5. 下列各项，属于消费者知情权的是（　）

A. 消费者有权要求经营者提供产品说明书

B. 消费者有权自由选择商品

C. 消费者有权与经营者讨价还价

D. 参与有关行政部门对商品的监督和检查

6. 依照《消费者权益保护法》的规定，下列经营者的哪一行为，消费者可以依法按其所支付价款的 3 倍要求经营者赔偿其损失（　）

A. 经营者甲的商品不符合商品说明、实物样品表明的质量状况

B. 经营者乙的商品不具备商品应当具备的使用性能而出售时未作说明

C. 经营者丙销售的商品失效变质

D. 经营者丁谎称其国内私营企业产品为“日本进口原装”

7. 张丽到美容店用一名牌面膜为其美容，用后脸部水肿。经检验，认定所用面膜是假冒名牌的伪劣产品，此面膜是美容店老板在批发市场买来的。问下列判断正确的是（　）

A. 美容店不是伪劣商品的生产者，不应承担责任

B. 美容店不是伪劣商品的销售者，不应承担责任

C. 美容店也是受害者，不承担责任

D. 美容店是服务的提供者，应当承担责任

8. “百挑不厌”的商业口号，体现了经营者对消费者（　）的尊重和维护

A. 自主选择权　　B. 人格尊严受尊重权

C. 知情权　　D. 公平交易权

9. 小李在商场买了一件 100 元的某品牌衣服，后来被证实是假货，于是向商场索赔。根据《消费者权益保护法》，小李可要求商场支付的退货费和赔偿金共为（　）

A. 200 元　　B. 400 元　　C. 500 元　　D. 600 元

10. 消费者购买、使用商品，其合法权益受到损害，向经营者要求赔偿时，一般按照（　）原则处理

A. 生产者先行赔偿　　B. 销售者先行赔偿

C. 过错方直接赔偿　　D. 直接责任方赔偿

二、多项选择题

1. 董某在一旅游景点的纪念品摊点选购商品时，经营者于某极力推荐其购买自己的一件古玩，当董某反复衡量后决定购买另一经营者的一件民间刺绣时，于某即对其出言不逊、恶语相加，并故意碰坏了董某的照相机。根据《消费者权益保护法》有关规定，于某损害了董某的（　）

A. 安全保障权　　B. 自主选择权

C. 受尊重权　　D. 依法结社权

2. 依据《消费者权益保护法》，与消费者知情权相对应的经营者义务有（　）

A. 保障消费者人身和财产安全

B. 提供真实信息

C. 接受消费者的监督批评

D. 不得从事不公平、不合理的交易

E. 出具购货凭证或服务单据

3. 2018 年 5 月，李某在某大型展销会的 8 号柜台购买了甲公司组装生产、乙公司提供部分零部件的彩电一台。一个月后，彩电在使用中发生爆炸，造成李某的儿子受伤。李某欲向销售者索赔，但发现展销会早已结束，8 号柜台不复存在。于是李某找到展销会的举办者丙公司，丙公司拒绝承担责任，但根据记录查到当时展销会上的

8 号柜台是丁公司销售彩电的柜台。此案中，李某有权向其请求赔偿的有（　）

A. 甲公司　　B. 乙公司　　C. 丙公司　　D. 丁公司

4. 李某经营个体商店亏损达数千元，于是决定停止营业。赵某遂将李某店铺租下，同时租用李某的营业执照，经营各种商品和饮料。后消费者王某在该店中购买到变质商品，为此发生纠纷，王某准备随时诉讼解决。对此，下列表述中正确的有（　）

A. 王某只能以赵某为被告起诉

B. 王某只能以李某为被告起诉

C. 王某可以以赵某为被告起诉，也可以以李某为被告起诉

D. 王某可以以赵某和李某为共同被告

5. 消费者与经营者发生争议，可以通过（　）途径解决

A. 与经营者协商和解

B. 请求消费者协会调解

C. 向有关部门投诉

D. 根据与经营者达成的仲裁协议提请仲裁

E. 向人民法院起诉

6. 郑女士看到某市《生活报》上刊登的去斑产品广告，广告声称丽美公司生产的该产品对于面部诸如雀斑、黄褐斑等各种斑点具有良好效果，无任何不良反应，并且承诺用了该产品如果没有疗效，全额退款。郑女士遂到广告中提供的丽美公司的销售点买了一套产品，用后导致皮肤溃烂，以下陈述正确的是（　）

A. 郑女士有权要求丽美公司全额退款

B. 郑女士有权要求丽美公司赔偿皮肤溃烂的损失

C.《生活报》应当对郑女士承担连带赔偿责任

D. 郑女士可以请求行政主管部门对《生活报》予以惩处

7. 2012 年 1 月 28 日，网友罗迪发表微博：朋友在三亚吃海鲜，三道普通菜被宰近 4000 元。邻桌客人点一条大鱼，花费 6000 多元。此微博迅速引起网民的强烈反应。材料中经营者的行为（　）

A. 只应受到道德谴责　　B. 侵犯消费者依法求偿权

C. 应当承担法律责任　　D. 违反《消费者权益保护法》

8. 下列商品不适用消费者后悔权的有（　）

A. 鲜活易腐的商品

B. 消费者定做的商品

C. 在线下载或者消费者拆封的音像制品、计算机软件等数字化商品

D. 期刊杂志

9. 下列关于消费者组织的权利限制正确的有（　）

A. 消费者组织不得从事商品经营活动

B. 消费者组织不得从事营利性服务

C. 消费者组织不得以牟利为目的向社会推荐商品

D. 消费者组织不得以牟利为目的向社会推荐服务

10. 小欢在网上购买了一件秋天的外套，收到货后发现与网上展示的色泽差太远，她想退货，但卖家拒绝了，认为颜色的差别并不是质量问题。小欢和卖家未对退货运费另行约定。根据新修正的《消费者权益保护法》，小欢想行使"后悔权"，则（　）

A. 需在收到商品 7 日内退货　　B. 无需说明理由

C. 外套应当完好　　D. 需承担退货运费

三、案例分析题

1. 李某是一名二手车行业的从业者。2018 年 9 月 25 日，李某与 L 公司签订《二手车交易协议》，约定：李某向 L 公司购买二手车一辆，交易总金额 105 000 元，定金 2000 元，尾款 103 000 元；自本协议项下车辆交付之日起，本协议项下的车辆发生的所有交通违法违章事故均由李某负责处理，并承担相关费用；提车前李某须自行查验本协议项下车辆外观、内饰、配置、随车工具及备件、行驶里程、质量状况等所有需要检测情况，如有任何异议须在提车前向 L 公司书面提出，李某提车后，L 公司不再提供退换服务；协议签订后，任何一方不得随意解除，如需解除协议，因此给对方造成损失的，除不可负责于解除方的事由之外，应当赔偿损失。

此后，李某先后向 L 公司转账支付 105 000 元，双方办理了车辆的过户登记手续，车辆交付李某使用。车辆交付后，李某发现车辆 A 柱存在明显有变形问题，在调取车辆保险记录时发现：该车于 2017 年和 2018 年发生两次事故，定损金额分别为 7458 元和 1158.18 元。L 公司没有告知李某该车属于事故车辆，对李某的安全产生了影响。

李某多次向 L 公司协商未果，遂诉至法院。李某诉请：解除双方 2018 年 9 月 25 日签订的二手车交易协议，L 公司退还车款 105 000 元，并赔偿李某 105 000 元；L 公司承担李某支出的律师费 8000 元；L 公司承担每月停车费 500 元，从 2018 年 5 月 1 日起计算至实际给付之日止。被告 L 公司辩称：L 公司不知晓本案车辆发生过事故，也没有故意隐瞒，不存在欺诈行为；按照合同约定，L 公司没有退货的义务；本合同也未构成法定解除；李某是二手车行业的从业人员，并不是消费者，L 公司没有赔偿的义务，不适用消费者权益保护法。

请分析：该案是否适用《消费者权益保护法》？李某的诉讼请求是否应当支持？

2. 2019 年 6 月 5 日，唐某在某外卖平台上看到一家水果店里有"越南干尧"榴莲、"泰国金枕头"榴莲，便订购了一个价值 189 元的"越南干尧"榴莲，收到货后却发现，外卖小哥送上门的屎"泰国金枕头"榴莲，与其下单购买的品种不一样。唐某联系水果店要求退货，水果店认为唐某已经食用了部分榴莲，不同意退货。双方协商无果。

请分析：该案应如何处理？

3. 闲鱼网是淘宝网旗下一个社区化的二手闲置交易市场。一天，张某在淘宝闲鱼网店被告王某处购买二手苹果 iPhone 6s PLUS 32G 手机一部，店家提供的手机电脑助手检测照片显示该手机：未越狱，已激活，模型号为 MN3Q2CH/A，设备串号为 354989075986857，序列号为 FCJTP10ZHFM2。在购买前沟通中，店家对该手机描述为：纯原机、撤柜展示机、无维修、序列号没有纳入保修等。

张某于 2017 年 10 月 2 日收到设备序列号为 FCJTP10ZHFM2 的苹果手机一部，并于当日确认收货付款。收到货物后，张某发现所购手机存在维修记录，无法升级系统等问题。因此，张某与淘宝网及王某交涉反映情况，要求退还货款并支付但未能妥善解决。故张某起诉至法院，请求判令王某退还货款 2750 元并支付赔偿金 8250 元。

请分析：该案是否适用《消费者权益保护法》？李某的诉讼请求是否应当支持？

能力训练

贾某于 2019 春节期间在某电商平台 H 公司经营的店铺中付款 30 元购买了一袋开心果(120 克)。贾某收到了开心果之后，却并没有“开心”，因为他发现开心果的果实发黑，味道也很差。有一定食品安全知识的贾某经过查询，竟然发现所购开心果中标注的食品生产许可证号查询不到。另外，开心果包装中所列明的 GB/T 18672 是枸杞的标准，而非开心果的标准。

感觉受到商家欺骗的贾某首先向电商平台投诉了商家 H 公司，却没有得到回复，2019 年 3 月中旬贾某再次向电商平台进行投诉，但仍然没有得到满意的答复。一直关注此事的贾某在 2019 年 4 月初再次进入 H 公司的店铺，发现店铺仍在销售该款开心果，贾某再次下单购买了一袋开心果，发现收到的开心果还是和上次购买的产品存在同样的问题。

于是贾某以 H 公司及电商平台为共同被告向北京互联网法院提起诉讼。

在庭审之中，H 公司承认了其经营的店铺中销售的开心果存在质量问题，同意给贾某一定数额的赔偿。但贾某坚持要求 1000 元的赔偿，且主张电商平台应当承担连带责任。贾某认为电商平台在受理其两次投诉后毫无作为，仍然允许该款开心果在平台上销售，侵害了消费者的权利。

电商平台认为已经履行了平台经营者对入驻商家经营主体身份的审核义务，平台也未参与涉案开心果相关信息的制作及发布过程，对店铺的行为并不知情也没有过错，贾某要求平台承担连带责任无事实与法律依据。

请分组讨论：贾某的诉讼请求是否应当支持？为什么？

第9章 劳动法律制度

知识目标

- 理解劳动合同法及劳动法所调整的对象；
- 掌握劳动合同的主要内容；
- 掌握劳动合同的履行、变更及终止；
- 掌握劳动合同不同解除情况所对应的不同后果；
- 理解社会保险制度。

能力目标

- 能够对劳动合同的内容是否完备、是否合法作出准确判断；
- 能够拟定劳动合同的条款；
- 正确行使劳动解除权；
- 有能力解决发生的劳动争议，维护自己的劳动权益；
- 正确运用社会保险制度维护企业和自身的合法权益。

导入案例

孙某曾应聘在甲公司工作，试用期满后从事技术工作，2 年后跳槽至乙企业成为该企业的业务骨干。甲公司为实施新的公司战略，拟聘请孙某担任公司高管。经协商，双方签订了劳动合同，约定：①劳动合同期限为 2 年，试用期为 3 个月；②合同期满或因其他原因离职后，孙某在 3 年内不得从事与在甲公司同类的业务工作，公司在孙某离职时一次性支付补偿金 10 万元。

在劳动合同期满前 1 个月时，孙某因病住院。3 个月后。孙某痊愈，到公司上班时，公司通知孙某劳动合同已按期终止，病休期间不支付工资，也不再向其支付 10 万元补偿金。孙某同意公司不支付 10 万元补偿金，但要求公司延续劳动合同期至其病愈,并支付病休期间的病假工资和离职的经济补偿。甲公司拒绝了孙某的要求,孙某随即进入同一行业的丙公司从事与甲公司业务相竞争的工作。甲公司认为孙某违反了双方在劳动合同中的竞业限制约定,应承担违约责任。已知:孙某实际工作年限12年。

请问:(1)甲公司与孙某约定的试用期及竞业限制是否符合法律规定?

(2) 孙某可以享受的法定医疗期是多长时间?为什么?

(3) 孙某是否违反了竞业限制规定?甲公司是否应当支付孙某离职的经济补偿?

劳动关系是生产关系的重要组成部分,也是最基本、最重要的社会关系之一。构建和谐劳动关系,是建设社会主义和谐社会的重要基础。劳动关系受到《劳动法》《劳动合同法》等劳动法律制度的规范和协调,要回答案例中的问题,需要学习以下法律知识。

9.1 劳动法律制度概述

劳动法律制度是调整劳动关系某一方面的法律规范的总称,调整劳动关系的各种法律规范的总和,由各项法律制度及其劳动法律规范构成劳动法律体系。法律包括《中华人民共和国劳动法》《中华人民共和国劳动合同法》,其他法律规范则包括《工伤保险条例》《劳动保障监察条例》。

9.1.1 劳动关系与劳动合同

1. 劳动关系及劳动合同的概念

1) 劳动关系概念

劳动关系是指劳动者与用人单位依法签订劳动合同而在劳动者与用人单位之间产生的法律关系。劳动者接受用人单位的管理,从事用人单位安排的工作,成为用人单位的成员,从用人单位领取劳动报酬和受劳动保护。用人单位自用工之日起即与劳动者建立劳动关系。例如,田某到某科技公司面试,并于第二天打卡上班,此时,虽然田某还未签订劳动合同,入职手续也未办理完,但其在开始工作之时便与公司建立了劳动关系。

用人单位,是指中华人民共和国境内的企业、个体经济组织、民办非企业单位等组织。同时,也包括国家机关、事业单位、社会团体与劳动者建立劳动关系的。

劳动者,是指达到法定年龄,具有劳动能力,以从事某种社会劳动获得收入为主要生活来源,依据法律或合同的规定,在用人单位的管理下从事劳动并获取劳动报酬的自然人(中外自然人)。

2) 劳动合同的概念

劳动合同是劳动者与用工单位之间确立劳动关系,明确双方权利和义务的协议。

3）劳动合同的特征

(1) 主体的特定性。一方为劳动者，另一方为用人单位。

(2) 权利义务的统一性和对应性。没有只享受劳动权利而不履行劳动义务，也没有只履行劳动义务而不享受劳动权利。

(3) 劳动合同具有诺成、有偿、双务合同的特征。劳动者与用人单位就劳动合同条款内容达成一致意见，劳动合同即成立。

(4) 较强的法定性。为规范劳动关系及劳动合同，劳动法律体系十分庞大，同时也规定了不得违反的强制性规定，否则合同无效。

2.《劳动法》及《劳动合同法》概述

《劳动法》于1994年由第八届全国人民代表大会常务委员会第八次会议审议通过，《劳动合同法》则于2007年6月29日由第十届全国人民代表大会常务委员会审议通过，两部法律的制定目的均为调整劳动关系、保护劳动者合法权益。但由于制定时间具有先后顺序，按照“新法优于旧法”的原则，若《劳动法》与《劳动合同法》存在不一致的地方，以《劳动合同法》为准；《劳动合同法》没有规定而《劳动法》有规定的，则适用《劳动法》的相关规定。2012年12月28日第十一届全国人民代表大会常务委员会第三十次会议通过《关于修改〈中华人民共和国劳动合同法〉的决定》，对《劳动合同法》进行修正。

3.《劳动合同法》的适用范围

根据《劳动合同法》第二条的规定，中华人民共和国境内的企业、个体经济组织、民办非企业单位等组织(以下称用人单位)与劳动者建立劳动关系，订立、履行、变更、解除或者终止劳动合同，适用《劳动合同法》。国家机关、事业单位、社会团体和与其建立劳动关系的劳动者，订立、履行、变更、解除或者终止劳动合同，也依照《劳动合同法》执行。

特殊情况：依法履行公职、纳入国家行政编制、由国家财政负担工资福利的工作人员，也就是俗称的公务员，适用《公务员法》。其他无编制的事业单位、央企国企工作人员一般均会与单位签订劳动合同或聘用合同，适用《劳动合同法》。

9.1.2 劳动合同的订立

1. 订立原则

订立劳动合同，应当遵循合法、公平、平等自愿、协商一致、诚实信用的原则。

注意：《劳动法》第十二条规定了平等就业权，可延伸出如下三层含义：

(1) 任何公民都平等地享有就业的权利和资格，不因民族、种族、性别、年龄、文化、宗教信仰、经济能力等而受到限制；

(2) 应聘某一职位时，任何公民都需平等地参与竞争，任何人不得享有特权，也不得对任何人予以歧视；

(3) 平等不等于同等，平等是指对于符合要求、符合特殊职位条件的人，应给予他们平等的机会，而不是不论条件如何都同等对待。

2. 劳动关系建立时间

用人单位自用工之日起即与劳动者建立劳动关系，不一定是劳动合同签订之日。若用人单位与劳动者在用工前订立劳动合同的，劳动关系自用工之日起建立。

3. 劳动合同订立的形式

1）书面形式

建立劳动关系，应当签订书面劳动合同。已经建立劳动关系，未及时订立书面劳动合同的，应当自用工之日起 1 个月内订立书面劳动合同。

未签订书面劳动合同的后果：

自用工之日起 1 个月内，经用人单位书面通知后，劳动者不与用人单位订立书面劳动合同的，用人单位应当书面通知劳动者终止劳动关系，无需向劳动者支付经济补偿，但实际工作所产生的劳动报酬还是需要支付。

用单位自用工之日起超过 1 个月不满 1 年未与劳动者订立书面劳动合同的，应当向劳动者支付双倍工资，并与劳动者补订书面劳动合同。

注意：用人单位支付双倍工资的起算时间为用工之日起满 1 个月的次日，截止时间为补订书面劳动合同的前 1 日，且其中单倍工资系补偿性质，诉讼时效为 1 年，且不适用劳动关系存续期间拖欠报酬可不受 1 年时效限制的条款。

用人单位自用工之日起满 1 年未与劳动者订立书面劳动合同的，自用工之日起满 1 个月的次日至满 1 年的前 1 日应当向劳动者支付双倍工资，并视为自用工之日起满 1 年的当日已经与劳动者订立无固定期限劳动合同。

用人单位不与劳动者订立无固定期限劳动合同的，自应当订立无固定期限劳动合同之日起向劳动者支付双倍工资。

2）口头形式

以小时计酬为主，劳动者在同一用人单位一般平均每日工作时间不超过 4 小时，每周工作时间累计不超过 24 小时的用工形式，为非全日制用工，双方可以订立口头协议。

注意：非全日制用工的劳动者可以与多个用人单位订立劳动合同，用人单位可以随时终止劳动合同，且不用支付经济补偿。

小案例

陶某于 2018 年 3 月 3 日进入上海某商贸有限公司从事采购工作，双方未签订劳动合同。陶某入职时与公司口头约定合同期限一年，其中试用期为两个月。

2018 年 7 月 20 日，公司要求陶某签订书面劳动合同，并向陶某寄送了一式两份已经加盖好公章的劳动合同。2018 年 7 月 22 日，陶某收到劳动合同，但认为内容与自己入职时口头约定的不一致，不同意签订该劳动合同。公司告知如不同意签订，将以其拒绝签订为由解雇。陶某仍坚持不签。2018 年 7 月 31 日，公司终止与陶某之间的劳动关系，理由为陶某拒绝签订书面劳动合同。

陶某于 2018 年 8 月 9 日向劳动人事争议仲裁委申请仲裁，要求公司支付 2018 年 4 月 3 日至 2018 年 7 月 31 日未签订劳动合同的双倍工资差额以及支付终止劳动关系的经济补偿金等。仲裁期间，公司称一直要求陶某签订劳动合同而遭到拒绝，不同意陶某的仲裁请求。

请分析：陶某的仲裁请求是否应当得到支持？

【解析】本案中，商贸公司超过一个月未与陶某未订立书面劳动合同，是否应当承担支付双倍工资差额，取决于商贸公司是否尽到诚实磋商义务。双倍工资兼具"契约性"与"惩罚性功能，如用人单位已尽诚实磋商之义务，因不可抗力或劳动者拒绝签订等非用人单位原因致书面劳动合同未签订的，用人单位无需承双倍工资责任。然而，公司称其于 2018 年 3 月 18 日已经向陶某提供过劳动合同版本，陶某对此不予认可，而公司又没有证据可以相互印证；另外，对于用人单位在订立书面劳动合同过程中单方面增加劳动者劳动时间、变更工作地点、降低劳动报酬等磋商行为，也不能认定为尽到诚实磋商义务。

本案中，公司在其提供的劳动合同版本中，所载明的劳动报酬比实际履行的明显降低，应认定用人单位未尽到诚实磋商义务。商贸公司在订立劳动合同未遵循诚实信用原则，未尽诚实磋商义务，不能免除其需向陶某支付双倍工资差额的法律责任。

4. 无效劳动合同

1）无效情形

(1) 违法法律、行政法规强制性规定的劳动合同（主体、内容不合法）；

(2) 用人单位免除自身的法定责任、排除劳动者权利的（不缴纳社会保险）；

(3) 以欺诈、胁迫手段，使对方在违背真实意思的情况下，订立劳动合同的。

2）无效劳动合同的法律后果

无效合同，自始无效，即自签订之日起就没有法律约束力。合同被确认无效，不代表着劳动者无法获得报酬，若劳动者实际劳动的，有权参照单位相同或相近岗位劳动者的报酬向单位索要报酬。

9.1.3 劳动合同的内容

1. 合同必备内容

劳动合同应包括以下八项内容：①用人单位的名称、住所和法定代表人或者是主要负责人的名字；②劳动者的姓名住址和有效的身份信息；③劳动合同期限；④工作的内容以及工作的地点；⑤具体的工作时间和休假的规定；⑥劳动报酬；⑦社会保险；⑧劳动保护、劳动条件和职业危害防护。

1) 劳动合同期限

按照劳动合同的期限可以劳动合同分为固定期限劳动合同、无固定期限劳动合同及以完成一定工作任务为期限的劳动合同。固定期限劳动合同，用工单位及劳动者明确约定合同终止的时间，期限届满，劳动关系终止。

无固定期限劳动合同，指用人单位与劳动者约定无确定终止时间的劳动合同，用人单位与劳动者协商一致可以订立无固定期限劳动合同。

法律还规定，有如下情形之一，劳动者提出续签劳动合同的，除劳动者提出签订固定期限劳动合同外，应当签订无固定期限劳动合同：

(1) 劳动者在该用人单位连续工作满十年的

连续工作满十年的起算时间应当自用工单位用工之日起计算。劳动者因非本人原因从原用人单位被安排到新用人单位工作的，劳动者在原用人单位的工作年限合并计算入新用人单位的工作年限。原用人单位已经支付经济补偿的，新用人单位在计算补偿支付年限时，原用人单位的工作年限则不再计入。

(2) 用人单位初次实施劳动合同制度或者国有企业改制重新订立劳动合同时，劳动者在该用人单位连续工作满十年且距法定退休年龄不足十年的。

(3) 连续签订二次固定期限劳动合同，原则上续签时用人单位应当与劳动者签订无固定期限劳动合同，以下情形除外：严重违反用人单位规章制度的；严重失职，营私舞弊，给用人单位造成重大损害的；劳动者同时与其他用人单位建立劳动关系，对完成本单位的工作任务造成严重影响，或者经用人单位提出，拒不改正的；合同无效的；被追究刑事责任的；劳动者患病或非因公负伤，在规定的医疗期满后不能从事原工作，也不能从事由用人单位另行安排的工作的；劳动者不能胜任工作，经过培训或者调整工作岗位，仍不能胜任工作的。

2) 工作时间

工作时间包括标准工时制、不定时工作制和综合计算工时制三种工作制度。后两种可以采取弹性工作时间、调休等适当的工作和休息方式。

标准工时制：法律规定劳动者每日工作时间不超过 8 小时，平均每周工作时间不超过 40 小时。用人单位应当保证劳动者每周至少休息一日。用人单位由于生产经营需要，经与工会和劳动者协商后可以延长工作时间，一般每日不得超过 1 小时；因特殊需要延长工作时间的，在保障劳动者身体健康的情况下，延长工作时间每日不得超过 3 小时，每月不得超过 36 小时。

不定时工作制：没有固定工作时间限制的工作制度，主要适用于一些因工作性质或工作条件不受标准工作时间限制的工作岗位。但不定时工作制的实行需要经过劳动部门审批且备案，否则发生争议时，仍会被认定为标准工时制。

3) 休息休假

法定节假日：包括元旦、春节、清明节、劳动节、端午节、中秋节、国庆节等节日。

年休假：劳动者工作满一定年限，每年可享受的保留工作岗位、带薪连续休息的时间。劳动者累计工作满 1 年不满 10 年的，年休假 5 天；已满 10 年不满 20 年的，年休假 10 天；已满 20 年的，年休假 15 天。（工作年限指工龄，非司龄）

注意：职工若有下列情形之一的，不享受当年的年休假：

职工依法享受寒暑假，其休假天数多于年假天数的。

职工请事假累计 20 天以上且单位按照规定不扣工资的。

累计工作满 1 年不满 10 年的职工，请病假累计 2 个月以上的。

累计工作满 10 年不满 20 年的职工，请病假累计 3 个月以上的。

累计工作满 20 年以上的职工，请病假累计 4 个月以上的。

职工新进用人单位且符合享受带薪休假条件的，当年度年休假天数按照在本单位剩余日历天数折算确定，折算后不足一整天的部分不享受年休假。

4）工资报酬

根据法律规定，工资应当以法定货币（即人民币）支付，不得以实物及有价证券替代货币支付，且必须在约定的日期支付，至少每月支付一次，实行周、日、小时工资制的可按周、日、小时支付。

用人单位安排劳动者延长工作时间应支付不低于工资 150％的报酬；休息日安排劳动者工作又不能安排补休应支付不低于工资 200％的报酬；法定节假日安排劳动者工作应支付不低于工资 300％的报酬。

注意：实行不定时工时制的劳动者，不执行上述规定；实行综合计算工时制的，其综合计算工作时间超过法定标准工作时间的部分，应当由用工单位支付延长工作时间部分的工资。

另外，《劳动法》第四十八条还规定了“最低工资”，其确定的标准由省、自治区、直辖市的政府规定，报国务院备案。确定和调整最低工资标准应当综合参考劳动者本人及平均赡养人口的最低生活费用、社会平均工资水平、劳动生产率、就业状况及地区之间经济发展水平的差异。

当劳动合同履行地和用人单位注册地不一致时，最低工资标准按照劳动合同履行地的标准执行；用人单位注册地的标准高于劳动合同履行地的，且双方约定按照用人单位注册地的规定来履行的，按照双方约定履行。

用人单位低于当地最低工资标准支付劳动者工资的，由劳动行政部门责令限期支付差额部分；逾期不支付的，责令用人单位按照应付金额 50％以上 100％以下的标准向劳动者加付赔偿金。

5）劳动保护、劳动条件和职业危害防护

劳动保护指用人单位保护劳动者在工作过程中不受伤害的具体措施，劳动条件指用人单位为劳动者提供正常工作所需条件，职业危害防护指用人单位对工作过程中可能产生的影响劳动者身体健康的危害的防护措施。

2. 劳动合同的约定条款

除劳动合同必备条款外，用人单位与劳动者还可以在劳动合同中约定试用期、培训、商业秘密、补充保险、福利待遇等其他事项。但约定条款不能违反法律、行政法规的强制性规定，否则该约定无效。

1）试用期

根据《劳动合同法》的规定，试用期的约定期限：

(1) 劳动合同期限3个月以上不满1年的，试用期不得超过1个月。

(2) 劳动合同期限1年以上不满3年的，试用期不得超过2个月。

(3) 劳动合同期限3年以上或无固定期限的，试用期不得超过6个月。

注意：试用期包含在劳动合同期限内，劳动合同仅约定试用期的，试用期不成立，所谓的试用期即为劳动合同期限。另，同一用人单位与同一劳动者仅能约定一次试用期。

2）服务期

服务期是指劳动者因享受用工单位给予的特殊待遇而做出的关于劳动履行期限的承诺，一般指用工单位为劳动者提供培训费用，对劳动者进行专业技术培训，用工单位可以与劳动者约定服务期。

若劳动者违反服务期约定，需要向用工单位支付违约金，违约金的数额不得超过服务期尚未履行部分所应分摊的培训费用。

劳动者因下列原因解除劳动合同不属于违反服务期的约定，无需支付违约金：

(1) 用工单位未按照劳动合同约定提供劳动保护或劳动条件的。

(2) 用工单位未及时足额支付劳动报酬的。

(3) 用工单位未依法为劳动者缴纳社会保险费的。

(4) 用工单位的规章制度违反法律、法规的规定，损害劳动者权益的。

(5) 用工单位以欺诈、胁迫的手段，使劳动者在违背真实意思的情况下订立或变更劳动合同的。

(6) 用工单位在劳动合同中免除自己的责任、排除劳动者权利的。

(7) 用工单位违反法律、行政法规强制性规定的。

(8) 法律、行政法规规定劳动者可以解除劳动合同的其他情形。

3）保密义务和竞业限制

对负有保密义务的劳动者，用工单位可以在劳动合同或者保密与竞业限制协议中约定竞业限制条款，并在劳动者履行竞业限制义务时给予经济补偿。劳动者违反竞业限制约定的，应当向用工单位支付违约金，若劳动者违反保密义务或竞业限制，给用工单位造成损失的，应当承担赔偿责任。

注意：劳动者履行保密义务系法定责任，用工单位无需给予任何补偿；但竞业限制义务系双方约定的义务，用工单位不要求劳动者履行或用工单位要求劳动者履行但未给予经济补偿的，劳动者可不履行竞业限制义务。

劳动合同解除或终止后，因用工单位的原因导致三个月未支付经济补偿，劳动者请求解除竞业限制约定的，人民法院应当予以支持。

在竞业限制期限内，用工单位可以请求解除竞业限制协议，解除时，劳动者请求用工单位额外支付劳动者三个月竞业限制经济补偿的，人民法院应当予以支持。

小案例

2019 年 2 月，李某进入江苏省南京市 A 心理辅导公司，担任教师一职，工作内容是为残疾儿童制定学习计划和进行心理咨询服务。入职后双方签订了一份劳动合同。该合同约定，李某离职后 2 年内应当遵守竞业限制条款的约定，否则应向 A 公司支付违约金 3 万元。

转眼间，年关将至，眼看着身边的朋友都有了更好的工作选择，李某想跳槽的心蠢蠢欲动，再加上公司由于管理层更换、资金周转困难等原因，并未按时发放薪资，这让她更坚定了要走的心。于是，李某向公司提出离职申请，并于 12 月正式离职。

在朋友的介绍下，李某了解到江苏省南京市另一家 B 康复中心的业务范围是脑瘫、自闭症等特殊儿童的训练康复。通过面试后，李某顺利入职 B 公司，从事志愿者工作。

在得知李某入职 B 公司后，A 公司向仲裁委申请劳动仲裁，仲裁委作出《仲裁裁决书》，裁决李某向 A 公司支付违反竞业限制协议的违约金 3 万元。李某不服该仲裁裁决结果，在法定期限内向区法院提起诉讼。

请分析：原告应否给付被告竞业限制违约金？

【解析】 首先，本案中原告提供的《劳动合同》系格式合同。该合同与被告和其他员工签订的劳动合同，包括第七条在内的绝大部分内容完全一致。包括李某在内的行政管理人员、卫生清洁人员等全部职工，均采用相同内容的劳动合同，因此能够认定原、被告签订的《劳动合同》是被告提供的格式合同，第七条的内容系格式条款。

其次，该条款违反法律规定任意扩大竞业限制规则中的劳动者范围。原告从事特殊儿童康复训练工作，工作内容不涉及被告的商业秘密，被告对其主张的"商业秘密"也没有采取保密措施。因此，原告不属于竞业限制法律规则中应受就业限制的劳动者范围。（经法院对比调查得知，李某现在任职的 B 公司与 A 公司的经营范围不相同，原告李某的行为并未损害被告的合法权益。）

再次，该条款排除了原告作为劳动者的法定权利，不当免除了被告作为用人单位的法定义务。

最后，根据《中华人民共和国劳动合同法》第二十六条规定，该条款具有法律无效情形，应当认定无效。

因此，原告李某无需向被告南京 A 公司支付 3 万元竞业限制协议违约金。

9.1.4 劳动合同的履行和变更

1. 劳动合同的履行

劳动合同的履行是指劳动合同生效后，当事人双方按照劳动合同的约定，完成各自承担的义务和实现各自享受的权利，使当事人双方订立合同的目的得以实现的法律行为。

1）用工单位与劳动者应当按照劳动合同的约定，全面履行各自的义务

（1）用人单位应当按照劳动合同约定和国家，向劳动者及时足额支付劳动报酬，用人单位拖欠或者未足额支付劳动报酬的，劳动者可以依法向当人民法院申请支付令，人民法院应当依法发出支付令。

用人单位违反国家规定，拖欠或者未足额支付劳动报酬，劳动者可以向劳动行政部门投诉，劳动行政部门责令公司限期支付劳动报酬；逾期不支付的，责令用人单位按应付金额百分之五十以上百分之一百以下的标准向劳动者加付赔偿金。

（2）用人单位不得强迫或者变相强迫劳动者加班。用人单位安排加班的，应当按照国家有关规定向劳动者支付加班费。

（3）劳动者拒绝用人单位管理人员违章指挥、强令冒险作业的，不视为违反劳动合同。劳动者针对危害生命安全和身体健康的劳动条件，有权对用人单位提出批评、检举和控告。

（4）用人单位变更名称、法定代表人、主要负责人或者投资人等事项，不影响劳动合同的履行。

（5）用人单位发生合并或者分立等情况，原劳动合同继续有效，劳动合同由承继其权利和义务的用人单位继续履行。

2）用人单位应当依法建立和完善劳动规章制度，保障劳动者享有劳动权利、履行劳动义务

用人单位在制定、修改或者决定有关劳动报酬、工作时间、休息休假、劳动安全卫生、保险福利、职工培训、劳动纪律以及劳动定额管理等直接涉及劳动者切身利益的规章制度或者重大事项时，应当经职工代表大会或者全体职工讨论，提出方案和意见，与工会或者职工代表平等协商确定。

在规章制度和重大事项决定实施过程中，工会或者职工认为不适当的，有权向用人单位提出，通过协商予以修改完善。

用人单位应当将直接涉及劳动者切身利益的规章制度和重大事项决定公示，或者告知劳动者。

用人单位直接涉及劳动者切身利益的规章制度违反法律、法规规定的，由劳动行政部门责令改正，给予警告；给劳动者造成损害的，应当承担赔偿责任。

注意：①未经职工代表大会或工会投票通过的规章制度对劳动者不具有约束力；②如果用人单位规章制度未经公示或者对劳动者告知，该规章制度对劳动者不生效，

企业公示或告知劳动者规章制度可以采用张贴通告、员工手册送达、会议精神传达等方式；③如果劳动者签收了用人单位的规章制度，即便制定程序存在瑕疵，在不违反法律的范围内对签收员工依然有效。

2．劳动合同的变更

劳动合同的变更是指劳动合同依法定立后，在合同尚未完全履行完毕之前，经用人单位和劳动者双方当事人协商一致同意，对劳动合同中的内容作部分修改、补充或者删减的法律行为。

用人单位与劳动者协商一致，可以变更劳动合同约定的内容。变更劳动合同，应当采用书面形式。变更后的劳动合同文本由用人单位和劳动者各执一份。（注意保留原件）

9.1.5 劳动合同的解除和终止

1．劳动合同的解除

劳动合同解除是指劳动合同签订之后，履行期限届满之间，因双方协商一致终止劳动关系，或因出现法定的情形，一方单方通知对方结束劳动关系的法律行为。

1）协商解除

用人单位与劳动者协商一致，可以解除劳动合同。协商一致解除劳动合同的，用人单位应当向劳动者支付经济补偿。

2）劳动者单方面解除

劳动者提前三十日以书面形式通知用人单位，可以解除劳动合同。劳动者在试用期内提前三日通知用人单位，可以解除劳动合同。劳动者单方提出解除劳动合同的，用人单位无需向劳动者支付经济补偿金。

《劳动合同法》第 38 条规定，用人单位有下列情形之一的，劳动者可以解除劳动合同：①未按照劳动合同约定提供劳动保护或者劳动条件的；②未及时足额支付劳动报酬的；③未依法为劳动者缴纳社会保险费的；④用人单位的规章制度违反法律、法规的规定，损害劳动者权益的；⑤以欺诈、胁迫的手段或者乘人之危，使对方在违背真实意思的情况下订立或者变更劳动合同致使劳动合同无效的；⑥法律、行政法规规定劳动者可以解除劳动合同的其他情形。

用人单位以暴力、威胁或者非法限制人身自由的手段强迫劳动者劳动的，或者用人单位违章指挥、强令冒险作业危及劳动者人身安全的，劳动者可以立即解除劳动合同，不需事先告知用人单位。

3）用人单位单方面解除

(1) 过失性辞退。《劳动合同法》第 39 条规定：“劳动者有下列情形之一的，用人单位可以解除劳动合同：(一)在试用期间被证明不符合录用条件的；(二)严重违反用人单位的规章制度的；(三)严重失职，营私舞弊，给用人单位造成重大损害的；(四)劳动者同时与其他用人单位建立劳动关系，对完成本单位的工作任务造成严重影响，或者经用人单位提出，拒不改正的；(五)以欺诈、胁迫的手段或者乘人之危，使对方在违背真实意思的情况下订立或者变更劳动合同致使劳动合同无效的；(六)被依法追究刑事责任的。上述条款中的第(五)项，劳动者的欺诈手段，基本上是提供虚假资料，如假文凭、假证件、假经历等；因此，用人单位应当建立行之有效的入职审查制度，并且适当运用知情权的法律规定。上述条款中的第(六)项，法律仅限于被追究刑事责任，被劳教、刑事拘留、行政拘留均排除在外；实践中需注意：被人民检察院免予起诉的或被人民法院依据刑法规定免予刑事处分的，用人单位可依本项规定解除劳动合同。劳动者被人民检察院作出不予起诉决定的，用人单位不能依本项规定解除劳动合同。劳动者被劳动教养的，用人单位也不得依本项规定解除劳动合同。”

过失性辞退的情况下，用人单位无需支付经济补偿金。

(2) 无过失性辞退。《劳动合同法》第 40 条规定：“有下列情形之一的，用人单位提前 30 日以书面形式通知劳动者本人或者额外支付劳动者一个月工资后，可以解除劳动合同：(一)劳动者患病或者非因工负伤，在规定的医疗期满后不能从事原工作，也不能从事由用人单位另行安排的工作的；(二)劳动者不能胜任工作，经过培训或者调整工作岗位，仍不能胜任工作的；(三)劳动合同订立时所依据的客观情况发生重大变化，致使劳动合同无法履行，经用人单位与劳动者协商，未能就变更劳动合同内容达成协议的。上述条款中的第(二)项这里的“调整工作岗位”是不需劳动者同意的，实践中用人单位在适用时需注意劳动者不能胜任工作的，需经过培训或调整工作岗位的程序，只有在培训或者调整工作岗位，仍不能胜任工作的才可解除劳动合同。”

无过失辞退的情况下，用人单位需支付经济补偿金。

(3) 经济型裁员。《劳动合同法》第 41 条规定：“有下列情形之一，需要裁减人员二十人以上或者裁减不足二十人但占企业职工总数百分之十以上的，用人单位提前 30 日向工会或者全体职工说明情况，听取工会或者职工的意见后，裁减人员方案经向劳动行政部门报告，可以裁减人员：(一)依照企业破产法规定进行重整的；(二)生产经营发生严重困难的；(三)企业转产、重大技术革新或者经营方式调整，经变更劳动合同后，仍需裁减人员的；(四)其他因劳动合同订立时所依据的客观经济情况发生重大变化，致使劳动合同无法履行的。裁减人员时，应当优先留用下列人员：(一)与本单位订立较长期限的固定期限劳动合同的；(二)与本单位订立无固定期限劳动合同的；(三)家庭无其他就业人员，有需要扶养的老人或者未成年人的。用人单位依照上述条文规定裁减人员，在六个月内重新招用人员的，应当通知被裁减的人员，并在同等条件下优先招用被裁减的人员。用人单位在六个月内重新招用人员的，未通知被裁减的人员，而另聘他人的，如果被裁减人员主张权利，且条件相当的，用人单位应当赔偿损失、恢复劳动关系，且根据劳动部的有关规定，其工作年限与裁员前工作年限应当连续计算。”

经济型裁员的情况下，用人单位应当向劳动者支付经济补偿金。

2. 劳动合同的终止

1) 劳动合同终止的概念

劳动合同终止是指用人单位与劳动者之间的劳动关系因某种法律事实的出现而自动归于消灭,或导致劳动关系的继续履行成为不可能而不得不消灭的情形。

2) 劳动合同终止的情形

(1) 劳动合同期满的。

(2) 劳动者开始依法享受基本养老保险待遇的。

(3) 劳动者死亡,或者被人民法院宣告死亡或者宣告失踪的。

(4) 用人单位被依法宣告破产的。

(5) 用人单位被吊销营业执照、责令关闭、撤销或者用人单位决定提前解散的。

(6) 法律、行政法规规定的其他情形。

3) 对劳动合同解除或终止的限制性规定

劳动者有下列情形之一的,用人单位既不得解除劳动合同,也不得终止劳动合同:

(1) 从事接触职业病危害作业的劳动者未进行离岗前职业健康检查,或者疑似职业病病人在诊断或者医学观察期间的;

(2) 在本单位患职业病或者因工负伤并被确认丧失或者部分丧失劳动能力的;

(3) 患病或者非因工负伤,在规定的医疗期内的;

(4) 女职工在孕期、产期、哺乳期的;

(5) 在本单位连续工作满十五年,且距法定退休年龄不足五年的;

(6) 法律、行政法规规定的其他情形。

3. 劳动合同解除和终止的经济补偿

经济补偿是指按照劳动合同法的规定,在劳动者不存在过错的前提下(劳动者主动离职除外),用人单位与劳动者终止或解除劳动,用人单位应当给予劳动者经济上的补助,也称经济补偿金。

1) 用人单位应向劳动者支付经济补偿的情形

(1) 因用人单位存在过错,劳动者依法单方提出接触劳动合同。

(2) 用人单位与劳动者协商一致解除劳动合同的。

(3) 用人单位依据法律中“无过失性辞退”的规定解除劳动合同的。

(4) 用人单位因破产重整进行经济型裁员的。

(5) 合同期满的,除用人单位维持或者提高劳动合同约定条件续订劳动合同,劳动者不同意续订的情形外。

(6) 因用人单位依法被宣告破产、吊销执照、责令关闭、撤销或用人单位决定提前解散导致劳动合同终止的。

(7) 法律、行政法规规定的其他情形。

2）经济补偿金的计算标准

经济补偿金＝工作年限×月工资

经济补偿按劳动者在本单位工作的年限，每满1年支付1个月工资的标准向劳动者支付。6个月以上不满1年的，按1年计算；不满6个月的，向劳动者支付半个月工资的经济补偿。

劳动者月工资高于用人单位所在直辖市、设区的市级人民政府公布的本地区上年度职工月平均工资3倍的，向其支付经济补偿的标准按职工月平均工资3倍的数额支付，向其支付经济补偿的年限最高不超过12年。

这里所称“月工资”是指劳动者在劳动合同解除或者终止前十二个月的平均工资。

3）违法解除的后果

用人单位违反本法规定解除或者终止劳动合同，劳动者要求继续履行劳动合同的，用人单位应当继续履行；劳动者不要求继续履行劳动合同或者劳动合同已经不能继续履行的，用人单位应当依照经济补偿金两倍的标准支付赔偿金。

4．合同终止后的其他义务

用人单位应当在解除或者终止劳动合同时出具解除或者终止劳动合同的证明，并在15日内为劳动者办理档案和社会保险关系转移手续。

劳动者应当按照双方约定，办理工作交接。用人单位依照本法有关规定应当向劳动者支付经济补偿的，在办结工作交接时支付。

用人单位对已经解除或者终止的劳动合同的文本，至少保存二年备查。

9.1.6　劳动争议

1．劳动争议的概念

劳动争议，是指劳动关系的当事人之间因执行劳动法律、法规和履行劳动合同而发生的纠纷，即劳动者与所在单位之间因劳动关系中的权利义务而发生的纠纷。根据争议涉及的权利义务的具体内容，可将其分为以下几类：

（1）因确认劳动关系发生的争议；

（2）因订立、履行、变更、解除和终止劳动合同发生的争议；

（3）因除名、辞退和辞职、离职发生的争议；

（4）因工作时间、休息休假、社会保险、福利、培训以及劳动保护发生的争议；

（5）因劳动报酬、工伤医疗费、经济补偿或者赔偿金等发生的争议；

（6）法律、法规规定的其他劳动争议。

2．劳动争议的解决方法

劳动争议的解决方法有协商、调解、仲裁、诉讼。

1）协商

《劳动法》及《劳动合同法》均规定，用人单位与劳动者之间发生劳动争议，可以协商解决。但值得注意的是，协商解决并非强制的争议解决途径，应当遵循双方自愿的原则，若有任何一方不愿意通过协商的方式解决劳动争议，则将通过其他方法来解决争议。

书面和解协议对双方均具有约束力，经审查有效的，可作为仲裁程序的证据直接使用。但当事人为达成和解目的就争议事实作出的妥协不得作为对其不利的证据。同时，书面和解协议不得作为要求法院强制执行或者申请支付令的依据。

双方未能在约定的协商期限内达成一致的或一方当事人拒绝履行和解协议的，另一方当事人可以依法向调解组织申请调解，也可以依法申请劳动仲裁。

协商的影响：自一方当事人向另一方当事人提出协商要求之日，与协商要求相关的劳动争议的仲裁申请时效中断，从协商不成或一方当事人未在约定期限内履行和解协议时重新计算时效。

2）调解

《劳动争议调解仲裁法》规定，劳动争议应当以“根据事实，遵循合法、公平、公正、及时、着重调解”作为处理原则。从广义上来说，调解时第三方参与，对争议双方的矛盾进行调停、调和，以达到促使双方消除矛盾协商一致的过程。

劳动者认为用人单位在履行劳动合同、执行劳动保障法律、法规和用人单位规章制度时存在问题的，也可以提出调解的请求。

(1) 调解组织。企业劳动争议调解委员会，由职工和企业代表组成。职工代表由工会成员担任或由全体职工选举产生，企业代表由企业负责人指定，企业劳动争议调解委员会主任由公会成员或双方推荐的人员担任。

依法设立的基层人民调解组织。

在乡镇、街道劳动就业社会保障服务中心等具有劳动调解职能的组织。

其他具有劳动争议调解职能的组织。

调解委员会接到当事人的书面或者口头调解申请后，对属于受理范围且双方当事人同意调解的，应当在3个工作日内受理。对于不属于受理范围或者一方当事人不愿意调解的，应当在书面记录后，告知当事人。

(2) 调解书的效力。调解书不具有向法院申请强制执行的效力，只有通过劳动仲裁委员会或人民法院确认后，才具有强制执行效力。因支付拖欠报酬工资、工伤医疗费、经济补偿或者赔偿金事项达成的调解协议，用人单位不履行的，劳动者可以持调解协议书向人民法院申请支付令。

(3) 调解和协商的区别。虽然调解和协商都时劳动争议的解决途径之一，但均非法定必经途径，二者还存在着如下的区别。

参与主体不同：协商的主体为劳动者与用人单位，即使劳动者委托其他组织或个人参加协商，也是作为劳动者一方的代表，究其实质，即协商是双方的；而调解是在第三方调解组织的主持下进行的，调解组织为第三方独立公正的立场，即调解是三方的。

达成一致的书面协议书的效力不同：虽然通过两种途径达成的协议书对双方均具有约束力，但和解协议只能成为后续可能发生的仲裁诉讼程序中的证据，而调解协议书则可以经过仲裁机构或法院审查确认后成为具有强制执行力的法律文书。注意：因支付拖欠劳动报酬、工伤医疗费、经济补偿或赔偿金事项达成的调解协议，即使不经过审查程序，也可以成为向法院申请支付令的依据。

3）劳动争议仲裁

劳动争议仲裁程序是劳动争议解决的前置程序，劳动争议的当事人可以选择不与对方当事人进行协商或调解，并直接向劳动争议仲裁机构提起仲裁申请。若劳动争议不经过仲裁程序，则无法提起诉讼。

（1）劳动仲裁当事人。劳动者和用人单位，在劳务派遣中派遣单位或用人单位与劳动者发生争议的，劳务派遣单位和用工单位成为共同当事人；劳动者与个人承包经营者发生争议，应当将发生争议的组织和个人承包经营者作为当事人；发生争议的用人单位被吊销营业执照、责令关闭、撤销以及用人单位决定提前解散，导致最终无法承担责任的，依法将出资人、开办单位或主管部门作为共同但那是人。

（2）有管辖权的仲裁机构。劳动合同履行地或用人单位所在地的仲裁机构，如果争议的双方分别向劳动合同履行地和用人单位所在地的劳动争议仲裁机构申请仲裁的，由劳动合同履行地的劳动争议仲裁机构管辖。

仲裁机构是由省、自治区、直辖市人民政府按照统筹规划和实际需要的原则所设立的劳动争议仲裁委员会。劳动争议仲裁委员会不按行政区划层层划分，属行政机构，非司法机构。

（3）仲裁申请。提出仲裁申请，应当向劳动争议仲裁委员会提交书面的仲裁申请书，并按照被申请人人数提交申请书副本，申请书中，应当载明如下几点：当事人的具体信息，包括劳动者的姓名、性别、年龄、工作单位、住所及用人单位的名称、住所地和法定代表人的姓名及职务。仲裁请求和所依据的事实及理由。

书写仲裁申请书确有苦难的，可以口头申请，由劳动争议仲裁委员会计入笔录，并告知对方当事人。

仲裁申请书范例：

劳动仲裁申请书

申请人：张某，男，汉族，××××年××月××日生，工作单位：×××××公司，职位：销售经理，住所地：×××省×××市×××区×××路×××号×××室。

被申请人：××××公司，住所地：×××省×××市×××区×××路×××号×××室，法定代表人：×××，公司总经理。

仲裁申请事项：

请求裁决被申请人支付拖欠的工资×××××元；

请求裁决被申请人向申请人支付自××××年××月起至××××年××月的加班工资××元。

……

事实与理由：

(围绕申请人仲裁申请事项，简要叙述相关事实，例如劳动合同的签订情况，约定的工资标准，以及相关劳动报酬的计算标准及具体组成等)

此致

×××市×××区劳动人事争议仲裁委员会

申请人：(签名)

××××年××月××日

(4) 仲裁时效。发生劳动争议的乙方，若不在法定期限内向劳动争议仲裁机构申请仲裁，将丧失通过仲裁程序保护权利的实现。《劳动法》规定的劳动争议仲裁申请时效为60日，起算时间为劳动争议发生之日。而《劳动争议调解仲裁法》将劳动争议仲裁申请时效延长至1年，自当事人知道或者应当知道其权利被侵害之日起计算。因《劳动争议调解仲裁法》施行在后，根据新法优于旧法的原则，仲裁申请时效为1年，不再适用60日。

具体时效起算时间：

劳动关系存续期间发生的拖欠劳动报酬争议，不受1年时效的限制；但劳动关系终止的，应当自劳动关系终止之日起1年内提出申请；但用人单位可以证明在劳动关系存续期间以书面方式通知劳动者拒付劳动报酬的，书面通知送达之日为时效起算日，不再适用前述特殊规定。

因解除或者终止劳动关系发生的争议，劳动者受到解除或者终止劳动关系书面通知的时间为时效起算日，如果用人单位不能证明劳动者收到书面解除通知时间的，劳动者主张权利之日为时效起算日。

劳动关系解除或者终止后产生的支付工资、经济补偿金、福利待遇等争议，用人单位承诺的支付时间在劳动关系解除或终止之日后的，该承诺日期为时效起算日，如果无法证明的，劳动关系解除或终止之日为时效起算日。

特别注意：前述不受1年仲裁时效限制的仅限劳动关系存续期间拖欠劳动报酬的争议。

劳动争议仲裁委员不会主动审查仲裁时效，当事人若在仲裁阶段未提出超过仲裁时效的抗辩，待劳动人事争议仲裁委员会裁决后，当事人在诉讼阶段又以超过仲裁时效为由提出抗辩的,人民法院不予以支持;当事人未提出仲裁时效抗辩,又以仲裁时效届满为由申请再审或提出再审抗辩的,人民法院不予以支持。即当事人以仲裁时效进行抗辩,应当在劳动仲裁阶段提出否则之后的诉讼过程中将丧失时效抗辩的机会。

(5) 仲裁流程。第一,当事人向劳动争议仲裁委员会提出仲裁申请后,仲裁委员会应当在5日内作出决定,符合受理条件的,出具受理仲裁申请;仲裁委决定不受理或者逾期未作出是否受理决定的,当事人可以直接向有管辖权的法院提起诉讼。

第二,仲裁委受理后,应当在5日内将仲裁书副本送达被申请人,被申请人应当在收到仲裁书副本后10日内作出书面答辩,但不提交不会影响仲裁程序的进行。仲裁委收到答辩书后5日内将副本送达申请人。

第三,仲裁委先行组织调解,调解成功的,出具调解书;不成功的,经仲裁庭审后作出裁决书。仲裁期限自仲裁委受理仲裁申请之日起45日内结束,经批准可以延长,但不得超过15日。

(6) 裁决结果。裁决应当按照多数仲裁员的意见做出,不能形成多数意见按首席仲裁员的意见做出。任何一方对裁决不服的,可以自收到仲裁裁决书之日起15日内向人民法院提起诉讼。

用人单位有证据证明仲裁裁决有下列情形之一,即适用法律、法规确有错误的;劳动争议仲裁委员会无管辖权的;违反法定程序的;裁决所根据的证据是伪造的;对方当事人隐瞒了足以影响公证裁决的证据的;仲裁员在仲裁本案时有索贿受贿、徇私舞弊、枉法裁决行为的,可以自收到仲裁裁决书之日起30日内向劳动争议仲裁委员会所在地的中级人民法院申请撤销裁决。

对于追索劳动报酬、工伤医疗费、经济补偿或者赔偿金的案件,根据当事人的申请,并符合以下条件的,可以裁决先予执行:当事人之间权利义务关系明确;不先予执行将严重影响申请人的生活。

4) 劳动争议诉讼

劳动争议诉讼程序与民事诉讼程序基本一致,不过其中仍有部分的不同之处:

劳动争议仲裁是劳动争议诉讼的前置程序,并且诉讼请求的范围也仅局限于仲裁裁决事项。(当事人诉讼阶段增加的诉讼请求与讼争的劳动争议具有不可分性的,应当合并审理;否则应当告知当事人向劳动人事争议仲裁委员会申请仲裁。针对不可分性,人民法院具有较大的裁量权。)

劳动争议诉讼的被告不能以"反诉"的形式向原告主张权利。

诉讼提起后,劳动争议仲裁裁决不发生法律效力。若存在多个劳动者,其中部分劳动者对仲裁裁决不服,向人民法院依法提起诉讼的,仲裁裁决对提出起诉的劳动者不发生法律效力,对于未提出起诉的劳动者发生效力,如果未提出起诉的劳动者申请执行的,人民法院应当受理;当仲裁委员会作出的裁决既包含一裁终局事项也包含非一裁终局事项,当事人不服裁决向人民法院提起诉讼的,应当按照非一裁终局情况处理。

9.2 社会保险

社会保险，指国家依法建立的，由国家、用人单位和个人共同筹集资金、建立基金使个人在退休、患病、工伤、失业、生育等情况下可以获得物质帮助和补偿的一种和会保险制度。由国家设置专门机构，实行统一管理，统一承担保险金的发放职能。

社保也就是我们俗称的“五险”，其中包括养老保险、医疗保险、失业保险、工伤保险、生育保险，针对的分别为公民的老年风险、医疗风险、职业风险、失业风险及生育风险。

缴纳社会保险费用是用人单位的法定义务，不论用人单位是否与劳动者达成一致意见，劳动者又是否强烈要求用人单位不替其缴纳社会保险费用，用人单位都必须给劳动者缴纳社会保险费用。拒不缴纳的，劳动监察部门可主动或在收到投诉后，要求用人单位补缴社保。用人单位拒不补缴的，劳动者可直接提起仲裁，要求用人单位补缴。

9.2.1 养老保险

1. 基本概念

养老保险是指通过国家立法手段为社会建立养老金制度。在劳动者年老或丧失劳动能力后，根据他们对社会所作的贡献和所具备的享受养老保险资格或退休条件，按月或一次性以货币形式支付的保险待遇，主要用于保障职工退休后的基本生活需要。

基本养老保险制度分为职工基本养老保险、公务员养老保险和城乡居民基本养老保险三种。三者最大的区别在于适用对象不同，职工基本养老保险适用对象为企业单位及员工、无雇工的个体工商户、未在用人单位参加基本养老保险的非全日制从业人员以及其他灵活就业人员(包括以个人身份从事职业活动的自由职业者)、家庭帮工、其它灵活就业人员(非全时工、季节工、劳务承包工、劳务派遣工等)；公务员养老保险适用对象为机关单位的公务员及参照《公务员法》管理的工作人员；城乡居民基本养老保险适用对象为年满16周岁非国家机关和事业单位工作人员及不属于职工基本养老保险制度覆盖范围的城乡居民。

2. 养老保险金的组成和来源

基本养老保险金由用人单位和个人缴费及政府补贴等组成，实行社会统筹和个人账户相结合模式。

养老保险社会统筹，指在一定的范围内，统一筹划养老保险基金的征缴、管理和使用。每个统筹区各自负责本区域养老保险基金的平衡，结余主要归本统筹区支配和使用，缺口则一般都需要本级政府和本级财政填补。

注意：个人跨统筹地区就业的，基本养老保险关系随之转移，缴费年限累计计算。

3. 养老保险缴纳

用人单位以本单位职工工资总额为缴费基数，一般不超过20%。

劳动者则以其上一年度月平均工资作为缴费基数，个人缴费比例为8%。月平均工资包括工资、奖金、津贴、补贴等收入，不包括用人单位承担或者支付给员工的社会保险费、劳动服务费、护理费、计划生育费用、一次性支付的解除劳动合同补偿金等费用。月平均工资低于当地职工月平均工资60%的，按照当地职工月平均工资60%作为缴费基数；月平均工资高于当地职工月平均工资300%的，按照当地职工月平均工资300%作为缴费基数，超过部分不计入缴费工资基数，也不计入计发养老金的基数。

灵活就业人员以当地上年度职工平均工资作为缴费基数，缴费比例为20%。

4. 职工基本养老保险待遇

1）支付职工基本养老保险金

达到法定退休年龄，且累计缴费满15年。若参保个人达到法定退休年龄时累计缴费不足15年的，可以延长缴费至满15年，之后按月领取基本养老金；也可以申请转入户籍所在地的新型农村社会养老保险或者城镇居民社会养老保险，按照国务院的规定享受对应的养老金保险待遇。累计缴费不足15年的，且未转入户籍所在地新型农村社会养老保险或城镇居民社会养老保险的每个人可以书面申请终止职工基本养老保险。社保经办机构收到申请后，应当书面告知其转入新型农村社会养老保险或城镇居民社会养老保险的权利，以及终止职工基本养老保险的后果，经本人书面确认后，终止职工养老基本保险，并将个人账户储存额一次性予以支付。

2）丧葬补助金和抚恤金

参加基本养老保险的个人，因病或者非因工死亡的，遗属可以领取丧葬补助金和抚恤金，资金从基本养老保险基金中支取。

3）病残津贴

在未达到法定退休年龄时因病或者非因公致残完全丧失劳动能力的，可以领取病残津贴，资金从基本养老保险基金中支取。

注意：实践中，经常存在劳动者和用人单位书面约定“不缴纳社会保险”，劳动者进而可以从用人单位处领取社会保险对应部分的补贴，但是由于社会保险缴纳系国家强制法律的规定，其缴纳过程中往往伴随着国家利益，并非劳动者及用人单位达成合意就可以否定，司法机关遇到类似纠纷时，更倾向于认定“协议违反了法律强制性规定”，进而否定放弃社保的协议效力。

9.2.2 医疗保险

1. 基本概念

医疗保险是通过社会建立共同、互助基金，为参保人员你提供医疗服务并给予患病参保人员经济补偿的一种保险制度，以保障劳动者的疾病能够得到基本的一种并帮助其恢复劳动力，最终达到保障劳动者身体健康的目的。医疗保险与其他保险不同，其并不直接向劳动者支付，而是通过医疗保险机构与医疗服务机构直接结算、为劳动者的医疗服务支付款项的方式提供医疗保险服务。

医疗保险体系可以分为三个层次，分别为基本医疗保险、城乡居民大病保险以及重特大疾病医疗救助制度。基本医疗保险是根据《社会保险法》等规定建立的基本医疗保险制度，全国所有用人单位及职工必须参加的基本医疗保险；城乡居民大病保险则在基本医疗保障基础上，对大病患者发生的大额医疗费给予进一步保障的制度，是基本医疗保障的补充；大额医疗费用互助资金则是在前述基本医疗保险和大病保险外建立的专门针对劳动者患重大疾病、发生大额医疗费用时适用的一种互助制度。

医疗保险体系由职工基本医疗保险、城镇居民基本医疗保险和新型农村合作医疗三大块组成。其中，职工基本医疗保险的适用对象为企业、机关、事业单位、社会团体、民办非企业单位及职工和无雇工个体工商户、未在用人单位参加职工基本医疗保险的非全日制从业人员及其他灵活就业人员；而城镇居民基本医疗保险的适用对象则包括中小学阶段的学生、少年儿童、其他城镇非从业人员、在校大学生、符合条件的灵活就业人员、农民工等流动就业人员选择参加；新型农村合作医疗的适用对象则为农村居民。

2. 职工基本医疗保险概况

(1) 缴费基数。用人单位以本单位职工工资总额作为缴费基数；劳动者以其上一年度本人月平均工资作为缴费基数；灵活就业人员则以当地上年度职工平均工资作为缴费基数。

(2) 缴费比例。用人单位缴费比例平均在8%左右(各地有所浮动)；劳动者个人缴纳比例在2%左右(各地有所浮动)；灵活就业人员缴费比例在8%左右(各地有所浮动)。

(3) 基金来源。主要为用人单位和劳动者缴纳，其他还有依法纳入的滞纳金、上级补助收入、下级上解收入等，最后还有医疗保险基金的利息。

(4) 基金统筹。分别设立社会统筹基金和个人账户基金，原则上以地级以上行政区作为统筹单位，其中，社会统筹基金的起付标准一般为当地职工年平均工资的10%，最高支付的款项为当地职工平均工资的倍。当个人账户资金支付起付标准以下的费用时，全国各地对于统筹基金和个人账户基金的支付范围规定不同，主要是累进制及模块式两种方式。

(5) 结算。医疗费用符合基本医疗保险药品目录、诊治项目、服务设施标准的，按照国家规定从基本医疗保险基金中支付。参保人员需要急诊、抢救的，可以在非协议医疗机构就医，对应的抢救药品也可以适当放宽范围。

(6) 适用条件。首先，参保人员必须到基本医疗保险的定点医疗机构就医、购买药品或前往定点零售药店购买药品；其次，参保人员在看病过程中所发生的的医疗费用必须符合基本医疗保险药品目录、诊治项目服务设施标准的范围和给付标准。

注意，以下医疗费用不纳入基本医疗保险基金的支付范围：①应当从工伤保险基金中支付的；②应当由第三人负担的；③应当由公共卫生负担的；④境外就医的。

医疗费用应当由第三人负担的，在第三人不支付或者第三人无法确定的情况下，基本医疗保险基金可以先行支付，基本医疗保险基金支付后，可以在确定需承担责任第三人的情况下向第三人进行追偿。

9.2.3　工伤保险

1. 工伤认定

工伤，指劳动者在工作过程中或从事与工作有关的活动中受到不同于公伤，公伤是指国家公务人员在履行国家和法律赋予职责的过程中受到伤害，目前适用于国家机关公务员和参照《公务员法》管理的事业单位和社会团体人员。

劳动者发生事故伤害或者按照《职业病防治法》规定被诊断、鉴定为职业病，可以由用人单位、工伤职工或者近亲属、工会组织向社会保险行政部门提出工伤认定申请，由社会保险行政部门作出工伤认定。

1）应当认定工伤的情形

（1）在工作时间和工作场所内，因工作原因受到事故伤害的；

（2）工作时间前后在工作场所内，从事与工作有关的预备性后者收尾性工作受到事故伤害的；

（3）在工作时间和工作场所内，因履行工作职责受到暴力等意外伤害的；

（4）患职业病的；

（5）因工外出期间，由于工作原因受到伤害或者发生事故下落不明的；

（6）在上下班途中，受到非本人主要责任的交通事故或者诚实轨道交通、客运轮渡、火车事故伤害的。

（7）法律、行政法规规定应当认定为工伤的其他情形。

2）视同工伤的情形

（1）在工作时间和工作岗位，突发疾病死亡或者在 48 小时内经抢救无效死亡的；

（2）在抢险救灾等维护国家利益、公益活动中受到伤害的；

（3）职工原在军队服役，因战、因公负伤致残，已取得革命伤残军人证，到用人单位后旧伤复发的。

3）不认定为工伤的情形

职工因下列情形之一导致本人在工作中伤亡的，不认定为工伤。

（1）故意犯罪的；

（2）醉酒或者吸毒的；

（3）自残或者自杀的。

2. 劳动能力鉴定

职工发生工伤，经治疗伤情相对稳定后存在残疾、影响劳动能力的，应当进行劳动能力鉴定。劳动能力鉴定是指劳动功能障碍程度和生活自理障碍程度的等级鉴定。

劳动功能障碍分为十个伤残等级，最重的为一级，最轻的为十级。生活自理障碍分为三个等级：生活完全不能自理、生活大部分不能自理和生活部分不能自理。

自劳动能力鉴定结论作出之日起1年后，工伤职工或者其近亲属、所在单位或者经办机构认为伤残情况发生变化的，可以申请劳动能力复查鉴定。

3. 工伤保险费的缴纳

工伤保险，是指劳动者在工作或者规定的特殊情况下，遭受以外伤害或患职业病导致暂时或永久丧失劳动能力以及死亡时，劳动者或者其遗属从国家和社会获得获得物质帮助的一种社会保险制度。

与其他社会保险相比，工伤保险具有两个显著不同的特征：第一，工伤保险缴费实行行业差别费率，根据不用行业的工伤风险程度实行不用的缴费费率且在行业内再进行分档（行业内分档指同行业内，根据用人单位劳动者使用工伤保险金的频率及工伤发生频率，调整缴费费率）。第二，工伤保险适用的范围十分宽泛，工伤保险待遇不受劳动者年龄、缴费年限、性别等限制，且缴费仅由用人单位缴纳，劳动者个人无需缴纳工伤保险费。

4. 工伤保险待遇

职工因工作遭受事故伤害或者患职业病进行治疗，且经工伤认定的，享受工伤医疗待遇；其中，经劳动能力鉴定丧失劳动能力的，享受伤残待遇。

(1) 医疗方面待遇。主要包括工伤治疗费用、治疗期间的伙食补助费、交通食宿费和工伤康复费。

(2) 停工留薪期待遇。职工因工作遭受事故伤害，需要暂停工作接受工作治疗的，在停工留薪期原工资福利待遇不变，由用人单位支付（停工留薪期一般不超过12个月，特殊情况可延长至24个月）。

(3) 伤残待遇。经劳动能力鉴定委员会鉴定，评定伤残等级的工伤职工，享受伤残待遇。包括以下方面：①生活护理费。工伤职工已经评定伤残等级并经劳动能力鉴定委员会确认需要生活护理的，可按月领取生活护理费，按生活完全不能自理、生活大部分不能自理和生活部分不能自理三个不同等级支付，其标准为当地上年度职工月平均工资的50%、40%、30%。②一次性伤残补助金。职工因工致残被鉴定为一级至十级伤残的，从工伤保险基金按伤残等级支付一次性伤残补助金。③伤残津贴。按照工伤职工伤残等级不同，发放伤残补助。④劳动者因公死亡，其近亲属可以领取丧葬补助金、供养亲属抚恤金和一次性工亡补助金。

工伤职工有下列情形之一的，停止享受工伤保险待遇：①丧失享受待遇条件的；②拒不接受劳动能力鉴定的；③拒绝治疗的。

小案例

张某系石马小学的教师，张某与石马小学于2014年9月10日签订了《永丰县事业单位聘用合同书》，约定聘用期限为五年，张某任石马小学班主任一职，从事教学工作。

2019年3月20日张某在工作期间曾出现脸色苍白和疲乏无力的状况，但并没有引起重视和到医院就医。当天晚上，张某在办公室批改完作业后，8点多回到宿舍在电脑上下载“赣教云”教学软件并学习使用。晚10时许张某感觉比较累就先行在学校安排的宿舍睡觉休息。

2019年3月21日凌晨4时30分许，同宿舍的杨某被张某的异常动静惊醒，发现张某脸色发白，嘴唇发紫，呼叫无反应，遂拨打了“120”急救电话。不久，“120”急救车到达现场，确定张某已无生命体征。永丰县公安局接警后赶到现场进行调查，初步排除了张某被他杀的可能，张某的家属均表示无异议。

永丰县石马镇中心卫生院出具的“居民死亡医学证明（推断书）”推断张某的死亡原因为“可能死于心肌梗塞”。2019年4月2日石马小学向永丰县人社局提交了“工伤认定申请表”，要求对张某的死亡认定为工伤。

永丰县人社局于2019年4月19日作出永人社工伤认字（2019）第3—125号《不予认定工伤决定书》，认为张某受到的事故伤害，决定不予认定工伤或者视同工伤。之后，张某的近亲属以永丰县人社局为被告将此案诉至法院。

请分析：张某在学校宿舍心梗去世，能否认定工伤？

【解析】本案的争议焦点在于张某突发疾病死亡是否在工作时间和工作岗位。首先，张某的死亡时间系在工作时间。石马小学是乡村寄宿制学校，住校老师除了按照要求完成教学任务外，还要管理寄宿学生的生活和处理其他事物。

此外，石马小学制定的《石马小学教职工岗位职责》规定，“教师每周日晚至周五下午为教师工作时间”，张某在周日晚上死亡，也符合工作时间的要求。

其次，张某死亡的场所也是工作场所。死亡地点虽然是在宿舍，作为石马学校虽然有办公室和宿舍的区分，学校为老师提供休息的宿舍，可以视为工作场所的合理延伸，老师在宿舍办公也是符合常理和实际情况的。

再次，从张某脸色发白感到难受一直到张某死亡的时间不超过48小时，也符合《工伤保险条例》中规定的“在48小时内经抢救无效死亡的情形”。

因此，法院判决撤销人社局作出的《不予认定决定书》，并要求重新作出工伤认定。

9.2.4 失业保险

1. 基本概念

失业保险是指通过建立失业保险基金，向符合一定条件的失业人员进行一定的给付，从而使因失业而暂时失去生活来源的劳动者的基本生活能够得到保障，并通过职业培训、职业介绍等方式帮助其重新就业的一种社会保险制度。

2. 失业保险制度

1) 适用对象

城镇企业事业单位及其职工(一般情况下，城镇企业事业单位的农民合同制工人本人不能缴纳失业保险费)。

2) 缴费基数

用人单位以本单位职工工资总额作为缴费基数，而劳动者以上一年度其本人月平均工资作为缴费基数。

3) 缴费比例

用人单位缴费比例平均在0.5%左右(各地略有浮动)，而劳动者个人缴费比例平均也在0.5%左右(各地略有浮动)。

4) 基金来源

用人单位及职工缴纳的失业保险费、财政补贴、失业保险基金的利息、依法纳入的其他资金。

5) 保险待遇

(1) 领取失业保险金。

(2) 领取失业保险金期间，失业人员参加职工基本医疗保险的，享受基本医疗保险待遇。

(3) 失业人员在领取失业保险金期间死亡的，参照当地对在职职工死亡的规定，向遗属发放一次丧葬补助金和抚恤金。

个人死亡同时符合领取基本养老保险丧葬补助金、工伤保险丧葬补助金和失业保险丧葬补助金条件的，遗属只能选择领取其中的一项。

(4) 职业介绍与职业培训补贴。失业人员在领取失业保险金期间，应当接受职业培训和职业介绍。

6) 领取期限

用人单位应当及时为失业人员出具终止或者解除劳动关系的证明，并将失业人员的名单自终止之日或者解除劳动关系之日起15日内告知社会保险经办机构。失业人员应当持本单位出具的终止或解除劳动关系的证明，及时到指定的公共就业服务机构办理失业登记。失业人员凭失业登记证明和个人身份证明，到社会保险经办机构办理领取失业保险金的手续，失业保险金领取期限自办理失业登记之日起计算。失业人员失业前所在用人单位和本人按照规定累计缴费时间满一年不足五年的，领取失业保险金的期限最长为 12 个月，累计缴费时间满五年不足十年的，领取期限最长为 18 个月；累计缴费时间十年以上的，领取期限最长为 24 个月。重新就业后，再次失业的，缴费时间重新计算。领取失业保险金的期限与前次失业应当领取而尚未领取的失业保险金的期限合并计算，最长不得超过 24 个月。失业人员因当期不符合失业保险金领取条件的，原有缴费时间予以保留，重新就业并参保的，缴费时间累计计算。

7）停止发放的情形

（1）失业人员重新就业的；

（2）应征服兵役的；

（3）移居境外的；

（4）享受基本养老保险待遇的；

（5）无正当理由，拒不接受当地人民政府指定的部门或机构介绍的适当工作或者提供的培训的。

9.2.5　生育保险

1. 基本概念

生育保险是指通过建立生育保险基金，对怀孕或者分娩的女性劳动者给予一定的给付，包括医疗照顾和物质补偿等，从而保障生育期间女性劳动者不会因暂时中止劳动而遭受损失的一项保险制度。

2. 生育保险基本制度

（1）适用对象：城镇企业及职工。

（2）缴费基数：由用人单位按照本单位职工工资总额进行缴纳。

（3）缴费比例：用人单位缴纳比例品骏在 1%左右（各地有所浮动）。劳动者个人无需缴纳。

（4）基金来源：用人单位缴纳的生育保险费、利息及针对逾期不缴纳情况加收的滞纳金。

（5）保险待遇：包括生育医疗费用和生育津贴。生育医疗费用包括女职工生育时的检查费、接生费、手续费、住院费和药费等以及计划生育医疗费用，如因计划生育需要，实行的引产、安装节育器等相关费用；生育津贴则指女职工因生育离开工作岗位期间支付的生活费用，也称为带薪假期。生育津贴按照女职工所在用人单位上年度职工月平均工资计发。

注意：女职工入职即怀孕，是否享受生育保险待遇？

针对该问题，按照法律规定，只要女职工符合享受生育保险待遇的条件，无论入职时间的长短，都有权享受生育保险待遇并享受生育津贴和生育医疗费用。同时，用人单位不能通过劳动合同来排除其为女职工缴纳生育保险费的义务以及为怀孕女职工提供特殊的劳动保护。

本章小结

劳动合同是劳动者与用人单位确立劳动关系，明确双方权利和义务的书面协议。订立劳动合同应遵循合法、公平、平等自愿、协商一致、诚实信用的原则。劳动合同的订立形式分为书面形式和口头形式两种，劳动合同的内容包括法定条款和约定条款。劳动合同的解除分为双方协商解除劳动合同和单方解除劳动合同两种。劳动争议是指劳动双方当事人因实现劳动权利和履行劳动义务而发生的纠纷。劳动争议解决的方法有斜视协商，调解，仲裁和诉讼。社会保险是指国家依法建立的，由国家，用人单位和个人共同筹集资金。建立基金是个人在年老患病、工伤、失业、生育等情况下，获得物质帮助和补偿的一种社会保障制度。我国的社会保险项目主要有五项，统称为五险及基本养老保险，基本医疗保险，工伤保险，失业保险和生育保险。

练习题

一、单项选择题

1. 2017 年 7 月 4 日，某公司与小王签订劳动合同，约定合同期限为 1 年，试用期 1 个月，每月 26 日发放工资，小王于 7 月 8 日开始上班。双方建立劳动关系的起始时间为(　)

A. 7 月 4 日　　B. 7 月 8 日　　C. 7 月 26 日　　D. 8 月 4 日

2. 下列情形中订立劳动合同的当事人具备主体合法性的是(　)

A. 未满 16 周岁的小赵与某餐厅签订劳动合同

B. 未满 16 周岁的小王与某杂技团签订劳动合同

C. 未满 16 周岁的小孙和某快递公司签订劳动合同

D. 未满 16 周岁的小李与保安公司签订劳动合同

3. 李某的日工资为 160 元，每周工作 5 天，每天工作 8 小时。2019 年 10 月，李某在“十一”期间加班一天，在某一个周末加班一天，在某一个工作日加班 3 个小时。李某在 2019 年 10 月应该得到的加班费是(　)

A. 160 元　　B. 320 元　　C. 890 元　　D. 1050 元

4. 王某工作已满 15 年，2015 年 7 月 1 日调到乙公司工作，提出补休年休假申请，则王某可以享受的年休假是(　)天

A. 0　　B. 5　　C. 10　　D. 15

5. 根据《劳动合同法》的规定，下列情形中，用人单位与劳动者可以不签订书面劳动合同的是(　)

A. 试用期用工　　B. 非全日制用工

C. 固定期限用工　　D. 无固定期限用工

6. 根据《劳动合同法》的规定，下列(　)是劳动合同的必备条款

A. 工作内容和工作地点　　B. 劳动纪律

C. 补充保险　　　　　　　　　　D. 试用期

7. 根据《劳动合同法》的规定，劳动合同期限三个月以上不满一年的，试用期不得超过(　)

A. 1 个月　　　B. 2 个月　　　C. 3 个月　　　D. 6 个月

8. 下列关于用人单位在试用期中解除劳动合同的说法正确的是(　)

A. 试用期内用人单位可以随时通知劳动者解除劳动合同

B. 用人单位在试用期解除劳动合同的，不需要向劳动者说明理由

C. 在试用期内被证明不符合录用条件的，用人单位可以解除劳动合同

D. 劳动者在试用期工资不得低于劳动合同约定工资的 60%

9. 李某与甲公司订立了 1 年的劳动合同。合同约定，严重失职，营私舞弊，对公司利益造成损害的，公司可以解除合同。李某任职期间，其负责完成的工程出现重大质量问题，给公司造成了较大经济损失。下列表述中正确的是(　)

A. 李某与甲公司之间订立的劳动合同无效

B. 甲公司可以解除与李某订立的劳动合同

C. 甲公司可以解除与李某订立的劳动合同，但应支付相应的经济补偿

D. 李某与甲公司之间订立的劳动合同是可撤销合同

10. 劳动者对劳动争议仲裁的裁决不服的，可以自收到仲裁裁决书之日起(　)日内向人民法院提起诉讼。

A. 5　　　B. 10　　　C. 15　　　D. 8

二、多项选择题

1. 小张于 2015 年 2 月 1 日起开始在甲公司上班，直至 2015 年 6 月 14 日，甲公司人事才书面通知小张，要求签订书面劳动合同，根据《劳动合同法》的规定，下列表述中，不正确的是(　)

A. 即使甲公司与小张于 6 月 14 日签订了书面劳动合同，甲公司仍然需要向小张支付双倍工资，期间为 2 月 1 日至 6 月 13 日

B. 即使甲公司与小张于 6 月 14 日签订了书面劳动合同，甲公司仍然需要向小张支付双倍工资，期间为 3 月 1 日至 6 月 13 日

C. 如果小张不与甲公司签订书面劳动合同，甲公司应当书面通知小张终止劳动关系，并支付经济补偿

D. 如果小张不与甲公司签订书面劳动合同，甲公司应当书面通知小张终止劳动关系，无需支付经济补偿

2. 甲公司与劳动者李某在劳动合同中约定的下列事项，无效的有(　)

A. 发生工伤，公司概不负责

B. 合同期满，如果甲公司不再与李某续签劳动合同，则无须向李某支付经济补偿金

C. 试用期内甲公司可随时解除与李某的劳动合同

D. 合同期满后的三年内，李某不得从事与甲公司同类的业务

3. 2015年甲公司成立后，向社会公开招聘工作人员。在甲公司与被录用用人员吴某订立的劳动合同中，下列情形不符合《劳动法》规定的有（ ）

A. 劳动合同约定试用期为1年

B. 吴某如果被依法追究刑事责任，甲公司可以解除劳动合同

C. 在试用期间，吴某被证明不符合录用条件，甲公司可以解除劳动合同

D. 为防止吴某中途离职，合同期内吴某的大学毕业证由公司保管

4. 用人单位无须提前30日以书面形式通知劳动者即可单方面解除劳动合同的有（ ）

A. 劳动者不能胜任工作，经过培训或调整工作岗位，仍不能胜任工作的

B. 劳动者同时与其他用人单位建立劳动关系，经用人单位提出，拒不改正的

C. 在试用期内被证明不符合录用条件的

D. 被依法追究刑事责任的

5. 在下列哪些情形中，企业需要裁员20人以上或者裁员不足20人但占企业职工总数的10%以上的，应提前向工会或者全体职工说明情况，听取工会或者职工的意见后，裁减人员方案经向劳动行政部门报告，可以裁减人员。该情形包括（ ）

A. 依照企业破产法规定进行重整的

B. 生产经营发生严重困难的

C. 企业转产、重大技术革新或者经营方式调整，经变更劳动合同后，仍需裁减人员的

D. 其他因劳动合同订立时所依据的客观经济情况发生重大变化，致使劳动合同无法履行

6. 劳动争议解决的方法有（ ）

A. 协商　　B. 调解　　C. 仲裁　　D. 诉讼

7. 下列对于劳动仲裁机构的表述中正确的是（ ）

A. 劳动仲裁机构是劳动争议仲裁委员会

B. 劳动仲裁机构应按行政区划层层设立

C. 劳动争议仲裁委员会组成人员应当是单数

D. 劳动争议仲裁不收费

8. 目前我国的社会保险项目包括（ ）

A. 基本养老保险　　B. 基本医疗保险

C. 工伤保险　　D. 失业保险

9. 2012年10月，王某应聘到甲公司工作，双方签订为期3年的劳动合同。2013年4月，王某因患病住院治疗，经诊断，需住院2个月。在到甲公司工作以前，王某已经实际工作了6年。则下列说法中正确的有（ ）

A. 王某在医院花费的医疗费可以根据有关规定要求甲公司报销

B. 王某可以享受的医疗期待遇为 5 个月

C. 在医疗期内，甲公司不得解除劳动合同

D. 医疗期 3 个月的按 6 个月内累计病休时间计算

10. 关于基本养老保险，下列表述中正确的有（　）

A. 基本养老金由统筹养老金和个人账户养老金组成

B. 个人缴纳养老保险费计征个人所得税

C. 参加职工基本养老保险的个人死亡后，其个人账户中的余额不可以依法继承

D. 参加基本养老保险的个人，在因病或者非因工致残完全丧失劳动能力的，可以领取病残津贴

三、案例分析题

1. 赵某自 2014 年 4 月起在新疆某科技公司工作，从事销售岗位，工作时间灵活，工资按照销量提成。2018 年 5 月 10 日，公司在微信群发布 App 签到的新方法，当时赵某在微信群里表示收到。2018 年 6 月 24 日，赵某连续 16 天未签到。7 月 1 日，公司以赵某旷工违反公司考勤制度为由予以开除。对此，赵某不服，向当地劳动仲裁委员会提出仲裁申请。赵某认为："单位于 2014 年 4 月 3 日和我签订了无固定期限劳动合同，但没有任何正当理由辞退我，属于违法解除劳动关系，应当支付赔偿金。"公司认为，培训会议签到表证明公司对各项规章制度组织培训学习；微信聊天记录显示法定代表人杨某在工作群中公告新考勤签到形式，赵某回复收到，表明赵某知悉公司该规章制度和具体考勤打卡形式。赵某于 2014 年入职公司，其对规章制度知悉要求远高于其他员工。因此，赵某连续 16 天未签到的行为属严重违反公司规章制度的情形，公司可以依法解除劳动合同。

问题：请分析公司开除赵某的行为是否属于违法解除劳动合同？

2. 小李就职的公司于 2017 年 3 月 11 日发布公告声明，公司办公地址将由东风大道 159 号整体搬迁至该大道 529 号，新生产车间空调、食宿等生活条件更加便利；公司承诺给每人下发 500 元的搬迁奖励，同时每月的交通补贴由原来的 100 元上升至 150 元；望公司员工通过合理渠道表达诉求，并于 3 月 12 日回岗正常工作。小李以上班路途变远为由拒绝返岗。

3 月 13 日，公司再次发表声明，重申上述内容。小李仍然拒绝返岗。3 月 15 日，公司书面告知小李其拒绝返岗的行为严重违反公司规章制度，要求其于 3 月 18 日前到岗，逾期将解除劳动合同。小李仍未按要求返岗工作。3 月 18 日，公司在通知工会后，以严重违反公司规章制度为由，解除与小李之间的劳动合同。

之后，小李申请仲裁，要求公司支付赔偿金 57192 元。

问题：请分析小李的仲裁请求是否应当得到支持？

3. 周某与某建筑公司于 2012 年 2 月 9 日签订《全日制劳动合同书》，约定劳动合同期限自 2012 年 2 月 9 日起至 2022 年 2 月 8 日止。当日，又签订《二级建造师聘用合同书》一份，约定某建筑公司为发展需要使用周某的二级建造师证书，合同期限

内年度使用费为9000元。

合同签订后，周某未至某建筑公司处工作，某建筑公司亦未按劳动合同约定向周某支付报酬，仅支付了2012年、2013年、2014年、2015年的证书使用费用，并自2016年8月起为周某缴纳社会保险至2019年3月。

周某遂申请劳动仲裁，请求某建筑公司支付劳动报酬。

问题：请分析周某的仲裁请求是否应当得到支持？

能力训练

全班同学分为2～3组，由教师提供劳动纠纷案例，学生分组模拟劳动争议仲裁，教师根据学生对劳动合同法律制度的掌握程度、模拟训练中的表现，给出相应评分。

第 10 章

经济纠纷解决法律制度

知识目标

- 了解经济纠纷的概念和解决途径；
- 掌握掌握仲裁的适用范围和基本原则；
- 熟悉仲裁协议和仲裁裁决；
- 了解民事诉讼的适用范围,掌握诉讼管辖和诉讼时效；
- 掌握行政复议的适用范围,了解行政复议参加人和行政复议机关；
- 掌握行政诉讼的适用范围,了解行政诉讼管辖,起诉和受理。

能力目标

- 识记解决经济纠纷的途径；
- 识记诉讼时效的中止,中断和延长；
- 识记行政复议的适用范围；
- 识记行政诉讼的适用范围；
- 熟练运用仲裁、民事诉讼、行政复议、行政诉讼来解决经济纠纷。

导入案例

甲商场与乙鞋厂签订了秋冬棉鞋购销合同,合同规定 10 月 10 日交货。双方在合同签订后又补签了一份仲裁协议。协议约定,如果双方就合同发生争议,任何一方有权向当地的仲裁机构提请仲裁。后来合同履行中双方发生纠纷,乙鞋厂向人民法院起诉。开庭前,甲商厦向法院提交了仲裁协议,请求法院驳回鞋厂的起诉。

请问:(1)法院应否驳回鞋厂的起诉？为什么？

(2) 什么是仲裁？当事人的哪些争议可以仲裁？

当市场主体之间因为经济权利和经济义务的矛盾而引起权益争议时,可以采用仲裁、民事诉讼、行政复议和行政诉讼等途径去解决经济纠纷。本案中,要弄清法院是否应当驳回鞋厂的起诉,哪些经济纠纷可以采用仲裁的方式来解决这些问题,需要学习以下法律知识。

10.1 商事仲裁

市场主体之间因为经济权利和经济义务的矛盾可能会引起权益争议,经济纠纷包括平等主体之间涉及经济内容的纠纷和公民、法人或其他组织作为行政管理相对人与行政机关之间因行政管理所发生的涉及经济内容的纠纷。

在我国,解决经济纠纷的途径和方式主要有仲裁、民事诉讼、行政复议和行政诉讼。仲裁和民事诉讼都适用于横向关系经济纠纷的解决方式。作为平等的民事主体的当事人之间发生的经济纠纷只能在仲裁或民事诉讼两种方式中选择一种来解决争议。行政复议与行政诉讼方式都是针对纵向关系经济纠纷的解决方式,都由行政管理相对人一方提出申请,选择哪种方式则与纠纷的性质有关。

10.1.1 仲裁概述

1. 仲裁的概念

仲裁是指由经济纠纷的各方当事人共同选定仲裁机构,对纠纷依法定程序作出具有约束力的仲裁裁决的活动。通过仲裁方式解决经济纠纷的范围相当广泛,如合同纠纷、商标纠纷、专利纠纷、税务纠纷、涉外经济纠纷,等等。

2. 仲裁法的适用范围

为保证公正、及时地仲裁经济纠纷,保护当事人的合法权益,保障社会主义市场经济健康发展,第八届全国人民代表大会常务委员会第九次会议于 1994 年 8 月 31 日通过《中华人民共和国仲裁法》(以下简称"《仲裁法》"),自 1995 年 9 月 1 日起施行。2009 年 8 月 27 日,第十一届全国人民代表大会常务委员会第十次会议《关于修改部分法律的决定》第一次修正。2017 年 9 月 1 日,第十二届全国人民代表大会常务委员会第二十九次会议《关于修改〈中华人民共和国法官法〉等八部法律的决定》第二次修正。

《仲裁法》的仲裁适用范围是根据下列原则规定的:第一,发生纠纷的双方应当是属于平等主体的当事人;第二,仲裁的事项应当是当事人有权处分的。因此仲裁委员会受理平等主体的公民、法人和其他组织之间发生的合同纠纷和其他财产权益纠纷。但下列纠纷不能仲裁:

(1) 婚姻、收养、监护、扶养、继承纠纷;

(2) 依法应当由行政机关处理的行政争议。

另外,由于劳动争议和农村集体经济组织内部的农业承包合同纠纷不同于一般的经济纠纷，有其自己的特点。因此，劳动争议和农村集体经济组织内部的农业承包合同纠纷的仲裁不属于《仲裁法》所规定的仲裁范围，由《中华人民共和国劳动争议调解仲裁法》和《土地承包经营纠纷调解仲裁法》调整。

小案例

张某于 2017 年年初购买了某房地产公司"温馨家园"小区的两房一厅住宅一套，价格 95 万元。张某按约定缴纳了购房款后发现房地产公司未能按照约定办妥房产证、土地使用证等相关售房手续，遂要求退房，同时要求房地产公司赔偿因此造成的损失。

房地产公司认为，未能如约办妥相关手续责任不在自己，因而拒绝张某的要求。张某于是按照购房合同约定（因合同履行发生的争议由本地仲裁机构仲裁）向当地仲裁委员会请求仲裁。房地产公司接到仲裁委员会的通知后，认为张某的请求超出了原合同约定的仲裁范围，遂拒绝出庭参与仲裁。

问题：(1)张某的请求是否属于仲裁仲裁范围？

(2) 房地产公司应如何表达自己的不同意见？

【解析】(1)张某的请求属于因合同履行发生的争议：在张某按约交付购房款后，房产公司未能提供房产证和土地使用证，意即房产公司未能按时交付房屋按约进行所有权转移，属于根本违约，因违约而造成合同另一方的损失由违约方承担。因此属于仲裁范围。

(2) 房地产公司可以仲裁机构约定不明另行协商仲裁机构或进行诉讼。

10.1.2　仲裁的基本原则

仲裁的基本原则是指运用仲裁方式解决经济纠纷过程中和在仲裁的主要阶段起指导性作用的准则。它体现了仲裁法律制度的精神实质，是整个仲裁活动的指导原则。根据我国《仲裁法》的规定，仲裁的基本原则包括自愿原则、仲裁独立原则、一裁终局制原则以及根据事实、符合法律规定、公平合理解决纠纷的原则。

1. 自愿原则

自愿原则是仲裁制度中的基本原则，它是仲裁制度赖以存在与发展的基石，主要体现在以下几个环节：

(1) 以仲裁的方式解决纠纷，出于当事人双方的共同意愿。仲裁机构受理案件来源于当事人双方的共同授权，仲裁机构不能受理没有书面仲裁协议（含仲裁条款）的仲裁申请。

(2) 向哪个仲裁机构提请仲裁，由当事人双方协商选定。当事人在选择、约定仲裁机构时，不因当事人所在地、纠纷发生地所在何处而受到地域管辖的限制；也不因争议标的额的大小、案件的复杂程度如何而受到级别管辖的制约。

(3) 组成仲裁庭的仲裁员由当事人在仲裁员名册中自主选定，也可以委托仲裁委员会主任代为指定，仲裁庭的组成形式也可以由当事人约定。

(4) 当事人可以约定交由仲裁解决的争议事项。即当事人将哪些纠纷交付仲裁，可以由当事人自主协商确定。当事人既可以约定把因履行合同所产生的所有争议均交由仲裁解决，也可以约定将某项或某几项争议交付仲裁。对于仲裁机构来说，也应当尊重当事人的选择，对当事人在协议中没有交由自己处理的争议，则不能主动审理和裁决。

(5) 在开庭和裁决的程序中，当事人还可以约定审理方式、开庭形式等有关的程序事项。

自愿原则是法律赋予当事人的诸项权利的集中体现，是仲裁活动的前提和基础。

2. 仲裁独立的原则

仲裁的独立，指的是从仲裁机构的设置到仲裁纠纷的整个过程，都具有依法的独立性。仲裁法确立的仲裁独立的原则，是我国仲裁制度发展完善的一个里程碑。仲裁独立主要表现在以下几个方面：

(1) 仲裁与行政机构脱钩。即仲裁委员会独立于行政机关，与行政机关没有隶属关系。这有利于我国的仲裁真正做到具有公正性、权威性。

(2) 仲裁组织体系中的仲裁协会、仲裁委员会和仲裁庭三者之间相对独立。即作为社会团体的中国仲裁协会，属于仲裁委员会的自律性组织。仲裁委员会是按地域分别设立的，相互之间无高低之分，无上下级之分，相互之间没有隶属关系，相互独立。同时仲裁庭对案件独立审理和裁决，仲裁委员会不能干预。法院对仲裁裁决虽然有着必要的监督，但并不意味着仲裁附属于法院。正如《仲裁法》第 8 条规定："仲裁依法独立进行，不受行政机关、社会团体和个人的干涉。"

3. 一裁终局制原则

我国《仲裁法》第 9 条规定，仲裁实行一裁终局的制度。裁决作出后，当事人就同一纠纷再申请仲裁或者向人民法院起诉的，仲裁委员会或者人民法院不予受理。裁决被人民法院依法裁定撤销或者不予执行的，当事人就该纠纷可以根据双方重新达成的仲裁协议申请仲裁，也可以向人民法院起诉。

4. 根据事实、符合法律规定、公平合理解决纠纷的原则

此项原则是公正处理民事经济纠纷的根本保障，是解决当事人之间的纠纷所应当依据的基本准则。

(1) 根据事实，就是在仲裁审理过程中，要全面、深入、客观地查清与纠纷有关的事实情况，包括纠纷的发生原因、发展过程、现实状况以及争议各方的争执所在。

(2) 符合法律规定，即仲裁庭在查清事实的基础上，应当根据法律的有关规定确认当事人各方的权利与义务，确定承担赔偿责任的方式以及赔偿数额的大小。

(3) 公平合理，就是仲裁庭在仲裁纠纷时应当公平、公正、不偏不倚。仲裁员在审理纠纷时应当处于公正地位，公平地对待双方当事人。同时公平合理还意味着，在仲裁中所适用的法律对有关争议的处理未作明确规定时，可以参照采用在经济贸易活动中被人们普遍接受的作法，即经济贸易惯例或者行业惯例来判别责任。这样做既体现了与诉讼相区别，也是仲裁的基本精神所在。

10.1.3　仲裁委员会

1. 仲裁委员会的设立

我国《仲裁法》第 10 条规定，仲裁委员会可以在直辖市和省、自治区人民政府所在地的市设立，也可以根据需要在其他设区的市设立，不按行政区划层层设立。仲裁委员会由前款规定的市的人民政府组织有关部门和商会统一组建。设立仲裁委员会，应当经省、自治区、直辖市的司法行政部门登记。

2. 仲裁委员会应具备的条件

我国《仲裁法》第 11 条规定，仲裁委员会应当具备下列条件：

(1) 有自己的名称、住所和章程。名称作为其特定的标志，以便于该仲裁委员会从事正常的仲裁活动，承担相应的民事责任。对被批准使用的名称，可以在牌匾、银行账户、仲裁裁决等方面采用，享有专有权。“仲裁委员会”本身已体现出仲裁的业务特征和组织形式，所以前面再冠以地名即可，如北京仲裁委员会。住所一般指机构的主要办事地点，仲裁委员会应有自己的固定住所，以便进行仲裁活动。章程是社会团体法人成立的必备条件，规定其行为准则，仲裁委员会的章程应当依照《仲裁法》制定，其内容包括仲裁范围、仲裁委员会的职责及其议事规则。办事机构及其职责，仲裁员的聘任及解聘、仲裁委员会的财务管理，以及变更与中止等。

(2) 有必要的财产。必要的财产是进行业务活动所必须的，仲裁委员会的必要财产，指适用仲裁工作需要的设施、装备和独立的经费等，它是仲裁委员会从事民事活动的基础。

(3) 有该委员会的组成人员。仲裁委员会由主任 1 人、副主任 2～4 人和委员 7～11人组成。仲裁委员会的主任、副主任和委员由法律、经济贸易专家和有实际工作经验的人员担任。仲裁委员会的组成人员中，法律、经济贸易专家不得少于 2/3。

(4) 有聘任的仲裁员。仲裁委员会应当从公道正派的人员中聘任仲裁员。仲裁员应当符合下列条件之一：①通过国家统一法律职业资格考试取得法律职业资格，从事仲裁工作满八年的；②从事律师工作满八年的；③曾任法官满八年的；④从事法律研究、教学工作并具有高级职称的；⑤具有法律知识、从事经济贸易等专业工作并具有高级职称或者具有同等专业水平的。

仲裁委员会按照不同专业设仲裁员名册，仲裁员名册应载明仲裁员资历和专长等基本情况。

10.1.4 仲裁协议

1. 仲裁协议的概念和内容

仲裁协议是指双方当事人自愿把他们之间可能发生或者已经发生的经济纠纷提交仲裁机构裁决的书面约定。仲裁协议应当以书面形式订立,口头达成仲裁的意思表示无效。

仲裁协议包括合同中订立的仲裁条款和以其他书面方式在纠纷发生前或者纠纷发生后达成的请求仲裁的协议。

仲裁协议应当具有下列内容:①请求仲裁的意思表示;②仲裁事项;③选定的仲裁委员会。

根据我国《仲裁法》第17条规定,有下列情形之一的,仲裁协议无效:①约定的仲裁事项超出法律规定的仲裁范围的;②无民事行为能力人或者限制民事行为能力人订立的仲裁协议;③一方采取胁迫手段,迫使对方订立仲裁协议的。

2. 仲裁协议的效力

仲裁协议一经依法确立,既具有法律约束力。仲裁协议独立存在,合同的变更、解除、终止或者无效,不影响仲裁协议的效力。

仲裁协议对仲裁事项或者仲裁委员会没有约定或者约定不明确的,当事人可以补充协议;达不成补充协议的,仲裁协议无效。

仲裁庭有权确认合同的效力。当事人对仲裁协议的效力有异议的,可以请求仲裁委员会作出决定或者请求人民法院作出裁定。一方请求仲裁委员会作出决定,另一方请求人民法院作出裁定的,由人民法院裁定。当事人对仲裁协议的效力有异议,应当在仲裁庭首次开庭前提出。

当事人达成仲裁协议,一方向人民法院起诉未声明有仲裁协议,人民法院受理后,另一方在首次开庭前提交仲裁协议的,人民法院应当驳回起诉,但仲裁协议无效的除外;另一方在首次开庭前未对人民法院受理该案提出异议的,视为放弃仲裁协议,人民法院应当继续审理。

10.1.5 仲裁程序

1. 申请和受理

1)申请仲裁

当事人申请仲裁应当符合下列条件:①有仲裁协议;②有具体的仲裁请求和事实、理由;③属于仲裁委员会的受理范围。

当事人申请仲裁,应当向仲裁委员会递交仲裁协议、仲裁申请书及副本。仲裁申请书应当载明下列事项:①当事人的姓名、性别、年龄、职业、工作单位和住所,法人或者其他组织的名称、住所和法定代表人或者主要负责人的姓名、职务;②仲裁请求和所根据的事实、理由;③证据和证据来源、证人姓名和住所。

2）仲裁的受理

仲裁委员会收到仲裁申请书之日起五日内，认为符合受理条件的，应当受理，并通知当事人；认为不符合受理条件的，应当书面通知当事人不予受理，并说明理由。仲裁委员会受理仲裁申请后，应当在仲裁规则规定的期限内将仲裁规则和仲裁员名册送达申请人，并将仲裁申请书副本和仲裁规则、仲裁员名册送达被申请人。被申请人收到仲裁申请书副本后，应当在仲裁规则规定的期限内向仲裁委员会提交答辩书。仲裁委员会收到答辩书后，应当在仲裁规则规定的期限内将答辩书副本送达申请人。被申请人未提交答辩书的，不影响仲裁程序的进行。

申请人可以放弃或者变更仲裁请求。被申请人可以承认或者反驳仲裁请求，有权提出反请求。

一方当事人因另一方当事人的行为或者其他原因，可能使裁决不能执行或者难以执行的，可以申请财产保全。当事人申请财产保全的，仲裁委员会应当将当事人的申请依照民事诉讼法的有关规定提交人民法院。申请有错误的，申请人应当赔偿被申请人因财产保全所遭受的损失。

当事人、法定代理人可以委托律师和其他代理人进行仲裁活动。委托律师和其他代理人进行仲裁活动的，应当向仲裁委员会提交授权委托书。

2. 仲裁庭的组成

仲裁庭可以由三名仲裁员或者一名仲裁员组成。由三名仲裁员组成的，设首席仲裁员。当事人约定由三名仲裁员组成仲裁庭的，应当各自选定或者各自委托仲裁委员会主任指定一名仲裁员，第三名仲裁员由当事人共同选定或者共同委托仲裁委员会主任指定。第三名仲裁员是首席仲裁员。

当事人约定由一名仲裁员成立仲裁庭的，应当由当事人共同选定或者共同委托仲裁委员会主任指定仲裁员。当事人没有在仲裁规则规定的期限内约定仲裁庭的组成方式或者选定仲裁员的，由仲裁委员会主任指定。

仲裁庭组成后，仲裁委员会应当将仲裁庭的组成情况书面通知当事人。

仲裁员有下列情形之一的，必须回避，当事人也有权提出回避申请：①是本案当事人或者当事人、代理人的近亲属；②与本案有利害关系；③与本案当事人、代理人有其他关系，可能影响公正仲裁的；④私自会见当事人、代理人，或者接受当事人、代理人的请客送礼的。

当事人提出回避申请，应当说明理由，在首次开庭前提出。回避事由在首次开庭后知道的，可以在最后一次开庭终结前提出。仲裁员是否回避，由仲裁委员会主任决定；仲裁委员会主任担任仲裁员时，由仲裁委员会集体决定。仲裁员因回避或者其他原因不能履行职责的，应当依照本法规定重新选定或者指定仲裁员。因回避而重新选定或者指定仲裁员后，当事人可以请求已进行的仲裁程序重新进行，是否准许，由仲裁庭决定；仲裁庭也可以自行决定已进行的仲裁程序是否重新进行。

3. 开庭和裁决

1）开庭

仲裁应当开庭进行。仲裁委员会应当在仲裁规则规定的期限内将开庭日期通知双方当事人。当事人有正当理由的，可以在仲裁规则规定的期限内请求延期开庭。是否延期，由仲裁庭决定。当事人协议不开庭的，仲裁庭可以根据仲裁申请书、答辩书以及其他材料作出裁决。

仲裁不公开进行。当事人协议公开的，可以公开进行，但涉及国家秘密的除外。

申请人经书面通知，无正当理由不到庭或者未经仲裁庭许可中途退庭的，可以视为撤回仲裁申请。被申请人经书面通知，无正当理由不到庭或者未经仲裁庭许可中途退庭的，可以缺席裁决。

当事人应当对自己的主张提供证据。仲裁庭认为有必要收集的证据，可以自行收集。仲裁庭对专门性问题认为需要鉴定的，可以交由当事人约定的鉴定部门鉴定，也可以由仲裁庭指定的鉴定部门鉴定。根据当事人的请求或者仲裁庭的要求，鉴定部门应当派鉴定人参加开庭。当事人经仲裁庭许可，可以向鉴定人提问。

证据应当在开庭时出示，当事人可以质证。

在证据可能灭失或者以后难以取得的情况下，当事人可以申请证据保全。当事人申请证据保全的，仲裁委员会应当将当事人的申请提交证据所在地的基层人民法院。

当事人在仲裁过程中有权进行辩论。辩论终结时，首席仲裁员或者独任仲裁员应当征询当事人的最后意见。

仲裁庭应当将开庭情况记入笔录。当事人和其他仲裁参与人认为对自己陈述的记录有遗漏或者差错的，有权申请补正。如果不予补正，应当记录该申请。

笔录由仲裁员、记录人员、当事人和其他仲裁参与人签名或者盖章。

2）裁决

当事人申请仲裁后，可以自行和解。达成和解协议的，可以请求仲裁庭根据和解协议作出裁决书，也可以撤回仲裁申请。当事人达成和解协议，撤回仲裁申请后反悔的，可以根据仲裁协议申请仲裁。

仲裁庭在作出裁决前，可以先行调解。当事人自愿调解的，仲裁庭应当调解。调解不成的，应当及时作出裁决。调解达成协议的，仲裁庭应当制作调解书或者根据协议的结果制作裁决书。调解书与裁决书具有同等法律效力。调解书应当写明仲裁请求和当事人协议的结果。调解书由仲裁员签名，加盖仲裁委员会印章，送达双方当事人。调解书经双方当事人签收后，即发生法律效力。在调解书签收前当事人反悔的，仲裁庭应当及时作出裁决。

裁决应当按照多数仲裁员的意见作出，少数仲裁员的不同意见可以记入笔录。仲裁庭不能形成多数意见时，裁决应当按照首席仲裁员的意见作出。

裁决书应当写明仲裁请求、争议事实、裁决理由、裁决结果、仲裁费用的负担和裁决日期。当事人协议不愿写明争议事实和裁决理由的，可以不写。裁决书由仲裁员签名，加盖仲裁委员会印章。对裁决持不同意见的仲裁员，可以签名，也可以不签名。

仲裁庭仲裁纠纷时，其中一部分事实已经清楚，可以就该部分先行裁决。对裁决书中的文字、计算错误或者仲裁庭已经裁决但在裁决书中遗漏的事项，仲裁庭应当补正；当事人自收到裁决书之日起三十日内，可以请求仲裁庭补正。裁决书自作出之日起发生法律效力。

10.1.6　仲裁裁决的执行

仲裁裁决作出后，当事人最关心的是裁决的执行问题。一般情况下，败诉方能自动履行裁决。在败诉方不履行裁决的情况下，胜诉方可以向法院提出申请强制执行仲裁裁决的申请。这是因为仲裁庭本身没有强制执行裁决的权力。我国《仲裁法》第 62 到 64 条规定，当事人应当履行裁决。一方当事人不履行的，另一方当事人可以依照民事诉讼法的有关规定向人民法院申请执行。受申请的人民法院应当执行。被申请人提出证据证明裁决有民事诉讼法第二百一十三条第二款规定的情形之一的，经人民法院组成合议庭审查核实，裁定不予执行。一方当事人申请执行裁决，另一方当事人申请撤销裁决的，人民法院应当裁定中止执行。

当事人提出证据证明裁决有下列情形之一的，可以向仲裁委员会所在地的中级人民法院申请撤销裁决：①没有仲裁协议的；②裁决的事项不属于仲裁协议的范围或者仲裁委员会无权仲裁的；③仲裁庭的组成或者仲裁的程序违反法定程序的；④裁决所根据的证据是伪造的；⑤对方当事人隐瞒了足以影响公正裁决的证据的；⑥仲裁员在仲裁该案时有索贿受贿，徇私舞弊，枉法裁决行为的。

人民法院经组成合议庭审查核实裁决有前款规定情形之一的，应当裁定撤销。

人民法院认定该裁决违背社会公共利益的，应当裁定撤销。

当事人申请撤销裁决的，应当自收到裁决书之日起六个月内提出。

人民法院应当在受理撤销裁决申请之日起两个月内作出撤销裁决或者驳回申请的裁定。人民法院受理撤销裁决的申请后，认为可以由仲裁庭重新仲裁的，通知仲裁庭在一定期限内重新仲裁，并裁定中止撤销程序。仲裁庭拒绝重新仲裁的，人民法院应当裁定恢复撤销程序。

人民法院裁定撤销裁决的，应当裁定终结执行。撤销裁决的申请被裁定驳回的，人民法院应当裁定恢复执行。

小案例

2003 年 7 月，上海市奥杰健身房与广州市健身器械公司签订了一份买卖合同。合同中的仲裁条款规定："因履行合同发生的争议，由双方协商解决；无法协商解决的，由仲裁机构仲裁。"2003 年 9 月，双方发生争议，奥杰健身房向其所在地的上海市仲裁委员会递交了仲裁申请书，但健身器械公司拒绝答辩。同年 11 月，双方经过协商，重新签定了一份仲裁协议，并商定将此合同争议提交该健身器械公司所在地的广州仲裁委员会仲裁，事后奥杰健身房担心广州市仲裁委员会实行地方保护主义，偏袒健身器械公司，故未申请仲裁，遂向合同履行地人民法院提起诉讼，且起诉时说明此前两次约定仲裁的情况，法院受理此案，并向健身器械公司送达了起诉状副本，该器械公司向法院提交了答辩状。法院经审理判决被告健身器械公司败诉，被告不服，理由是双方事先由仲裁协议，法院判决无效。

问题：(1)买卖合同中的仲裁条款是否有效？请说明理由。

(2) 争议发生后，双方签定的协议是否有效，为什么？

(3) 人民法院审理本案是否正确，为什么？

(4) 被告健身器械公司的上诉理由是否正确，为什么？

【解析】(1)原买卖合同中的仲裁条款无效，因为未明确约定仲裁机构。

(2) 争议发生后双方签订的仲裁协议应当有效。我国《仲裁法》第 18 条规定，仲裁协议对仲裁事项或者仲裁委员会没有约定或者约定不明确的，当事人可以补充协议；达不成补充协议的，仲裁协议无效。

(3) 法院不应受理此案，而法院实际上受理了此案，被告又没有提出异议，那法院继续审理就是正确的了。我国《仲裁法》第 26 条规定，当事人达成仲裁协议，一方向人民法院起诉未声明有仲裁协议，人民法院受理后，另一方在首次开庭前提交仲裁协议的，人民法院应当驳回起诉，但仲裁协议无效的除外；另一方在首次开庭前未对人民法院受理该案提出异议的，视为放弃仲裁协议，人民法院应当继续审理。

(4) 被告上诉理由因上述《仲裁法》第 26 条的规定而站不住脚，会被驳回上诉。

10.2 民事诉讼

10.2.1 民事诉讼概述

诉讼是指国家审判机关即人民法院，依照法律规定，在当事人和其他诉讼参与人的参加下，依法解决讼争的活动。民事诉讼活动主要适用我国《民事诉讼法》及其相关规定。

我国民事诉讼的基本原则是：

(1) 诉讼权利平等原则。人民法院审理民事案件，必须以事实为根据，以法律为准绳。民事诉讼当事人有平等的诉讼权利。人民法院审理民事案件，应当保障和便利当事人行使诉讼权利，对当事人在适用法律上一律平等。

(2) 调解原则。我国《民事诉讼法》第 9 条规定，人民法院审理民事案件，应当根据自愿和合法的原则进行调解;调解不成的,应当及时判决。法院调解有利于消除当事人之间的心理对抗,提高诉讼效率。

(3) 辩论原则。是指民事诉讼的当事人有权就争议的事实和法律问题,在法院的主持下进行辩论,说明和论证自己主张的真实性和合法性,反驳对方当事人的意见和主张。

(4) 处分原则。是指民事诉讼当事人有权在法律规定的范围内自由处置自己的民事权利和民事诉讼权利。

(5) 检察监督原则。是指检察机关有权对法院的民事审判活动实施法律监督。

(6) 支持起诉原则。是指支持受害人向法院提起民事诉讼。这是保护当事人民事权益的一项重要措施。

10.2.2 民事诉讼的管辖

民事诉讼的管辖是指上下级人民法院之间以及同级人民法院之间受理第一审经济纠纷案件的权限和分工。民事诉讼中的管辖有级别管辖、地域管辖、移送管辖和指定管辖四种。

1. 级别管辖

基层人民法院管辖第一审民事案件,但另有规定的除外。我国《民事诉讼法》第 18 条规定,中级人民法院管辖下列第一审民事案件:①重大涉外案件;②在本辖区有重大影响的案件;③最高人民法院确定由中级人民法院管辖的案件。

我国《民事诉讼法》第 19、20 条规定,高级人民法院管辖在本辖区有重大影响的第一审民事案件。最高人民法院管辖下列第一审民事案件:①在全国有重大影响的案件;②认为应当由本院审理的案件。

2. 地域管辖

地域管辖,是指同级法院之间在各自辖区范围内受理第一审民事案件的分工和权限。地域管辖是在级别管辖基础上,从横的方面来确定案件由哪个法院来受理。

1) 一般地域管辖

民事案件的一般地域管辖通常实行原告就被告原则,即由被告住所地人民法院管辖。对公民提起的民事诉讼,由被告住所地人民法院管辖;被告住所地与经常居住地不一致的,由经常居住地人民法院管辖。对法人或者其他组织提起的民事诉讼,由被告住所地人民法院管辖。同一诉讼的几个被告住所地、经常居住地在两个以上人民法院辖区的,各该人民法院都有管辖权。

2) 特殊地域管辖

下列民事诉讼,由原告住所地人民法院管辖;原告住所地与经常居住地不一致的,由原告经常居住地人民法院管辖:①对不在中华人民共和国领域内居住的人提起的有关身份关系的诉讼;②对下落不明或者宣告失踪的人提起的有关身份关系的诉讼;③对被采取强制性教育措施的人提起的诉讼;④对被监禁的人提起的诉讼。

因合同纠纷提起的诉讼，由被告住所地或者合同履行地人民法院管辖。

因保险合同纠纷提起的诉讼，由被告住所地或者保险标的物所在地人民法院管辖。

因票据纠纷提起的诉讼，由票据支付地或者被告住所地人民法院管辖。

因公司设立、确认股东资格、分配利润、解散等纠纷提起的诉讼，由公司住所地人民法院管辖。

因铁路、公路、水上、航空运输和联合运输合同纠纷提起的诉讼，由运输始发地、目的地或者被告住所地人民法院管辖。

因侵权行为提起的诉讼，由侵权行为地或者被告住所地人民法院管辖。

因铁路、公路、水上和航空事故请求损害赔偿提起的诉讼，由事故发生地或者车辆、船舶最先到达地、航空器最先降落地或者被告住所地人民法院管辖。

因船舶碰撞或者其他海事损害事故请求损害赔偿提起的诉讼，由碰撞发生地、碰撞船舶最先到达地、加害船舶被扣留地或者被告住所地人民法院管辖。

因海难救助费用提起的诉讼，由救助地或者被救助船舶最先到达地人民法院管辖。

因共同海损提起的诉讼，由船舶最先到达地、共同海损理算地或者航程终止地的人民法院管辖。

3）专属管辖

我国《民事诉讼法》第 33 条规定，下列案件，由本条规定的人民法院专属管辖：因不动产纠纷提起的诉讼，由不动产所在地人民法院管辖；因港口作业中发生纠纷提起的诉讼，由港口所在地人民法院管辖；因继承遗产纠纷提起的诉讼，由被继承人死亡时住所地或者主要遗产所在地人民法院管辖。

4）协议管辖

合同或者其他财产权益纠纷的当事人可以书面协议选择被告住所地、合同履行地、合同签订地、原告住所地、标的物所在地等与争议有实际联系的地点的人民法院管辖，但不得违反本法对级别管辖和专属管辖的规定。

5）共同管辖

两个以上人民法院都有管辖权的诉讼，原告可以向其中一个人民法院起诉；原告向两个以上有管辖权的人民法院起诉的，由最先立案的人民法院管辖。

3. 移送管辖和指定管辖

人民法院发现受理的案件不属于本院管辖的，应当移送有管辖权的人民法院，受移送的人民法院应当受理。受移送的人民法院认为受移送的案件依照规定不属于本院管辖的，应当报请上级人民法院指定管辖，不得再自行移送。

有管辖权的人民法院由于特殊原因，不能行使管辖权的，由上级人民法院指定管辖。

人民法院之间因管辖权发生争议，由争议双方协商解决；协商解决不了的，报请它们的共同上级人民法院指定管辖。上级人民法院有权审理下级人民法院管辖的第一审民事案件;确有必要将本院管辖的第一审民事案件交下级人民法院审理的,应当报请其上级人民法院批准。下级人民法院对它所管辖的第一审民事案件,认为需要由上级人民法院审理的,可以报请上级人民法院审理。

10.2.3 民事审判的程序

审理程序是人民法院审理案件适用的程序,可以分为一审程序、二审程序和审判监督程序。

1. 一审程序

一审程序包括普通程序和简易程序。普通程序是《民事诉讼法》规定的民事诉讼当事人进行第一审民事诉讼和人民法院审理第一审民事案件所通常适用的诉讼程序。

1) 起诉和受理

起诉是公民、法人或其他组织和认为自己的权益受到侵害或者与他人发生争议时,以自己的名义依法请求人民法院保护其合法权益的诉讼行为。起诉必须符合下列条件:第一,原告必须是与本案有直接利害关系的公民、法人和其他组织;第二,有明确的被告;第三,有具体的诉讼请求、事实和理由;第四,属于人民法院受理民事诉讼的范围和受诉人民法院管辖。

起诉应当向人民法院提交起诉状,并按照被告人数提出副本。

起诉状应当记明下列事项:①当事人的姓名,性别,年龄、民族、职业、工作单位和住所,法人或者其他组织的名称、住所和法定代表人或者主要负责人的姓名、职务;②诉讼请求和所根据的事实和理由;③证据和证据来源,证人姓名和住所。

法院收到起诉状,经审查,认为符合起诉条件的,应当在 7 日内立案并通知当事人。认为不符合起诉条件的,应当在 7 日内裁定不予受理。原告对裁定不服的,可以提起上诉。

2) 审理前的准备

人民法院在审理前,应做好以下准备工作:在立案之日起 5 日内将起诉状副本发送被告,并限其在收到之日起 15 日内提出答辩状。被告提出答辩状的,人民法院应当在收到之日起 5 日内将答辩状副本发送原告;人民法院对决定受理的案件,应当在受理案件通知书和应诉通知书中向当事人告知有关的权利和义务;普通程序的审判组织应当采用合议制。合议庭组成人员确定后,应当在 3 日内告知当事人;审判人员必须认真审核诉讼材料,调查收集必要的证据;人民法院在必要时可以委托外地人民法院调查,受委托人民法院收到委托书后,应当在三十日内完成调查。因故不能完成的,应当在上述期限内函告委托人民法院。

我国《民事诉讼法》第 133 条规定,人民法院对受理的案件,分别情形,予以处理:当事人没有争议,符合督促程序规定条件的,可以转入督促程序;开庭前可以调解的,采取调解方式及时解决纠纷；根据案件情况，确定适用简易程序或者普通程序；需要开庭审理的，通过要求当事人交换证据等方式，明确争议焦点。

人民法院受理案件后，当事人对管辖权有异议的，应当在提交答辩状期间提出。人民法院对当事人提出的异议，应当审查。异议成立的，裁定将案件移送有管辖权的人民法院；异议不成立的，裁定驳回。当事人未提出管辖异议，并应诉答辩的，视为受诉人民法院有管辖权，但违反级别管辖和专属管辖规定的除外。

3）诉前财产保全和先予执行

诉前财产保全。是指利害关系人因情况紧急，不立即申请财产保全将会使其合法权益受到难以弥补的损害的，可以在起诉前向人民法院申请，由人民法院所采取的一种财产保全措施。与诉前财产保全有关的民事争议必须有给付内容。争议的民事法律关系应是有给付内容的，如不是因财产利益之争，而是人身名誉之争，无给付内容的，法院就不能采取诉前保全措施。

诉前财产保全属于应急性的保全措施，目的是保护利害关系人不致遭受无法弥补的损失。例如，双方当事人签订购销合同，需方按约定给付供方150万元的预付款，事后发现供方有欺诈行为，根本没有能力履行合同，而且所付货款有被转移的可能，如不及时采取强制保全措施加以控制，必将产生难以弥补的损失。由于从债权人起诉到法院受理需要一段时间，法律就有必要赋予利害关系人在情况紧急时，请求法院及时保全可能被转移的财产的权利。

4）开庭审理

（1）法庭调查。法庭调查，是在法庭上出示与案件有关的全部证据，对案件事实进行全面调查并有当事人进行质证的程序。

法庭调查按照下列程序进行：当事人陈述；告知证人的权利义务，证人作证，宣读未到庭的证人证言；出示书证、物证和视听资料；宣读鉴定结论；宣读勘验笔录。

（2）法庭辩论。法庭辩论，是当事人及其诉讼代理人在法庭上行使辩论权，针对有争议的事实和法律问题进行辩论的程序。法庭辩论的目的，是通过当事人及其诉讼代理人的辩论，对有争议的问题逐一进行审查和核实，借此查明案件的真实情况和正确适用法律。

（3）法庭笔录。书记员应当将法庭审理的全部活动记为笔录，由审判人员和书记员签名。法庭笔录应当当庭宣读，也可以告知当事人和其他诉讼参与人当庭或者在5日内阅读。当事人和其他诉讼参与人认为对自己的陈述记录有遗漏或者差错的，有权申请补正。如果不予补正，应当将申请记录在案。法庭笔录由当事人和其他诉讼参与人签名或者盖章。

（4）宣判。法庭辩论终结，应当依法作出判决。根据《民事诉讼法》的规定，判决前能够调解的，还可以进行调解。调解书经双方当事人签收后，即具有法律效力。调解不成的，如调解未达成协议或者调解书送达前一方反悔的，法院应当及时判决。

原告经传票传唤，无正当理由拒不到庭的，或者未经法庭许可中途退庭的，可以按撤诉处理；被告反诉的，可以缺席判决。被告经传票传唤，无正当理由拒不到庭的，或者未经法庭许可中途退庭的，可以缺席判决。

法院一律公开宣告判决，同时必须告知当事人上诉权利、上诉期限和上诉的法院。最高人民法院的判决、裁定，以及超过上诉期没有上诉的判决、裁定，是发生法律效力判决、裁定。

2. 第二审程序

第二审程序，是指由于民事诉讼当事人不服地方各级人民法院尚未生效的第一审判决或裁定，在法定上诉期间内，向上一级人民法院提起上诉而引起的诉讼程序。由于我国实行两审终审制，上诉案件经二审法院审理后作出的判决、裁定为终审的判决、裁定，诉讼程序即告终结。

1）上诉期间

当事人不服地方人民法院第一审判决的，有权在判决书送达之日起15日内向上一级人民法院提起上诉；不服地方人民法院第一审裁定的，有权在裁定书送达之日起10日内向上一级人民法院提起上诉。

2）上诉状

当事人提起上诉，应当递交上诉状。上诉状应当通过原审法院提出，并按照对方当事人的人数提出副本。

3）二审法院对上诉案件的处理

第二审人民法院对上诉案件，经过审理，按照下列情形，分别处理：①原判决认定事实清楚，适用法律正确的，判决驳回上诉，维持原判；②原判决适用法律错误的，依法改判；③原判决认定事实错误，或者原判决认定事实不清。证据不足，裁定撤销原判决，发回原审人民法院重审，或者查清事实后改判；④原判决违反法定程序，可能影响案件正确判决的，裁定撤销原判决，发回原审人民法院重审。

第二审法院作出的具有给付内容的判决，具有强制执行力。如果有履行义务的当事人拒不履行，对方当事人有权向法院申请强制执行。

对于发回原审法院重审的案件，原审法院仍将按照一审程序进行审理。因此，当事人对重审案件的判决、裁定，仍然可以上诉。

3. 审判监督程序

审判监督程序即再审程序，是指由有审判监督权的法定机关和人员提起，或由当事人申请，由人民法院对发生法律效力的判决、裁定、调解书再次审理的程序。

1）人民法院提起再审的程序

人民法院提起再审，必须是已经发生法律效力的判决裁定确有错误。其程序为：各级人民法院院长对本院已经发生法律效力的判决、裁定，发现确有错误，认为需要再审的，应当提交审判委员会讨论决定。最高人民法院对地方各级人民法院已经生效的判决、裁定，上级人民法院对下级人民法院已生效的判决、裁定，发现确有错误的，有权提审或指令下级人民法院再审。按照审判监督程序决定再审的案件，裁定中止原判决的执行。

人民法院按照审判监督程序再审的案件，发生法律效力的判决、裁定是由第一审法院作出的，按照第一审程序审理，对所作的判决、裁定，当事人可以上诉；发生法律效力的判决、裁定是由第二审法院作出的，按照第二审程序审理，所作的判决、裁定是发生法律效力的判决、裁定；上级人民法院按照审判监督程序提审的，按照第二审程序审理，所作的判决、裁定是发生法律效力的判决、裁定。《最高人民法院关于适用（中华人民共和国民事诉讼法）审判监督程序若干问题的解释》中规定，人民法院审理再审案件应当开庭审理。但按照第二审程序审理的，双方当事人已经其他方式充分表达意见，且书面同意不开庭审理的除外。

2）当事人申请再审的程序

当事人的申请符合下列情形之一的，人民法院应当再审：①有新的证据，足以推翻原判决、裁定的；②原判决、裁定认定的基本事实缺乏证据证明的；③原判决、裁定认定事实的主要证据是伪造的；④原判决、裁定认定事实的主要证据未经质证的；⑤对审理案件需要的主要证据，当事人因客观原因不能自行收集，书面申请人民法院调查收集，人民法院未调查收集的；⑥原判决、裁定适用法律确有错误的；⑦审判组织的组成不合法或者依法应当回避的审判人员没有回避的；⑧无诉讼行为能力人未经法定代理人代为诉讼或者应当参加诉讼的当事人，因不能归责于本人或者其诉讼代理人的事由，未参加诉讼的；⑨违反法律规定，剥夺当事人辩论权利的；⑩未经传票传唤，缺席判决的；⑪原判决、裁定遗漏或者超出诉讼请求的；⑫据以作出原判决、裁定的法律文书被撤销或者变更的；⑬审判人员审理该案件时有贪污受贿，徇私舞弊，枉法裁判行为的。

当事人对已经发生法律效力的调解书，提出证据证明调解违反自愿原则或者调解协议的内容违反法律的，可以申请再审。经人民法院审查属实的，应当再审。当事人对已经发生法律效力的解除婚姻关系的判决、调解书，不得申请再审。

人民法院应当自收到再审申请书之日起三个月内审查，符合本法规定的，裁定再审；不符合本法规定的，裁定驳回申请。有特殊情况需要延长的，由本院院长批准。

我国《民事诉讼法》第 205 条规定："当事人申请再审，应当在判决、裁定发生法律效力后六个月内提出；有本法第二百条第一项、第三项、第十二项、第十三项规定情形的，自知道或者应当知道之日起六个月内提出。"

按照审判监督程序决定再审的案件，裁定中止原判决、裁定、调解书的执行，但追索赡养费、扶养费、抚育费、抚恤金、医疗费用、劳动报酬等案件，可以不中止执行。

3）人民检察院的抗诉

抗诉是指人民检察院对人民法院发生法律效力的判决、裁定，发现有提起抗诉的法定情形，提请人民法院对案件重新审理。

最高人民检察院对各级人民法院已经发生法律效力的判决、裁定，上级人民检察院对下级人民法院已经发生法律效力的判决、裁定，发现有符合当事人可以申请再审情形之一的，应当按照审判监督程序提起抗诉。地方各级人民检察院对同级人民法院已经发生法律效力的判决、裁定，发现有符合当事人可以申请再审情形之一的，应当提请上级人民检察院向同级人民法院提出抗诉。

10.2.4 判决的执行

执行是指人民法院的执行组织和执行人员，依照法定程序，运用国家的强制力实现具有给付内容的生效的法律文书所确定的内容的诉讼行为。发生法律效力的民事判决、裁定，以及刑事判决、裁定中的财产部分，由第一审人民法院或者与第一审人民法院同级的被执行的财产所在地人民法院执行。法律规定由人民法院执行的其他法律文书，由被执行人住所地或者被执行的财产所在地人民法院执行。

执行程序的意义在于可以确保人民法院的判决、裁定、调解协议、支付令和其他法律文书的实现；有效保护国家利益和当事人的合法权益；维护国家法律的尊严和人民法院的威信；制止违法行为，宣传社会主义法治。

在经济纠纷案件诉讼中，人民法院有权采取的执行措施有以下几种：①提取、扣留被申请人的储蓄存款或者劳动收入；②查封、扣押、冻结、变卖被申请人的财产；③强制被申请人交付由法律文书指定的财物或者票证；④强制被申请人迁出房屋或者退出土地；⑤强制执行法律文书指定的行为；⑥划拨企业、事业单位、机关、团体的存款。采取执行措施，既要保护申请人利益，又要保护被执行人及其供养家属的生活必需。按法定程序，严格实行。

小案例

肖某是甲公司的一名职员，在 2006 年 12 月 17 日出差时不慎摔伤，住院治疗两个多月，花费医疗费若干。甲公司认为，肖某伤后留下残疾已不适合从事原岗位的工作，于 2007 年 4 月 9 日解除了与肖某的劳动合同。因与公司协商无果，肖某最终于 2007 年 11 月 27 日向甲公司所在地的某省 A 市 B 区法院起诉，要求甲公司继续履行劳动合同并安排其工作、支付其住院期间的医疗费、营养费、护理费、住院期间公司减发的工资、公司 2006 年三季度优秀员工奖奖金等共计 3.6 万元。

B 区法院受理了此案。之后，肖某向与其同住一小区的 B 区法院法官赵某进行咨询。赵某对案件谈了几点意见，同时为肖某推荐律师李某作为其诉讼代理人，并向肖某提供了本案承办法官刘某的手机号码。肖某的律师李某联系了承办法官刘某。刘某在居住的小区花园，听取了李某对案件的法律观点，并表示其一定会依法审理此案。两天后，肖某来到法院找刘某说明案件的其他情况，刘某在法院的谈话室接待了肖某，并让书记员对他们的谈话内容进行了记录。

本案经审理，一审判决甲公司继续履行合同，支付相关费用；肖某以各项费用判决数额偏低为由提起上诉。二审开庭审理时，由于一名合议庭成员突发急病住院，法院安排法官周某临时代替其参加庭审。在二审审理中，肖某提出了先予执行的申请。2008 年 5 月 12 日，二审法院对该案作出了终审判决，该判决由原合议庭成员署名。履行期届满后，甲公司未履行判决书中确定的义务。肖某向法院申请强制执行，而甲公司则向法院申请再审。

问题：(1) 纠纷发生后，肖某与甲公司可以通过哪些方式解决他们之间的纠纷？

(2) 诉讼中，肖某与甲公司分别应当对本案哪些事实承担举证责任？

(3) 二审中，肖某依法可以对哪些请求事项申请先予执行？对该申请应当由哪个法院审查作出先予执行的裁定？该裁定应当由哪个法院执行？

(4) 若执行中甲公司拒不履行法院判决，法院可以采取哪些与金钱相关的执行措施？对甲公司及其负责人可以采取哪些强制措施？

(5) 根据案情，甲公司可以根据何种理由申请再审？可以向何法院申请再审？甲公司申请再审时，已经开始的执行程序如何处理？

【解析】(1) 和解；向公司劳动争议调解委员会申请调解；向劳动争议仲裁委员会申请仲裁；向法院起诉。

(2) 肖某应当对以下事实承担举证责任：①与甲公司存在劳动合同关系；②其受伤属工伤的事实；③各项损失的事实；④未支付全额工资和奖金的事实。甲公司应当对以下事实承担举证责任：①解除劳动合同的事实；②减少肖某住院期间工资报酬的事实。

(3) 肖某依法可以对医疗费、住院期间的工资申请先予执行；肖某应当向二审法院申请；先予执行的裁定应当由 B 区法院执行。

(4) ①法院可采取以下与金钱有关的执行措施：查询、冻结、划拨被执行人的存款；强制被执行人加倍支付迟延履行债务的利息。②法院可对甲公司采取罚款的强制措施；对甲公司的负责人可采取罚款、拘留强制措施。

(5) 甲公司可以审判组织的组成不合法为由申请再审；可以向某省高级法院申请再审；执行程序继续进行。

10.3 行政复议

10.3.1 行政复议的概念及适用范围

1. 行政复议的概念

行政复议是指公民、法人或者其他组织不服行政主体做出的具体行政行为，认为具体行政行为侵犯了其合法权益，依法向具有法定权限的行政机关申请复议，由复议机关依法对被申请行政行为合法性和合理性进行审查，并做出行政复议决定的行政行为。

2. 行政复议适用范围

依照《中华人民共和国行政复议法》第6条规定，有下列情形之一的，公民、法人或者其他组织可以依照本法申请行政复议：

（1）对行政机关作出的警告、罚款、没收违法所得、没收非法财物、责令停产停业、暂扣或者吊销许可证、暂扣或者吊销执照、行政拘留等行政处罚决定不服的；

（2）对行政机关作出的限制人身自由或者查封、扣押、冻结财产等行政强制措施决定不服的；

（3）对行政机关作出的有关许可证、执照、资质证、资格证等证书变更、中止、撤销的决定不服的；

（4）对行政机关作出的关于确认土地、矿藏、水流、森林、山岭、草原、荒地、滩涂、海域等自然资源的所有权或者使用权的决定不服的；

（5）认为行政机关侵犯合法的经营自主权的；

（6）认为行政机关变更或者废止农业承包合同，侵犯其合法权益的；

（7）认为行政机关违法集资、征收财物、摊派费用或者违法要求履行其他义务的；

（8）认为符合法定条件，申请行政机关颁发许可证、执照、资质证、资格证等证书，或者申请行政机关审批、登记有关事项，行政机关没有依法办理的；

（9）申请行政机关履行保护人身权利、财产权利、受教育权利的法定职责，行政机关没有依法履行的；

（10）申请行政机关依法发放抚恤金、社会保险金或者最低生活保障费，行政机关没有依法发放的；

（11）为行政机关的其他具体行政行为侵犯其合法权益的。

《中华人民共和国行政复议法》第7条规定，公民、法人或者其他组织认为行政机关的具体行政行为所依据的下列规定不合法，在对具体行政行为申请行政复议时，可以一并向行政复议机关提出对该规定的审查申请：①国务院部门的规定；②县级以上地方各级人民政府及其工作部门的规定；③乡、镇人民政府的规定。前款所列规定不含国务院部、委员会规章和地方人民政府规章。规章的审查依照法律、行政法规办理。

3. 行政复议的排除事项

（1）不服行政机关作出的行政处分或者其他人事处理决定的，依照有关法律、行政法规的规定提出申诉。

（2）不服行政机关对民事纠纷作出的调解或者其他处理，依法申请仲裁或者向人民法院提起诉讼。

10.3.2 行政复议的申请和受理

1. 行政复议的申请

1) 申请行政复议的期限

公民、法人或者其他组织认为具体行政行为侵犯其合法权益的，可以自知道该具体行政行为之日起六十日内提出行政复议申请；但是法律规定的申请期限超过六十日的除外。因不可抗力或者其他正当理由耽误法定申请期限的，申请期限自障碍消除之日起继续计算。

2) 选择行政复议机关

(1) 对县级以上地方各级人民政府工作部门的具体行政行为不服的，由申请人选择，可以向该部门的本级人民政府申请行政复议，也可以向上一级主管部门申请行政复议。

(2) 对海关、金融、国税、外汇管理等实行垂直领导的行政机关和国家安全机关的具体行政行为不服的，向上一级主管部门申请行政复议。

(3) 对地方各级人民政府的具体行政行为不服的，向上一级地方人民政府申请行政复议。

(4) 对省、自治区人民政府依法设立的派出机关所属的县级地方人民政府的具体行政行为不服的，向该派出机关申请行政复议。

(5) 对国务院部门或者省、自治区、直辖市人民政府的具体行政行为不服的，向作出该具体行政行为的国务院部门或者省、自治区、直辖市人民政府申请行政复议。对行政复议决定不服的，可以向人民法院提起行政诉讼；也可以向国务院申请裁决，国务院依照本法的规定作出最终裁决。

(6) 对县级以上地方人民政府依法设立的派出机关的具体行政行为不服的，向设立该派出机关的人民政府申请行政复议；

(7) 对政府工作部门依法设立的派出机构依照法律、法规或者规章规定，以自己的名义作出的具体行政行为不服的，向设立该派出机构的部门或者该部门的本级地方人民政府申请行政复议；

(8) 对法律、法规授权的组织的具体行政行为不服的，分别向直接管理该组织的地方人民政府、地方人民政府工作部门或者国务院部门申请行政复议；

(9) 对两个或者两个以上行政机关以共同的名义作出的具体行政行为不服的，向其共同上一级行政机关申请行政复议；

(10) 对被撤销的行政机关在撤销前所作出的具体行政行为不服的，向继续行使其职权的行政机关的上一级行政机关申请行政复议。

对⑥～⑩的情形，申请人也可以向具体行政行为发生地的县级地方人民政府提出行政复议申请，接受申请的县级地方人民政府应当自接到该行政复议申请之日起七日内，转送有关行政复议机关，并告知申请人。

3）申请行政复议的方式

申请人申请行政复议，可以书面申请，也可以口头申请；口头申请的，行政复议机关应当当场记录申请人的基本情况、行政复议请求、申请行政复议的主要事实、理由和时间。

有权申请行政复议的公民死亡的，其近亲属可以申请行政复议。有权申请行政复议的公民为无民事行为能力人或者限制民事行为能力人的，其法定代理人可以代为申请行政复议。有权申请行政复议的法人或者其他组织终止的，承受其权利的法人或者其他组织可以申请行政复议。

同申请行政复议的具体行政行为有利害关系的其他公民、法人或者其他组织，可以作为第三人参加行政复议。

公民、法人或者其他组织对行政机关的具体行政行为不服申请行政复议的，作出具体行政行为的行政机关是被申请人。

2. 行政复议受理

《中华人民共和国行政复议法》第 17 条规定，行政复议机关收到行政复议申请后，应当在五日内进行审查，对不符合本法规定的行政复议申请，决定不予受理，并书面告知申请人；对符合本法规定，但是不属于本机关受理的行政复议申请，应当告知申请人向有关行政复议机关提出。除前款规定外，行政复议申请自行政复议机关负责法制工作的机构收到之日起即为受理。

法律、法规规定应当先向行政复议机关申请行政复议、对行政复议决定不服再向人民法院提起行政诉讼的，行政复议机关决定不予受理或者受理后超过行政复议期限不作答复的，公民、法人或者其他组织可以自收到不予受理决定书之日起或者行政复议期满之日起十五日内，依法向人民法院提起行政诉讼。

行政复议期间具体行政行为不停止执行；但是，有下列情形之一的，可以停止执行：①被申请人认为需要停止执行的；②行政复议机关认为需要停止执行的；③申请人申请停止执行，行政复议机关认为其要求合理，决定停止执行的；④法律规定停止执行的。

公民、法人或者其他组织申请行政复议，行政复议机关已经依法受理的，或者法律、法规规定应当先向行政复议机关申请行政复议、对行政复议决定不服再向人民法院提起行政诉讼的，在法定行政复议期限内不得向人民法院提起行政诉讼。公民、法人或者其他组织向人民法院提起行政诉讼，人民法院已经依法受理的，不得申请行政复议。

10.3.3　行政复议决定

行政复议原则上采取书面审查的办法，但是申请人提出要求或者行政复议机关负责法制工作的机构认为有必要时，可以向有关组织和人员调查情况，听取申请人、被申请人和第三人的意见。

行政复议机关负责法制工作的机构应当自行政复议申请受理之日起七日内，将行政复议申请书副本或者行政复议申请笔录复印件发送被申请人。被申请人应当自收到申请书副本或者申请笔录复印件之日起十日内，提出书面答复，并提交当初作出具体行政行为的证据、依据和其他有关材料。

行政复议决定作出前，申请人要求撤回行政复议申请的，经说明理由，可以撤回；撤回行政复议申请的，行政复议终止。

我国《行政复议法》第 28 条规定，行政复议机关负责法制工作的机构应当对被申请人作出的具体行政行为进行审查，提出意见，经行政复议机关的负责人同意或者集体讨论通过后，按照下列规定作出行政复议决定：①具体行政行为认定事实清楚，证据确凿，适用依据正确，程序合法，内容适当的，决定维持；②被申请人不履行法定职责的，决定其在一定期限内履行；③具体行政行为有下列情形之一的，决定撤销、变更或者确认该具体行政行为违法；决定撤销或者确认该具体行政行为违法的，可以责令被申请人在一定期限内重新作出具体行政行为：①主要事实不清、证据不足的；②适用依据错误的；③违反法定程序的；④超越或者滥用职权的；⑤具体行政行为明显不当的。

行政复议机关责令被申请人重新作出具体行政行为的，被申请人不得以同一的事实和理由作出与原具体行政行为相同或者基本相同的具体行政行为。

申请人在申请行政复议时可以一并提出行政赔偿请求，行政复议机关对符合国家赔偿法的有关规定应当给予赔偿的，在决定撤销、变更具体行政行为或者确认具体行政行为违法时，应当同时决定被申请人依法给予赔偿。

行政复议机关应当自受理申请之日起六十日内作出行政复议决定；但是法律规定的行政复议期限少于六十日的除外。情况复杂，不能在规定期限内作出行政复议决定的，经行政复议机关的负责人批准，可以适当延长，并告知申请人和被申请人；但是延长期限最多不超过三十日。

行政复议机关作出行政复议决定，应当制作行政复议决定书，并加盖印章。行政复议决定书一经送达，即发生法律效力。被申请人应当履行行政复议决定。被申请人不履行或者无正当理由拖延履行行政复议决定的，行政复议机关或者有关上级行政机关应当责令其限期履行。

小案例

2016 年 3 月 17 日，K 市工商局接到消费者张某举报，称其一行 12 人在某海鲜坊吃夜宵时挨宰。K 市工商局于 3 月 18 日立案调查。经查，某海鲜坊以向出租车司机按照客人消费金额 20%—35%的提成返还为诱饵，让出租车司机将客人载到店内消费。自 2014 年 1 月 1 日至 2014 年 4 月 20 日、2015 年 3 月 10 日至 2016 年 4 月 19 日期间，共有 1348 台出租车拉客至店内消费，营业额共计 1021.5154 万元，某海鲜坊返点给出租车司机的款项共计 237.2717 万元；同时查明，某海鲜坊将其店内销售的本地俗称“大海白”的普通贝类水产品的名称虚假标注为“黄金螺”，把“塔螺”的名称虚假标注为“塔鲍”，将无法证明来源于万宁东山岭地区的羊肉虚假标注为“东山羊”，将死体的海鲜或者冰冻的海鲜调换客人所点的鲜活同类海鲜。K 市工商局认为，某海鲜坊的行为违反了《反不正当竞争法》第八条第一款和第九条第一款的规定，存在商业贿赂和虚假宣传欺诈消费者的行为，于 2017 年 4 月 18 日作出行政处罚决定书，根据《反不正当竞争法》第二十二条的规定，对其处以没收违法所得 237.2717 万元，罚款 7 万元；根据《反不正当竞争法》第二十四条第一款的规定，对其处以罚款 14 万元。

（资料来源：http://www.samr.gov.cn/fgs/tzgg/201812/t20181220_280526.html）

问题：(1) 某海鲜坊不服行政处罚决定，拟申请行政复议，应当在多长时间内向哪些机关申请？

(2) 如何认定某海鲜坊的违法行为构成商业贿赂及虚假宣传的行为？

【解析】(1) 根据我国行政复议法律制度的相关规定，对县级以上地方各级人民政府工作部门的具体行政行为不服的，由申请人选择，可以向该部门的本级人民政府申请行政复议，也可以向上一级主管部门申请行政复议。公民、法人或者其他组织认为具体行政行为侵犯其合法权益的，可以自知道该具体行政行为之日起六十日内提出行政复议申请。因此，某海鲜坊可以在收到行政处罚之日起六十日内向 K 市政府或者省工商局申请行政复议。

(2) 我国《反不正当竞争法》第 7 条规定，经营者不得采用财物或者其他手段贿赂下列单位或者个人，以谋取交易机会或者竞争优势：① 交易相对方的工作人员；② 受交易相对方委托办理相关事务的单位或者个人；③ 利用职权或者影响力影响交易的单位或者个人。经营者在交易活动中，可以以明示方式向交易相对方支付折扣，或者向中间人支付佣金。经营者向交易相对方支付折扣、向中间人支付佣金的，应当如实入账。接受折扣、佣金的经营者也应当如实入账。经营者的工作人员进行贿赂的，应当认定为经营者的行为；但是，经营者有证据证明该工作人员的行为与为经营者谋取交易机会或者竞争优势无关的除外。我国工商总局《关于禁止商业贿赂行为的暂行规定对佣金的概念作了明确规定，佣金是指经营者在市场交易中给予为其提供服务的具有合法经营资格的中间人的劳务报酬，必须如实入账。出租车司机作为出租车公司的员工，不具备中间人的资格，且其通过载客的服务所获得劳务报酬应为出租车费，某海鲜坊声称的给付的车马费属于其为牟取不正当利益给予出租车司机的行贿款。申请人在交易中给付出租车司机的现金是对应每次交易中扣除的收入价款的一部分，未如实入账，本案中给付出租车司机的现金不符合佣金的规定，应当认定为行贿行为。

我国《反不正当竞争法》《消费者权益保护法》《侵害消费者权益行为处罚办法》等法律法规规章均规定，经营者在市场交易中，应当遵循诚实信用的原则，遵守公认的商业道德，应当以真实的名称和标记提供商品，不得利用广告和其他方法对商品的质量、制作成分、生产者、产地、名称、标记等作引人误解的虚假宣传。某海鲜坊在销售海鲜产品过程中，未按法律规定向消费者提供产品的产地和真实名称等信息，客观上造成了消费者的误解误认，提高了商品的价格，为消费维权带来困难。《消费者权益保护法》第二十条明确规定，经营者负有向消费者提供信息应当真实、全面，不得作虚假或者引人误解的宣传的义务，申请人的行为违反以上规定，构成虚假宣传行为。

10.4 行政诉讼

10.4.1 行政诉讼的概念及适用范围

1. 行政诉讼的概念

行政诉讼是指是指公民、法人或者其他组织认为行使国家行政权的机关和组织及其工作人员所实施的具体行政行为侵犯了其合法权益，依法向人民法院起诉，人民法院在当事人及其他诉讼参与人的参加下，依法对被诉具体行政行为进行审查并做出裁判，从而解决行政争议的制度。

2. 行政诉讼的适用范围

根据我国《行政诉讼法》第 12 条的规定，人民法院受理公民、法人或者其他组织提起的下列诉讼：

(1) 对行政拘留、暂扣或者吊销许可证和执照、责令停产停业、没收违法所得、没收非法财物、罚款、警告等行政处罚不服的；

(2) 对限制人身自由或者对财产的查封、扣押、冻结等行政强制措施和行政强制执行不服的；

(3) 申请行政许可，行政机关拒绝或者在法定期限内不予答复，或者对行政机关作出的有关行政许可的其他决定不服的；

(4) 对行政机关作出的关于确认土地、矿藏、水流、森林、山岭、草原、荒地、滩涂、海域等自然资源的所有权或者使用权的决定不服的；

(5) 对征收、征用决定及其补偿决定不服的；

(6) 申请行政机关履行保护人身权、财产权等合法权益的法定职责，行政机关拒绝履行或者不予答复的；

(7) 认为行政机关侵犯其经营自主权或者农村土地承包经营权、农村土地经营权的；

(8) 认为行政机关滥用行政权力排除或者限制竞争的；

(9) 认为行政机关违法集资、摊派费用或者违法要求履行其他义务的；

(10) 认为行政机关没有依法支付抚恤金、最低生活保障待遇或者社会保险待遇的；

(11) 认为行政机关不依法履行、未按照约定履行或者违法变更、解除政府特许经营协议、土地房屋征收补偿协议等协议的；

(12) 认为行政机关侵犯其他人身权、财产权等合法权益的。

人民法院不受理公民、法人或者其他组织对下列事项提起的诉讼：

(1) 国防、外交等国家行为；

(2) 行政法规、规章或者行政机关制定、发布的具有普遍约束力的决定、命令；

(3) 行政机关对行政机关工作人员的奖惩、任免等决定；

(4) 法律规定由行政机关最终裁决的行政行为。

10.4.2　诉讼管辖

1. 级别管辖

基层人民法院管辖第一审行政案件。

中级人民法院管辖下列第一审行政案件：①对国务院部门或者县级以上地方人民政府所作的行政行为提起诉讼的案件；②海关处理的案件；③本辖区内重大、复杂的案件；④其他法律规定由中级人民法院管辖的案件。

高级人民法院管辖本辖区内重大、复杂的第一审行政案件。

最高人民法院管辖全国范围内重大、复杂的第一审行政案件。

2. 地域管辖

行政案件由最初作出行政行为的行政机关所在地人民法院管辖。经复议的案件，也可以由复议机关所在地人民法院管辖。

对限制人身自由的行政强制措施不服提起的诉讼，由被告所在地或者原告所在地人民法院管辖。

因不动产提起的行政诉讼，由不动产所在地人民法院管辖。

两个以上人民法院都有管辖权的案件，原告可以选择其中一个人民法院提起诉讼。原告向两个以上有管辖权的人民法院提起诉讼的，由最先立案的人民法院管辖。

人民法院发现受理的案件不属于本院管辖的，应当移送有管辖权的人民法院，受移送的人民法院应当受理。受移送的人民法院认为受移送的案件按照规定不属于本院管辖的，应当报请上级人民法院指定管辖，不得再自行移送。

人民法院对管辖权发生争议，由争议双方协商解决。协商不成的，报它们的共同上级人民法院指定管辖。

10.4.3　起诉和受理

对属于人民法院受案范围的行政案件，公民、法人或者其他组织可以先向行政机关申请复议，对复议决定不服的，再向人民法院提起诉讼；也可以直接向人民法院提起诉讼。法律、法规规定应当先向行政机关申请复议，对复议决定不服再向人民法院提起诉讼的，依照法律、法规的规定。

1. 起诉期限

(1) 公民、法人或者其他组织不服复议决定的，可以在收到复议决定书之日起十五日内向人民法院提起诉讼。复议机关逾期不作决定的，申请人可以在复议期满之日起十五日内向人民法院提起诉讼。法律另有规定的除外。

(2) 公民、法人或者其他组织直接向人民法院提起诉讼的，应当自知道或者应当知道作出行政行为之日起六个月内提出。法律另有规定的除外。

(3) 因不动产提起诉讼的案件自行政行为作出之日起超过二十年，其他案件自行政行为作出之日起超过五年提起诉讼的，人民法院不予受理。

(4) 公民、法人或者其他组织申请行政机关履行保护其人身权、财产权等合法权益的法定职责，行政机关在接到申请之日起两个月内不履行的，公民、法人或者其他组织可以向人民法院提起诉讼。法律、法规对行政机关履行职责的期限另有规定的，从其规定。公民、法人或者其他组织在紧急情况下请求行政机关履行保护其人身权、财产权等合法权益的法定职责，行政机关不履行的，提起诉讼不受规定期限的限制。

公民、法人或者其他组织因不可抗力或者其他不属于其自身的原因耽误起诉期限的，被耽误的时间不计算在起诉期限内。在障碍消除后十日内，可以申请延长期限，是否准许由人民法院决定。

2. 起诉状

起诉应当向人民法院递交起诉状，并按照被告人数提出副本。书写起诉状确有困难的，可以口头起诉，由人民法院记入笔录，出具注明日期的书面凭证，并告知对方当事人。

3. 行政诉讼的受理

人民法院在接到起诉状时对符合本法规定的起诉条件的，应当登记立案。对当场不能判定是否符合本法规定的起诉条件的，应当接收起诉状，出具注明收到日期的书面凭证，并在七日内决定是否立案。不符合起诉条件的，作出不予立案的裁定。裁定书应当载明不予立案的理由。原告对裁定不服的，可以提起上诉。

对于不接收起诉状、接收起诉状后不出具书面凭证，以及不一次性告知当事人需要补正的起诉状内容的，当事人可以向上级人民法院投诉，上级人民法院应当责令改正，并对直接负责的主管人员和其他直接责任人员依法给予处分。

10.4.4 审理和判决

人民法院公开审理行政案件，但涉及国家秘密、个人隐私和法律另有规定的除外。涉及商业秘密的案件，当事人申请不公开审理的，可以不公开审理。

当事人认为审判人员与本案有利害关系或者有其他关系可能影响公正审判，有权申请审判人员回避。审判人员认为自己与本案有利害关系或者有其他关系，应当申请回避，回避原则适用于书记员、翻译人员、鉴定人、勘验人。

诉讼期间，不停止行政行为的执行。但有下列情形之一的，裁定停止执行：①被告认为需要停止执行的；②原告或者利害关系人申请停止执行，人民法院认为该行政行为的执行会造成难以弥补的损失，并且停止执行不损害国家利益、社会公共利益的；③人民法院认为该行政行为的执行会给国家利益、社会公共利益造成重大损害的；④法律、法规规定停止执行的。

人民法院对起诉行政机关没有依法支付抚恤金、最低生活保障金和工伤、医疗社会保险金的案件，权利义务关系明确、不先予执行将严重影响原告生活的，可以根据原告的申请，裁定先予执行。

人民法院审理行政案件，不适用调解。但是，行政赔偿、补偿以及行政机关行使法律、法规规定的自由裁量权的案件可以调解。调解应当遵循自愿、合法原则，不得损害国家利益、社会公共利益和他人合法权益。

人民法院应当在立案之日起六个月内作出第一审判决。有特殊情况需要延长的，由高级人民法院批准，高级人民法院审理第一审案件需要延长的，由最高人民法院批准。当事人不服人民法院第一审判决的，有权在判决书送达之日起十五日内向上一级人民法院提起上诉。当事人不服人民法院第一审裁定的，有权在裁定书送达之日起十日内向上一级人民法院提起上诉。逾期不提起上诉的，人民法院的第一审判决或者裁定发生法律效力。

本章小结

市场主体之间的经济纠纷不仅包括平等主体之间涉及经济内容的纠纷，也包括公民、法人或其他组织作为行政管理相对人与行政机关之间因为行政管理所发生的涉及经济内容的纠纷。解决经济纠纷的途径和主要方式有仲裁、民事诉讼、行政复议和行政诉讼。仲裁与民事诉讼都适用于横向关系经济纠纷的解决，行政复议与行政诉讼方式则是针对纵向关系经济纠纷的解决，都由行政向管理相对人一方提出申请。

练习题

一、单项选择题

1. 根据《中华人民共和国仲裁法》的规定，下面描述不正确的是（　）

A. 当事人对仲裁协议的效力有异议，应当在仲裁庭首次开庭前提出

B. 仲裁实行级别管辖和地域管辖

C. 仲裁应当开庭进行

D. 仲裁庭可以由三名仲裁员或者一名仲裁员组成

2. 根据《中华人民共和国仲裁法》的规定，下列关于仲裁协议的说法中不正确的是（　）

A. 口头达成仲裁的意思表示无效

B. 仲裁协议一经依法成立，即具有法律约束力

C. 仲裁庭无权确认合同的效力

D. 当事人对仲裁协议的效力有异议，应当在首次开庭前提出

3. 下列关于仲裁的各项表述中，正确的是（ ）

A. 仲裁实行强制性原则

B. 仲裁实行一裁终局的制度。

C. 仲裁实行级别管辖和地域管辖

D. 当事人的仲裁员是由仲裁委员会主任指定

4. 下列不属于民事诉讼审判制度的是（ ）

A. 合议制度　　B. 公开审判制度

C. 两审终审制度　　D. 一审终局制度

5. 甲企业对乙工商局对其作出予以罚款的行政处罚行为不服，向丙法院提起行政诉讼。下列关于该案件审理过程的表述中，不符合法律规定的是（ ）

A. 丙法院组成合议庭，负责对该案件进行审判

B. 丙法院对甲和乙进行调解

C. 丙法院判决变更乙工商局的行政处罚决定

D. 乙工商局决定停止执行行政处罚决定

6. 依照我国《行政复议法》的规定，行政复议决定书发生法律效力的时间是（ ）

A. 该决定书作出之日　　B. 该决定书送达之日

C. 该决定书作出之日起第 15 日　　D. 该决定书送达之日起第 60 日

7. 下列哪些仲裁协议是有效的（ ）

A. 甲、乙两公司签订合同，并约定了仲裁条款。后合同双方又签订补充协议，约定“如原合同或补充协议履行发生争议，双方协商解决或向法院起诉解决”

B. 双方当事人在合同中约定：“因本合同履行发生的争议，双方当事人既可向南京仲裁委员会申请仲裁，也可向南京市鼓楼区法院起诉”

C. 甲、乙两公司在双方合同纠纷的诉讼中对法官均不满意，双方商量先撤诉后仲裁。甲公司向法院提出了撤诉申请，法院裁定准许撤诉。此后甲乙两公司签订了仲裁协议，约定将该合同纠纷提交某仲裁委员会仲裁

D. 约定的仲裁事项属于平等主体之间有关人身关系的纠纷

8. 某建筑公司不服市工商局对其罚款 2000 元，申请行政复议，则下列申请的地点与时间中错误的是（ ）

A. 向市政府申请复议　　B. 向省工商局申请复议

C. 自被罚款时起 60 日内　　D. 自知道被罚时起 60 日内

9. 中国甲公司与某国乙公司发生买卖合同纠纷。在中国仲裁过程中，乙公司申请财产保全，要求扣押甲公司在某港口的一批机器设备。仲裁委员会对此申请应如何处理（ ）

A. 不予受理，告知当事人直接向有关法院提出申请

B. 审查后直接作出财产保全裁定，由有关法院执行

C. 将乙公司的申请提交甲公司所在地的中级法院裁定

D. 将乙公司的申请提交机器设备所在地的基层法院裁定

10. 钟某是某市一位刑满释放人员，打算开一家公司，于是向该市工商局申请办理营业执照，但是多次办理时工商局均不予受理，理由是钟某有犯罪前科。于是钟某向该市人民法院提起诉讼，根据以上事实，下列说法错误的是：（ ）

A. 若该市人民法院受理，在一审期间，该市工商局受理了钟某办理营业执照的申请，钟某不撤诉，法院应当判决确认市工商局原先行政不作为违法

B. 若该市人民法院 7 日内既不立案也不作出裁定，钟某可以向上一级人民法院申诉

C. 若该市人民法院 7 日内既不立案也不作出裁定，钟某向上一级人民法院起诉，上一级法院应当自行审理

D. 若钟某既向该市人民法院提起诉讼，又向上一级工商行政机关提起复议，该市人民法院和上一级工商行政机关同时受理，钟某可以自己选择管辖

二、多项选择题

1. 根据我国《仲裁法》的规定，下列关于仲裁程序的表述正确的是（ ）

A. 仲裁应当开庭进行，但当事人可以约定不开庭

B. 仲裁不公开进行，但如不涉及国家秘密，当事人也可以约定公开进行

C. 对仲裁庭的组成，当事人可以约定由 3 名仲裁员组成仲裁庭

D. 当事人对仲裁的调解书和裁决书都可以申请撤销

2. 下列当事人提起的诉讼，哪些属于行政诉讼受案范围（ ）

A. 某造纸厂向市水利局申请发放取水许可证，市水利局作出不予许可决定，该厂不服而起诉

B. 食品药品监管局向申请餐饮服务许可证的李某告知补正申请材料的通知，李某认为通知内容违法而起诉

C. 化肥厂附近居民要求环保局提供对该厂排污许可证监督检查记录，遭到拒绝后起诉

D. 某国土资源局以建城市绿化带为由撤回向一公司发放的国有土地使用权证，该公司不服而起诉

3. 甲公司不服工商局处罚决定向法院提起行政诉讼，法院受理后通知乙公司作为第三人参加诉讼。开庭审理时，乙公司法定代表人和委托代理人未到庭。下列哪些说法是正确的（ ）

A. 若乙公司经合法传唤无正当理由不到庭，不影响案件的审理

B. 若甲公司经合法传唤无正当理由不到庭，法院可以按撤诉处理

C. 若甲公司经两次合法传唤未到庭，法院应当缺席判决

D. 若甲公司未经法庭许可中途退庭，法院可以按撤诉处理

4. 审判人员有下列(　)情形之一的,应当自行回避,民事诉讼当事人也有权用口头或者书面方式申请他们回避。

A. 审判人员接受当事人、诉讼代理人请客送礼的

B. 与本案有利害关系的

C. 是本案当事人或者当事人、诉讼代理人近亲属的

D. 与本案当事人、诉讼代理人有其他关系,可能影响对案件公正审理的

5. 下列(　)民事诉讼,由原告住所地人民法院管辖,原告住所地与经常居住地不一致的,由原告经常居住地人民法院管辖。

A. 对被监禁的人提起的诉讼

B. 对下落不明或者宣告失踪的人提起的有关身份关系的诉讼

C. 对不在中华人民共和国领域内居住的人提起的有关身份关系的诉讼

D. 对被采取强制性教育措施的人提起的诉讼

6. 仲裁庭对当事人申请仲裁的争议案件经过审理并作出仲裁裁决后,对于国内仲裁裁决,当事人可以根据下列哪些情形申请撤销仲裁裁决(　)

A. 裁决的事项不属于仲裁协议的范围或者仲裁委员会无权仲裁的

B. 裁决所根据的证据是伪造的

C. 对方当事人隐瞒了足以影响公正裁决的证据的

D. 仲裁裁决适用法律错误

7. 关于行政诉讼中举证责任的承担,以下说法正确的是(　)

A. 被告对其作出具体行政行为承担举证责任

B. 原告在行政诉讼中一般不承担举证责任,但应提供符合起诉条件的相应证据材料

C. 被告应当在收到起诉状副本之日起 10 内,提供据以作出被诉具体行政行为的证据

D. 被告不提供或者无正当理由逾期提供的,应当认定该具体行政行为没有证据

8. 公民、法人或者其他组织对公安机关的哪些行为不服的,可以申请行政复议(　)

A. 不服行政机关对民事纠纷作出的调解的

B. 不服行政机关作出的行政处罚决定的

C. 不服行政机关作出的限制人身自由的决定的

D. 不服行政机关作出的限制财产流转的强制措施决定的

9. 对县级以上地方各级人民政府工作部门的具体行政行为不服的,申请人可以向(　)申请行政复议。

A. 作出具体行政行为的部门　　B. 当地人民法院

C. 该部门的本级人民政府　　D. 该部门的上级主管部门

10. 陈某对甲、乙两个行政机关以共同名义作出的具体行政行为不服申请复议,

下列关于复议机关的说法中不正确的有(　)

A．甲的上一级行政机关　　　　B．乙所在地人民政府

C．甲和乙共同上一级行政机关　　D．甲所在地人民政府

三、案例分析题

1. 海南省天南公司与海北公司于 2004 年 6 月签订了一份租赁合同，约定由天南公司进口一套化工生产设备，租给海北公司使用，海北公司按年交付租金。海南省 A 银行出具担保函，为海北公司提供担保。后来天南公司与海北公司因履行合同发生争议。

问题：(1)如果天南公司与海北公司签订的合同中约定了以下仲裁条款：因本合同的履行所发生的一切争议，均提交珠海仲裁委员会仲裁。天南公司因北海公司无力支付租金，向珠海仲裁委员会申请仲裁，将海北公司和 A 银行作为被申请人，请求裁决被申请人给付拖欠的租金。天南公司的行为是否正确？为什么？

(2) 如果存在上问中所说的仲裁条款，天南公司能否向人民法院起诉海北公司和 A 银行，请求支付拖欠的租金？为什么？

(3) 如果本案通过仲裁程序处理，天南公司申请仲裁委员会对海北公司的财产采取保全措施，仲裁委员会应当如何处理？

(4) 如果本案通过仲裁程序处理后，在对仲裁裁决执行的过程中，法院裁定对裁决不予执行，在此情况下，天南公司可以通过什么法律程序解决争议？

2. A 市的甲公司和 B 市的乙运输公司在 A 市签订了甲公司长期在 B 市内的货物运输合同，双方约定如果出现纠纷则交由北京仲裁委员会进行仲裁。在合同履行过程中，因为油价、养路费上涨的原因，双方就运输价格发生争议。于是，双方交由北京仲裁委员会进行仲裁。随后，甲公司又向人民法院提起诉讼，要求与乙公司解除合同，并赔偿甲公司因此而受到的损失。

法院在不知其有仲裁条款的情况下进行了审理。庭审过程中，乙公司进行了答辩，表示不同意解除合同。一审法院经过审理，判决驳回原告的诉讼请求。原告不服，认为一审判决错误，提出上诉，并称双方当事人之间存在仲裁协议，法院对本案无诉讼管辖权。

在二审中，乙公司提出反诉，要求甲公司支付运输款。二审法院经过对上诉案件的审理，判决驳回上诉，维持原判。

问题：(1)何地法院对本案具有诉讼管辖权？

(2) 假设本案起诉前双方当事人对仲裁协议的效力有争议，可以通过何种途径加以解决？

(3) 原告甲公司主张双方之间存在仲裁协议，法院对本案无管辖权是否成立为什么？

(4) 对于乙公司的反诉，二审法院应当如何处理？

3. 某市 A 县化工有限公司未经批准擅自在本县一河流内设置排污口，排放大量

工业废水，造成严重环境污染。A县环保局经过调查，对化工有限公司作出了停业整顿，并处9万元罚款的处罚决定。对此，化工有限公司不服，认为处罚太重。

问题：(1)如果化工有限公司申请行政复议，应该向哪些机关提出？为什么？

(2)如果复议机关作出维持决定，化工有限公司不服，欲提起行政诉讼，则应该由哪个法院管辖？为什么？

能力训练

2012年9月25日，丁甲、广利公司向于某借款人民币550万元。当天，于某向丁甲的银行账户汇入550万元。一个月后，丁甲偿还250万元(包含利息11万元)。2014年7月9日，于某与丁甲、广利公司签订了一份《还款协议书》。该协议书约定："今有借款人丁甲、广利公司因经营需要，于2012年9月25日共同向于某借款人民币550万元整……现两方承诺上述390万元借款于2014年8月28日前全部还清，同时支付利息292 500元。两方自愿提供担保人承担连带还款担保责任，担保期限为两年。借款人与担保人(以下简称三方)三方共同承诺，如未能按上述承诺还款付息，则于某可以向法院提起诉讼，要求上述三方立即归还全部借款及利息并要求支付违约金，违约金的计算方式按未还款金额，以月利率2.5%的标准，自2014年8月29日起自全部借款本息还清日为止计。三方自愿支付因于薇女士追偿上述债务而发生的费用包括但不限于诉讼费、保全费、律师费两万元、差旅费等。本协议签订后，前述全部借据、收条由借款人收回……"

2014年8月28日，丁甲及广利公司未能按约还款。丁甲、广利公司、实鑫公司(担保人)向于某出具一份《还款承诺书》，该承诺书载明："2012年9月25日，借款人丁甲、广利公司共同向于某借款人民币550万元整，借期一个月，月利率3%。……丁甲与广利公司承诺剩余390万元借款本金将于2014年8月28日前全部还清，同时支付利息292 500元……如未能按上述承诺还款付息，则于某可以向法院提起诉讼，要求上述两方立即归还全部借款及利息并要求支付违约金，违约金的计算方式按未还款金额，以月利率2.5%的标准，自2014年8月29日起自全部借款本息还清为止计。两方自愿支付因于某追偿上述债务而产生的费用包括但不限于诉讼费、保全费、律师费两万元、差旅费等。本协议签订后，上述借款事宜的全部借据、收条作废。有鉴于借款人、担保人资金未能按时到位，2014年8月28日至今未能向于某归还任何本息……另依据2014年7月9日的《还款协议书》，全体借款人自2014年8月29日起，须支付390万元的违约金，担保人依旧同意承担保证责任"。2015年6月15日，由于债务人一直未归还剩余欠款本息，于某为维护自身合法权益，向法院起诉，要求债务人归还原告借款本金及利息，承担律师费及诉讼费用。

根据以上材料，请学生分组讨论，写一份起诉书。

参考文献

[1] 最高人民法院知识产权案件年度报告(2011)[R].
[2] 李俊,许光红.产品质量法案例评析[M].北京:对外经济贸易大学出版社,2012.
[3] 最高人民法院知识产权案件年度报告(2013)[R].
[4] 冯晓青.知识产权法 [M].3 版.北京:中国政法大学出版社,2015.
[5] 吴桂梅,王成芬.经济法[M].北京:北京理工大学出版社,2017.
[6] 陈晓华,徐景录,孙玲玲.经济法[M].北京:清华大学出版社,2017.
[7] 徐孟洲,孟雁北.竞争法[M].3 版.北京:中国人民大学出版社,2018.
[8] 洪宇.经济法[M].上海:立信会计出版社,2018.
[9] 吴薇.经济法实用教程 [M].2 版.北京:中国人民大学出版社,2019.
[10] 王迁.知识产权法教程 [M].6 版.北京:中国人民大学出版社,2019.
[11] 姚瑶,陈建.经济法概论 [M].5 版.北京:中国人民大学出版社,2020.
[12] 杨立新.中华人民共和国民法典条文精释与实案全析[M].北京:中国人民大学出版社,2020.
[13] 中国审判理论研究会民事审判理论专业委员会.民法典合同编条文理解与司法适用[M].北京:法制出版社,2020.
[14] 杨立新.中华人民共和国民法典释义与案例评注:合同编[M].北京:中国法制出版社,2020.

内容提要

本书按照财经类、管理类专业的经济法课程的教学大纲要求，同时考虑非法律专业普遍缺乏法理知识的实际，对内容进行取舍。本书主要内容包括经济法基本理论、经济活动主体法律制度、合同法律制度、知识产权法律制度企业破产法律制度、反不正当竞争法律制度、产品质量法律制度、消费者权益法律保护制度、劳动法律制度以及经济纠纷解决法律制度。本书适合高职高专学校及本科院校经济管理类专业学生使用，也可作为在职人员岗位培训、自学进修和岗位证书考试的教学用书。

图书在版编目(CIP)数据

经济法教程 / 王娟，唐雪梅主编. --上海：同济大学出版社，2021.5

ISBN 978-7-5608-8913-9

Ⅰ. ①经… Ⅱ. ①王… ②唐… Ⅲ. ①经济法—中国—教材 Ⅳ. ①D922.29

中国版本图书馆 CIP 数据核字(2021)第 099890 号

经济法教程

主编　王　娟　唐雪梅

责任编辑　荆　华　　责任校对　徐春莲　　封面设计　张　微

出版发行　同济大学出版社　　www.tongjipress.com.cn

（地址：上海市四平路 1239 号　邮编：200092　电话：021—65985622）

经　　销　全国各地新华书店

印　　刷　常熟市华顺印刷有限公司

开　　本　787mm×960mm　1/16

印　　张　18.75

字　　数　375000

版　　次　2021 年 5 月第 1 版　　2021 年 5 月第 1 次印刷

书　　号　ISBN 978-7-5608-8913-9

定　　价　58.00 元